AF511894

भारतीय समाजशास्त्र
के
प्रमुख संप्रदाय

भारतीय समाजशास्त्र के प्रमुख संप्रदाय

अमित कुमार शर्मा

डी॰के॰ प्रिंटवर्ल्ड प्रा॰ लि॰
भारतीय परम्पराओं के प्रकाशक
नई दिल्ली

Cataloging in Publication Data — DK
[Courtesy: D.K. Agencies (P) Ltd. <docinfo@dkagencies.com>]

Sharma, Amit Kumar.

Bhāratīya samājaśāstra ke pramukha sampradāya / Amita Kumāra Śarmā. — Saṁśodhita evaṁ parivardhita 2. saṁskaraṇa.

p. cm.

In Hindi.

Includes bibliographical references (p.).

ISBN 13: 9788124606018 (Hb)

1. Sociology — India. 2. Social structure — India. 3. Social systems. 4. Religion and sociology — India. I. Title.

DDC 301.0954 22

© लेखक, 2011

प्रथम संस्करण, 1996

संशोधित एवं परिवर्धित द्वितीय संस्करण, 2011

ISBN 13: 978-81-246-0601-8 (HB) ISBN 10: 81-246-0601-3

ISBN 13: 978-81-246-0602-5 (PB) ISBN 10: 81-246-0602-1

सर्वाधिकार सुरक्षित। इस प्रकाशन के किसी भी अंश का किसी भी रूप में पुनर्मुद्रण, या किसी भी विधि (जैसे – इलेक्ट्रोनिक, यांत्रिक, फोटो-प्रतिलिपि, रिकॉर्डिंग या कोई अन्य विधि) से प्रयोग या किसी ऐसे यंत्र में भंडारण, जिससे इसे पुनः प्राप्त किया जा सकता हो, कॉपीराइट धारक एवं प्रकाशक की पूर्वलिखित अनुमति के बिना नहीं किया जा सकता है।

प्रकाशक एवं मुद्रक :

डी०के० प्रिंटवर्ल्ड (प्रा०) लि०

पंजीकृत कार्यालय : *"वेदश्री,"* एफ-395, सुदर्शन पार्क

रमेश नगर मेट्रो स्टेशन

नई दिल्ली – 110 015

फोन : (011) 2545 3975; 2546 6019; फैक्स : (011) 2546 5926

ई-मेल : indology@dkprintworld.com

वेब : www.dkprintworld.com

प्रस्तावना

संप्रदाय से समाज के उस ख़ास वर्ग या समुदाय एवं समूह का बोध होता है जो किसी खास धर्म या आस्था एवं परम्परा में विश्वास रखता है और जिसके अपने खास रीति-रिवाज़ एवं मान्यताएँ होती हैं।

भारतीय समाज में धर्म का संबंध वस्तुतः समुदाय से है, न कि व्यक्ति से। भारतीय संविधान और भारतीय परम्पराएँ वैयक्तिक विश्वासों तथा व्यक्ति द्वारा ईश्वर तत्त्व की खोज को मान्यता प्रदान करते हैं। इस तरह के व्यक्तिगत प्रयत्नों को आध्यात्मिकता कहा जाता है, जबकि सामान्यतः समाजशास्त्र में धर्म की परिकल्पना नैतिक जीवन को सुनिश्चित करने के लिए सामूहिक प्रयास के रूप में की जाती है।

भारत का समाज अभी भी काफी हद तक धर्म एवं परम्परा-केन्द्रित वाचिक समाज बना हुआ है। परंतु भारत का राष्ट्र-राज्य अपनी उपनिवेशवादी विरासत के कारण भारत एवं इसके नागरिकों को धर्म-निरपेक्ष बनाने पर ज़ोर देता है। धर्म निरपेक्षता का व्यवहार में एक अर्थ सभी धार्मिक परम्पराओं से समान दूरी का भाव रहा है तो दूसरी ओर इसका अर्थ राज्य के कार्य-व्यापार में अधार्मिक बुद्धिवाद या यूरोपीय ज्ञानोदय द्वारा प्रचारित आधुनिक नास्तिकता का प्रसार रहा है। दोनों ही अवधारणाओं के प्रवक्ता राज्य द्वारा दी जाने वाली शिक्षा को धर्म-निरपेक्ष बनाने पर जोर देते रहे हैं। फलस्वरूप भारतीय समाज एवं भारतीय राज्य में धर्म के संबंध में अंग्रेज़ी राज के समय से ही अंतर्विरोध रहा है।

गुलेरीजी अपने लेख 'धर्म और समाज' में लिखते हैं कि पूर्वी सभ्यता सदा से धर्म की पक्षपाती रही है और उसने धर्म को समाज में सबसे ऊँचा स्थान दिया है। पश्चिमी सभ्यता इस समय चाहे उसकी विरोधी न हो पर उससे उदासीन अवश्य है और कम से कम समाज की उन्नति के लिए वह उसे आवश्यक नहीं समझती। उसकी सम्मति में बिना धर्म का आश्रय लिए भी नैतिक बल के सहारे मनुष्य अपनी वैयक्तिक और सामाजिक उन्नति कर

सकता है। यद्यपि पहले पश्चिम भी भारतवर्ष की तरह धर्म का ऐसा ही अनन्य भक्त था। पर मध्यकाल में कई शताब्दियों तक वहाँ धर्म के कारण बड़ी अशांति मची रही। धर्म मद में उन्मत्त होकर समाज ने बड़े-बड़े विद्वानों और संशोधकों के साथ वह सलूक किया जो लुटेरे मालदार लोगों के साथ करते हैं। इसलिए अब इस सभ्यता और उन्नति के युग में पश्चिम निवासियों को यदि धर्म पर वह श्रद्धा नहीं है जो उनके पूर्वजों की थी तो वह सकारण है। यद्यपि पूर्वापेक्षा अब उनके धर्म का भी बहुत कुछ संस्कार हो गया है और शिक्षा की उन्नति के साथ-साथ उनके धर्म में भी सहिष्णुता, स्वतंत्रता और उदारता की मात्रा बढ़ गई है, तथापि धर्मवाद के परिणामस्वरूप जो कड़वे फल उनको चखने पड़े हैं, उन्होंने उनको धर्म की सीमा नियत कर देने के लिए बाध्य कर दिया। तदनुसार उन्होंने धर्म की अबाध सत्ता से अपने समाज को मुक्त कर दिया। अब वहाँ समाज की शासन सत्ता में धर्म कुछ विक्षेप नहीं डाल सकता। व्यक्ति – स्वातंत्र्य और सामाजिक प्रबंध में भी कुछ हस्तक्षेप नहीं कर सकता और जिस तरह बहुत सी बातें व्यक्तिगत होती हैं उसी तरह धर्म भी व्यक्तिगत होता है, जिसका जी चाहे किसी भी धर्म को माने, न चाहे न माने। मानने से कोई विशेष स्वत्व पैदा नहीं होते, न मानने से कोई हानि नहीं होती।

इसके विपरीत आज भी भारत में हम जन्म से लेकर मृत्युपर्यन्त धार्मिक बंधन से मुक्त नहीं हो सकते। हमको केवल अपने पूजा-पाठ या संस्कारों में ही धर्म की आवश्यकता नहीं पड़ती बल्कि हमारा हर काम, चाहे वो सामाजिक हो या व्यक्तिगत, धर्म के बंधन से जकड़ा हुआ है। यहाँ तक कि हमारा खाना-पीना, जाना-आना, सोना-जागना और देना-लेना इत्यादि सभी बातों पर धर्म की छाप लगी हुई है। हमारे प्राचीन ग्रंथों में कहीं पर भी 'धर्म' शब्द मत, विश्वास या संप्रदाय के अर्थ में प्रयुक्त नहीं हुआ, वरन् सर्वत्र स्वभाव और कर्त्तव्य इन दो ही अर्थों में इसका प्रयोग पाया जाता है। प्रत्येक पदार्थ में उसकी जो सत्ता है, जिसको 'स्वभाव' भी कहते हैं, वही उसका धर्म है। धर्म का संबंध मनुष्य की उत्कृष्ट आकांक्षाओं से है। इसे नैतिकता का प्रसाद माना जाता है। इसमें व्यक्तिगत आंतरिक शांति एवं सामाजिक व्यवस्था के स्रोत निहित होते हैं। मानव जाति प्रायः अनिश्चितता की स्थिति में रहती है। जीवन की परिस्थितियों पर नियंत्रण करने की मानवीय क्षमता सीमित है। अतएव ऐंद्रिक अनुभवों से इतर मानवीय वास्तविकता से संबंध बनाने की आवश्यकता होती है, जिसकी पूर्ति धर्म के द्वारा होती है।

यद्यपि धर्म और अंग्रेज़ी शब्द 'रिलीजन' का एक दूसरे के स्थान पर प्रयोग होता है लेकिन इन दोनों के अर्थ ठीक एक जैसे नहीं हैं। धर्म ब्रह्माण्ड

के व्यवस्थागत नियमों की व्याख्या करता है जबकि रिलीजन विश्वासों एवं अनुष्ठानों को निरूपित करता है। धर्म मनुष्य के कर्मों से भी जुड़ा है और यह सामाजिक जीवन को नियमित एवं नियंत्रित करता है। इस प्रकार धर्म का अर्थ रिलीजन के क्षेत्र से ज़्यादा व्यापक है।

ईमाइल दुर्खीम के अनुसार धर्म पवित्रता से जुड़े एकत्रित मत व आचरण का समुच्चय है, जिसके अनुरूप निषेधित व्यवहारों की व्याख्या होती है एवं उससे जुड़े सभी लोगों का एक नैतिक समुदाय गठित होता है, जिसे चर्च कहा जाता है। धर्म की प्रस्तावना में पवित्र व अपवित्र तत्त्वों के बीच विभेद होता है।

अनेक समाजशास्त्रियों ने धर्म के अन्य पक्षों पर बल दिया है। उनके अनुसार यह ऐसी व्यवस्था है जिससे इसे मानने वाले जीवन, मृत्यु, बीमारी, सफलता–असफलता, सुख–दुःख आदि के अर्थों से संबंधित समस्या का निदान ढूँढते हैं। इस प्रकार यह कुल मिलाकर मानव जीवन को दिशा व अर्थ देता है।

सामान्यतः धर्म के तीन पक्ष होते हैं :- धार्मिक अनुष्ठान या कर्मकांड, विश्वास एवं संगठन। अनुष्ठान धार्मिक व्यवहारों से संबद्ध है, जबकि विश्वास का संबंध आस्था के स्रोतों और प्रतिमानों से है। वह क्रियाविधि जिसके द्वारा धर्म सदस्यों के व्यवहार, अपेक्षाओं, प्रस्थिति एवं भूमिका का प्रबंधन करता है, वह धर्म का संगठनात्मक पक्ष है।

भारत एक बहुधर्मी देश है। भारत में सभी प्रमुख धार्मिक समूह पाए जाते हैं। परम्परागत रूप से सभी समूह एक दूसरे के विश्वासों एवं व्यवहारों का सम्मान करते हुए साथ–साथ रहते आए हैं।

धर्म, संप्रदाय एवं सत्संग

धर्म का जिस व्यापक अर्थ में हमारी पूरी परम्परा में प्रयोग हुआ है, उसको ध्यान में न रखते हुए प्रायः लोग इसे अत्यंत सीमित अर्थ में संकुचित कर देते हैं। इसलिए इस अवधारणा की गहरी भूमिका में उतरना हमारे लिए इस समय बहुत ज़रूरी है। एक विशद दृष्टि ही समकालीन विखण्डन और अविश्वास के अन्धकार को भेद सकती है।

धर्म के साथ तीन अर्थ मुख्य रूप से जुड़े हैं, एक तो यह कि जो जीवन को धारण करे, वह धर्म है। जो सम्पूर्ण जीवन को सम्भाल कर रखे वह धर्म है। इसलिए महाभारत में इसका कई बार उल्लेख हुआ है कि जीवन को पूरी तरह मन से स्वीकारते हुए, उसकी सार्थकता पहचानते हुए ही धर्म को पाया जाता है।

धर्म की अवधारणा का दूसरा पहलू है, उसका सहज होना। धर्म आरोपित नहीं होता, वह अपने भीतर रहता है, अपने में डूबकर वह देखा जाता है। इसलिए विवेक की मनुष्य जीवन में भूमिका रहती है। मनुष्य अपने में डूबता है तो सोचता है मेरे भीतर के आदमी को क्या अच्छा लगता है, मेरे भीतर का आदमी दूसरे को कैसे अच्छा लगे, कैसे वह प्रीतिदायक हो, तब वह सही निर्णय ले सकता है। जब निजी आत्मा के प्रिय होने की बात की जाती है तो इसका अभिप्राय है, आत्मा में कुछ ऐसा भी है जो निज नहीं है। वह निज जितना ही सब दायरों, सीमाओं से मुक्त होता है, उतना ही विस्तृत होता है, व्यापक होता है, उसमें सब आते हैं, वह किसी एक में नहीं समाता। इसलिए इस धर्म की पहचान समरसता से होती है।

धर्म की अवधारणा का तीसरा पक्ष उसकी गतिशीलता से जुड़ा हुआ है। धर्म ऋत और सत्य का एकीकरण है। वेदों में ऋत और सत्य की अवधारणाएँ एक दूसरे की पूरक और फिर समन्वित रूप में वर्णित मिलती हैं। ऋत का अर्थ है गति; सत्य का अर्थ है, सत्ता बने रहना। गति ऐसी न हो जो स्वरूप की पहचान नष्ट कर दे, बने रहने का अर्थ यह न हो कि टिक जाए, ठहर जाए, अपने लिए ही रह जाए। दोनों को साधे रहना और ऐसे साधे रहना कि कोई आयास न मालूम हो। सत्य और ऋत का यही समन्वय धर्म है। मध्ययुगीन पश्चिमी चिन्तन में वही प्रथम सिद्धांत है, तसव्वुफ में वही बेखुदी की खुदी है। भक्त कवियों की भाषा में वही महाभाव के लिए चिरन्तन उद्वेलन है। विराट् से एकाकार होकर लघु के लिए विफलताओं में अवतरण है। राधा का कृष्ण के साथ तन्मय होना एक-दूसरे के लिए बेचैनी है। हर बेचैनी तन्मयता लाती है, हर तन्मयता बेचैनी। यही जीवन का न चुकने वाला अव्यय रस है।

इन तीनों पक्षों का समन्वित रूप ही धर्म है। यह धर्म मानव मात्र का है, ऐसे धर्म से निरपेक्ष होने की बात सोची भी नहीं जा सकती। इस धर्म की प्रतीति अलग-अलग रूपों में अलग-अलग परिस्थितियों में होती है। ये सभी धर्म एक हैं क्योंकि सभी सामंजस्य स्थापित करने के अलग-अलग रिश्तों के संदर्भ में प्रयत्न हैं। जननी और जन्मभूमि, पिता और आकाश, पुत्र और वृक्ष, पुत्री और आंगन की चिड़िया, इन सबके प्रति जो कर्त्तव्य भाव जागते हैं, वे एक-दूसरे के पोषक होते हैं। धर्म की माँग है कि लोग इनकी अलग पहचान में खो न जाएँ, सब उस एक को पहचानें।

संप्रदाय धर्माचरण का चौखटा है। जो समष्टि रूप में दिया गया मिले, जो अपनी परिस्थितियों के साथ सामंजस्य बैठाने वाली जीवन पद्धति के रूप में

मिले, उसे संप्रदाय कहा जाता है। मनु ने कहा है कि जिस प्रकार, जिस पद्धति से पिता-पितामह कुशलतापूर्वक जिए हैं, उसी में मंगल निहित है। यहाँ महत्त्व पद्धति से अधिक प्रकार का है। हमें दिया हुआ मिलता है, इसका अर्थ यह नहीं कि यह रूढ़ है। जैसे कृषि के लिए खेत मिलता है, खेत में बोने के लिए बीज मिलते हैं, हल-बैल मिलते हैं, किस ऋतु में कैसे बोना है, कब क्या करना है, यह पद्धति मिलती है और साथ ही साथ यह भाव मिलता है कि फसल में सबका हिस्सा है, उसके बढ़ने में, पकने में, उसके उपभोग में सबका हिस्सा है, चिरई-चुरूंग, पेड़-पालो सबका हिस्सा है, बढ़ई-लुहार सबका हिस्सा है, वैसे ही सनातन हिन्दू धर्म में संप्रदाय मिलते हैं। हम संप्रदाय के उत्तराधिकारी हैं, पर संप्रदाय का उत्तराधिकार सौंपने वाले भी हैं। जैसे शैव, वैष्णव और शाक्त संप्रदाय हैं, वैसे ही बौद्ध, जैन, एवं सिक्ख संप्रदाय हैं। वैसे ही ईसाई, यहूदी, मुस्लिम (वहाँ भी शिया, सुन्नी) जैसे संप्रदाय हैं। हम जैसे दूसरों की खेती में दखल देना उचित नहीं समझते, वैसे ही दूसरे संप्रदाय में हस्तक्षेप करना उचित नहीं समझते। हम यह भी नहीं सोचते कि अपने संप्रदाय में इनको मिला लें, क्योंकि धर्म या अध्यात्म में मिलाना होता नहीं, एक-दूसरे के साथ मिलना होता है; एक-दूसरे से आदान-प्रदान होता है, अलग रहते हुए भी एक-दूसरे को समझना होता है। जिस किसी को जो दिया गया है, वह उसे कैसे ले रहा है और कैसे निबाह रहा है? साधना की पद्धति एक हो, यह ज़रूरी नहीं है। यह समझदारी साथ रहने से और संवाद स्थापित करने से आती है। हिन्दुस्तान में यह प्रयत्न निरन्तर चलता रहा है, इसी को सत्संग कहा जाता है। इसी को उत्सव और मेला कहा जाता है। यही छोटे दायरों से बाहर निकलने का उपाय रहा है। फकीर महात्मा के पास जाए तो कोई बड़ा या छोटा बनकर नहीं जाता, बल्कि निःशेष होकर जाता है। लोग तीर्थ के लिए, ज़ियारत के लिए जाते हैं तो निःस्वार्थ होकर जाते हैं। वहाँ लोग केवल स्थावर या जंगम तीर्थ से नहीं मिलते, ऐसे असंख्य हृदयों से भी मिलते हैं, जो उसी की तरह निःशेष होकर विपुल के प्रवाह में नहा रहे हैं। यही मेला है। जाने कब के बिछुड़े एक-दूसरे से मिलते हैं और एक-दूसरे की अपेक्षा से भीग कर अविलग होकर जुदा होते हैं। संवाद से अधिक संवाद के हृदय में उतरने का मज़ा होता है। ऐसे संवादों की स्मृति राह से भटकने नहीं देती। ऐसी स्मृति को संजोकर रखने में संप्रदायों एवं सांप्रदायिक सत्संगों की महत्वपूर्ण भूमिका रही है।

संप्रदाय दीवार नहीं है, संप्रदाय दीपस्तम्भ है, वह किसी दूसरे दीपस्तम्भ का प्रकाश छेकता नहीं, न उस प्रकाश का विरोध करता है, वह आकांक्षा करता है कि

वह अपने आस-पास को ठीक तरह से प्रकाशित करे, इस तरह कि वहाँ का आदमी महसूस करे कि दूसरे का दीपस्तम्भ उसके लिए कितना महत्त्वपूर्ण है।

संप्रदाय धर्म का आवश्यक अभिलक्षण है, और यह अभिलक्षण माँग करता है कि धर्म कभी दृष्टि से ओझल न हो। बराबर सामने रहे। हमें अपना संप्रदाय प्रिय लगता है, अपना घर अच्छा लगता है, बार-बार यहाँ लौटने की इच्छा होती है तो दूसरे को भी उसका घर अच्छा लगता है, हम दूसरे से जुड़े हैं इसलिए कि हम दोनों को घरों से लगाव है। घर से दोनों का सरोकार है। बेघर, जड़हीन लोग जैसा भी सोचें पर घर वाला किसी घर की बर्बादी की बात नहीं सोचेगा। इसीलिए भारत में विभिन्न संप्रदाय धर्म की व्यापकता के लिए धर्म के परिचालन के लिए, धर्म की प्रतीति के लिए रहे और मनुष्य के भाव की आस्तिकता को प्रमाणित करने के लिए कायम रहे हैं।

भारतीय मूल के पंथ एवं धार्मिक समूह

हिन्दू धर्म में अनेक संप्रदाय उल्लेखनीय हैं; जैसे वैष्णव, शैव, शाक्त, लिंगायत, कबीरपंथी, रैदासपंथी। इन धार्मिक समूहों और विस्तृत हिन्दू समाज के बीच परस्पर संबंध होता है। पंजाब में हिन्दुओं एवं सिक्खों के बीच विवाह के उदाहरण मिलते रहे हैं। बौद्ध व हिन्दुओं में भी वैवाहिक संबंध होते हैं। हिन्दू बनियों व जैनों के बीच गहरे सामाजिक व सांस्कृतिक संबंध हैं।

बौद्ध व जैन जैसे प्रारंभिक संप्रदायों के प्रभाव में पुरोहितों के प्रभुत्व और जातीय प्रस्थिति के महत्त्व पर अंकुश लगा। बौद्ध धर्म ने सभी जीवों के प्रति करुणा की भावना को धार्मिक महत्त्व प्रदान किया। जैन धर्म ने अहिंसा के सिद्धांत को स्थापित किया। भगवान बुद्ध ने शास्त्रों एवं पुरोहितों की सीमा स्पष्ट करके अपना दीपक खुद बनने की शिक्षा दी, जिससे समाज में विवेक एवं प्रज्ञा का महत्त्व स्थापित हुआ।

तत्पश्चात दक्षिण भारत में भक्ति संप्रदाय का छठी और ग्यारहवीं शताब्दी के बीच उदय हुआ। उत्तर भारत में चौदहवीं से सत्रहवीं शताब्दी के बीच इस भक्ति संप्रदाय का प्रचार-प्रसार एवं संवर्धन हुआ। इसके प्रभाव से उदारवाद प्रकाश में आया, जिससे लोगों को आनुष्ठानिक व सामाजिक प्रतिबंधों से छूट मिली। साथ ही ईश्वर के समक्ष समानता का सिद्धांत प्रचलित हुआ। भारतीय मूल के अन्य पंथों में कबीर पंथ, रैदास पंथ, नानक पंथ, लिंगायत पंथ आदि भक्ति संप्रदाय से जुड़े हैं।

औपनिवेशिक शासन काल में भारतीय समाज में अनेक नई सुधारवादी धाराएँ उभरी। सुधार आंदोलनों में ब्रह्मसमाज, आर्यसमाज, रामकृष्ण मिशन

आदि की स्पष्ट भूमिका रही है। सुधार के इन्हीं प्रयत्नों को अणुव्रत आंदोलन, भूदान आंदोलन व स्वाध्याय आंदोलन के रूप में नए आयाम मिले।

प्रस्तुत पुस्तक भारतीय समाज को समझने के लिए समाजशास्त्रियों द्वारा किए गए अकादमिक प्रयासों के स्वरूपीकरण के बारे में है। इस तरह के स्वरूपीकरण को अंग्रेज़ी भाषा में 'पर्सपेक्टिव' कहते हैं। अंग्रेज़ी शब्द 'पर्सपेक्टिव' के तहत किसी समाज-विज्ञानी के थ्योरी (सिद्धांत) एवं मैथड (अध्ययन पद्धति) के सामान्य रुझान को शामिल किया जाता है। हिन्दी में इसके लिए बोलचाल की भाषा में 'दृष्टिकोण' शब्द लोकप्रिय है, लेकिन संस्कृत एवं तत्सम हिन्दी में इसका तकनीकी अर्थ 'उपागम' है।

आगम और निगम भारतीय भाषा परिवार में सुपरिभाषित शब्द हैं। आगम से आगमन तर्कशास्त्र (इंडक्टिव लॉजिक) और निगम से निगमन तर्कशास्त्र (डिडक्टिव लॉजिक) बना है। समाज विज्ञानों में उपागम का तकनीकी अर्थ 'सोशल साईंस पर्सपेक्टिव' है। उपागम का अर्थ है 'छोटा आगम'। आगम विकसित शास्त्र को कहते हैं। उपागम विकासशील शास्त्र को कहते हैं। आधुनिक समाजशास्त्र का जन्म १८वीं शताब्दी में हुए यूरोपीय ज्ञानोदय (एनलाइटेनमेंट) की कोख से हुआ है। इसका आधार रोजर बेकन, रेने डेकार्ट, फ्रांसिस बेकन, लॉक, ह्यूम आदि द्वारा विकसित आगमन तर्कशास्त्र में है। आगमन तर्कशास्त्र का जन्म १३वीं शताब्दी के इटली में शुरू हुए यूरोपीय पुनर्जागरण के क्रम में हुआ था जिसके दौरान रोमन कैथोलिक चर्च द्वारा मान्य एवं रोम के पोप द्वारा नियंत्रित मध्यकालीन सामंतवादी व्यवस्था और कैथोलिक चर्च द्वारा प्रचारित विश्वदृष्टि, सामाजिक व्यवस्था एवं धार्मिक विश्वास की गहरी समालोचना शुरू हुई। इसी क्रम में यूरोप के विद्वानों ने ईसाई धर्म के प्रचार-प्रसार (करीब चौथी शताब्दी) से पूर्व की रोमन एवं ग्रीक सभ्यताओं एवं इस सभ्यता के उपलब्ध मानक ग्रंथों का ज्ञान प्राप्त किया। पुरानी रोमन एवं ग्रीक सभ्यता के आलोक में मध्यकालीन नींद में सोया यूरोप जाग उठा। इस दुबारा (पुनः) जागने की प्रक्रिया में अरस्तू के निगमन तर्कशास्त्र की जगह यूरोप के नए तर्कशास्त्रियों ने आगमन तर्कशास्त्र विकसित किया। इससे पंद्रहवीं शताब्दी में आधुनिक विश्वविद्यालयों के विकास में मदद मिली। ज्ञान-विज्ञान और विवेकशीलता का विकास हुआ। इससे १६वीं शताब्दी में धर्म सुधार आंदोलन शुरू हुआ। जर्मनी में मार्टिन लूथर ने पोप और कैथोलिक चर्च के शोषण, पापों एवं अंधविश्वासों की तर्क के आधार पर जम कर आलोचना की और बाइबिल का युगानुकूल भाष्य तैयार किया। जिसके आधार पर ईसाई जगत् पोप समर्थक कैथोलिक एवं पोप विरोधी प्रोटेस्टैंट

नामक संप्रदाय में विभाजित हो गया और नए संप्रदाय ने पोप की तानाशाही मानने से इंकार कर दिया। इसी बीच काल्विन एवं ज्वींगली ने मार्टिन लूथर से कुछ अलग व्याख्या प्रस्तुत कर प्रोटेस्टैंट चर्च के भीतर तीन महत्त्वपूर्ण उप-संप्रदाय विकसित करने में मदद की। काल्विन के विचारों को जर्मनी के बाहर सबसे ज़्यादा समर्थन मिला। मैक्सवेबर के समाजशास्त्र की प्रेरणा एवं इनका सैद्धांतिक आधार बाइबिल के काल्विन भाष्य से ही प्रभावित था।

१८वीं शताब्दी में फ्रांसीसी क्रांति एवं अमेरिकी स्वतंत्रता संग्राम के प्रभाव में यूरोप में आधुनिक प्रजातंत्र का जन्म हुआ। १६वीं शताब्दी में स्पेन, पुर्तगाल एवं हॉलैंड जैसे पोप समर्थक कैथोलिक देशों में काउन्टर रिफॉरमेशन (धर्म सुधार आंदोलन को रोकने के लिए परम्परावादी क्रांति) के जोश में औद्योगिक क्रांति का प्रारंभिक प्रयास हुआ और कोलंबस तथा अन्य लोगों ने नए क्षेत्रों का पता लगाने का समुद्री अभियान शुरू किया। इसके फलस्वरूप अमेरिका आदि देशों में उपनिवेश स्थापित हुए। इंग्लैंड, फ्रांस और जर्मनी जैसे सुधारवादी देशों में १८वीं शताब्दी में एक दूसरी औद्योगिक क्रांति शुरू हुई, जिसने १६वीं शताब्दी की औद्योगिक क्रांति की तुलना में ज़्यादा सफलता प्राप्त की। इस दूसरी औद्योगिक क्रांति में लोहा धातु का उपयोग किया गया, जो पहली क्रांति के तांबा धातु से सस्ता भी था और मज़बूत भी। इस दूसरी औद्योगिक क्रांति की दूसरी विशेषता इस तकनीकी क्रांति की आर्थिक व्यवस्था का ज़्यादा व्यवस्थित एवं ज़्यादा सक्षम स्वरूप था। इस नई व्यवस्था को पूंजीवादी औद्योगिक क्रांति कहते हैं जबकि पहली क्रांति एक प्रकार की सामंतवादी औद्योगिक क्रांति थी। पूंजीवादी औद्योगिक क्रांति की तकनीक न्यूटन के पदार्थ विज्ञान, काल्विन के बाइबिल भाष्य एवं एड्म स्मिथ के राजनीतिक अर्थशास्त्र पर आधारित थी। यूरोपीय ज्ञानोदय में उपरोक्त लोगों के अलावा इमानुएल कांट के दार्शनिक समन्वय (जिसे कांटीएन रिवोल्यूशन कहा जाता है) और दिदरो के विश्वकोष की भी महत्त्वपूर्ण भूमिका थी। सेंट सिमो, वाल्टेयर, रूसो, मांटेस्कु, हॉब्स, लॉक, ह्यूम, आदि ने इसको विस्तारित कर यूरोपीय ज्ञानोदय की राजनैतिक विचारधारा (व्यक्तिवाद पर आधारित औद्योगिक प्रजातांत्रिक राज्यव्यवस्था की विचारधारा) विकसित की। इसके फलस्वरूप यूरोप में आधुनिक किस्म के उद्योग और आधुनिक किस्म के राज्यों में नया यूरोप सामने आया। इसको समझने के लिए नए विज्ञानों की शृंखला सामने आई, जिसे समाजविज्ञान कहा जाता है। समाजविज्ञान की इसी शृंखला में समाजशास्त्र का जन्म हुआ। सामान्यतया अगस्त कोम्ट को समाजशास्त्र का पिता माना जाता है, जिन्होंने 'सोशिओलॉजी' नामक नया शब्द दिया। लेकिन मैक्सवेबर, कार्ल मार्क्स, हरबर्ट स्पेंसर या विलफ्रेड परेटो के समाजशास्त्र पर

अगस्त कोम्ट के समाजशास्त्र का कोई ख़ास प्रभाव नहीं है। १८३८ में समाजशास्त्र का फ्रांस में जन्म हुआ और अगस्त कोम्ट इसके पिता हैं। ईमाइल दुर्खीम पर अगस्त कोम्ट का निर्णयकारी प्रभाव था लेकिन जर्मनी, इंग्लैंड, इटली जैसे अन्य स्थानों पर समाजशास्त्र का विकास धीरे-धीरे यूरोपीय ज्ञानोदय के सम्मिलित प्रभाव में हुआ। फलस्वरूप यूरोपीय समाजशास्त्र में सैद्धांतिक एवं अध्ययन-पद्धति संबंधी विवाद प्रारंभ से ही रहा है। परस्पर विरोधी उपागम सामने आए। भारत में समाजशास्त्र का एक विषय के रूप में जन्म कलकत्ता विश्वविद्यालय में स्वदेशी आंदोलन के दौरान हुआ। इसके विकास में कलकत्ता विश्वविद्यालय के तत्कालीन कुलपति आशुतोष मुखर्जी और बंगाली रेनेसां (नवजागरण) के प्रमुख विद्वानों (बी.के. सरकार, बी.एन. दत्त (विवेकानंद के छोटे भाई) एवं बी.एन. शील) की इसमें प्रमुख भूमिका थी। बिनय कुमार सरकार को सामान्यतः कलकत्ता विश्वविद्यालय के समाजशास्त्रीय अध्ययनों का सबसे प्रमुख प्रतिनिधि माना जाता है। समाजशास्त्रीय चिंतन, लेखन एवं संगोष्ठियों का दौर १९०६ में स्वदेशी आंदोलन शुरू होने के कुछ ही समय बाद (१९०८-०९ के आस-पास शुरू हुआ) लेकिन समाजशास्त्र का स्वतंत्र विभाग कलकत्ता विश्वविद्यालय से पहले बंबई विश्वविद्यालय में १९१९ में शुरू हुआ। बंबई विश्वविद्यालय में समाजशास्त्र का जन्म महात्मा गाँधी के भारतीय राजनीति में प्रवेश के बाद जलियाँवाला बाग घटना के आस-पास हुआ। इसकी प्रेरणा तत्कालीन ब्रिटिश सरकार से आई। सरकारी ग्रांट से ब्रिटिश भूगोलविद सर पैट्रिक गिड्स ने समाजशास्त्र का प्रथम विभाग शुरू करने का गौरव पाया। १८८५ में सर ए.ओ. ह्यूम ने भारतीय राष्ट्रीय कांग्रेस की स्थापना की थी। ह्यूम और पैट्रिक गिड्स के तुलनात्मक विचारों में पूरकता थी (जैसे विलियम जोंस एवं मैक्समूलर के इंडोलोजिक विचारों में पूरकता थी)। अतः प्रारंभ से ही कलकत्ता विश्वविद्यालय और बंबई विश्वविद्यालय के समाजशास्त्रीय उपागम में गुणात्मक अंतर है।

कलकत्ता विश्वविद्यालय से जुड़े बी.के. सरकार एवं अन्य विद्वानों की मान्यता रही है कि जिस प्राचीन युग में यूरोप के निवासी सभ्यता के निम्न स्तर पर थे, उस समय अपने देश के सामाजिक जीवन, सामाजिक व्यवस्था एवं सामाजिक संगठन आदि के बारे में व्यवस्थित ज्ञान उपलब्ध था। इस प्रकार भारत में समाजशास्त्र के उद्भव एवं विकास का इतिहास ४००० वर्षों से भी अधिक प्राचीन है। इतना अवश्य है कि वैदिक एवं उत्तरवैदिक काल में सामाजिक विचारधारा का मूल स्रोत धर्म था और धार्मिक आधार पर ही समाज की विभिन्न संस्थाओं और व्यवस्थाओं का व्यवस्थित और क्रमबद्ध ज्ञान

प्राप्त किया जाता था। वास्तव में भारत में समाजशास्त्र का आधार नया है लेकिन इतना निश्चित है कि इस देश में इसका आधार अत्यधिक प्राचीन है। भारत के प्राचीन समाजशास्त्रियों के रूप में शुक्राचार्य, मनु, भृगु, चाणक्य, आदि के नाम विशेष रूप से उल्लेखनीय हैं। इन विचारकों ने समाज के विभिन्न पक्षों के संबंध में अपने ठोस विचारों को अनेक महत्त्वपूर्ण ग्रंथों में प्रस्तुत किया है। ईसा के ३०० वर्ष पूर्व चाणक्य द्वारा रचित *अर्थशास्त्र* में जिन राजनैतिक सामाजिक एवं आर्थिक नीतियों का उल्लेख किया गया है, उनकी तुलना में यूनानी विचारकों का स्तर कहीं ज़्यादा नीचे है। वेद, रामायण, महाभारत, गीता, स्मृतियाँ, उपनिषद् आदि विभिन्न ग्रंथों में प्राचीन भारत के सामाजिक जीवन से संबंधित विषयों की विस्तृत चर्चा की गई है।

दूसरी ओर बम्बई विश्वविद्यालय से जुड़े प्रो. पैट्रिक गिड्स एवं उनके शिष्यों की मान्यता रही है कि आधुनिक समाजशास्त्र गुणात्मक रूप से एक नया विज्ञान है, जिसकी भारत के पारंपरिक विद्वानों के मत से तुलना करना, ऐतिहासिक यथार्थ से मुँह मोड़ना होगा। आधुनिक समाजशास्त्र एक सार्वभौमिक विज्ञान है, जिसके उपागमों का किसी भी देश के समाज को समझने में सदुपयोग हो सकता है। पैट्रिक गिड्स के शिष्य घुर्ये के प्रभाव में बम्बई विश्वविद्यालय में इसी तरह के सार्वभौमिक समाजशास्त्र का विकास हुआ। १९४७ के बाद देश के विभिन्न विश्वविद्यालयों में समाजशास्त्र को एक व्यवस्थित विषय के रूप में मान्यता प्राप्त हुई तथा वर्तमान में भारत के १२३ विश्वविद्यालयों में से लगभग ७५ विश्वविद्यालयों मे इस विषय का अध्ययन-अध्यापन नियमित रूप से हो रहा है। इतना ही नहीं इन विश्वविद्यालयों के अतिरिक्त देश के प्रमुख तकनीकी, चिकित्सा संस्थानों एवं सामाजिक शोध संस्थानों में भी समाजशास्त्र ने अपना स्थान बना लिया है।

प्रस्तुत किताब में १९०८ से २०११ के करीब १०२ वर्षों के समाजशास्त्रीय उपागमों की प्रमुख प्रवृत्तियों को समेटने का प्रयास किया गया है। कोशिश की गई है कि दस अध्यायों के अंतर्गत महत्त्वपूर्ण समाजशास्त्रीय उपागमों के शास्त्रीय एवं समकालीन प्रवृत्तियों का सामान्यीकरण एवं विशिष्टिकरण, दोनों को प्रस्तुत किया जाए। संयुक्त रूप से भारतीय समाजशास्त्र में इसे सम्प्रदाय कहते हैं। भारत में समाजशास्त्र अभी भी विकास की प्रक्रिया से गुज़र रहा है। अतः भारतीय समाजशास्त्र के प्रमुख सम्प्रदाय अभी तरल अवस्था में हैं।

अमित कुमार शर्मा
जवाहरलाल नेहरू विश्वविद्यालय

अनुक्रमणिका

१

इंडोलॉजिकल संप्रदाय अथवा भारतीय विद्या उपागम संप्रदाय

भारतीय विद्या उपागम का अर्थ

भारतीय विद्या उपागम (इंडोलॉजी) का अर्थ है, भारतीय समाज एवं संस्कृति का आधुनिक यूरोपीय दृष्टि से परंतु भारतीय तथ्यों एवं अवधारणाओं के आधार पर व्यवस्थित अध्ययन। इस उपागम के प्रवक्ताओं का दावा है कि भारतीय सभ्यता की विशिष्टता को यूरोपियन समाजशास्त्र के ढाँचे के अनुरूप नहीं ढाला जा सकता है। उनका यह भी मानना है कि भारतीय समाज को केवल भारतीय सभ्यता के सिद्धान्तों, अवधारणाओं तथा प्रारूपों के द्वारा ही ठीक से समझा जा सकता है। इस उपागम के मानने वाले मूल रूप से लिखित साक्ष्यों पर निर्भर करते हैं। यह उपागम संरचना से अधिक भारतीय समाज की संस्कृति को महत्त्व देता है। इंडोलॉजी समाजशास्त्र की तरह एक स्वतंत्र विज्ञान एवं समाजशास्त्र के अन्तर्गत एक दृष्टिकोण, दोनों ही है। अपने दोनों रूपों में यह भाषा, विचारों, विश्वासों, प्रथाओं, निषेधों, नियमों, संस्थाओं, औजारों, तकनीकों, कलाकृतियों, कर्मकाण्डों, पूजा-विधियों, उत्सवों तथा भारतीय संस्कृति एवं सभ्यता के अन्य तत्त्वों का अन्वेषण करता है। यह ध्यान देने योग्य तथ्य है कि इंडोलॉजी की मुख्यधारा पश्चिमी विद्वानों द्वारा विकसित वैज्ञानिक दृष्टिकोण है। इंडोलॉजिकल अध्ययनों का मुख्य स्रोत शास्त्रीय ग्रंथ, पांडुलिपियाँ, पुरातात्त्विक दस्तावेज, भाषा तथा विज्ञान से जुड़े तथ्यों, संकेतों एवं प्रतीकों के अध्ययन से आता है। इंडोलॉजी के अध्ययन का उद्देश्य भारतीय संस्कृति की गहनता को समझना है।

एक स्वतंत्र विज्ञान के रूप में इंडोलॉजी का जन्म भारत में समाजशास्त्र के जन्म से काफी पहले हुआ था। इंडोलॉजी का पहला महत्त्वपूर्ण केन्द्र सर विलियम जोंस द्वारा कलकत्ता शहर में १७८४ में शुरू किया गया था। सन्

१८८६ तक थियोसौफिकल सोसायटी ने अड्यार में अपनी तरह का भारतीय विद्या अध्ययन शुरू कर दिया था। सन् १८६१ में 'दि ओरियेंटल रिसर्च इन्स्टीच्यूट', मैसूर, की स्थापना तथा 'दि भंडारकर ओरियेंटल रिसर्च इन्स्टीच्यूट', पुणे, की स्थापना १६१७ में हो गई थी। इस प्रकार जब बंबई विश्वविद्यालय में समाजशास्त्र का पहला विभाग १६१६ ई. में खुला तो इंडोलॉजी भारत में स्थापित एवं प्रतिष्ठित हो चुकी थी। फलस्वरूप भारतीय समाजशास्त्र के प्रमुख संस्थापक इंडोलॉजी से प्रभावित थे। बी.के. सरकार, जी.एस. घुर्ये, राधाकमल मुखर्जी, के.एम. कपाड़िया, पी.एच. प्रभु एवं इरावर्ती कर्वे की रचनाओं पर भारतीय विद्या उपागम का प्रबल प्रभाव है।

भारतीय समाजशास्त्र में इंडोलॉजिकल दृष्टिकोण के ऊपर इंडोलॉजी नामक स्वतंत्र विज्ञान का निश्चित प्रभाव है परन्तु ये दोनों एक समान नहीं हैं। जिन समाजशास्त्रियों ने इंडोलॉजिकल दृष्टिकोण का प्रयोग किया है, वे अन्य समाजशास्त्रीय दृष्टिकोणों से भी प्रभावित रहे हैं। उदाहरण के लिए जी. एस. घुर्ये की रचनाओं में इंडोलॉजिकल दृष्टिकोण तथा डब्ल्यू.एच.आर. रिवर्स द्वारा प्रतिपादित प्रसारवादी दृष्टिकोण का सम्मिश्रण दिखाई देता है। उसी प्रकार, राधाकमल मुखर्जी की रचनाओं में इंडोलॉजिकल दृष्टिकोण एवं अमेरिकी शैली के तथ्यपरक समाजशास्त्र के बीच सम्मिश्रण है। दूसरी ओर एक स्वतंत्र विज्ञान के रूप में इंडोलॉजी के अंतर्गत ही कई प्रकार के दृष्टिकोण एवं अध्ययन पद्धतियाँ पाई जाती हैं। इस विज्ञान की कई शाखाएं हैं। विभिन्न भारतीय समाजशास्त्री इंडोलॉजी की विभिन्न शाखाओं से प्रभावित थे। उदाहरण के लिए बी.के. सरकार, विलियम जोंस द्वारा स्थापित एशियाटिक सोसाइटी की इंडोलॉजिकल शाखा से प्रभावित थे। जी.एस. घुर्ये पर भंडारकर संस्थान, पुणे, से जुड़ी इंडोलॉजी की शाखा का प्रभाव था न कि इंडोलॉजी की ब्रिटिश शाखा का, जिसकी स्थापना सर विलियम जोंस तथा जर्मन विद्वान मैक्समूलर की रचनाओं के आधार पर हुई थी। इसी प्रकार राधाकमल मुखर्जी, आनंद कुमारस्वामी की इंडोलॉजिकल रचनाओं से प्रभावित थे।

इंडोलॉजिकल अध्ययनों के अंतर्गत दो प्रकार के अध्ययन शामिल हैं। पहला भारत विद्या अध्ययन और दूसरा प्राच्य अध्ययन (ओरिएंटल स्टडीज़)। इन दोनों के बीच समानता एवं असमानता दोनों हैं। इंडोलॉजी भारतीय समाज एवं संस्कृति का समानुभूत एवं सकारात्मक प्रतिबिंब है जबकि प्राच्यवाद इसके सर्वथा विपरीत है। प्राच्यवाद का जन्म ब्रिटिश साम्राज्य एवं पश्चिम के अन्य औपनिवेशिक सत्ता केन्द्रों की ज़रूरत थी जबकि भारत विद्या अध्ययन का जन्म भारतीय ज्ञान के प्रति होने वाली जिज्ञासा का प्रतिफलन

था। मैक्समूलर, जेम्स मिल तथा विलियम आर्चर का नाम प्राच्यविद्या के मूर्धन्य विद्वानों के रूप में लिया जाता है। विलियम जोंस, विलकिन्स, कोलब्रुक एवं विल्सन जैसे अंग्रेज़, रेने ग्विन, लुई रेनेयू एवं बुगले जैसे फ्रांसीसी एवं आनन्द कुमारस्वामी, जोसेफ कैम्पबेल एवं मर्सिया इलियड जैसे अमेरिका में कार्यरत विद्वानों की रचनाओं से इंडोलॉजी का संवर्धन हुआ।

इंडोलॉजी के अध्ययनों के द्वारा भारतीय संस्कृति को सुस्पष्ट रूप से समझने की कोशिश की गई। सामान्यतया इन अध्ययनों के द्वारा भारतीय संस्कृति के गुणों एवं अवगुणों की अतिरंजना की गई है। प्राच्यविदों ने सामान्यतया भारतीय संस्कृति की कुरीतियों एवं बुराइयों को बढ़ा-चढ़ाकर दिखलाया तथा ईसाई मिशनरियों एवं ब्रिटिश राज की भारत में उपयोगिता को सही साबित करने की कोशिश की। दूसरी ओर भारतविद्या-विज्ञों ने भारतीय अध्यात्म की अतिरंजना की जबकि सामान्य भारतीय जन की व्यवहारिक बुद्धिमत्ता, युक्ति एवं भौतिक संस्कृति की उपलब्धियों की किसी सीमा तक अवहेलना की।

भारतीय समाजशास्त्र के अंतर्गत इंडोलॉजिकल दृष्टिकोण इंडोलॉजी के ब्रिटिश संप्रदाय की तुलना में अधिक विकसित, परिष्कृत और ज़्यादा विवेकसंगत है। समाजशास्त्र के बड़े ढांचे के अंतर्गत भारतीय परिवार, विवाह, नातेदारी, धर्म, कला, संस्कृति, भाषा, पौराणिक कथाएं एवं सभ्यता की समझ को विस्तृत करने में इंडोलॉजिकल दृष्टिकोण ने सफलता पाई है।

हाल के वर्षों में लुई ड्यूमों एवं मैकिम मैरियट के प्रभाव में संस्कृतिशास्त्रीय रचनाओं के अंतर्गत भारत को समझने के लिए इंडोलॉजिकल दृष्टिकोणों का सफलतापूर्वक प्रयोग हुआ है। भारतीय समाज एवं संस्कृति की सृजनशील समझ के विकास हेतु टी.एन. मदान ने कुमारस्वामी एवं लेवी स्ट्रॉस के दृष्टिकोणों में समन्वय की वकालत की है। बहुत पहले डी.पी. मुखर्जी ने इंडोलॉजिस्टों द्वारा प्रस्तुत भारतीय परम्परा एवं मार्क्स के द्वन्द्ववाद के समन्वय द्वारा विश्लेषण की वकालत की थी। स्वतंत्रतापूर्व के करीब सभी महत्त्वपूर्ण समाजशास्त्री इंडोलॉजिकल दृष्टिकोण से प्रभावित थे। यहाँ तक कि श्रीनिवास ने भी अपने क्षेत्र अध्ययनों के विश्लेषण में इंडोलॉजिकल तथ्यों का कभी-कभी उपयोग किया है।

किताबी पाठ (टेक्सट) की अवधारणा एवं भारत में इसका विकास

करीब चौथी शताब्दी से यूरोपीय विद्वानों में ज्ञान का प्रामाणिक स्रोत किताब (टेक्सट) रहा है। इसको पाठ्यपुस्तक या पारायण पुस्तक कहते हैं।

समकालीन विमर्श में इसे पाठ कहते हैं। इंडोलॉजिकल उपागम का आधार इसी तरह के पाठों का विश्लेषण रहा है। समाजशास्त्र में इसको बुक व्यू कहा जाता है। आधुनिक युग में भी रेने डेकार्ट एवं इमानुएल कांट के प्रभाव में ज़्यादातर यूरोपीय विद्वान् यही मानते हैं कि किसी चीज़ के बारे में प्रामाणिक ज्ञान किताबी सिद्धांत एवं बौद्धिक अवधारणाओं के आधार पर ही प्राप्त हो सकता है। विलियम जोंस के प्रभाव में जब भारत को समझने के लिए आधुनिक प्रयास इंडोलॉजी (भारतविद्या) के तहत विकसित हुआ तो यूरोपीय मानदंड पर भारत का प्रामाणिक ग्रंथ या किताब (टेक्स्ट) खोजा जाने लगा। भारतीय ग्रंथों का अनुवाद, संशोधन, संपादन एवं मूल्यांकन का साम्राज्यवादी उपक्रम चलाया गया। इस उपक्रम के सिद्धांत, मॉडल एवं मानदंड यूरोपीय परम्परा के आधार पर तय किए गए। भारतीय विद्वानों का काम बौद्धिक सहायकों जैसा था। वे लोग यूरोपीय विद्वानों के स्वामीभक्त अनुचर की तरह 'तथ्य संकलन', 'शाब्दिक अनुवाद' एवं यूरोपीय मानदंडों पर भारतीय शास्त्रों में ''प्रक्षेपित अंश'' (अप्रामाणिक घुसपैठ) खोजते रहे और मूल्यांकन करने का काम यूरोपीय विद्वान् करते रहे। बाद में इस तरह के ''आधिकारिक मूल्यांकन'' के प्रचार, प्रसार एवं अनुकरण करने के लिए भारतीय विद्वानों को प्रायोजित अनुबंध दिया जाता रहा। अब तो इसी प्रकार के शोध को मौलिक एवं श्रेष्ठ माना जाता है। इसी प्रभाव के कारण आधुनिक हिन्दू चिंतकों में साधारण जनता और उसके जीने के ढंग का ख़याल नहीं रहा, अंग्रेज़ों द्वारा चुने हुए 'टेक्स्ट' का ख़याल रहा।

एक स्वतंत्र ग्रंथ के रूप में भगवद्गीता भी अंग्रेज़ों के आने से पहले नहीं पढ़ी जाती थी। इसको इतना अधिक प्रतिष्ठित यूरोपीय विद्वानों ने ही किया है। पहले इसे या तो महाभारत के रूप में पढ़ा-सुना जाता था या दार्शनिक रूप से ब्रह्मसूत्र और उपनिषद्ों के साथ प्रस्थान त्रयी के रूप में पढ़ा जाता था। आम हिन्दुओं के बीच भगवद्गीता साधारण लोगों द्वारा पढ़ने की चीज़ नहीं मानी जाती। साधारण लोग रामायण, महाभारत, पुराण एवं भागवत इत्यादि पढ़ते हैं। समाज में अभी भी कुछ ही लोग पारम्परिक शास्त्र, शिल्प या भारतीय गणित पढ़ते हैं, ज़्यादातर लोग वाचिक परम्परा की दुनिया में ही रहते हैं। उनकी दुनिया गणित एवं व्याकरण से न तो बनती है और न चलती है। उनकी दुनिया में स्मृति, पुराण, लोककथा, महाकाव्य, मुहावरा, कहावत, लोकगीत एवं लोकसंगीत का प्रभाव गणित एवं व्याकरण से ज़्यादा होता है। परंतु आधुनिक विद्वान् भारत को आम लोगों की नज़र से देखना-समझना नहीं चाहते। वे लोग अपनी कृत्रिम दुनिया में रहते हैं। उनको इससे बहुत

फर्क नहीं पड़ता कि भारत के आम नर-नारियों का दूसरे मनुष्यों से, सृष्टि से या दूसरे जीवों से क्या रिश्ता है? उनके लिए पश्चिमी मानदंडों पर खरा उतरना अधिक आवश्यक है।

वास्तव में आम आदमी के जीवन में जाने-अनजाने कितना पश्चिमीकरण हुआ है, हुआ भी है या नहीं, ऐसे सवालों पर सार्वजनिक जीवन में चर्चा सामान्यतः नहीं होती। जो लोग भी सार्वजनिक जीवन में हैं, उनको आम लोगों की वास्तविक स्थिति के बारे में ज़्यादा जानकारी नहीं है। जिन्हें जानकारी है, वे सार्वजनिक जीवन के विमर्श में भाग नहीं लेते और आम लोगों के पक्ष का प्रतिनिधित्व करने नहीं आते। आधुनिक भारत के पढ़े-लिखे लोगों को लगता है कि हमारे देश के साधारण लोग तो आलसी हैं। अंग्रेज़ों ने जो-जो कहा और दोहराया कि "तुम्हारे ग्रन्थों में ऐसा लिखा है", यह पढ़े-लिखे भारतीय लोगों के मन में बस गया है। जैसे अंग्रेज़ों ने जानबूझकर यह मिथक गढ़ा कि हज़ारों बरस से हमारे यहाँ दरिद्रता है; कि हमारे यहाँ बरसों से छुआछूत कायम है। ऐसी मान्यताओं का कोई ऐतिहासिक आधार नहीं है। ऐसे मिथक अंग्रेज़ों के द्वारा अपने राज को वैधता देने के लिए शोध के नाम पर गढ़े गए। परंतु मानसिक रूप से गुलाम भारतीयों ने इसको बिना परीक्षा किए स्वीकार लिया। कोई नहीं पूछता कि बतलाओ तो सही कि इन तथाकथित ऐतिहासिक तथ्यों का आधार कहाँ है? पूछने पर कुछ कुतर्की कहते हैं कि मनुस्मृति में या कहीं और है। असल में मनुस्मृति में क्या है यह नहीं कहते, यह भी नहीं कहते कि मनुस्मृति कब लिखी गई थी? मनुस्मृति के अलावा और कितनी स्मृतियाँ हैं? इन स्मृतियों का आपस में क्या संबंध है? इन स्मृतियों का अपने युग के समाज से कैसा संबंध था? क्या भारतीय समाज में व्यक्ति एवं समुदाय का जीवन स्मृतियों से उसी तरह नियंत्रित होता था, जिस तरह सेमेटिक जाति के धार्मिक समुदायों में पवित्र ग्रंथों के आधार पर होता है? ऐसे प्रश्नों को दरकिनार करना आजकल भारत में बौद्धिक फैशन बन गया है। लेकिन इस बौद्धिक फैशन के निर्माण में साम्राज्यवादियों ने बहुत मेहनत की थी।

राबर्ट क्लाइव के ज़माने से भारतीयों के स्वभाव के बारे में अंग्रेज़ों ने बहुत जानकारी एकत्र की। धीरे-धीरे वे समझ गए कि भारतीयों को कुछ भी तय करने में बहुत देर लगती है। भारतीय लोग स्वभाव से योजनाबद्ध नहीं होते। विरोधियों द्वारा कुछ भी अचानक कर देने पर भारतीय लोग सामान्यतः लड़खड़ा जाते हैं। हिन्दुस्तानी लोग हवा का रुख़ देखकर अपनी रणनीति बदल लेते हैं। अगर परिस्थिति बदली तो भारत के पढ़े-लिखे लोग बड़ी आसानी से बदल जाते हैं। मध्यकाल में यहाँ का पढ़ा-लिखा समाज बड़ी

आसानी से अरबी-फारसी में सूफियों की भाषा एवं इस्लाम की प्रगतिशीलता के गीत गाने लगा था। फलस्वरूप अंग्रेज़ी राज में भी ब्रिटिश राज की बरकत, ईसाई धर्म की प्रगतिशीलता, पश्चिमी ज्ञान-विज्ञान एवं पश्चिमी विद्वानों द्वारा भारतीय समाज के बारे में तैयार उपनिवेशवादी विमर्श की प्रासंगिकता के गीत गाने वाले भारतीयों की कमी नहीं रही। भारतीय समाज एवं संस्कृति की अंग्रेज़ों की देखा-देखी कठोर आलोचना करना अधिकांश पढ़े-लिखे भारतीयों के बीच लोकप्रिय शगल बन गया। फलस्वरूप जब महात्मा गाँधी ने *हिन्द-स्वराज* लिखा तो भारत के पढ़े-लिखे लोगों में से अधिकांश लोगों को यह पुस्तक और अंग्रेज़ी राज तथा आधुनिक सभ्यता की महात्मा गाँधी द्वारा की गई आलोचना अच्छी नहीं लगी।

ठीक इसी प्रकार, जब अपने ऐतिहासिक शोध के आधार पर धर्मपाल ने अंग्रेज़ों के आने से पहले के भारत की आर्थिक खुशहाली, तकनीकी श्रेष्ठता एवं शैक्षणिक प्रगति के बारे में तुलनात्मक आंकड़ा प्रस्तुत किया तो सहसा पढ़े-लिखे लोगों को विश्वास नहीं हुआ। जब यह बतलाया गया कि यह सब एडम्स रिपोर्ट में भी वर्णित है, तब भी लोगों ने इस पर बहुत ध्यान नहीं दिया। चूंकि हम 'टेक्सट' के चक्कर में पड़ गए। एडम्स रिपोर्ट, महात्मा गाँधी या धर्मपाल अपने क्षेत्रीय सर्वेक्षण, सामाजिक अनुभूति या संग्रहालय के आंकड़ों के आधार पर जो कहते हैं, उसको पढ़े-लिखे लोग वह महत्त्व नहीं देना चाहते जो पश्चिमी विद्वानों द्वारा स्थापित मानदंडों पर भारत को समझने के लिए औपनिवेशिक विद्वानों द्वारा संपादित एवं संशोधित मनुस्मृति या गीता के शांकर भाष्य या ऋग्वेद के पुरुष सूक्त जैसे 'टेक्सट्स' (आकर ग्रंथों) को देते हैं। फलस्वरूप, व्यवहारिक स्तर पर सदियों से प्रचलित परम्पराओं एवं रीति-रिवाज़ों को आधुनिक विद्वान् प्रमाण नहीं मानते। उदाहरण के लिए, भारत में विवाह एवं तलाक के बारे में इंडोलॉजी से प्रभावित अध्ययनों में तलाक की चर्चा कबीलाई या इस्लामी संस्था के रूप में की जाती है जबकि हिन्दू समाज की विभिन्न जातियों में बड़ी संख्या में तलाक आदि हज़ारों वर्ष से प्रचलन में है। जो लोग उन समूहों में रहते हैं, उन्हें यह सब मालूम है। लेकिन यह किसी 'टेक्सट बुक' में नहीं है। अगर इसे 'टेक्सट बुक' के सहारे हम समझने की कोशिश करें तो मुश्किल होगी। अपने व्यवहारिक रूप में भारतीय समाज कैसे चलता है? इससे हमारे ख्यातिप्राप्त विद्वानों का अब तक ठीक से परिचय नहीं हुआ है।

उदाहरण के लिए, अधिकांश आधुनिक विद्वानों ने हिन्दू महापुरुषों के आदर्श एवं व्यवहार में असंगति की ओर इशारा किया है। महात्मा गाँधी ने

तो साफ-साफ कहा है अलग-अलग समय में एक ही विषय पर उनके विचार बदलते रहे हैं, चूंकि उनका लगातार उद्विकास होता रहा है, उनकी अनुभूतियाँ विस्तृत एवं गहरी होती रहीं हैं। फलस्वरूप वे अपील करते हैं कि जब भी किसी पाठक को एक ही विषय पर उनके दो विचार देखने को मिलें तो उनके बाद वाले विचार को ज़्यादा तरजीह दी जाए। महात्मा गाँधी के उपरोक्त मत की सांस्कृतिक गहराई समझने की बहुत कम कोशिश हुई है। महात्मा गाँधी ने सांकेतिक रूप से इसमें सनातन हिन्दू धर्म की एक प्रमुख प्रवृत्ति से खुद को जोड़ा है। जो लोग सनातन धर्म के गहरे जानकार हैं, उनके लिए इसका महत्त्व स्वयंसिद्ध है। परंतु अधिकांश आधुनिक विद्वानों को गाँधीजी का यह आग्रह अटपटा लगता है। गाँधीजी को ठीक से समझने के लिए सनातन धर्म की इस प्रवृत्ति को समझना आवश्यक है।

राम और कृष्ण के ज़माने से हिन्दू लोग सिद्धांत, नीति या मतवाद के नाम पर बेवजह अड़ियल-अव्यवहारिक रुख़ अपनाने से बचते रहे हैं। उदाहरण के लिए, भगवान राम ने खुद बालि को मारने, समुद्र को पार करने एवं मेघनाद की लक्ष्मण द्वारा हत्या करवाने जैसे प्रकरणों में एक प्रकार की सांसारिक युक्ति का सहारा लिया था। उसी तरह भगवान कृष्ण ने जरासंध द्वारा मथुरा पर आक्रमण करने के बाद उससे लोहा लेने की तुलना में रणछोड़जी कहलाना ज़्यादा उचित समझा एवं भीष्म पितामह, गुरु द्रोणाचार्य, जयद्रथ, कर्ण, जरासंध एवं दुर्योधन की पाण्डवों द्वारा हत्या करवाने में शुष्क नीति या सिद्धांत पर अड़ने की तुलना में व्यवहारिक लचीलापन एवं युक्ति अपनायी।

महात्मा गाँधी भी इसके अपवाद नहीं थे। उन्होंने कई बार (साउथ अफ्रीका में भी और भारत में भी) सांसारिक युक्ति को अपने नीति-सिद्धांतों के ऊपर वरीयता दी। साथ ही अपनी सनातनी आस्थाओं एवं सिद्धांतों को बौद्धिक रूप से आकर्षक एवं युगानुकूल ठहराने के लिए एवं आधुनिक पश्चिम के मानदंडों पर वैधता प्राप्त करने के लिए उन्होंने रस्किन, थोरो, टॉल्सटाय एवं कारपेंटर जैसे विद्वानों को अपना गुरु तथा प्रेरणास्रोत बताया। लेकिन पश्चिम के इन परम्परावादी ईसाई तत्त्वचिन्तकों जैसी सुसंगत वैचारिक प्रतिबद्धता एवं मतवाद गाँधीजी में खोजने से भी नहीं मिलता। वे अपने व्यवहारों को सिद्धांत या मत के आधार पर नियंत्रित नहीं करते थे। उनके व्यवहारों को समझने का सूत्र उनकी तात्कालिक प्रेरणा/मनोवेग (मोटिव) और लक्ष्य की पूर्ति के लिए सबसे उपयुक्त युक्ति के बारे में उनकी तात्कालिक समझ एवं उनकी सनातनी आस्थाओं में खोजा जा सकता है। परंतु उन्हें

अवसरवादी या समझौतापरस्त नहीं कहा जा सकता। अवसरवादी या समझौतापरस्त लोग कहीं न कहीं अपने प्रतिद्वंदी से या विपरीत परिस्थितियों से डर कर एक प्रकार के दबाव में समझौता या गठबंधन करते हैं। दूसरी ओर, सनातनी व्यावहारिकतावादी अभय (निर्भय) अवस्था में स्वेच्छा से अपने स्वविवेक के आधार पर बदलती हुई परिस्थितियों का सतत मूल्यांकन करते रहते हैं। इसी बदलते हुए स्वैच्छिक मूल्यांकन के आधार पर वे स्वविवेक से सांसारिक युक्ति का उपयोग करते हैं। यह सनातन संस्कृति की पारिभाषिक विशेषता है। इसमें नियति के आगे समर्पण और कर्म के सिद्धांत को मानने का भाव भी अंतर्निहित है।

परंतु १८१४ के आस-पास राजा राममोहन राय के नेतृत्व में एक प्रकार की अवसरवादी या समझौतापरस्त व्यवहारिकता की वकालत भी भारत में की जाने लगी। अंग्रेज़ों के मिथक, मानदंड एवं प्रारूप के आधार पर भारतीय समाज एवं संस्कृति को समझने, सुधारने एवं विकसित करने का "महान् कर्म" पढ़े-लिखे भारतीयों का सामाजिक पुरुषार्थ बनने लगा तथा एक नये प्रकार का वैचारिक एवं तात्त्विक ढुलमुलपन पढ़े-लिखे भारतीयों में लोकप्रिय होने लगा। इस नयी प्रवृति का विकास आधुनिक यूरोप के ज्ञानोदय (एनलाइटेन्मेंट) एवं ब्रिटिश साम्राज्य की भारतीय नीतियों से प्रत्यक्ष रूप से प्रभावित होने के बावजूद तत्कालीन भारत के वैचारिक संघर्षों से भी कहीं न कहीं जुड़ा हुआ था।

समकालीन हिन्दुओं में पायी जाने वाली रणनीतिक व्यावहारिकता का पहला सैद्धान्तिक आधार संभवतः समर्थ रामदास ने विकसित किया था। समर्थ रामदास ने एक ओर तो दासबोध नामक अपने ग्रंथ में बार-बार मूर्तिपूजा का निषेध किया है, वह भी काफी कठोर शब्दों में; दूसरी ओर भक्ति मार्ग के तहत मूर्तिपूजा से ईश्वर साक्षात्कार करके द्वैत से अद्वैतानुभव की युक्ति भी बतलाई। एक ओर वे ब्रह्म को सत्य एवं जगत् को मिथ्या कहते हैं तो दूसरी ओर वे यह कहते हैं कि चरम सत्य विश्व में भी व्याप्त है। वे राम से रहित विश्व को असत्य तथा राम से युक्त विश्व को सत्य मानते हैं। वे साधक को यह छूट देते हैं कि वह अपनी रुचि तथा प्रवृत्ति के अनुसार साधना मार्ग का चयन करे। वे बहुत दृढ़ता से कहते हैं कि परमात्मा को प्राप्त करने का मार्ग साधक के हाथ में ही है। इसका पहला राजनैतिक उपयोग शिवाजी महाराज ने किया था। परंतु उसके बाद यह आधुनिक हिन्दू चिन्तकों के सामान्य लक्षण के रूप में फैलता चला गया।

धीरे-धीरे यह भाव हिन्दू मान्यता में विकसित हुआ कि मनुष्य के बनाए सिद्धांत पर अड़ना अथवा लकीर का फकीर होना एक प्रकार का अहंकार है जबकि नियति की इच्छा के आगे झुकना या लचीला रुख़ अपनाना सांसारिक युक्ति है। सोच-समझकर या राय-मशविरा कर के बनाए गए सामाजिक सिद्धांतों एवं सांस्कृतिक आदर्शों का सामान्य स्थिति में महत्त्व एक हद तक तो स्वीकारा जाता है लेकिन विशेष, विषम एवं विकट परिस्थितियों में हर व्यक्ति अपनी अंतरात्मा की आवाज या ईश्वरीय प्रेरणा के आधार पर निर्णय लेता है अथवा बलिदान देता है। बिना अंतरात्मा की स्वीकृति पाए या ईश्वर द्वारा बिना व्यक्तिगत निर्देश पाए केवल सामाजिक आदर्शों एवं सिद्धांतों पर टिके रहने का उदाहरण हिन्दुओं में कम ही पाया जाता है। किसी राजा या महापुरुष के बदल जाने के बावजूद उनकी प्रजा या उनके अनुयायी हिन्दू समाज में सामान्यतया नहीं बदलते। वे अपने पारम्परिक रीति-रिवाज़ों पर, अपनी व्यक्तिगत आस्था पर एवं व्यक्तिगत सूझ-बूझ पर बने रहते हैं। पश्चिमी समाज एवं सेमेटिक धर्मों में राजा, धर्मगुरु, महापुरुष एवं शास्त्रीय धर्मग्रंथों पर जैसी आस्था, विश्वास, बलिदान करने की तत्परता, उत्साह एवं सामूहिकता ऐतिहासिक रूप से देखने को मिलती है, वह हिन्दू समाज में सामान्यतया नहीं मिलती।

भारत के किसी धर्मगुरु, महापुरुष या राजा को कभी यह उम्मीद नहीं रहती कि उनकी समझ, साधना या दावे को बिना व्यक्तिगत रूप से परीक्षा किए या बिना व्यक्तिगत रूप से अंतरात्मा की साक्षी पाए आम जन, प्रजा या अनुयायी सामूहिक अभियान का आधार बनायेंगे। फलस्वरूप समाजसुधार, धर्मसुधार, धर्म परिवर्तन या सांस्कृतिक पुनर्निर्माण की प्रक्रिया भारत में सिद्धांतों, विचारधाराओं या दर्शन प्रणालियों के आधार पर नहीं चलती। किसी व्यक्ति का मूल्यांकन उसकी विचारधारा या सिद्धांत के आधार पर सामान्यतया नहीं किया जाता। एक सीमा से ज़्यादा सिद्धांतों का महत्त्व नहीं माना जाता। व्यावहारिक आदर्श के पालन में एक प्रकार का लचीलापन पाया जाता है, जिसका आधार हर व्यक्ति की अपनी समझ, आत्मानुभूति एवं ब्रह्मानुभूति तथा समय-समय पर मिलने वाली अंतरात्मा की आवाज़ होती है।

उपरोक्त संदर्भ में, आधुनिक भारत के सिद्धांतकार स्वामी विवेकानंद माने जा सकते हैं जबकि पारम्परिक भारत के समकालीन सिद्धांतकार गाँधीजी माने जा सकते हैं। दोनों में अंतर्विरोध नहीं विविधता है। स्वामी विवेकानंद 'शास्त्र' से 'लोक' की यात्रा करते हैं और गांधीजी 'लोक' से 'शास्त्र' की यात्रा करते हैं। स्वामी विवेकानंद का प्रशिक्षण मूलतः ईश्वरचन्द्र

विद्यासागर के विद्यालय, प्रेसिडेंसी कॉलेज एवं साधारण ब्रह्म समाज में हुआ था और इसी पश्चिमी दृष्टि एवं पृष्ठभूमि से गुज़रते हुए स्वामी रामकृष्ण परमहंस के सान्निध्य में उनका रूपांतरण हुआ। रूपांतरण के बाद वे पश्चिम की यात्रा पर गए। उन्होंने पश्चिम के एक वर्ग को प्रभावित भी किया और पश्चिम की उपलब्धियों को उन्होंने स्वीकारा भी तथा कुछ हद तक पश्चिम से वे प्रभावित भी हुए। समकालीन समृद्धि से चमकते भारतवासियों को, एक अर्थ में, स्वामी विवेकानंद का मानस पुत्र कहना ज़्यादा सही है, भले ही उनको मैकाले पुत्र कहने का चलन करीब-करीब रूढ़ हो चुका है।

समकालीन भारत में किताबी पाठ का महत्त्व

भारतीय समाज में विचारधारा अथवा किताब एवं तार्किक संगति की तुलना में आत्मान्वेषण, अपरोक्ष अनुभूति, कथनी एवं करनी में ऐक्य तथा व्यक्तिगत एवं सामाजिक जीवन में संगति को ज़्यादा महत्त्व दिया जाता है। हमारे यहाँ सृजन की पात्रता हासिल करने के लिए मुक्ति की अपरोक्ष अनुभूति आवश्यक मानी जाती है; और इस प्रकार की मुक्ति के लिए विविध मार्ग, पंथ, दर्शन प्रणाली एवं कलाओं की साधना आवश्यक मानी गई है। हमारे यहाँ विकास, उत्सव, समृद्धि, भोग एवं साधना के लिए किसी एक मत या संप्रदाय के आग्रह को कभी नहीं स्वीकारा गया। अतः प्राचीनकाल से शास्त्र और लोक दोनों स्तरों पर विविधता को पारम्परिक प्रोत्साहन मिलता रहा है और युगानुकूल समन्वय भी होता रहा है। समन्वय का कोई अखिल भारतीय एकरूप मॉडल न कभी रहा है, न ही आवश्यक माना गया है; चूंकि, जैसा आनंद कुमारस्वामी एवं जे.पी.एस. उबेराय आदि ने कहा है, भारतीय परम्परा में अनेक संरचनाओं के पीछे दृष्टिकोण, तत्त्वज्ञान एवं उद्देश्य करीब-करीब समानधर्मी (होमोलोगस) रहा है। महात्मा गाँधी ने भारत या हिन्द के इस स्वरूप को ठीक से पहचाना और *हिन्द-स्वराज* में इसको अभिव्यक्त किया।

आधुनिक पश्चिम में विकसित अवधारणाओं के आधार पर भारतीय समाज, अर्थव्यवस्था एवं राजनीति को समझने की बहुत कोशिश हुई है। भारतीय धर्मों के साम्प्रदायिकता (कम्युनलिज़्म) धर्मांधता (फंडामेंटलिज़्म) सामाजिक असमानता एवं अंधविश्वास के स्रोत के रूप में या वैवाहिक नियमों तथा नातेदारी संबंधों को प्रभावित करने वाले तत्व के रूप में भी अध्ययन हुए हैं लेकिन भारतीय संस्कृति का व्यवस्थित अध्ययन अब तक नहीं हुआ है। लखनऊ विश्वविद्यालय के समाजशास्त्र विभाग में राधाकमल मुखर्जी, डी.पी.

मुखर्जी, डी.एन. मजूमदार एवं ए.के. सरण ने इस ओर कुछ शुरुआती कार्य किया था। इस विश्वविद्यालय में प्रशिक्षित विद्वानों टी.के. उन्नीथान, इन्द्रदेव, योगेन्द्र सिंह, टी.एन. मदान, आर.के. जैन एवं पी.सी. जोशी जैसे विद्वानों ने भी इस क्षेत्र में अध्ययन जारी रखा। जे.पी.एस. उबेराय एवं सी.एन. वेणुगोपाल जैसे विद्वानों ने भी इस ओर कुछ ध्यान दिया परंतु समाजशास्त्र की मुख्यधारा में भारतीय संस्कृति का समाजशास्त्र विकसित नहीं हो सका। फलस्वरूप भारतीय संस्कृति को समझने के लिए डी. बेरी एवं अन्य द्वारा संपादित *सोर्सेस ऑफ़ इंडियन ट्रैडिशन* या एस. राधाकृष्णन एवं अन्य द्वारा संपादित एवं रामकृष्ण इन्सटीट्यूट ऑफ़ कल्चर, कलकत्ता, द्वारा छः खंडों में प्रकाशित *द कल्चरल हेरिटेज ऑफ़ इंडिया* या श्री अरविंद की *फाउन्डेशंस ऑफ़ इंडियन कल्चर* और उसका हिन्दी अनुवाद *भारतीय संस्कृति का आधार* या जवाहरलाल नेहरू की *भारत की खोज* या आधुनिक पश्चिमी लेखकों से प्रभावित पुस्तकों का इस्तेमाल होता रहा है। उपरोक्त स्रोतों की एक सीमा तो यही है कि इनमें भारतीय संस्कृति का विश्लेषण प्रकाशित पुस्तकों या लेखों या उद्धरणों के आधार पर करने का प्रयास किया गया है एवं भारत की वाचिक परम्परा को नज़रअंदाज़ किया गया है। दूसरी सीमा यह है कि इनमें आधुनिकता एवं परम्परा का घालमेल है। यह घालमेल तीनों स्तर पर हैः अवधारणा के स्तर पर, अध्ययन पद्धति के स्तर पर और उदाहरणों द्वारा तर्क की संपुष्टि के स्तर पर। तीसरी सीमा यह है कि भारतीय संस्कृति को प्राचीन संस्कृति मानकर इसका स्रोत संस्कृत साहित्य के अंग्रेज़ी राज में प्रकाशित एवं संपादित संस्करणों के आधार पर (विलियम जोंस एवं मैक्समूलर जैसे पश्चिमी भारतविदों से संवाद बनाकर) लिया गया है। फलस्वरूप भारत की लोकभाषाओं एवं लोकसंस्कृतियों में उपलब्ध लिखित या वाचिक परम्परा का समुचित उपयोग नहीं हुआ है। साथ ही भारतीय संस्कृति के व्यवहारिक एवं समकालीन स्वरूप की जीवंत उपस्थिति को नज़रअंदाज़ कर पुरानी पड़ चुकी पोथी एवं अप्रासंगिक हो चुकी मान्यताओं को मानक के रूप में स्थापित किया गया है। इसके विपरीत समकालीन समाजशास्त्रीय उपागमों का जोर भारतीय संस्कृति के व्यवहारिक पक्ष के अध्ययन पर केन्द्रित है।

प्रकृति ने भारत को एक स्वायत्त भौगोलिक एवं सांस्कृतिक इकाई बनाया है। ऋषियों ने उसकी एकता का साक्षात्कार किया। साहित्य एवं कला ने उसे संवारा। संस्कृति ने उसका शृंगार किया। कैलाश के शंकर और सिंधु की संधि पर खड़ी पार्वती एक हो गये। सिंधु और शिवालय के भौतिक एवं दैनिक मिलन ने इस एकता पर मुहर लगाई। एकता के केन्द्र तीर्थ बन गए। भारतीय

संस्कृति भौगोलिक या राजनैतिक-भौगोलिक अर्थ में 'भारतीय' नहीं है। यह भू-सांस्कृतिक अर्थ में 'भारतीय' है। भारत के सभी निवासी इसमें आस्था नहीं रखते। दूसरी ओर, भारत के बाहर रहने वाले कई लोगों की इस संस्कृति में आस्था एवं विश्वास है। भारतीय संस्कृति में कई उपासना पद्धतियां स्वीकृत हैं, फलस्वरूप, भारतीय संस्कृति के साझीदार कई संप्रदाय एवं कई समुदाय के लोग हैं। इसी तरह, भारत में रहने वाले कुछ लोग अन्य संस्कृतियों के हिमायती भी हैं। इन कुछ लोगों में पश्चिमी शिक्षाप्राप्त बुद्धिजीवियों की एक जमात प्रमुख है, जो विभिन्न कारणों से भारतीय संस्कृति से खुद को जोड़ नहीं पाती। भारतीय संस्कृति उन्हें उपहास और नफरत करने लायक चीज नजर आती है। ये लोग भारतीय संस्कृति को प्राचीनता से जोड़कर समकालीन समय में इसे अप्रासंगिक मानते हैं।

ऐसे विद्वानों के विपरीत इस पुस्तक की स्थापना है कि भारतीय संस्कृति को उसके अतीत से नहीं, उसकी समकालीनता या वर्तमानता से पहचानना अधिक ज़रूरी है। अंग्रेज़ी में जिसे 'कम्पोज़िट कल्चर' कहते हैं, उसे सामाजिक संस्कृति कहने का चलन बढ़ रहा है। भारतीय लोग समास शब्द का अर्थ व्याकरण पढ़ने के क्रम में सीखते हैं। व्याकरण में समास का अर्थ घटकों का योग नहीं होता, घटकों से एकदम अलग होता है। समास का प्रयोजन है, घटकों की भूमिका को कम करना, गौण बनाना। दूसरी ओर, 'कम्पोज़िट कल्चर' को सामान्यतः घटकों का जोड़ माना जाता है। अंग्रेज़ी राज में भारतीय संस्कृति को हिन्दू संस्कृति, मुस्लिम संस्कृति, बौद्ध संस्कृति, जैन संस्कृति, सिख संस्कृति, ईसाई संस्कृति, और जनजातीय संस्कृति का जोड़ मानने की रणनीति शुरू हुई। उपनिवेशवादी विद्वानों ने इस प्रवृत्ति को व्यवस्थित अभियान के तहत संस्थाबद्ध किया। इसके बावजूद, भारतीय समाज में भारतीय संस्कृति की पारम्परिक समझ न सिर्फ बची हुई है बल्कि फल-फूल रही है।

भारतीय संस्कृति का एक प्रतीक बरगद है। यह एक ओर ऊर्ध्वमूल तथा न्योग्रोध है। इसका विकास ऊपर की शाखाओं में तो होता ही है, यह शाखाएँ नीचे भी फेंकता है। भारतीय संस्कृति एकमूल संस्कृति नहीं, अनेक मूल संस्कृति है। यह मूल सहित उखड़कर भी नष्ट नहीं होती। कबीर के शब्दों में यह 'मरजीवा' है; तांत्रिकों के शब्दों में 'छिन्नमस्ता' है; वैष्णव भक्तों के शब्दों में 'दरददिवानी' है, गीता के शब्दों में यह 'ब्रह्महवि' है। इसमें जीने की अदम्य आकांक्षा है। भारतीय संस्कृति सदाजीवा दूब की तरह रसगर्भ है। गरमी (संकट काल) में एकदम सूख जाती है, पर मरती नहीं। पानी पड़ते

ही जी उठती है। सदाजीवा को लोकसंस्कृति में दूब कहा जाता है। हर अनुष्ठान में इसका उपयोग किया जाता है। भारतीय संस्कृति के प्रमुख प्रतीकों में गाय, जल, सूर्य, माँ, सदाजीवा दूब और बरगद वृक्ष की चर्चा की जा सकती है। कमल की चर्चा की जा सकती है। बर्तनों में बारहगुणा (बरहगुना) की चर्चा की जा सकती है। अंग-वस्त्रों में अंगोछा या गमछी की चर्चा की जा सकती है। भारतीय संस्कृति में बरहगुना, गमछी, गाय का गोबर या दलान (बैठक) बहुआयामी एवं बहुउपयोगी वस्तुओं का प्रतीक है। भारतीय संस्कृति में एक ही चीज़ का बहुत लोगों द्वारा, बहुत तरह से, बहुत बार उपयोग करने की प्रवृत्ति रही है। फलस्वरूप भारतीय संस्कृति में नए शिल्प एवं तकनीक के प्रयोग से पहले इसमें सरलता, बहुआयामी उपयोग, निरंतर उपयोग की संभावना तथा आर्थिक एवं प्राकृतिक दृष्टि से बहुसंख्यक लोगों के लिए लाभदायक होने का गुण देखा जाता है। हमारी परम्परा में तकनीक में परिवर्तन बहुत सोच-समझ कर किया जाता है। हमारे यहाँ प्रयोग एवं परिवर्तन का मानक लोकमंगल तथा धर्मरक्षण रहा है।

भारतीय संस्कृति के केन्द्र में मनुष्य नहीं है। भारतीय संस्कृति के केन्द्र में एक वैश्विक दृष्टि है। भारतीय संस्कृति के केन्द्र में सनातन धर्म है, मानववादी विचारधारा नहीं । भारत में भी मनुष्य तन पाना गौरव की बात माना जाता है। भाग्यवान् को मनुष्य तन मिलने की बात हमारी संस्कृति में अक्सर सुनने को मिलती है, लेकिन इसके बावजूद न तो मनुष्य इस ब्रह्माण्ड का केन्द्र है, न मनुष्येतर जीव केवल भोग्य हैं और न मनुष्य इस संसार का भोक्ता है। संत रैदास के शब्दों में मनुष्य मात्र दीया की बाती है (प्रभु जी, तुम चंदन हम पानी; प्रभु जी, तुम दीया हम बाती)। भारतीय संस्कृति किसी महल की तरह जड़ रचना भी नहीं है। वह जल, दूब और सूर्य की तरह एक निश्चित गंतव्य की ओर चेतन एवं सतत यात्रा है। वह गंतव्य मोक्ष, निर्वाण, कैवल्य या आत्म-साक्षात्कार कहलाती है। हमारी संस्कृति में आत्म-साक्षात्कार और ब्रह्म-साक्षात्कार में गुणात्मक भेद नहीं, परिमाणात्मक भेद है।

ब्रह्म सत्य है और सत्य ब्रह्म है। सत्य एक शाश्वत आग है। उसमें बिना तपे सिद्धि नहीं मिलती। सत्य का अन्वेषण ही सत्य है। सत्य की प्रतीति या साक्षात्कार तीन मार्गों से संभव है –

(१) भक्तिमार्ग या निश्छल निष्कपट भाव से। शबरी, निषादराज (रामायण) और गोपियाँ (श्रीमद्भागवत) सत्य-स्वरूप राम और कृष्ण को निश्छल भाव से साधते हैं।

(२) ज्ञान मार्ग या कठोर तपस्या से। विश्वामित्र, वशिष्ठ, महावीर, बुद्ध, पतंजलि, गोरखनाथ जैसे ऋषि कठोर तपस्या के दौरान सत्य का साक्षात्कार करते हैं।

(३) कर्म-मार्ग या निर्ममता से या साक्षी भाव से भी सत्य का साक्षात्कार कर सकते हैं। भारत के अधिकांश नर-नारी इसी मार्ग से सत्य का साक्षात्कार करते हैं। युधिष्ठिर, कबीर, रैदास, आदि ने इसी मार्ग के द्वारा सत्य की प्रतीति की थी। दरअसल भारत में भक्ति-मार्ग की सगुण शाखा में निश्छल निष्कपट भाव की प्रमुखता होती है और भक्ति-मार्ग की निर्गुण शाखा में साक्षी भाव से कर्म करने पर जोर होता है। इसके लिए निर्ममता से कर्तृत्व का अभिमान कुचलना पड़ता है। सत्य की प्रतीति के बाद या तो अपार करुणा की अभिव्यक्ति होती है या महान् निर्ममता की। भगवान बुद्ध अपार करुणा की अभिव्यक्ति हैं तो योगीराज कृष्ण महान् निर्ममता की अभिव्यक्ति हैं।

भारतीय संस्कृति का मूल आधार सत्यं, शिवं, सुंदरम की अवधारणा है। हमारे यहाँ सत्य ही शिव तत्त्व या परम तत्त्व माना गया है। उसे ही अंतिम अर्थों में सुंदर भी माना गया है। असत्य थोड़ी देर के लिए सुन्दरता का भ्रम फैला सकता है लेकिन सनातन सुन्दरता केवल सत्य में ही होती है। भारत में आम लोग इस अवधारणा को भारतीय संस्कृति के मूल वाक्य के रूप में प्रस्तुत करते रहे हैं लेकिन रामचंद्र शुक्ल एवं विद्यानिवास मिश्र जैसे कुछ विद्वानों ने इस पर असहमति जताई है। विद्यानिवास जी ने एक जगह लिखा है कि "यह बात ऐतिहासिक दृष्टि से तो गलत है ही, क्योंकि यह उन्नीसवीं शताब्दी की पश्चिमी अवधारणा का अनुवाद है। भारतीय सांस्कृतिक परम्परा में यह त्रिपुटी कहीं नहीं मिलती। यह बात तत्त्वतः भी बहुत भ्रामक है। भारतीय परम्परा में सत् चित् आनंद की बात आती है; अस्ति, भाति और प्रियं की बात आती है। सत्य, दान, दया और तप की बात आती है। सत्य समेत पंचशीलों की बात आती है। सत्य, अहिंसा और अपरिग्रह की बात आती है; पर सत्यं, शिवं, सुंदरम नाम की अजूबी वस्तु कहीं नहीं मिलती।" इस कठोर प्रतिवाद के साथ-साथ विद्यानिवास जी उसी जगह पर यह भी स्वीकारते हैं कि "हज़ार बार सुन चुका और पढ़ चुका कि भारतीय संस्कृति के मूल आधार सत्यं, शिवं, सुंदरम, हैं।"

दूसरी ओर, भारतीय परम्परा एवं शास्त्रीय प्रणाली के यूरोपीय विशेषज्ञ (इंडोलॉजिस्ट एवं ओरिएन्टैलिस्ट) तैयार किए गए, जिन्होंने कुछ तो नासमझी

वश और बहुत कुछ साम्राज्यवादी साज़िश के तहत एक जीती-जागती सनातनी सभ्यता को एक ऐतिहासिक एवं पुरातात्त्विक खिलौने की तरह पेश किया। अंग्रेज़ों द्वारा प्रायोजित एवं आधुनिक पश्चिमी दृष्टि से प्रस्तुत इस भारतीय सभ्यता की सुन्दरता और सम्पूर्णता पर गर्व तो किया जा सकता था परंतु यह वर्तमान या भविष्य में एक स्वस्थ, समृद्ध एवं संतोषप्रद सामाजिक जीवन की आधारशिला नहीं बन सकती थी। अंग्रेज़ों के आने तक देश में जितने भी पारम्परिक शास्त्र एवं ग्रंथ भोजपत्र, ताड़-पत्र, ताम्र-पत्र, या अन्य माध्यमों में संप्रेषित थे उनका संग्रह एवं संपादन करने का साम्राज्यवादी उत्साह रंग लाया। आज जितने भी ग्रंथ एवं शास्त्र पुस्तकालयों या बाज़ारों में मिलते हैं, उनके संस्करण या तो अंग्रेज़ी राज द्वारा तैयार कराए गए या अन्य यूरोपीय संस्थाओं द्वारा तैयार कराए गए हैं। उस वक्त के देशी रियासतों द्वारा तैयार किये गये संस्करण भी यूरोपीय विद्वानों द्वारा या यूरोपीय मानकों पर यूरोपीय पद्धति द्वारा तैयार किए गए। फलस्वरूप, जब भारतीय लोगों में अपनी परम्पराओं को एवं शास्त्रीय पद्धतियों को जानने की आवश्यकता महसूस की जाने लगी तो ग़ैर-यूरोपीय स्रोतों का अकाल दिखने लगा।

परंतु हमारे सौभाग्य से सनातन सभ्यता के भारतीय स्वरूप को ग़ैर-यूरोपीय स्रोतों से समझना अब भी संभव है। शास्त्रीय परम्परा से हमारा जीवंत संबंध भले ही टूट गया है परंतु लोक परम्परा में जीवंत स्रोत अब भी बचे हुए हैं। सामी (सेमेटिक) परम्परा में दीक्षित होने के कारण अंग्रेज़ साम्राज्यवादियों ने अंग्रेज़ी राज के दौरान लोक परम्परा को निरीह और अशक्त समझकर अपने भरोसे जीने-मरने के लिए छोड़ दिया था। उन्होनें अपनी पृष्ठभूमि के कारण भारत की लोक परम्परा की शक्ति को कम करके आँका। उन्हें केवल संस्कृत भाषा में लिखित और ब्राह्मणों द्वारा संरक्षित शास्त्रीय ज्ञान से खतरा लगा जबकि वाचिक परम्परा और लोक भाषाओं में उपस्थित लोकशास्त्रों की वे ठीक से पहचान नहीं कर सके। उन्होंने दर्शन, गणित और धर्मशास्त्रों को अपना निशाना बनाया। परंतु साहित्य, कला एवं लोक में व्याप्त पारम्परिक ज्ञान-विज्ञान, तकनीक, विधियों एवं रीतियों को या तो समझ नहीं पाए या इनके निहितार्थ एवं फलितार्थों के महत्त्व का आकलन नहीं कर पाए। वे इन्हें मनोरंजन के साधन एवं कौतूहल की वस्तु मानते रहे। इनके प्रति अंग्रेज़ों की नीति सामान्यतः उदासीनता की रही परंतु कई बार मनोरंजन के साधन एवं सांस्कृतिक विविधता के साधन के रूप में उन्होंने इनको प्रोत्साहन एवं संरक्षण भी दिया। वे समझ नहीं पाए कि पश्चिमी सामी सभ्यता के विपरीत भारतीय सभ्यता के केन्द्र में गणित, यांत्रिकी एवं धर्मशास्त्र की यूरोपीय अवधारणाओं से ज़्यादा महत्त्वपूर्ण

मिथक, साहित्य, कला एवं संगीत की, गुणात्मक रूप से अलग, सनातनी अवधारणाएँ रही हैं। यह आकस्मिक नहीं है कि महात्मा गाँधी को प्रभावित करने वाले जॉन रस्किन मूलतः कला समीक्षक एवं कला-इतिहासकार थे और आनन्द कुमारस्वामी खुद ही कला समीक्षक एवं कला-इतिहासकार बन गए थे। भारत में विज्ञान एवं तकनीक की लोक-साधना कला के रूप में ही हुई है और संसार को लीला (नाटक) माना जाता रहा है। भारत में जब भी बड़ा सामाजिक परिवर्तन हुआ है तो उसका मानक एवं वाहक मिथकों एवं महाकाव्यों के रूपांतरण को माध्यम बनाकर हुआ है।

हर व्यक्ति अपनी समझ से ही विरोधियों को झुकाता, तोड़ता या लाचार बनाता है। विरोधियों की समझ और सभ्यता को समझकर बहुत कम तोड़ता-फोड़ता है। विजेताओं के अहंकार से की गई हत्या सामान्यतः संपूर्ण सभ्यता की हत्या नहीं होती। ठीक उसी तरह लोक साहित्य, लोककलाएँ, लोक के रीति-रिवाज़, कहावतें, मुहावरों एवं लोक धर्म की साम्प्रदायिक परम्पराएँ अंग्रेज़ी राज में भी अक्षुण्ण रह गईं। परम्पराओं को समझने का यह सूत्र भारत के आम जन को तो मालूम है ही, चीन, रूस और यूरोप के ग़ैर आधुनिक मनीषियों को भी मालूम रहा है। उदाहरण के लिए रस्किन, टॉल्सटाय, विलियम मॉरिस, रेने गुयेनो, लुई रेनेयू, जोसेफ कैम्पबेल, कार्ल जुंग, आनन्द कुमारस्वामी, मार्को पैलिस और कनफ्युशियस के समकालीन अनुयायियों जैसे माओत्से तुंग आदि लोगों को भी मालूम रहा है। महात्मा गाँधी द्वारा १९०९ में रचित *हिन्द-स्वराज* की प्रेरणा ऐसी ही लोक परम्पराएँ थीं। *हिन्द-स्वराज* का उद्देश्य देशी विशेषज्ञों की एक स्वराजी जमात पैदा करके सनातनी सभ्यता को पोषित करने वाली प्रणाली विकसित करना था।

भारतीय समाजशास्त्र में किताबी पाठों पर आधारित (संस्कृतिशास्त्रीय) उपागम

संस्कृतिशास्त्रीय उपागम समाजशास्त्र में सुपरिभाषित या सर्वस्वीकृत शब्दावली नहीं है। इसके अंतर्गत कई तरह के विचार या दृष्टिकोण शामिल हैं। परन्तु इसमें एक बात पर सहमति है कि यह संस्कृति के अध्ययन के लिए अपने आप में एक महत्त्वपूर्ण विषय है। इस दृष्टिकोण के अनुसार सांस्कृतिक प्रघटना की प्राथमिक अभिव्यक्ति संस्कृति है और द्वितीयक अभिव्यक्ति सामाजिक संबंध और सामाजिक संरचना।

संस्कृतिशास्त्रीय दृष्टिकोण ब्रिटेन तथा जर्मनी की तुलना में अमेरिका और फ्रांस में ज़्यादा लोकप्रिय है। यह मूलरूप से व्यक्ति का एक सांस्कृतिक प्राणी

के रूप में अध्ययन करता है। संस्कृति एक सीखा हुआ व्यवहार है। संस्कृति के अध्ययन के अंतर्गत विचार, मूल्य, सामाजिक संगठन, तकनीक, भाषा, मिथक, इतिहास और धर्म को शामिल किया जाता है। अमेरिका में इसका प्रतिनिधित्व मूलतः सांस्कृतिक विश्लेषण द्वारा होता है। क्लिफोर्ड ग्रीट्ज एवं डेविड श्नाइडर जैसे सांस्कृतिक विश्लेषकों ने संस्कृति के प्रतीकों को एक व्यवस्था के रूप में देखा है। इनका कहना है कि सांस्कृतिक व्यवस्थाओं को सामाजिक व्यवस्थाओं से अवश्य अलग किया जाना चाहिए तथा इनकी व्याख्या आंतरिक रूप से सार्थक संपूर्णता के रूप में की जानी चाहिए। संस्कृति विश्लेषकों की दृष्टि में व्यवहारिक अभिव्यक्तियों की अपेक्षा सांस्कृतिक अर्थ अधिक महत्त्वपूर्ण होते हैं। इन्हें संस्कृतिशास्त्रीय उपागम एवं विवेचनात्मक विश्लेषण के प्रवक्ता के रूप में भी जाना जाता है।

फ्रांस में संस्कृतिशास्त्रीय दृष्टिकोण का प्रतिनिधित्व लेवी स्ट्रॉस के संरचनावाद से होता है। लेवी स्ट्रॉस ने संरचनावादी भाषा-विज्ञान से प्रेरणा पाई थी। संरचनावादी भाषा-विज्ञान चेतन पदार्थ की तुलना में उसकी अचेतन मूल संरचना को महत्त्व देता है। इनका कहना है कि तत्त्वों का महत्त्व इसके अन्तर्निहित गुणों पर नहीं बल्कि इनके बीच जुड़े हुए एवं विपरीत तत्त्वों पर आधारित होता है।

लेवी स्ट्रॉस ने भाषा-विज्ञान के संरचनात्मक दृष्टिकोण का प्रयोग नातेदारी, मिथक, टोटम, धार्मिक विश्वास, आदिम मानस एवं सामाजिक जीवन के अन्य क्षेत्रों को समझने में किया। उनका कहना था कि सामाजिक जीवन को प्रतीकों या सांस्कृतिक सृजन की व्यवस्था के रूप में समझा जाना चाहिए। उन्होंने यह भी कहा कि ये प्रतीक तथा सांस्कृतिक रचना मनुष्य की मानसिक संरचना की अभिव्यक्तियाँ हैं।

लेवी स्ट्रॉस के लिए प्रकृति एवं संस्कृति, अगम्यगमन एवं बहिर्विवाह, विनिमय एवं पारस्परिकता आदि विभिन्न विरोधी तत्त्व मानव संस्कृति को समझने के माध्यम हैं। उन्होंने कहा कि सांस्कृतिक तथ्य ''मानव मस्तिष्क की अचेतन संरचना'' की उपज है। संरचनावाद का उद्देश्य मानव समाज के सार्वभौमिक तत्त्वों की खोज है। यह सामाजिक संरचना के ऐतिहासिक दृष्टिकोण का विरोधी है तथा संस्कृतिशास्त्रीय दृष्टिकोण के चरम रूप की वकालत करता है।

भारतीय समाजशास्त्र में संस्कृतिशास्त्रीय उपागम तथा भारतविद्या उपागम में कई समानताएँ हैं। लुई ड्यूमो की होमो-हैरारकिकस (१६७०) का प्रकाशन

संस्कृतिशास्त्रीय उपागम पर पटाक्षेप करता जान पड़ता है। ड्यूमो ने इंडोलॉजिस्टों को भारत के समाजशास्त्र का आधारस्तंभ तो माना है परन्तु वे भारतीय इंडोलॉजिस्टों की रचनाओं को बहुत महत्त्व नहीं देते। लेवी स्ट्रॉस के प्रभाव में ड्यूमो पवित्रता और अपवित्रता को जाति-व्यवस्था की संरचना को समझने का मूल आधार मानते हैं। यद्यपि यह दृष्टिकोण पर्याप्त वाद-विवाद का विषय रहा है।

संस्कृतिशास्त्रीय उपागम का दूसरा महत्त्वपूर्ण सांस्कृतिक विश्लेषण संस्कृति के सिद्धान्तों की पद्धति से आया है। यह रूप ग्रीट्ज, मैकिम मैरियट, इन्डेन एवं निकोलस, डेविड श्नाइडर एवं मिल्टन सिंगर की रचनाओं में देखने को मिलता है। इस दृष्टिकोण के समर्थकों ने विस्तृत एवं महत्त्वपूर्ण अध्ययन प्रस्तुत किए हैं। मैरियट एवं उसके साथियों ने भारत के लिए 'एथनोसोशियोलॉजी' का विकास किया। एथनोसोशियोलॉजी ने संस्कृति के संदर्भ ग्रंथों एवं भाषाओं के अध्ययन में अर्थों एवं प्रतीकों, संहिताओं (कोड्स) एवं सारतत्त्वों के अध्ययन पर ज़ोर दिया है। सांस्कृतिक विश्लेषकों ने भारतीय सांस्कृतिक परम्परा के अंतर्गत व्यक्ति की अवधारणा का अध्ययन किया है। इन लोगों ने परिवार, विवाह, नातेदारी, खान-पान, शास्त्रीय तथा वृहद एवं लघु परम्पराओं तथा सामाजिक परिवर्तन की प्रक्रियाओं आदि का भी अध्ययन किया है।

संस्कृतिशास्त्रीय दृष्टिकोण में तथ्यों के अध्ययन के स्थान पर 'व्यक्तियों के विचारों' के अध्ययन की प्रवृत्ति बढ़ी है। ये विद्वान् आम आदमी के अपने प्रारूप में प्रतिबिंबित ज्ञान एवं यथार्थ के संबंधों को खोजने की कोशिश करते हैं।

इस दृष्टिकोण ने अनेक परिष्कृत अध्ययन पद्धतियों एवं संस्कृति के विश्लेषण की तकनीकों का विकास किया है। परन्तु तुलना करने की प्रवृत्ति ऐसे अध्ययनों में सामान्यतया नहीं पाई जाती है, ज़्यादातर ऐसे अध्ययन महाकाव्य, आख्यान तथा मिथक या लोक परम्पराओं एवं संस्कृति के अन्य प्रतीकात्मक स्वरूपों पर आधारित होते हैं। सामाजिक यथार्थ के बारे में उनकी धारणाएँ सामान्य जन के द्वारा प्रयुक्त प्रतीकों एवं अवधारणाओं के समाजशास्त्रीय भाषा में रूपांतरण पर आधारित होती हैं। परन्तु रूपांतरण के द्वारा इसकी व्याख्या करने की कोशिश नहीं की जाती है, यह दृष्टिकोण की एक बड़ी सीमा है।

जी.एस. घुर्ये (गोपाल सदाशिव घुर्ये) का उपागम

गोपाल सदाशिव घुर्ये बंबई विश्वविद्यालय में समाजशास्त्र विभाग के संस्थापक अध्यक्ष, नगरों के योजनाबद्ध निर्माण, विकास एवं सर्वेक्षण विषय के अधिकारी

भूगोलविद् सर पैट्रिक गिड्स के शिष्य और एन.ए. थूथी के सहपाठी थे। पैट्रिक गिड्स के पास आने से पहले वे संस्कृत के विद्यार्थी थे और उन पर भंडारकर ओरिएंटल रिसर्च इन्स्टीच्यूट, पुणे, के भारतविदों (इंडोलॉजिस्ट) का प्रभाव था। गिड्स के साथ कुछ वर्ष कार्य करने के बाद वे लंदन चले गए जहाँ वे एल.टी. हॉबहाउस के एक वर्ष तक विद्यार्थी रहे। एक वर्ष बाद वे कैंब्रिज चले गए जहाँ वे डब्लु.एच.आर. रिवर्स के विद्यार्थी बने। रिवर्स सामाजिक विकास के उद्विकासीय मॉडल की तुलना डिफ्युज़निस्ट (प्रसारवादी) मॉडल को ज़्यादा सही मॉडल मानते थे। उनका कहना था कि मनुष्य सभ्यता का विकास अलग-अलग समुदायों के ऐतिहासिक अनुभवों के साझे प्रसार का प्रतिफल है, जिसमें खुले मन से एक-दूसरे की अच्छी एवं उपयोगी चीज़ों का आदान-प्रदान हुआ है। फलस्वरूप मानव सभ्यता के उद्विकासीय एक रेखीय आंतरिक परिवर्तन के सावयवी मॉडल में काफी दोष हैं। घुर्ये ने रिवर्स की उपरोक्त दृष्टि एवं भंडारकर इंस्टीच्यूट के भारतविदों की दृष्टि के साथ बालगंगाधर तिलक की रचनाओं का संश्लेषण करके गाँधीवादी युग (१९१९-४८) में भारतीय समाजशास्त्र की मुख्यधारा का नेतृत्व किया। उन्हें आदरपूर्वक भारतीय समाजशास्त्र का पिता कहा जाता है। उनकी पहली पुस्तक *कास्ट एंड रेस इन इंडिया* १९३२ में प्रकाशित हुई थी। १९३२ से १९७५ तक उनकी पुस्तकों में विषयों की विविधता और तथ्यों की प्रचुरता इतनी ज़्यादा है कि कुछ लोग उन्हें भारतीय संस्कृति का विश्वकोष लिखने वाला समकालीन विद्वान मानते हैं। इस दृष्टि से उनके विशाल प्रकाशनों की तुलना संभवतः केवल राधाकमल मुखर्जी से की जा सकती है, जो कलकत्ता विश्वविद्यालय में समाजशास्त्र के आचार्य बी.के. सरकार और बी.एन. शील के विद्यार्थी थे। बाद के दिनों में राधाकमल मुखर्जी ने पैट्रिक गिड्स के साथ एक प्रोजेक्ट में भी काम किया था। कुल मिलाकर पैट्रिक गिड्स के विचारों का एन.ए. थूथी और राधाकमल मुखर्जी की प्रारंभिक रचनाओं पर ज़्यादा प्रभाव पड़ा। घुर्ये ने जाति-व्यवस्था, वर्ण-व्यवस्था, नातेदारी-व्यवस्था, हिन्दू देवी-देवता, भारतीय साधु, नगर एवं सभ्यता, हिन्दू मूर्तिकला, कालिदास, शेक्सपीयर, कोम्ट, धार्मिक चेतना जैसे विषयों पर बहुत महत्त्वपूर्ण कार्य किया है। उनके अध्ययन किताबी अवधारणाओं पर आधारित थे।

जी.एस. घुर्ये के प्रयासों से १९५२ में भारतीय समाजशास्त्रीय परिषद् की स्थापना हुई, जिसके अंतर्गत सोशियोलॉजिकल बुलेटिन को शुरू किया गया और इस पत्रिका के प्रथम संपादक घुर्ये ही थे। इतना ही नहीं डॉ. के.एम. कपाड़िया, डॉ. पी.एच. प्रभु, श्रीनिवास तथा डॉ. देसाई जैसे प्रतिभाशाली

समाजशास्त्री घुर्ये से प्रत्यक्ष तौर पर प्रभावित हुए हैं और उन्होंने भारत में समाजशास्त्र के विकास में विशेष योगदान दिया। घुर्ये का भारतीय समाजशास्त्र में प्रमुख अध्ययन जाति, वर्ग एवं जातीय संस्तरण पर आधारित है, जिसकी चर्चा उन्होंने अपनी प्रमुख पुस्तक *कास्ट, क्लास एंड ऑक्युपेशन* में की है। इसकी चर्चा करते हुए उन्होंने लिखा है कि प्रत्येक समाज में किसी न किसी रूप में असमानता और विभेदीकरण अवश्य होता है। सामाजिक विभेदीकरण व्यक्तियों को विभिन्न वर्गों, आयु, नाते-रिश्तेदारी और क्षेत्रीय आधार पर अलग करता है। समाजशास्त्रीय अर्थ में सामाजिक स्तरीकरण प्रत्येक व्यक्ति एवं वर्ग को विभिन्न स्तरों में जन्म, शिक्षा, व्यवसाय और आय के आधार पर एक-दूसरे से विभाजित करता है। भारत विश्व के सबसे संस्तरित समाजों में से एक है। भारत में सामाजिक, आर्थिक और सांस्कृतिक विभेदीकरण जाति, वर्ग और जनजातीय संस्थाओं में देखने को मिलता है। जाति मुख्यतः एक सामाजिक संस्था है जबकि वर्ग मुख्यतः आर्थिक संस्था है। लेकिन इसका अर्थ यह नहीं कि जाति में आर्थिक आधार नहीं है एवं वर्ग में सामाजिक पक्षों को नहीं देखा जाता। यह केवल प्रधानता का प्रश्न है। जाति मुख्यतः सामाजिक विभेदीकरण का प्रतिनिधित्व करती है। जबकि वर्ग सामान्यतः आर्थिक विभेदीकरण का प्रतिनिधित्व करता है। ये दोनों सामाजिक एवं आर्थिक असमानता के प्रतिफल हैं और इसलिए स्तरीकरण के आधार हैं। जाति-व्यवस्था के संबंध में घुर्ये ने लिखा है कि जाति एक अंग्रेज़ी शब्द है, जिसकी उत्पत्ति पुर्तगाली शब्द 'कास्टा' से हुई है तथा जिसका अर्थ है – 'समूह'। जाति एक प्रदत्त समूह है, जिसकी सदस्यता जन्म से निर्धारित होती है। आरंभ में यूरोपीय विद्वानों ने भारतीय वर्ग एवं वर्ण की अवधारणा को जाति का समानार्थक मान लिया लेकिन बाद में जाति एवं उपजाति के लिए भी यही शब्द प्रयोग होने लगे। घुर्ये का मानना है कि वर्तमान समय में अधिकांश समाजशास्त्रियों ने 'जाति' को जाति के रूप में ही परिभाषित किया, न कि वर्ण के रूप में। घुर्ये ने यह भी कहा कि समाजशास्त्र में जाति एवं वर्ण दो भिन्न अवधारणाएँ हैं। वर्ण-व्यवस्था में व्यक्तियों के वर्गीकरण की व्याख्या अमूर्त उत्पत्ति के आधार पर की जाती है जबकि जाति एक वंश समूह है, जो सामाजिक, धार्मिक एवं व्यवसायिक आधारों पर विभाजित होती है। जाति सामान्यतः एक अन्तर्विवाही समूह होता है, जिसकी अपनी विशेषताएँ हैं, जैसे – वंशानुगत व्यवसाय, विवाह के नियम, व्यवसायिक कठोरता आदि। भारतीय राजनीति में भी जाति का महत्त्व बढ़ रहा है। वर्ण-व्यवस्था की चर्चा करते हुए घुर्ये ने लिखा है कि इसमें सामाजिक गतिशीलता पाई जाती है। उन्होंने

उदाहरण देते हुए कहा कि विश्वामित्र जो जन्म से क्षत्रिय थे अपनी साधना एवं सिद्धि के बल पर ब्राह्मण बन गए। इस प्रकार की गतिशीलता जातियों में मुश्किल से ही देखने को मिलती है। इसके अलावा वर्ण-व्यवस्था में छुआछूत की भावना नहीं पाई जाती थी, जो जाति-व्यवस्था का हानिकारक पक्ष साबित हुआ।

घुर्ये ने भारतीय परम्परागत समाज में जाति-व्यवस्था की चर्चा करते हुए लिखा है कि सामान्य भारतीय समाज समूहों में विभाजित होता है, जिसे जाति कहते हैं, जिसकी सदस्यता जन्म पर आधारित होती है और उसमें प्रत्येक जाति का अपना संगठन होता है, जिसे जाति परिषद् या जाति पंचायत के नाम से जाना जाता है। प्रत्येक भाषा-संबंधी क्षेत्र में लगभग ३०० से अधिक जातियाँ पाई जाती हैं, जिन्हें उनकी सामाजिक श्रेणी के आधार पर एक संस्तरण में व्यवस्थित किया जा सकता है। इसमें सबसे ऊपर ब्राह्मण और सबसे नीचे दलित जातियाँ होती हैं। इस प्रकार सभी जातियाँ उच्चता या निम्नता के आधार पर विभाजित होती हैं, जो कि भारतीय सामाजिक संरचना के मुख्य तत्वों में से एक है।

जी.एस. घुर्ये ने जाति-व्यवस्था में खान-पान, सामाजिक अंतःक्रिया इत्यादि के कुछ विशेष नियमों की चर्चा की है जिसे जाति के प्रत्येक सदस्य को मानना पड़ता है ताकि वे पवित्रता के नियमों को बरकरार रखें और अपवित्रता से बच सकें। जाति पंचायत के द्वारा इन नियमों को कठोरता से लागू किया जाता है। मुख्य रूप से कर्म, धर्म, अनुष्ठानीय अपवित्रता की अवधारणा धार्मिक एवं कानूनी क्षेत्रों में सामने आती है, जिसका संबंध जाति-व्यवस्था से है। कच्चे एवं पके भोजन के संबंध में भी कई प्रकार के प्रतिबंध एवं निषेध पाए जाते हैं। घुर्ये ने वैवाहिक संबंधों की व्याख्या करते हुए लिखा है कि अंतर्विवाह इस व्यवस्था की महत्त्वपूर्ण विशेषता है। एक जाति के सदस्यों को अपनी ही जाति में विवाह करना होता है। गाँवों में जजमानी व्यवस्था के कारण प्रत्येक जाति एक-दूसरे पर आश्रित होती है। इनकी निर्भरता केवल आर्थिक रूप से ही नहीं बल्कि सामाजिक, सांस्कृतिक एवं धार्मिक भी होती है। घुर्ये ने जाति-व्यवस्था के दुष्परिणामों की चर्चा करते हुए कहा कि जाति-व्यवस्था देश की एकता में बाधा उत्पन्न करती है। यह सामाजिक निषेधों, पवित्रता एवं अपवित्रता की अवधारणा से राष्ट्रीय जागृति का विरोध करती है। जाति-व्यवस्था क्षैतिज एवं उदग्रगामी गतिशीलता को बाधित करती है। यह औद्योगिक एवं सामाजिक विकास के लिए बहुत बड़ी बाधा के रूप में उपस्थित होती है।

घुर्ये ने समकालीन भारतीय समाज की जाति-व्यवस्था का उल्लेख करते हुए एवं इसकी स्थिति की चर्चा करते हुए कहा कि समकालीन भारत में यह व्यवस्था कमज़ोर हो गयी है और पहले की तरह कार्य नहीं कर पा रही है, फिर भी विवाह के क्षेत्र में इसका महत्त्व बना हुआ है। समकालीन भारत में अन्तर्विवाह अभी भी विवाह का एक मुख्य रूप है परन्तु अन्तर्जातीय विवाह भी स्वीकृत किए जा रहे हैं। नगरीय क्षेत्रों में यह लक्षण विशेष रूप से देखने को मिलता है। वर्तमान संदर्भ में भारत के प्रत्येक क्षेत्र में जाति का राजनीतिक प्रयोग होता जा रहा है। धार्मिक कर्मकांड, खान-पान एवं शारीरिक मेल-जोल संबंधी निषेध प्रायः समाप्त होते जा रहे हैं। जाति एवं व्यवसाय का संबंध अब बीते दिनों की बात हो गयी है। अब जजमानी संबंधों को नगरीय क्षेत्रों में बाज़ार-व्यवस्था ने पूर्ण रूप से प्रतिस्थापित कर दिया है। यहाँ तक कि गाँव में भी यह संबंध केवल रीति-रिवाज़ों के स्तर पर कायम है। जातीय प्रभुत्व अब कर्मकांडीय परिस्थिति पर आधारित नहीं है। आज गाँव में सांख्यिकीय शक्ति, आर्थिक शक्ति, शिक्षा, राजनीतिक ताना-बाना एवं वर्गों की आंतरिक संबद्धता आदि तत्त्व अब जाति को संप्रभुता देते हैं। विभिन्न प्रकार की सामाजिक क्रियाओं एवं प्रतिक्रियाओं के द्वारा इसमें महत्त्वपूर्ण परिवर्तन हो रहे हैं, जिनमें संस्कृतीकरण, पश्चिमीकरण, औद्योगीकरण एवं नगरीकरण सबसे महत्त्वपूर्ण हैं।

घुर्ये ने इस प्रकार भारतीय परिप्रेक्ष्य में विशेषकर सामाजिक संरचना के संबंध में जातीय संस्तरण एवं उनमें हो रहे परिवर्तनों को स्पष्ट किया है।

राधाकमल मुखर्जी (आर.के. मुखर्जी) का उपागम

पैट्रिक गिड्स और अमेरिकी समाजशास्त्री रोबर्ट पार्क के नगरीय पर्यावरण से संबंधित अध्ययनों से राधाकमल मुखर्जी बहुत प्रभावित थे। फिर वे पित्रिम एलेक्जांडर सोरोकिन, अर्नोल्ड ट्वायनबी एवं ऑस्वॉल्ड स्पेंगलर आदि के प्रभाव में सभ्यतामूलक विमर्श के क्षेत्र में आ गए। फिर उन पर आनंदकेंटिश कुमारस्वामी और यूरोपीय समाजशास्त्र (फ्रांसीसी एवं जर्मन) का प्रभाव पड़ा और वे *फिलॉसफी ऑफ सोशल साइंसेस, सोशल स्ट्रक्चर ऑफ वैल्यूज, सिम्बोलिक लाइफ ऑफ मैन, द फ्लॉवरिंग ऑफ इंडियन आर्ट* जैसी कृतियों की रचना करने लगे। एन.ए. थूथी को पी.एच. प्रभु जैसे विद्यार्थी मिले जिनकी *हिन्दू सोशल ऑर्गेनाइजेशन* एक चर्चित कृति है। परन्तु राधाकमल मुखर्जी के कामों को बढ़ाने में सी.एन. वेणुगोपाल के अलावा किसी ने रुचि नहीं ली। वेणुगोपाल ने राधाकमल और घुर्ये के कामों का तुलनात्मक अध्ययन किया है।

लेकिन दुर्भाग्य से इसकी बहुत चर्चा नहीं होती। राधाकमल ब्रिटिश समाजशास्त्र एवं सामाजिक मानवशास्त्र को उपेक्षा की दृष्टि से देखते थे। दुर्भाग्य से अंग्रेज़ी राज खत्म होने के बाद भी भारतीय समाजशास्त्र में १६७० के दशक तक ब्रिटिश प्रभाव निर्णायक रहा है। इसमें घुर्ये और उनके प्रमुख शिष्य एम.एन. श्रीनिवास की बहुत महत्त्वपूर्ण भूमिका रही है।

राधाकमल मुखर्जी लखनऊ विश्वविद्यालय में भारतीय समाजशास्त्र के संस्थापक थे। वे अपने सामाजिक मूल्य के सिद्धांत के कारण भारत ही नहीं बल्कि विश्व के समाजशास्त्रियों में अपना महत्त्वपूर्ण स्थान रखते हैं। आर.के. मुखर्जी ने अपनी विचारधारा में पूर्व और पश्चिम का अनोखा समन्वय किया है। मुखर्जी ने मूल्यों की अवधारणा को अत्यंत विस्तृत एवं विलक्षण रूप से प्रस्तुत किया है और अपने इस सिद्धांत के कारण ही सामाजिक विचारधारा के क्षेत्र में उनका बहुत ही महत्त्वपूर्ण स्थान है। मूल्यों को रहस्यवादी आधार पर प्रस्तुत करने का प्रयास उनकी मौलिक विशेषता है। उनका विश्वास है कि रहस्यवाद के कारण तटस्थ नैतिक दृष्टि का विकास होता है। साथ ही साथ आत्म-विश्लेषण और आत्म-अनुशासन के लिए भी मूल्यों का अत्यधिक महत्त्व है। मानव अपने मूल्यों से ही ऐसी शक्ति प्राप्त कर पाता है, जिससे कि वह विश्व में लघु मानव से विशिष्ट मानव के रूप में परिवर्तित हो पाता है। मूल्य के विकसित हो जाने पर व्यक्ति को प्रकृति, समाज और स्वयं में अंतर महसूस नहीं होता है। मुखर्जी का मूल्यों का समाजशास्त्र, अर्थशास्त्र और मानवशास्त्र के समन्वित अध्ययन का परिणाम है।

सामाजिक मूल्य ही वह मानदंड है, जिससे विभिन्न सामाजिक घटनाओं का मूल्यांकन किया जाता है और जो किसी घटना विशेष के प्रति सामाजिक दृष्टिकोण प्रस्तुत करता है। सामाजिक मूल्य प्रत्येक समाज के वातावरण और परिस्थितियों की विभिन्नता के कारण अलग-अलग होते हैं। ये मानव मस्तिष्क को विशिष्ट दृष्टिकोण प्रदान करते हैं। प्रत्येक समाज की सांस्कृतिक विशेषताएँ अपने समाज के सदस्यों में विशिष्ट मनोवृत्तियाँ उत्पन्न कर देती हैं, जिनके आधार पर भिन्न-भिन्न विषयों और परिस्थितियों का मूल्यांकन किया जाता है। आर.के. मुखर्जी ने सामाजिक मूल्यों की अवधारणा देते हुए लिखा है कि मूल्य समाज द्वारा मान्यता प्राप्त वे इच्छाएँ तथा लक्ष्य हैं, जिनका आंतरीकरण, सामाजीकरण की प्रक्रिया के माध्यम से होता है और जो व्यक्तियों से संबंधित अधिमान्यताएँ, प्रतिमान तथा अभिलाषाएँ बन जाती हैं।" इस विश्लेषण से स्पष्ट हो जाता है कि मूल्यों को सामाजिक आधार प्राप्त होते हैं क्योंकि वे

समाज द्वारा मान्यता प्राप्त इच्छाओं तथा लक्ष्यों को व्यक्त करते हैं। मूल्यों को समाज की यह मान्यता ही वह शक्ति प्रदान करती है जिससे लोग उसे मानने में संतोष प्राप्त करते हैं। व्यक्ति के जीवन में मूल्यों का विकास समाजीकरण की प्रक्रिया के साथ-साथ ही होता है।

सामाजिक मूल्यों की प्रकृति

मूल्य एक अमूर्त सामाजिक घटना है, जिसका मिश्रण व्यक्ति के व्यक्तित्व में समाजीकरण की प्रक्रिया के माध्यम से होता है। किसी भी समाज की संस्कृति वही मूल्य विकसित करती है जो बाद में विकसित होकर फैल जाते हैं और दृढ़ हो जाते हैं। एक निर्धारित धारणा समाज में व्याप्त हो जाती है और इसके आधार पर मनोवृत्तियों का विकास होता है, जो उचित तथा अनुचित के विश्लेषण में सहायक होता है।

मूल्यों में एक प्रकार की पंथनिरपेक्षता और सार्वभौमिकता होती है। ये मनुष्य की इन धारणाओं को व्यक्त करते हैं, व्यवस्था और शांति जीवन की आधारभूत आवश्यकताएँ हैं। ये शाश्वत इच्छाएँ मूल्यों को जन्म देती हैं। मूल्य व्यवस्था एवं शांति के लिए सार्वभौमिक मानवीय इच्छाओं या आकांक्षाओं की अभिव्यक्ति हैं। व्यक्ति अपने लक्ष्यों, इच्छाओं तथा उद्देश्यों की पूर्ति मूल्यों की सहायता से ही करते हैं। सामाजिक संबंध, सामाजिक जीवन एवं सामाजिक संस्थाओं में जो विभिन्न प्रतिमान हैं, उनका आधार मूल्य ही है।

मूल्यों की अभिव्यक्ति प्रतीकों के माध्यम से होती है। जो मूल्य मानव जीवन में स्थापित हो जाते हैं उनकी अभिव्यक्ति विभिन्न प्रकार के प्रतीकों के द्वारा ही की जाती है। मानवीय संबंध प्रतीकात्मक होते हैं और ये प्रतीक ही मूल्यों के परिचालक बन जाते हैं तथा व्यक्ति के आदर्शों की स्थापना करते हैं। मुखर्जी ने समाज को मूल्यों का संगठन और संग्रह कहा है।

मूल्य गतिशील होते हैं। जिस प्रकार समाज के अन्य प्रतिमान गतिशील एवं परिवर्तनशील होते हैं ठीक उसी प्रकार मूल्य भी गतिशील एवं परिवर्तनशील होते हैं तथा उनमें संशोधन होता रहता है, उनका विस्तार होता रहता है और साथ ही अन्य मूल्यों के साथ उनका मिश्रण भी होता है। आज जो मूल्य सामाजिक दृष्टि से सर्वमान्य होते हैं, कल उन्हीं मूल्यों में सामाजिक परिवर्तन की गति के साथ ही मूल्यों की गति भी प्रभावित होती है। मूल्य सार्वभौमिक भी हो सकते हैं और स्थानीय भी हो सकते हैं।

मूल्य परिस्थितियों का निर्माण करते हैं। जिस प्रकार मूल्य सामाजिक

परिस्थिति के अनुरूप परिवर्तित होते हैं, उसी प्रकार सामाजिक परिस्थितियों को अपने अनुरूप ढालने में भी समर्थ होते हैं। व्यक्ति मूल्यों का पालन करते हैं। व्यक्तियों के माध्यम से ही समाज को परिस्थितियों के अनुरूप ढाला जा सकता है।

मूल्य मार्गदर्शक भी होते हैं, मूल्य वे प्रतिमान हैं, जो व्यक्तियों की विभिन्न आवश्यताओं की पूर्ति के लिए उनका मार्गदर्शन करते हैं। समाज समूहों, उप-समूहों, समितियों, संस्थाओं आदि का एक संकलन है। ये सभी किसी न किसी उद्देश्य से प्रेरित होकर निर्मित होती हैं। प्रत्येक के मूल्य समाज की मान्यताओं के अनुसार अपने-अपने उद्देश्यों के अनुरूप निर्धारित होते हैं। उद्देश्यों की पूर्ति में मनुष्य ही समूहों, संस्थाओं, समितियों एवं व्यक्तियों के मार्गदर्शक बन जाते हैं।

मूल्य समाज में समरूपता लाते हैं। सामाजिक मूल्य व्यक्ति के व्यवहारों को निर्धारित करते हैं। विभिन्न व्यक्तियों के व्यवहारों में मूल्य एक प्रकार की समन्वयता का निर्माण करते हैं और यही समन्वयता समाज को एकरूप बना देती है।

मूल्यों से सामाजिक संगठन का विकास होता है। यह नियंत्रण की विधि का भी कार्य करते हैं। सामाजिक मूल्यों के अनुरूप व्यक्तियों को अपने व्यवहार ढालने पड़ते हैं। मूल्यों के विपरीत कार्य करने पर व्यक्ति स्वयं भी प्रसन्नता का अनुभव नहीं करते और इसके लिए समाज भी उन्हें दंडित कर सकता है। इससे यह स्पष्ट हो जाता है कि सामाजिक नियंत्रण की विधि के रूप में मूल्य सामाजिक संगठन की व्यवस्था को प्रोत्साहित करते हैं।

संस्कृति की एकता और स्थायित्व मूल्यों पर निर्भर करता है। संस्थाओं और समूहों की निरंतरता भी मूल्यों पर ही आधारित होती है। मूल्यों में गतिरोध उत्पन्न होने पर सांस्कृतिक गतिरोध उत्पन्न हो जाता है और सांस्कृतिक एकता मूल्यों के संगठन पर ही आधारित रहती है। इसीलिए मुखर्जी ने लिखा है कि व्यक्तिगत आनंद, सामंजस्य और सामाजिक तथा संस्थागत अनुकूलन का एकीकरण करने वाला संगठन मूल्यों पर निर्भर करता है।

मुखर्जी ने मूल्यों की व्याख्या में उसकी उत्पत्ति और विकास की भी व्याख्या की है। उन्होंने सामाजिक जीवन की क्रियाशीलता और संस्थागत अवस्था को मूल्यों की उत्पत्ति का मुख्य स्रोत बताया है। उन्होंने लिखा है कि मनुष्य के सामूहिक और संस्थागत संबंध तथा उसके नैतिक व्यवहार एवं आदर्श एक-दूसरे पर निर्भर रहते हैं। उन्होंने कहा कि मनुष्य जिस

परिस्थितीय क्षेत्र में रहता है वह संस्था को राज्य एवं अन्य व्यक्तियों के संपर्क में रखता है, तथा उसी समय उसके साथ आंतरीकरण भी करते रहता है। मानव के इस बहुउद्देशीय पर्यावरण में जो अंतःक्रिया चलती रहती है, उसी से सामाजिक मूल्यों की उत्पत्ति तथा विकास होता है। मुखर्जी के अनुसार मूल्यों का विकास निम्नलिखित परिस्थितियों से होता है। इन परिस्थितियों से निकल कर ही कोई तथ्य मूल्य बनता है।

लक्ष्य : लक्ष्य आवश्यकताओं के अनुरूप निर्धारित होते हैं। वे पारस्परिक संघर्ष को कम करने में सहायक होते हैं। जिन विभिन्न लक्ष्यों में पारस्परिकता होती है, जो अधिक शक्तिशाली होते हैं और जो जीवन के लिए अनिवार्य बन जाते हैं, उन्हें मान्यता प्राप्त हो जाती है।

आदर्श : लक्ष्यों की स्वीकृति एवं मान्यताओं के लिए यह आवश्यक है कि उनमें आदर्श हो। आदर्शों की प्राथमिकता के अनुरूप ही लक्ष्यों को मान्यता मिलती है और मान्यता प्राप्त लक्ष्य समाज के आदर्श बन जाते हैं।

मान्यता : आदर्श जब स्थायित्व प्राप्त कर लेता है तब समाज उन्हें मान्यता देने लग जाता है। मान्यता उन्हीं आदर्शों को दी जाती है जो समाज-कल्याण के लिए अनिवार्य समझे जाते हैं। मुखर्जी ने मान्यताओं के संदर्भ में लिखा है कि मान्यताएँ आत्मानुभूति तथा विकास के लिए मनुष्यों के प्रयत्नों और आकांक्षाओं के मूर्तिमान् स्वरूप हैं, जिन्हें उनका जीवन और समाज प्रस्तुत करता है।

मूल्य : मान्यताएँ जब मनुष्य के मन में स्थायी रूप ले लेती हैं तथा समाज की प्राथमिकताओं एवं अंतराल प्रक्रियाओं के रूप में विकसित हो जाती हैं तब वे मूल्य का रूप ले लेती हैं। मूल्यों का स्पष्टीकरण सामाजिक संबंधों में होता है।

इस प्रकार मूल्यों की उत्पत्ति एवं विकास के संबंध में राधाकमल मुखर्जी ने अपने दृष्टिकोणों को व्यक्त किया है।

इरावती कर्वे

किताबी पाठ एवं ज़मीनी तथ्यों के संश्लेषण के युग का आरंभ

भारतीय समाज को कुछ लोग युगों में बाँट कर देखते हैं। १६०६ से १६१६ तक के युग को भारतीय राजनीति में तिलक युग कहते हैं। १६१६ से १६४७

तक के कालखंड को गाँधी युग कहते हैं। १९४७ से १९६४ तक के युग को नेहरू युग कहते हैं। १९६६ से १९८४ तक के युग को इंदिरा युग कहते हैं। १९८४ से १९८९ तक के समय को राजीव युग कहते हैं। १९९१ से अब तक के समय को उदारीकरण एवं वैश्वीकरण का युग कहते हैं।

इसी तरह कुछ लोग भारतीय समाजशास्त्र को भी युगों में बाँटकर देखते हैं। १९०८ से १९२१ के कालखंड को बी.के. सरकार युग कहते हैं। १९२१ से १९५१ तक के कालखंड को घुर्ये युग कहा जाता है। १९५१ से १९७० तक के कालखंड को श्रीनिवास युग कहने का चलन है। १९७० से १९८९ तक का समय लुई डुमों के संरचनात्मक उपागम का युग माना जाता है। १९८९ से अब तक का समय समकालीन युग माना जाता है, जिस पर मैकिम मैरियट का निर्णयकारी प्रभाव माना जाता है। यह विभाजन एक प्रकार का सरलीकरण है और विवादास्पद भी। इसमें दो मत नहीं है कि इससे भारतीय समाजशास्त्र में उपागमों के तुलनात्मक महत्त्व को समझने में कुछ मदद मिलती है। किन्तु इसमें एक युग के भीतर की विविधता को समझने में कई तरह की अड़चनें पैदा होती हैं।

क्या १९२१ से १९५१ के घुर्ये युग में केवल किताबी पाठों का विश्लेषण हुआ है? क्या १९५१ से १९७० तक केवल श्रीनिवास के संरचनात्मक उपागम की धूम रही है? क्या १९७० से १९८९ तक केवल फ्रांसीसी संरचनावाद का महत्त्व रहा है? इसका उत्तर है, बिल्कुल नहीं। उदाहरण के लिए, घुर्ये युग के उत्तरार्द्ध में इरावती कर्वे, श्रीनिवास युग के उत्तरार्द्ध में एस.सी. दूबे और, लुई डुमों के संरचनावादी युग में ए.एम. शाह जैसे समाजशास्त्रियों ने अपने युग की मुख्य धारा में अपनी स्वतंत्र पहचान बनाए रखी और उनके कामों का महत्त्व आज तक बना हुआ है।

इरावती कर्वे १९३० के उत्तरार्द्ध में घुर्ये युग में किताबी पाठ के साथ-साथ ज़मीनी तथ्यों के संकलन को समाजशास्त्रीय शोध के लिए आवश्यक मानने वाली सम्भवतः पहली भारतीय समाजशास्त्री हैं। वे घुर्ये की विद्यार्थी थीं, लेकिन बाद में जर्मनी से समाजशास्त्र में फील्डवर्क की विधियाँ सीखकर आयीं। उन्होंने किताबी पाठ और ज़मीनी तथ्यों के संश्लेषण का व्यवस्थित प्रयास किया। इससे एक नए युग का सूत्रपात हुआ। १९३० के दशक में भारतीय समाज में कई महत्त्वपूर्ण परिवर्तन हो चुके थे। १९३१ में भारतीय समाज में सवाक फिल्मों का दौर शुरू हुआ था। १७८४ में एशियाटिक सोसाइटी की स्थापना के साथ भारत में 'छपी हुई किताबों का युग' शुरू होता है। १७८४

से १९३१ तक वाचिक परम्परा इस देश के बुद्धिजीवियों एवं नीति-निर्माताओं के लिए 'गूंगी' थी। सवाक फिल्मों के युग (१९३१ से प्रारंभ) में भारत के आम आदमी की आवाज़ और लोक संस्कृति का ज़मीनी यथार्थ लोकप्रिय फिल्मों में विकसित होने लगा।

१९१९ से भारत के स्वतंत्रता आन्दोलन में आम आदमी की भागीदारी बढ़ी। १९१७ के चंपारण आन्दोलन से आन्दोलनों का दौर शुरू हुआ। लेकिन १९३० के दशक में महात्मा गाँधी के ख़िलाफ डॉक्टर अम्बेडकर और सावरकर-मुँजे-मालवीय तथा मोहम्मद अली जिन्ना वैकल्पिक रणनीति की वकालत करने लगे थे। ऐसे दौर में, भारतीय समाज को किताबी पाठों के आधार पर समझना लगातार मुश्किल होता जा रहा था। अतः इरावती कर्वे ने फील्डवर्क की जर्मन परम्परा और घुर्ये के समाजशास्त्रीय उपागम के बीच संश्लेषण करने की शुरुआत की। परन्तु उनका प्रथम महत्त्वपूर्ण प्रकाशन १९५३ में ही प्रकाशित हो पाया। उनकी अंतिम महत्त्वपूर्ण कृति १९७४ में प्रकाशित हुई। इस तरह प्रकाशन की दृष्टि से वे भी श्रीनिवास युग में ही आ जाती हैं जबकि अध्यापन एवं शोध की दृष्टि से वे घुर्ये एवं श्रीनिवास युग के बीच की कड़ी हैं।

इरावती कर्वे का उपागम

इरावती कर्वे १९२० के दशक के उत्तरार्द्ध में जी.एस. घुर्ये की शिष्या थीं। बाद में उन्होंने जर्मनी से मानवशास्त्र में डाक्टरेट की उपाधि ली। भारतीय समाजशास्त्र में इरावती कर्वे की लोकप्रियता १९५३ में प्रकाशित उनकी *किनशिप ऑर्गनाइजेशन इन इंडिया* नामक पुस्तक से बढ़ी। इस पुस्तक में उन्होंने भारत में हिन्दू नातेदारी व्यवस्था का व्यवस्थित एवं विशद वर्णन करने में इंडोलॉजिकल एवं फील्डवर्क आधारित तथ्यों का संश्लेषण करने का व्यवस्थित प्रयास किया। नातेदारी व्यवस्था पर १९५३ के बाद प्रकाशित हर भारतीय समाजशास्त्री ने कर्वे की रचना के संदर्भ में ही अपनी बात कहने का प्रयास किया है। १९६१ में *हिन्दू सोसाइटी – एन इन्टरप्रेटेशन* नामक पुस्तक में उन्होने हिन्दू समाज को समझने के लिए एक विश्लेषणात्मक दृष्टिकोण विकसित करने का प्रयास किया। १९७४ में उन्होंने *युगांत : दि एंड ऑफ एन ईपॉक* में हिन्दुओं के लोकप्रिय ग्रंथ महाभारत को भारतीय नारीवादी दृष्टि से विश्लेषित करने का प्रयास किया। भारतीय सांस्कृतिक व्यवस्था को समझने के लिए इरावती कर्वे के अनुसार तीन तथ्यों पर ध्यान देना अत्यावश्यक है; (क) भारतीय संस्कृति के भाषाई क्षेत्रों का विन्यास;

कनफिगरेशन (ख) जाति नामक संस्था एवं; (ग) परिवार एवं नातेदारी का संगठन। लेकिन दुर्भाग्य से ज़्यादातर समाजशास्त्रियों ने भारतीय समाज के भाषायी क्षेत्रों की विशिष्ट संस्कृति को समझने का १९५३ तक प्रयास ही नहीं किया। विदेशी समाजशास्त्रियों को भारतीय समाज में जाति के अध्ययन में सबसे ज़्यादा रुचि रही है चूँकि यह उनके समकालीन अनुभव से काफी अलग है। भारतीय जाति और परिवार के इंडोलॉजिकल अध्ययनों के आलोक में व्यवस्थित समाजशास्त्रियों (टेक्सचुअल अर्थात बुक व्यू पर आधारित) जी.एस. घुर्ये एवं के.एम. कपाड़िया (परिवार एवं विवाह) के अध्ययनों में भारत की भाषाई संस्कृतियों को समझने का प्रयास नहीं किया गया। इसी तरह एम.एन. श्रीनिवास, आई.पी. देसाई एवं ए.आर. देसाई के अध्ययनों में भी भारतीय समाज की भाषाई संस्कृतियों की तुलनात्मक विविधता एवं सांस्कृतिक एकता को समझने का व्यवस्थित प्रयास नहीं दिखता। श्रीनिवास गाँवों की संरचनात्मक विविधता या जाति के स्थानीय, क्षेत्रीय या अखिल भारतीय मॉडल की बात तो करते हैं लेकिन भाषाई संस्कृति की क्षेत्रीय संरचना की बात करने वाली इरावती कर्वे पहली समाजशास्त्री हैं। भारत में साहित्य और कला के समाजशास्त्र के विकास में इरावती कर्वे की भाषाई संस्कृति की क्षेत्रीय विन्यास की अवधारणा का प्रेरणादायी महत्त्व रहा है, जिसकी चर्चा कुछ लोग जानबूझ कर नहीं करते।

१९३० के दशक में पुणे के डेक्कन कॉलेज एवं पोस्ट ग्रेजुएट इंस्टिच्यूट में समाजशास्त्र एवं मानवशास्त्र के संयुक्त विभाग की संस्थापक अध्यक्ष बनने के बाद उन्होंने देश के विभिन्न भागों में विस्तृत फील्डवर्क (ज़मीनी यथार्थ का अनुभवात्मक अवलोकन, जिसे कुछ लोग क्षेत्र अध्ययन भी कहते हैं) किया। इस तरह का फील्डवर्क करने वाली वे देश की प्रथम समाजशास्त्री थीं। १९३० के दशक के आरंभ तक कुछ मानवशास्त्रियों ने ख़ास जनजातियों का स्थानीय (माइक्रो) अध्ययन करके मोनोग्राफ अवश्य लिखा था। लेकिन हिन्दू समाज का अखिल भारतीय स्तर पर अध्ययन इंडोलौजिक एवं टेक्सचुअल (किताबी) स्रोतों के विश्लेषण पर आधारित था। किताबी अवधारणाओं (बुक व्यू) एवं ज़मीनी अवधारणाओं (फील्ड व्यू) का संश्लेषण करके भारतीय समाज को समझने की भारतीय समाजशास्त्र में एक नई शुरुआत हुई। डी.एन. मजूमदार १९३३ में लखनऊ छोड़कर कैंब्रिज में टी.सी. हडसन के मार्गदर्शन में सांस्कृतिक मानवशास्त्र के शोधार्थी बने। अपने पी.एच.डी. शोध के दौरान वे लंदन स्कूल ऑफ़ इकोनोमिक्स में ब्रौनिसला मैलिनोवस्की के सेमिनार सुनने जाते थे। धीरे-धीरे हडसन की तुलना में ब्रगौनिसला मैलिनोवस्की के

प्रभाव में आए। १६२८ से १६३३ तक वे लखनऊ विश्वविद्यालय में जनजातीय अर्थशास्त्र के शिक्षक थे। इससे पहले वे कलकत्ता विश्वविद्यालय में मानवशास्त्र के विद्यार्थी थे, जहाँ जी.एस. घुर्ये के सहपाठी और डब्लु.एच. आर. रिवर्स के विद्यार्थी के.सी. चट्टोपाध्याय उनके शिक्षक थे। १६४० के दशक में डी.एन. मजूमदार भारतीय मानवशास्त्र में फील्डवर्क की मैलिनोवस्की वाली शैली (सहभागी अवलोकन) के सबसे प्रमुख प्रतिनिधि बने। इरावती कर्वे और डी.एन. मजूमदार की अक्सर तुलना करके डी.एन. मजूमदार को भारत में फील्डवर्क पद्धति के विकास की दृष्टि से एम.एन. श्रीनिवास से पहले की पीढ़ी का सिरमौर माना जाता है। लेकिन यह अतिरंजित दृष्टि है। एक तो इरावती कर्वे ने जर्मन मानवशास्त्र से प्रभावित फील्डवर्क १६३० के दशक में किया और दूसरे उनका फील्डवर्क अखिल भारतीय स्तर पर भारत की भाषाई संस्कृति के सभी क्षेत्रों में काफी विस्तृत रहा है। जबकि १६३० के दशक में डी.एन. मजूमदार, रिवर्स और हडसन शैली के सेकेन्ड्री (दूसरों के तथ्य संकलनों पर आधारित) स्रोतों के विश्लेषण करने में व्यस्त थे। १६४० के दशक से उन्होंने जनजातीय संस्कृति की माइक्रो स्टडी शुरू की। तीसरे उनका भारतीय शास्त्रीय अवधारणाओं का ज्ञान इरावती कर्वे, डी.पी. मुखर्जी, राधाकमल मुखर्जी, जी.एस. घुर्ये की तुलना में काफी कमजोर रहा है जबकि कर्वे अपने गुरु घुर्ये की तरह संस्कृत की प्रकांड विद्वान् थीं। इरावती कर्वे, श्रीनिवास, लुई डुमों, ए.एम. शाह, जे.पी.एस. उबेराय एवं वीना दास की परम्परा की आरंभ-बिंदु मानी जाती हैं जिनके अध्ययनों में किताबी एवं ज़मीनी अवधारणाओं एवं तथ्यों का सुंदर संश्लेषण रहा है।

जी.एस. घुर्ये एवं इरावती कर्वे

जी.एस. घुर्ये का सिद्धांत है कि भारत में वर्णों के टूटने से कालक्रम में जातियों का जन्म हुआ। इसमें वर्णसंकर संतानों की सामाजिक स्थिति का सबसे बड़ा योगदान था। वर्णसंकर संतानों को न पिता के वर्ण में स्थान मिलता था और न माता के वर्ण में। वर्णसंकर संतानों के कारण जातियों का जन्म हुआ। घुर्ये के इस मत का इरावती कर्वे ने खण्डन किया है। इरावती कर्वे का कहना है कि भारत में जातियों का अस्तित्व प्राचीनकाल से रहा है जबकि वर्ण-व्यवस्था का विकास भारतीय इतिहास में बाद की घटना है। इरावती कर्वे की मान्यता है कि समान व्यवसाय से जुड़ी जातियों के गठबंधन से वर्णों की अवधारणा का विकास हुआ। दूसरे शब्दों में, कर्वे भारतीय समाज में जातियों को पुरानी संस्था एवं भारतीय समाज व्यवस्था की तीन में से एक आधार-स्तंभ मानती हैं जबकि वर्ण को गौण अवधारणा मानती हैं। प्रकारांतर से, श्रीनिवास एवं आंद्रे बेते के जाति

विषयक विचारों पर कर्वे का निर्णयकारी प्रभाव है परंतु दुर्भाग्य से दोनों कर्वे के प्रभाव को खुले मन से स्वीकार नहीं करते।

इरावती कर्वे एवं आई.पी. देसाई

आई.पी. देसाई के अनुसार नाभिकीय परिवार के रूप में परिवार की अवधारणा अब भी भारतीय अवधारणा नहीं है। एक आम भारतीय के लिए परिवार का मतलब वही है, जो अंग्रेज़ी भाषा में संयुक्त परिवार का होता है। इसी तरह, ए.एम. शाह जैसे समाजशास्त्रियों ने एक सांस्कृतिक मूल्य के रूप में संयुक्त परिवार एवं एक निवास स्थान या घराना के रूप में संयुक्त परिवार की अवधारणा में अंतर स्पष्ट किया है। पारम्परिक भारत में नाभिकीय घरों का अस्तित्व तो रहा है परंतु नाभिकीय परिवार कभी भी एक सांस्कृतिक मूल्य नहीं रहा। अधिकांश भारतीयों के लिए संयुक्त परिवार ही पारिवारिक जीवन का आदर्श प्रतिमान रहा है।

भारत के विभिन्न क्षेत्रों में समकालीन समाजशास्त्रियों ने यह पाया है कि नाभिकीय परिवार या घर संयुक्त परिवार के चक्रीय विकास की एक अवस्था भर है। यह सब पुरानी पीढ़ी की मृत्यु एवं नई पीढ़ी के जन्म की स्वाभाविक (प्राकृतिक) प्रक्रिया से जुड़ा हुआ है। यह चक्र करीब-करीब ३० वर्षों में पूरा हो जाता है एवं उसके बाद एक नया चक्र शुरू होता है।

इरावती कर्वे ने भारत में संयुक्त परिवार की परिभाषा देते हुए कहा है कि संयुक्त परिवार लोगों का ऐसा समूह है जो एक छत के नीचे रहते हैं, एक रसोई का बना हुआ खाना खाते हैं, एक तिजोरी में संपत्ति रखते हैं, पारिवारिक पूजा में सामूहिक रूप से भाग लेते हैं तथा एक-दूसरे से एक विशेष प्रकार के नातेदारी संबंध से जुड़े होते हैं।

दूसरी ओर, आई.पी. देसाई का कहना है कि संयुक्त परिवार के लिए संयुक्त निवास स्थान या संयुक्त रसोई का होना उतना महत्त्वपूर्ण नहीं है जितना कि उनके अंतः पारिवारिक संबंध। देसाई ने भारत में पारिवारिक जीवन के पाँच प्रकारों की चर्चा की है:-

(क) **नाभिकीय परिवार** – सबसे छोटा परिवार जिसमें पति, पत्नी एवं उनके अविवाहित बच्चे रहते हैं।

(ख) **प्रकार्यात्मक संयुक्त परिवार** – जब रक्त संबंधों वाले दो परिवार अलग-अलग रहते हैं परंतु एक संयुक्त अधिकारी (कर्त्ता) के तहत प्रकार्य करते हैं तो इसे प्रकार्यात्मक संयुक्त परिवार कहा जाता है।

(ग) **प्रकार्यात्मक एवं वास्तविक संयुक्त परिवार** – जब एक प्रकार्यात्मक संयुक्त परिवार संपत्ति की दृष्टि से भी संयुक्त होता है, तो इसे प्रकार्यात्मक एवं वास्तविक संयुक्त परिवार कहा जाता है।

(घ) **सीमांत संयुक्त परिवार** – जब दो पीढ़ियों के परिवारिक सदस्य प्रकार्यात्मक एवं वास्तविक रूप से साथ रहते हैं तो इसे सीमांत संयुक्त परिवार कहा जाता है।

(ङ) **पारम्परिक संयुक्त परिवार** – जब तीन या अधिक पीढ़ियों के लोग एक निवास स्थान में रहते हैं, सम्मिलित रूप से संपत्ति के स्वामी होते हैं एवं पारिवारिक अनुष्ठानों में सामूहिक रूप से भाग लेते हैं तो इसे पारम्परिक संयुक्त परिवार कहते हैं।

इरावती कर्वे (हिन्दू नातेदारी व्यवस्था)

भारत में नातेदारी व्यवस्था विवाह से संबंधित प्रथाओं एवं रीतियों की विविधता को अभिव्यक्त करती है। अखिल भारतीय स्तर पर भारत में नातेदारी के बारे में सामान्यीकरण करना संभव नहीं है। भारत में एक संगठन के रूप में नातेदारी व्यवस्था काफी हद तक क्षेत्रीय संस्कृति का एक आयाम है। इरावती कर्वे ने भारत में नातेदारी व्यवस्था के चार क्षेत्रों (उत्तर, दक्षिण, पूर्व, पश्चिम) की चर्चा की है। कई अन्य लोग भारत में दो नातेदारी व्यवस्थाओं की चर्चा करते हैं – उत्तर भारतीय नातेदारी व्यवस्था एवं दक्षिण भारतीय नातेदारी व्यवस्था। उत्तर भारतीय एवं दक्षिण भारतीय नातेदारी व्यवस्थाएँ आर्य एवं द्रविड़ नातेदारी व्यवस्था के रूप में भी जानी जाती हैं।

उत्तर भारतीय एवं दक्षिण भारतीय नातेदारी व्यवस्थाएँ

दक्षिण भारतीय क्षेत्र में एक खास प्रकार के करीबी रिश्तेदारों, ख़ासकर ममेरे–फुफेरे भाई–बहनों में विवाह विशेष रूप से पसन्द किया जाता है। परन्तु चचेरे या मौसेरे भाई–बहनों का विवाह कभी नहीं होता। कुल मिलाकर पति–पत्नी के माता–पिता (या आपस में विवाह करने वाले समूहों) की प्रस्थिति बराबर होती है। अक्सर दोनों समूह भौगोलिक रूप से एक–दूसरे के काफी नज़दीक होते हैं, कई बार तो एक ही गाँव में रहते हैं। दुल्हन अपने विवाह संबंधियों से पूर्व परिचित होती है। दक्षिण भारत में नये वैवाहिक संबंध के द्वारा पूर्व स्थापित नातेदारी संबंध मजबूत बनते हैं परंतु नातेदारी का दायरा विस्तृत नहीं होता।

इसके विपरीत, उत्तर भारत में ममेरे-फुफेरे भाई-बहनों के बीच विवाह को स्वीकृति नहीं है। सच तो यह है कि उत्तर भारत में पहले से नज़दीकी नातेदारी संबंधों में बंधे लोगों के बीच वैवाहिक संबंध का निषेध है। सामान्यतः एक गाँव या शहर के लोग भौगोलिक रूप से काफी दूर-दूर विवाह करना पसन्द करते हैं। ज़्यादातर लोग ग्राम बहिर्विवाह के नियम को भी मानते हैं। इस क्षेत्र में नातेदारी संबंध के दायरे को विस्तृत करने पर जोर दिया जाता है न कि पूर्व स्थापित संबंधों के दायरे को ज़्यादा गहरा करने पर। उत्तर भारतीय नातेदारी व्यवस्था में दुल्हन पति के परिवार में एकदम अपरिचित की तरह आती है। अपने वैवाहिक संबंधियों के द्वारा किए गए असहिष्णुतापूर्ण व्यवहार के कारण वह कभी-कभी काफी निरीह महसूस करती है। उत्तर भारत में ऐसे विवाह सामान्यतः सामाजिक रूप से असमान सामाजिक परिस्थिति वाले समूहों को जोड़ते हैं। वर-मूल्य की प्रथा (डाउरी) के कारण कन्या पक्ष और दुल्हन को प्रत्यक्ष एवं अप्रत्यक्ष रूप से कई समस्याएँ झेलनी पड़ती हैं।

समकालीन भारत में नातेदारी

नातेदारी संबंध ज़्यादातर भारतीयों के लिए आज भी महत्त्वपूर्ण माने जाते हैं। संकट काल में ज़्यादातर भारतीय प्राथमिक रूप से अपने नातेदारी संबंधों पर ही भरोसा करते हैं। जब किसी संबंधी की मृत्यु होती है तो नातेदारी से जुड़े सभी स्त्री-पुरूष शोक संतप्त परिवार को सहयोग देने के लिए तत्पर रहते हैं। जब कोई व्यक्ति किसी नये स्थान में प्रव्रजन करता है तो वह सबसे पहले अपने रक्त या विवाह संबंधियों को ही संपर्क करता है। जब किसी व्यक्ति को नौकरी की आवश्यकता होती है तो उसके संबंधियों द्वारा हर संभव मदद की जाती है। जब वह किसी नई जगह में जाता है तो शुरू में वह अपने संबंधियों के यहाँ ही ठहरता है। जब उसे विवाह करना होता है तो उसके विवाह के लिए प्रस्ताव उसके नातेदारी संबंधियों की मध्यस्थता से ही आता है। इसी प्रकार जब किसी परिवार में विवाह संपन्न होता है तो नातेदार ही दूल्हे तथा दुल्हन को उपहार देने का आवश्यक कर्त्तव्य निभाते हैं। अधिकांश भारतीयों के जीवन में नातेदारी सामाजिक एवं सांस्कृति जीवन की रूपरेखा प्रस्तुत करती है। जाति, वर्ग एवं पड़ोस भी महत्त्वपूर्ण होते हैं परंतु नातेदारी की भूमिका इनमें से किसी से भी ज़्यादा प्रभावकारी होती है।

२

भारतीय समाजशास्त्र में संरचनात्मक प्रकार्यवादी संप्रदाय

भारतीय समाजशास्त्र में संरचनात्मक उपागम

संरचनात्मक उपागम का दावा है कि समाजशास्त्र एक सार्वभौमिक विज्ञान है तथा इसकी अवधारणाओं, सिद्धांतों एवं मान्यताओं का सदुपयोग समाज के तुलनात्मक अध्ययन के लिए यूरोप के बाहर भी सफलतापूर्वक किया जा सकता है। यह संस्कृति के नियामक ढाँचे की तुलना में आनुभविक संरचना को ज़्यादा महत्त्व देता है। यह उपागम तथ्य संग्रह के लिए काफी व्यवस्थित एवं सुसंबद्ध क्षेत्र कार्य की वकालत करता है। इस उपागम की केन्द्रीय अवधारणा सामाजिक संरचना है।

सामान्यतः सामाजिक संरचना का तात्पर्य किसी समाज में बार-बार दोहराए जाने वाले सामाजिक व्यवहारों के प्रतिमान से होता है। इसके अंतर्गत किसी समाज के तत्त्वों के बीच पाए जाने वाले स्थायी, व्यवस्थित एवं प्रतिमानित संबंधों को शामिल किया जाता है। विभिन्न समाजशास्त्रियों ने सामाजिक संरचना को अलग-अलग तरह से परिभाषित किया है। संक्षेप में हम लोग ए.आर. रेडक्लिफ ब्राउन की चर्चा कर सकते हैं, जिनकी प्रेरणा से एम.एन. श्रीनिवास ने दक्षिण भारत के कुर्ग समुदाय में धर्म एवं समाज का संरचनात्मक-प्रकार्यवादी दृष्टिकोण से अध्ययन किया।

रैडक्लिफ ब्राउन की दृष्टि में सामाजिक संरचना एक निश्चित समय में पाई जाने वाली आनुभविक वास्तविकता है, जबकि संरचनात्मक रूप एक अन्वेषक द्वारा वास्तविकता का अमूर्तीकरण है, जो एक निश्चित समय का नहीं बल्कि अवधि की ओर संकेत करता है। फॉटिस, इवान्स-प्रिचार्ड, फर्थ एवं नाडेल सामाजिक संरचना को व्यापक अर्थ में प्रयोग करते हैं। रैडक्लिफ ब्राउन किसी समाज की संस्कृति को उसकी सामाजिक संरचना से अलग

मानते हैं। उनके लिए किसी समाज की संस्कृति इसके सदस्यों के व्यवहार, सोच एवं भावना का मानकीकृत प्रारूप होता है। जबकि सामाजिक संरचना उनके लिए एक निश्चित समय में इसके सभी सदस्यों के बीच पाए जाने वाले सभी सामाजिक संबंधों की समष्टि है। रैडक्लिफ ब्राउन की दृष्टि में संरचनात्मक कार्यवाद उपागम में सामाजिक संबंधों के रूप अर्थात् संरचना इसके प्रभावों अर्थात् प्रकार्यों से सर्वथा भिन्न होती है। रैडक्लिफ ब्राउन की दृष्टि में वैज्ञानिक रूप में संस्कृति का अध्ययन सामाजिक संरचना के आयाम के रूप से ही हो सकता है। रैडक्लिफ ब्राउन के अनुयायी संस्कृति और सामाजिक संरचना को अविच्छिन्न मानते हैं।

स्वतंत्रता प्राप्ति के बाद भारतीय समाजशास्त्र का संरचनात्मक दृष्टिकोण सबसे लोकप्रिय, विकसित और सुसंबद्ध उपागम है। इस दृष्टिकोण का प्रयोग ग्रामीण समुदाय, जाति संरचना, पारिवारिक संरचना, नातेदारी संरचना, धार्मिक संरचना एवं राजनीतिक संरचना आदि के अध्ययन में किया गया है। संरचनात्मक अध्ययनों में अवधारणाओं के विकास एवं प्रारूपों के निर्माण को विशेष महत्त्व दिया जाता है। यह उपागम संरचनात्मक अतारतम्यता एवं समाज में वर्गीकरण की प्रक्रियाओं के अध्ययन पर बल देता है। समानता एवं असमानता की समस्याओं, शक्ति संरचना के अध्ययन, सामाजिक स्तरीकरण, भारतीय समाज की जनसंख्यात्मक एवं पारिवारिक संरचना में होने वाले परिवर्तनों का अध्ययन इस उपागम से किया गया है। संरचनात्मक उपागम के अंतर्गत जाति एवं वर्ग जैसी सामाजिक श्रेणियों के तुलनात्मक अध्ययन तथा भारतीय समाज की प्रकृति पर इसके परिणामों के अध्ययन पर विशेष विचार किया गया है। कई महत्त्वपूर्ण अध्ययन जैसे, एम. एन. श्रीनिवास के 'कुर्ग' के निवासियों में धर्म और समाज का अध्ययन, रामपुर गाँव का अध्ययन एवं आधुनिक भारतीय समाज में परिवर्तन के अध्ययन रैडक्लिफ ब्राउन के संरचनात्मक उपागम में कुछ संशोधनों के साथ किए गए अध्ययन हैं। संरचनात्मक प्रकार्यवाद की मूल अवधारणाओं का उपयोग करते हुए श्रीनिवास ने ग्रामीण-जीवन की संरचना, परिवार की संरचना एवं जाति संबंधों की संरचना का अध्ययन किया है।

एम.एन. श्रीनिवास के उपागम का महत्त्व

एम.एन. श्रीनिवास को भारतीय समाजशास्त्र में संरचनात्मक प्रकार्यवादी उपागम का सर्वप्रमुख प्रवक्ता माना जाता है। उनकी रचनाएँ समाजशास्त्र एवं सामाजिक मानवशास्त्र के क्षेत्र में समानरूप से महत्त्वपूर्ण स्थान रखती हैं।

भारत में समाजशास्त्र के विकास में उनको दूसरी पीढ़ी का नायक माना जाता है। भारतीय समाजशास्त्र की पहली पीढ़ी में बी.के. सरकार, गोपाल सदाशिव घुर्ये, राधाकमल मुखर्जी, एन.के. बोस की गणना की जाती है। श्रीनिवास गोपाल सदाशिव घुर्ये (जी.एस. घुर्ये) के विद्यार्थी थे। बाद में वे ए.आर. रैडक्लिफ ब्राउन एवं ई.ई. इवान्स-प्रिचार्ड के विद्यार्थी बने। श्रीनिवास की प्रारंभिक रचनाओं में उपरोक्त तीनों विद्वानों का प्रभाव देखा जा सकता है लेकिन कालक्रम में वे एक मौलिक समाजशास्त्रीय विचारक के रूप में निखरते चले गए।

करेंट एन्थ्रोपोलॉजी (२०००) के अंक में प्रकाशित अपने साक्षात्कार में (उनकी मृत्यु ३० नवंबर १९९९ को हो चुकी थी) उन्होंने भारतीय समाज को समझने में अपनी समाजशास्त्रीय यात्रा का स्मरणीय दस्तावेज प्रस्तुत किया है। उन्होंने साफ-साफ कहा कि १९४८ से १९५१ के बीच ऑक्सफोर्ड विश्वविद्यालय में पढ़ाकर, जब वे बड़ौदा के महाराज सैयाजीराव विश्वविद्यालय में समाजशास्त्र का विभाग स्थापित करने के लिए भारत आए, उस वक्त समाजशास्त्र और सामाजिक मानवशास्त्र दो अलग-अलग विषय समझे जाते थे। भारत से अंग्रेज़ी राज जा चुका था लेकिन भारतीय समाज में उस वक्त ऑक्सफोर्ड एवं कैंब्रिज विश्वविद्यालय से प्रशिक्षित भारतीय लोगों का बहुत प्रभाव था। अंग्रेज़ों की तरह अंग्रेज़ी विश्वविद्यालयों में प्रशिक्षित भारतीय लोग भी समाजशास्त्र को एक हीन विषय मानते थे। इसके दो प्रमुख कारण थे। पहला तो यह कि इंग्लैंड में समाजशास्त्र को विदेशी विषय माना जाता था। समाजशास्त्र का जन्म फ्रांस में हुआ था और इसका विकास फ्रांस, जर्मनी और अन्य यूरोपीय देशों में हुआ। इंग्लैंड में समाजशास्त्र की शिक्षा १९५० के दशक में ही शुरू हो पाई। इसके पहले ही अमेरिका और भारत जैसे देशों में समाजशास्त्र का विकास हो चुका था। इसका दूसरा कारण यह था कि समाजशास्त्र की तीन में से दो प्रमुख धाराओं का संबंध समाजवाद से माना जाता था। मार्क्स के अनुयायी तो वैज्ञानिक समाजवाद के अनुयायी थे ही, दुर्खीम और उनके अनुयायी भी गिल्ड समाजवाद के अनुयायी थे। केवल मैक्सवेबर के अनुयायी को पूँजीवादी प्रजातंत्र का समर्थक माना जाता था। अतः समाजशास्त्र की तुलना में अंग्रेज़ लोग सामाजिक मानवशास्त्र को एक बेहतर अध्ययन विषय और ज़्यादा उपयोगी विज्ञान मानते थे। दूसरी ओर, भारत के राष्ट्रवादी लोग मानवशास्त्र को शंका की दृष्टि से देखते थे। मानवशास्त्र की तुलना में भारतविद्या (इंडोलॉजी) और समाजशास्त्र को ज़्यादा उपयोगी और तटस्थ माना जाता था। श्रीनिवास की उपरोक्त बातों की पुष्टि

बी.के. सरकार, राधाकमल मुखर्जी और जी.एस. घुर्ये की पीढ़ी के समाजशास्त्रियों की रचनाओं से हो जाती है। कलकत्ता, बम्बई एवं लखनऊ विश्वविद्यालय में समाजशास्त्र की मुख्यधारा (१९२० के दशक से १९५० के दशक तक) इंग्लैंड के सामाजिक मानवशास्त्र की मुख्यधारा से करीब-करीब अप्रभावित रही। १९२० के दशक से इंग्लैंड में ब्रोनिसला मैलिनोवस्की के प्रकार्यवादी उपागम एवं ए.आर. रैडक्लिफ ब्राउन के संरचनात्मक प्रकार्यवादी की धूम रही। डी. एन. मजूमदार ने मैलिनोवस्की की रचनाओं का भारतीय संस्कृति को समझने के लिए मानवशास्त्रीय संदर्भ में रचनात्मक उपयोग किया लेकिन इसके बावजूद मैलिनोवस्की का दृष्टिकोण भारतीय समाजशास्त्र में एक लोकप्रिय उपागम नहीं हो पाया। एम.एन. श्रीनिवास के भारत आगमन (१९५१) के बाद से ए. आर. रैडक्लिफ ब्राउन एवं इवान्स-प्रिचार्ड द्वारा लोकप्रिय बनाया गया संरचनात्मक प्रकार्यवादी दृष्टिकोण भारत में लोकप्रिय होना शुरू हुआ। १९५० के दशक में टॉल्कौट पार्सन्स भी संरचनात्मक प्रकार्यवादी दृष्टिकोण की अमेरिकी समाजशास्त्र के संदर्भ में वकालत कर रहे थे। स्वतंत्रता प्राप्ति के बाद १९५० के दशक में फोर्ड फाउन्डेशन जैसी अमेरिकी संस्थाओं के प्रभाव में भारत सरकार ने ग्रामीण भारत के अध्ययन (विलेज स्टडीज़) को प्रोत्साहन दिया। गाँवों के क्षेत्रीय अध्ययन के लिए रैडक्लिफ ब्राउन एवं इवान्स-प्रिचार्ड के संरचनात्मक प्रकार्यवाद को सबसे उपयोगी माना गया। इसी क्रम में एम. एन. श्रीनिवास, एस.सी. दूबे, ए.आर. देसाई, रामकृष्ण मुखर्जी, डेविड जी. मैंडेलवॉम, मैकिम मैरियट जैसे समाजशास्त्रियों ने ग्रामीण समुदाय को अपने-अपने दृष्टिकोणों से समझने का प्रयास किया।

एम.एन. श्रीनिवास की महत्ता इस बात में है कि उन्होंने न सिर्फ संरचनात्मक-प्रकार्यवाद के आधार पर खुद अध्ययन किया और अपने विद्यार्थियों एवं सहयोगियों को अध्ययन करने के लिए प्रेरित किया बल्कि भारत में समाजशास्त्र को एक विषय के रूप में विकसित करने के लिए एक रणनीतिक सिद्धांत भी विकसित किया। दुर्भाग्य से अब तक उनके इस पक्ष की वस्तुनिष्ठ समीक्षा नहीं हो पाई है।

उन्होंने दुर्खीम के समाजशास्त्रीय सिद्धांत को भारतीय विश्वविद्यालयों में केंद्रीयता प्रदान करवाई। दुर्खीम के समाजशास्त्र और ब्रिटिश सोशल एन्थ्रोपोलॉजी (सामाजिक मानवशास्त्र की १९५० के दशक में लोकप्रिय ब्रिटिश स्वरूप) का एक विशिष्ट संश्लेषण प्रस्तुत करके समाजशास्त्र का बड़ौदा एवं दिल्ली विश्वविद्यालय में बी. ए. एवं एम. ए. पाठ्यक्रम विकसित किया। कालक्रम में यही पाठ्यक्रम देश के विभिन्न विश्वविद्यालयों में भी सबसे लोकप्रिय पाठ्यक्रम

हुआ। क्लासिकल समाजशास्त्रीय विचारक एवं समाजशास्त्रीय सिद्धांतों के तहत दुर्खीम के अलावा कार्ल मार्क्स को भी कुछ महत्त्व दिया गया लेकिन अन्य मामलों में दुर्खीम और उनके ब्रिटिश अनुयायी रैडक्लिफ ब्राउन, इवान्स-प्रिचार्ड, मेयर फोर्टिस आदि का प्रभाव सर्वोपरि था। अमेरिकी समाजशास्त्र में भी १९५० के दशक से दुर्खीम का महत्त्व टॉलकौट पार्सन्स के उदय के बाद बढ़ने लगा था। लेकिन ब्रिटिश मानवशास्त्र में समाज को समझने के लिए सहभागी अवलोकन को ब्रोनिसला मैलिनोवस्की ने जो केंद्रीयता दिलाई उसे रैडक्लिफ ब्राउन और उनके सहयोगियों ने ही स्वीकारा। रैडक्लिफ ब्राउन और मलिनोवस्की दोनों ही दुर्खीम से प्रभावित थे लेकिन दोनों में दो प्रमुख अंतर थे। पहला, मलिनोवस्की मूलतः संस्कृति के अध्ययन में रुचि रखते थे जबकि रैडक्लिफ ब्राउन की रुचि सामाजिक संरचना के अध्ययन में थी। दूसरा अंतर यह था कि रैडक्लिफ ब्राउन सामाजिक मानवशास्त्र को तुलनात्मक समाजशास्त्र के रूप में विकसित करना चाहते थे जबकि मलिनोवस्की लंबे समय तक सहभागी अवलोकन करते हुए एक जनजाति की संस्कृति को संपूर्णता में समझना चाहते थे। संपूर्णता के प्रति यह आग्रह दुर्खीम में भी था और पुरानी पीढ़ी के ब्रिटिश मानवशास्त्री डब्लु.एच.आर. रिवर्स में भी था।

दुर्खीम में संरचनात्मक प्रकार्यवादी सिद्धांतों की अनुगूंज के साथ-साथ उद्विकासवादी आग्रह भी था जबकि रिवर्स उद्विकासवाद की डार्विन एवं स्पेंसर वाली व्याख्या से असहमत थे। उन्होंने डिफ्युज़नवाद का सिद्धांत प्रतिपादित किया था। इस सिद्धांत के अनुसार मनुष्य सभ्यता के विकास की न तो कोई एक रेखीय प्रक्रिया रही है और न कोई एक भौगोलिक एवं प्रजातीय केन्द्र रहा है। अलग-अलग रीति-रिवाज़-प्रथाएँ-तकनीक-मान्यताएँ अलग-अलग स्थान-काल में विकसित हुए और आपसी संपर्क-संवाद एवं विनिमय के फलस्वरूप इनका ऐतिहासिक विकास हुआ है। एम. एन. श्रीनिवास के प्रथम गुरु जी.एस. घुर्ये इन्हीं डब्लु.एच.आर. रिवर्स के विद्यार्थी रह चुके थे। घुर्ये के समाजशास्त्र में रिवर्स का प्रभाव किसी न किसी रूप में अंत तक बना रहा। श्रीनिवास पर भी घुर्ये का प्रभाव अंत तक एक हद तक बना रहा।

श्रीनिवास के उपागम की प्रमुख विशेषता

श्रीनिवास ने भारतीय समाज को समझने के लिए, जो समाजशास्त्र भारत में विकसित करना चाहा उस पर दुर्खीम के समाजशास्त्र, ब्रिटिश सामाजिक मानवशास्त्र और भारतीय समाजशास्त्र की श्रीनिवास से पूर्व विकसित

विरासत का प्रभाव है। इसे संरचनात्मक प्रकार्यवादी उपागम कहा जाता है। इसी नाम से अमेरिकी समाजशास्त्र में विकसित टॉलकौट पार्सन्स और उनके अनुयायियों के उपागम से श्रीनिवास का संरचनात्मक उपागम कई मामलों में अलग है। श्रीनिवास के लिए दुर्खीम का समाजशास्त्र मूल स्थापना-बिन्दु है। वे वेबर को एक चिन्तक के रूप में तो महत्त्व देते हैं लेकिन वेबर के समाजशास्त्र (जिसे सामाजिक क्रिया का समाजशास्त्र कहा जाता है) को भारतीय समाज को समझने के लिए उतना महत्त्वपूर्ण नहीं मानते। सामाजिक क्रिया को समाजशास्त्रीय अध्ययन की इकाई मानने के पीछे मैक्स वेबर का यह तर्क था कि पश्चिमी यूरोप के काल्विन से प्रभावित प्रोटेस्टेंट ईसाई समाज में मोरल इंडिविजुअल या नैतिक व्यक्ति का जन्म हो चुका है, जिसकी सामाजिक क्रिया किसी सामाजिक संरचना से प्रभावित न होकर उसके व्यक्तिगत मूल्यबोध (सबजेक्टिव मीनींग) से प्रभावित होती है। वेबर यह भी मानते थे कि इस तरह के नैतिक रूप से स्वायत्त व्यक्ति का आधार रेशनल-लीगल एक्शन या विवेकसम्मत-कानूनी क्रिया का उदार-प्रजातांत्रिक-पूँजीवादी व्यवस्था में खोजा जा सकता है। ऐसी व्यवस्था का जन्म सबसे पहले काल्विन द्वारा प्रतिपादित प्रोटेस्टेंट ईसाइयों के बीच हुआ लेकिन अपनी अंतर्निहित श्रेष्ठता के कारण जल्द ही यह विवेकसम्मत एवं कानूनी रूप से वैध सामाजिक क्रिया का विश्वव्यापी मानक (आइडियल टाइप) बन गया। वेबर की मान्यता थी कि इस व्यवस्था का समकालीन ऐतिहासिक संदर्भ में कोई व्यवहारिक विकल्प नहीं दिखता। पार्सन्स को मैक्स वेबर के समाजशास्त्र और दुर्खीम के आर्गेनिक सोलिडरिटी (सावयवी सामाजिक संगठन) की अवधारणा में संगति दिखी। उनको दुर्खीम के इस विचार में भी आकर्षण था कि मोरल कनसेनसस (नैतिक सर्वमान्यता) के बिना किसी भी समाज या व्यवस्था का बनना, विकसित होना या जीवंत बने रहना संभव नहीं है। पार्सन्स ने मैक्स वेबर और दुर्खीम के समाजशास्त्र से अपने विचारों के अनुकूल तत्त्व चुनकर एडम स्मिथ के अर्थशास्त्रीय सिद्धांतों एवं साइबरनेटिक्स के तकनीकी अवधारणाओं के साथ जोड़ कर सोशल सिस्टम का सामाजिक सिद्धांत विकसित किया, जिसको बनाने में नैतिक रूप से स्वायत्त व्यक्तियों की सामाजिक क्रिया की निर्णायक भूमिका थी। पार्सन्स के उपरोक्त सिद्धांत का प्रमुख उद्देश्य द्वितीय विश्वयुद्ध के बाद विकसित हुए अमेरिकी समाज को समझना था। साथ ही, अमेरिकी व्यवस्था के प्रजातांत्रिक पूँजीवादी विकास मॉडल को सैद्धांतिक विचारधारात्मक आधार भी प्रस्तुत करना था। इस विशेष सामाजिक-ऐतिहासिक संदर्भ में पार्सन्स ने संरचनात्मक-प्रकार्यवाद को एक

अध्ययन-विधि या उपागम के रूप में प्रस्तुत किया। श्रीनिवास भारतीय संदर्भ में इस तरह के उपागम को उपयुक्त नहीं मानते थे।

संरचनात्मक प्रकार्यवादी उपागम में संशोधन के प्रयास

करैंट एंथ्रोपोलॉजी (२०००) के अपने अंतिम साक्षात्कार में ए.एम. शाह को श्रीनिवास ने साफ-साफ कहा है कि वे १६४५-४६ के काल में रैडक्लिफ ब्राउन के प्रभाव में संरचनात्मक-प्रकार्यवाद से प्रभावित अवश्य थे लेकिन जून १६५१ के आते-आते उनके दृष्टिकोण में महत्त्वपूर्ण परिवर्तन हो चुका था। रैडक्लिफ ब्राउन के संरचनात्मक-प्रकार्यवाद में ऐतिहासिक तथ्यों को अक्सर नज़रअंदाज करके सामाजिक परिवर्तन की जगह सामाजिक निरंतरता को महत्त्व दिया जाता था। रैडक्लिफ ब्राउन सामाजिक मानवशास्त्र को समाज का प्रकृति विज्ञान भी (नेचुरल साईंस ऑफ़ सोसाइटी) मानते थे जिसके सिद्धांतों की तुलना पदार्थ विज्ञान के सिद्धांतों से की जा सकती है। इन दोनों मान्यताओं से भारत आने से पूर्व ही श्रीनिवास का मोह भंग हो चुका था। श्रीनिवास के विरोधियों ने उन्हें सदैव संरचनात्मक-प्रकार्यवादी कहकर यह स्थापित करना चाहा कि श्रीनिवास यथास्थितिवादी एवं प्रतिक्रियावादी हैं तथा भारतीय समाज में राजनीतिक एवं सामाजिक परिवर्तन के विरोधी हैं। उनके विरोधियों में मार्क्सवादी सबसे प्रमुख रहे हैं। स्वतंत्र भारत के मध्यवर्गीय अभिजनों का १६६० के दशक तक मार्क्सवादी रुझान जगज़ाहिर रहा है। फलस्वरूप ग़ैर-मार्क्सवादी रुझान के हर व्यक्ति को या तो पूँजीवाद समर्थक या पुरातनपंथी प्रतिक्रियावादी कहने का चलन था। सामान्यतः संरचनात्मक-प्रकार्यवाद को पार्सन्स के नाम के साथ जोड़कर पूँजीवाद समर्थक एवं इंडोलॉजी को घुर्ये के नाम के साथ जोड़कर पुरातनपंथी राष्ट्रवाद समर्थक उपागम के रूप में बदनाम करने का कुचक्र चलता रहा।

इसमें दो मत नहीं है कि १६४० के उत्तरार्द्ध में श्रीनिवास ने कुर्ग समाज में धर्म और रीति-रिवाज़ों का जो अध्ययन प्रस्तुत किया उसपर १६२२ में प्रकाशित रैडक्लिफ ब्राउन की पुस्तक *दि अंडमान आइलैंडर* का प्रभाव है। इस पुस्तक में पहली बार एक जीवंत समाज के सामाजिक जीवन को समझने के लिए सामाजिक संरचना का इस्तेमाल किया गया था। इससे पहले सामाजिक संरचना महज एक किताबी अवधारणा थी। कुर्ग समाज के धार्मिक जीवन में कर्मकांड को रिचुअल एक्ट (धार्मिक व्यवहार) के रूप में समझने में श्रीनिवास ने रैडक्लिफ ब्राउन के दृष्टिकोण का ही उपयोग किया था। अपने

अंतिम समय तक वे इस मान्यता पर टिके रहे कि समाजशास्त्र मूलतः सामाजिक संरचना का ही अध्ययन है। सामाजिक संस्कृति या सामाजिक क्रिया का अध्ययन सामाजिक संरचना के आयाम के रूप में ही हो सकता है।

१९५२ में प्रकाशित अपनी पुस्तक *रिलिजन एंड सोसाइटी एमंग द कुर्गस ऑफ साउथ इंडिया* में उन्होंने दिखलाया कि कुर्ग समुदाय में धार्मिक संस्थाओं की पारिवारिक एवं नातेदारी व्यवस्था, उत्तराधिकार एवं विरासत के नियम तथा कुर्ग समाज में व्यक्तियों की प्रस्थिति (स्टेटस) को निश्चित करने वाले सिद्धांतों के बीच अन्योन्याश्रित परस्पर-निर्भरता पाई जा सकती है जिसे थियोलॉजी, मेटाफिज़िक्स या फिलोलॉजी (धर्मशास्त्र, तत्त्वविज्ञान या भाषा-ध्वनि विज्ञान) के आधार पर नहीं समझा जा सकता। इसको समझने के लिए समाजविज्ञान सबसे उपयुक्त विधा है। समाजविज्ञान के अंतर्गत रैडक्लिफ ब्राउन एवं उनके सहयोगियों द्वारा विकसित सिद्धांत एवं अध्ययन प्रणाली का सदुपयोग करके कुर्ग समुदाय के धार्मिक जीवन एवं कर्मकांडीय मुहावरों (रिचुअल इडियम) को ज़्यादा वस्तुनिष्ठ तरीके से समझा जा सकता है। पवित्रता एवं अपवित्रता के बारे में कुर्ग समुदाय अथवा हिन्दू समाज में व्याप्त जटिल धार्मिक मान्यताओं एवं अवधारणाओं को समझने में भी संरचनात्मक-प्रकार्यवादी दृष्टिकोण का उपयोग फलप्रद है। इसी तरह कुर्ग समुदाय के कर्मकांडीय व्यवहारों में मंगल की अवधारणा सभी शुभ कार्यों का आधार-स्तंभ है। श्रीनिवास के कुर्ग समुदाय के संरचनात्मक-प्रकार्यवादी अध्ययन से शुद्ध और अशुद्ध (प्योरिटी एंड पोल्युशन) नामक अवधारणा को समाजविज्ञान में लोकप्रियता मिली। इस अध्ययन से प्रेरित होकर मेरी डगलस ने १९६६ मे *प्योरिटी एंड डेंजर* की रचना की। खुद श्रीनिवास ने अपने ही अध्ययन पर पुनर्विचार करना शुरू किया और १९६६ में *सोशल चेंज इन मॉर्डन इंडिया* नामक लोकप्रिय पुस्तक प्रकाशित की। उनकी १९५२ में प्रकाशित किताब ब्रिटिश सामाजिक मानवशास्त्र की परम्परा में लिखित मोनोग्राफ है, जिसमें एक दक्षिण भारतीय समुदाय के धार्मिक एवं सामाजिक जीवन का गहन फील्डवर्क (सहभागी अवलोकन के आधार पर क्षेत्रीय अध्ययन) के आधार पर विशिष्ट अध्ययन किया गया है। भारतीय समाज पर एक भारतीय समाजविज्ञानी द्वारा लिखित यह अपने तरह की पहली किताब है। पूरी दुनिया में दक्षिण एशिया की समाज एवं संस्कृति को समझने के लिए इसे क्लासिकल पाठ्यपुस्तक या संदर्भ अध्ययन की तरह इस्तेमाल किया जाता है।

भारतीय समाजशास्त्र में जाति एवं ग्रामीण समुदाय के अध्ययन का महत्त्व

भारतीय संदर्भ में १९५२ से घुर्ये युग के समाजशास्त्रियों की लोकप्रियता घटने लगी और श्रीनिवास का युग शुरू हुआ। भारतीय समाज में इसे नेहरू युग कहा जाता है। १९४७ से १९६४ तक भारतीय समाज में जवाहरलाल नेहरू प्रजातांत्रिक समाजवाद, मिश्रित अर्थव्यवस्था, पंचवर्षीय योजनाएँ एवं पंचायती राज के प्रवक्ता बन कर स्वतंत्र भारत के विकास का नेतृत्व करते रहे। १९५२ के अपने कुर्ग अध्ययन को आधार बनाकर १९६६ में श्रीनिवास ने *सोशल चेंज इन मॉर्डन इंडिया* प्रकाशित की। १९५२ में भारत एक गणराज्य बना था। नया संविधान लागू हुआ था। १९५२ से १९६४ तक के कालखंड में नेहरू के शासनकाल में भारतीय समाज में जो सामाजिक परिवर्तन हुआ उसको समझने की जितनी तटस्थ एवं व्यवस्थित कोशिश श्रीनिवास ने की वह उस युग के लिए एक विस्मयकारी कार्य था। इस पुस्तक में उन्होंने संस्कृतीकरण, पश्चिमीकरण, आधुनिकीकरण, प्रभुजाति, वोटबैंक एवं धर्मनिरपेक्षता जैसी अवधारणाओं को समाजशास्त्रीय दृष्टि से पहली बार सामान्य रूप में सम्पूर्ण भारतीय समाज को समझने के लिए प्रस्तुत किया। इसी के आसपास उन्होंने पत्र-पत्रिकाओं में अनेकों लेख लिखकर अपनी उपरोक्त अवधारणाओं का सामान्य पाठकों के लिए सरलीकरण किया। इन सरलीकृत अवधारणाओं को *कास्ट इन मॉडर्न इंडिया एंड अदर एशेज* शीर्षक से पुस्तकाकार प्रकाशित किया गया। कई लोग इन अखबारी लेखों को पढ़कर श्रीनिवास के बारे में दृष्टिकोण बनाने की जल्दबाजी करते हैं। दरअसल श्रीनिवास के समाजशास्त्रीय दृष्टिकोण समय-समय पर बदलते रहते हैं। उनको व्यवस्थित तरीके से समझने के लिए १९५२, १९६६ और १९७६ में प्रकाशित अध्ययनों पर तुलनात्मक दृष्टि रखना आवश्यक है। १९५२ और १९६६ में प्रकाशित पुस्तकों की चर्चा ऊपर हो चुकी है। १९७६ में उन्होंने अपनी तीसरी और सबसे महत्त्वपूर्ण पुस्तक प्रकाशित की। इसको *द रिमेंबर्ड विलेज* (१९७६) नाम दिया गया। पश्चिम के पाठकों के लिए यह कहा गया कि इस पुस्तक की पांडुलिपि एक दुर्घटनावश आग में जल गई। उस वक्त वे एक अमेरिकी विश्वविद्यालय में अतिथि प्राध्यापक थे। अपने एक अमेरिकी सहयोगी की सलाह पर उन्होंने अपनी याददाश्त के आधार पर इस पुस्तक को लिखा, जब वे ६० वर्ष के थे (उनका जन्म १६ नवंबर १९१६ को हुआ था और किताब १९७६ में प्रकाशित हुई थी)। लेकिन भारतीय पाठकों के लिए यह जानना दिलचस्प हो सकता है कि श्रीनिवास न सिर्फ एक धार्मिक हिन्दू थे बल्कि उच्च

कुल के दक्षिण भारतीय ब्राह्मण थे। ईर्ष्यावश उनके विरोधी उनपर पुरातनपंथी होने का आरोप भी लगाते रहे थे। आई.पी. देसाई जैसे उनके अधार्मिक एवं मार्क्सवादी मित्रों ने तो उन्हें साफ शब्दों में कहा भी कि *द रिमेंबर्ड विलेज* (१९७६) लिखकर उन्होनें १९५२ में प्रकाशित अपनी अति लोकप्रिय किताब के लिए प्रायश्चित किया है। श्रीनिवास ने ए.एम. शाह से अपने साक्षात्कार (२०००) में इसपर विस्तार से चर्चा नहीं कर केवल इतना कहा कि आई. पी. देसाई १९५२ वाली किताब के अति लोकप्रिय होने को भारतीय समाजशास्त्र के विकास की दृष्टि से हानिकर मानते थे। मैक्स ग्लकमैन भी श्रीनिवास की कुर्ग वाली किताब को डिटरमिनिस्टक (अनधिकृत निर्णय देने वाला) मानते थे, जिसमें कई तरह के जटिल अंतःसंबंधों को संरचनात्मक-प्रकार्यवादी सिद्धांत के तहत समझने के अति आग्रह को नज़रअंदाज किया गया था। उपरोक्त आलोचनाओं से श्रीनिवास पूरी तरह असहमत नहीं दिखते। इसके बावजूद दो-तीन बातें चौंकाती हैं। श्रीनिवास ने अपने अध्ययनों में कई हिन्दू मान्यताओं और अवधारणाओं को सही परिप्रेक्ष्य में प्रस्तुत किया है। वे मंगल की अवधारणाओं के साथ-साथ पाप-पुण्य एवं कर्म-धर्म-वर्ण-आश्रम-पुनर्जन्म-विवाह-संस्कार जैसे धार्मिक-सांस्कृतिक मूल्यों की चर्चा तक संस्कृतीकरण और हिन्दू धर्म के संदर्भ में करते रहे। परन्तु उन्होंने श्रुति और स्मृति की चर्चा सजग रूप से नहीं की जबकि कुर्ग समुदाय शंकराचार्य द्वारा स्थापित शृंगेरी मठ और मध्वाचार्य से जुड़े वैष्णव मठों के प्रभाव क्षेत्र में आता है। उस इलाके में लिंगायतों के शैवागम का भी प्रभाव है। शास्त्रीय चर्चा में न सही सामाजिक जीवन के रोजमर्रे में संस्कारों से संबंधित कर्मकाण्डों के अवसर पर लोग एक-दूसरे के घर आते-जाते हैं। इस दौरान श्रुति-स्मृति की चर्चा पूरे भारत के हिन्दू किसी न किसी रूप में करते ही हैं। दूसरे, पूरे भारत के हिन्दू ६० वर्ष की उम्र को (षष्ठीपूर्ति को) एक महत्त्वपूर्ण धार्मिक सोपान मानते हैं। क्या यह महज संयोग है कि 'स्मृति' को अंग्रेज़ी भाषा में 'रिमेंबर्ड' कहते हैं? या साठ वर्ष की आयु में उन्होंने समाजशास्त्र में समकालीन स्मृति लिख कर सनातनी हिन्दू के रूप में प्रायश्चित किया है? जो भी हो, एक मत से आज यह स्वीकारा जाता है कि यह उनकी सर्वोत्तम कृति है। इस किताब में उन्होंने एक दक्षिण भारतीय गाँव का सजीव चित्र अंकित किया है, जिसमें ग्रामीण तथ्यों को पश्चिमी समाजविज्ञान के ढांचे में फिट करने की कोई कृत्रिम कोशिश नहीं की गयी है। यह भी एक सामाजविज्ञानी मोनोग्राफ है, जिसकी तुलना कुछ हद तक मैलिनोवस्की के ट्रोबियंड आइलैंड केंद्रित मोनोग्राफों से की जा सकती है तो कुछ हद तक इसमें क्लिफर्ड ग्रीट्ज के 'थिक इथनोग्राफी' का गुण है। इसकी

तुलना गारफिंकल के इथनोमैथोडोलॉजी पर आधारित अध्ययनों से भी की जा सकती है, जिसे प्रचलित अर्थों में संरचनात्मक–प्रकार्यवाद नहीं कहा जा सकता।

ग्रामीण समुदाय के अध्ययन में श्रीनिवास रैडक्लिफ ब्राउन के एक व्याख्यान से प्रभावित होते दिखे। रैडक्लिफ ब्राउन ने कहा कि भारत के धार्मिक साहित्य में ब्राह्मणों को पवित्र जीवन जीने वाले विद्वान तत्त्वदर्शी की तरह प्रस्तुत किया गया है, जबकि लोकोक्तियों में उनकी कंजूसी, धनलोलुपता एवं पेटूपन की हँसी उड़ाई गयी है। अतः प्रशिक्षित मानवशास्त्रियों द्वारा यह समझना आवश्यक है कि अपने रोज़मर्रे के संपर्कों एवं अंतःक्रियाओं में विभिन्न जातियों के लोग ग्रामीण समुदाय में किस तरह व्यवहार करते हैं। दूसरे शब्दों में दुर्खीम, जिसे प्रोफेन सामाजिक तथ्य कहते थे, रैडक्लिफ ब्राउन की दृष्टि में सामाजिक संरचना को समझने के लिए ज़्यादा महत्त्वपूर्ण सामाजिक तथ्य है। १९४८ में श्रीनिवास ने कुर्ग इलाके के एक गाँव रामपुरा (श्रीनिवास का दिया नाम) में १० माह तक लगातार सहभागी अवलोकन किया। इस दौरान उन्हें 'फील्ड व्यू' (स्थानीय सामाजिक तथ्य की ज़मीनी अनुभूति) एवं 'बुक व्यू' (धार्मिक एवं कानूनी किताबों में वर्णित अवधारणाओं) का समाजशास्त्रीय अंतर एवं महत्त्व समझ में आया। इसके बाद के सभी अध्ययनों में श्रीनिवास ने 'बुक व्यू' की तुलना में 'फील्ड व्यू' को वरीयता देना शुरू किया। १९७६ तक आते–आते बौद्धिक अवधारणाओं (फौरमल थियोरोटिकल कन्सेप्ट्स) की जगह ज़मीनी अवधारणाओं (सबस्टेंटिव कन्सेप्ट्स) की तुलना में ज़्यादा महत्त्वपूर्ण मानने लगे थे। *द रिमेंबर्ड विलेज* में वर्णित ग्राम ज़मीनी अवधारणाओं का ही दस्तावेज है। इंडोलॉजी से प्रभावित समाजशास्त्रीय अध्ययनों में हिन्दू समाज का एक त्रुटिपूर्ण स्वरूप प्रस्तुत किया गया था। एक तो, किताबों की पश्चिमी अवधारणा और भारतीय अवधारणा के बीच के अंतर को श्रीनिवास ने रेखांकित किया। दूसरे, भारतीय किताबों की सामाजिक उपस्थिति के स्वरूप, श्रेणियों एवं प्रभावों को ज़मीनी स्तर पर समझा एवं समझाया। फिर उन समूहों, समुदायों एवं क्षेत्रों की चर्चा की जहाँ के सामाजिक एवं धार्मिक जीवन में किताबों का महत्त्व स्थानीय प्रथाओं और मौखिक मूल्यों से पारम्परिक रूप से कम रहा है। स्वतंत्रता प्राप्ति के बाद की जटिल विकास प्रक्रिया में संस्कृतीकरण एवं पश्चिमीकरण की अनुपूरक प्रक्रियाओं के दौरान इन समुदायों में किताबी मूल्यों का महत्त्व अब बढ़ गया है। इससे ज़मीनी स्तर पर कई तरह की विविधता देखने को मिलती है, जिसे केवल ज़मीनी अवधारणाओं और क्षेत्रीय अध्ययन के आधार पर ही समझा जा सकता है। इसको समझने का कोई और वस्तुनिष्ठ उपाय नहीं है। श्रीनिवास

ने ज़ोर देकर कहा है कि भारत एक जीवंत सभ्यता है और इस सभ्यता में प्राचीन काल से किताबों का महत्त्व रहा है लेकिन भारत में किताबों की नौरमेटिव एवं नॉन–नौरमेटिव दो श्रेणियाँ रही हैं। नौरमेटिव किताबों में धर्मशास्त्रों को गिना जा सकता है, दूसरी ओर नॉन–नौरमेटिव किताबों की विपुल शृंखला है, जिसके तहत महाकाव्य, पुराण, आख्यान एवं संत साहित्य आते हैं। रामायण एवं महाभारत, पंचांग साहित्य, नाटक आदि के अलावा लोक–जीवन को समृद्ध करने वाले शास्त्रों की विपुल परम्परा रही है, जैसे आयुर्वेद, ज्योतिष, वास्तु, नाट्यवेद, अर्थशास्त्र, कामशास्त्र, नीतिशास्त्र, हितोपदेश, पाकशास्त्र, सौन्दर्यशास्त्र आदि। इनको प्रत्यक्ष रूप से अध्ययन करने वाला वर्ग तो छोटा रहा है लेकिन अप्रत्यक्ष रूप से इनको सुनने वाले या जानने वालों की संख्या बहुत ज़्यादा रही है। स्थानीय स्तर पर कई संस्थाएँ, कथावाचक, संत, साम्प्रदायिक आचार्य, कवि, नाटककार, गायक, नर्तक, वैद्य, ज्योतिषी, पुरोहित, भाष्यकार, आदि के माध्यम से मौखिक विमर्श के रूप में किताबें अशिक्षित एवं निरक्षर लोगों के सामाजिक जीवन का अंग बनती रही हैं और इसके आधार पर ये लोग अपने व्यक्तिगत एवं सामाजिक जीवन को जीते रहे हैं। संस्कृतीकरण एवं पश्चिमीकरण ने इसको नया आयाम दिया है। ग़ैर ब्राह्मण प्रभु जातियों एवं दलित जातियों ने सांस्कृतिक मूल्यों और शास्त्रीय संस्कारों को अपनी नई राजनीतिक–आर्थिक उत्थान एवं जागरूकता के अनुरूप अपना अधिकार माना है और नए संदर्भ में हिन्दू समाज की मुख्यधारा बन गई है।

श्रीनिवास की मान्यता है कि जाति एक सामाजिक यथार्थ है जबकि वर्ण केवल सांस्कृतिक–नौरमेटिव अवधारणा रही है। जाति का स्वरूप लचीला रहा है। भारतीय समाज की संरचना को बनाने में जाति, संयुक्त परिवार और ग्रामीण समुदाय महत्त्वपूर्ण घटक हैं। पश्चिमी ढंग के स्वायत्त व्यक्ति एवं नैतिक व्यक्तिवाद का भारतीय समाज में स्थान नहीं रहा है। इसके बावजूद भारत में प्रजातंत्र और पश्चिमी विकास मॉडल के विकास में विशेष अड़चन नहीं आई है। भारत में मध्य वर्ग का तेजी से विकास हुआ है। श्रीनिवास के शब्दों में भारत में एक महान् बुर्जुआ (मध्यवर्गीय) क्रांति हो रही है, जिसमें पिछड़ी और दलित जातियों की महत्त्वपूर्ण भूमिका है। भारत के सामाजिक परिवर्तन को समझने के लिए श्रीनिवास पार्सन्स द्वारा लोकप्रिय बनायी गई अवधारणा आधुनिकीकरण की तुलना में संस्कृतीकरण और पश्चिमीकरण को ज़्यादा सार्थक मानते हैं। इससे भारत में सामाजिक परिवर्तन की विशिष्टता ज़्यादा स्पष्ट होती है। पश्चिमीकरण के तहत श्रीनिवास औद्योगीकरण, नगरीकरण, पश्चिमी शिक्षा एवं लिबरल डेमोक्रेसी (मध्यवर्गीय प्रजातंत्र) जैसी सामाजिक

प्रक्रियाओं एवं मूल्यों की चर्चा करते हैं। जबकि संस्कृतीकरण के तहत वे भारत की विभिन्न जातियों, समुदायों एवं जनजातियों के बीच सांस्कृतिक मूल्यों के सजग रूप से चयन की समन्वयकारी प्रक्रिया (कोहेसिव रोल) की चर्चा करते हैं। १९५२ और १९६६ के आसपास श्रीनिवास ने संस्कृतीकरण की स्थानीय (माइक्रो) प्रक्रिया पर ज़्यादा ज़ोर दिया था। प्रारंभ में उनका मानना था कि संस्कृतीकरण वह सामाजिक प्रक्रिया है, जिसके तहत निम्न जातियाँ एवं जनजातियाँ अपने से ऊँची जाति (सामान्यतः स्थानीय प्रभु जाति) के जीवन मूल्यों एवं सांस्कृतिक प्रतिमानों की नकल करके स्थानीय जाति-व्यवस्था में ऊँची सामाजिक स्थिति की माँग करती हैं, जिसको अन्य जातियाँ स्वीकार नहीं करती परंतु जाति के सदस्यों का आत्म-सम्मान बढ़ जाता है और उनके बीच सांस्कृतिक एकता बढ़ जाती है। कई बार इस जाति के नए दावे का अन्य जातियाँ संगठित विरोध करती हैं और तब संघर्ष की स्थिति पैदा हो जाती है। संस्कृतीकरण की प्रक्रिया का धीरे-धीरे श्रीनिवास ने अखिल भारतीय सामाजिक परिवर्तन को समझने के लिए उपयोग करना शुरू किया और जैसे-जैसे भारतीय राजनीति में जाति की भूमिका घटने के बदले बढ़ने लगी और वोट बैंक की राजनीति के तहत क्षेत्रीय गठबंधन बनने लगे, संस्कृतीकरण की प्रक्रिया का स्वरूप भी बदलने लगा। पिछड़ी जातियों ने राजनीतिक संगठन कौशल दिखलाकर प्रदेशों की राजनीति और विकास प्रक्रिया में बढ़-चढ़कर हिस्सा लिया और अपनी नई आर्थिक-राजनैतिक समृद्धि को अपनी नज़र में वैध साबित करने के लिए पारम्परिक प्रभु जातियों के सांस्कृतिक मूल्यों को साधिकार अथवा प्रतिस्पर्द्धास्वरूप अपनाना शुरू किया। वोट बैंक की राजनीति ने इसमें सहयोग किया। फलस्वरूप पिछड़ी एवं दलित जातियों में संस्कृतीकरण तेजी से हुआ। दूसरी ओर पारम्परिक रूप से उच्च या प्रभु जातियों के लोग या तो पश्चिमीकरण की प्रक्रिया में अपना बेहतर भविष्य देखने लगे या संस्कृतीकरण के नए संदर्भ से समायोजन स्थापित करने लगे। फलतः पिछड़ी जातियों का उच्च जातियों की तुलना में दलित जातियों के साथ प्रतिस्पर्द्धा एवं संघर्ष बढ़ा। १९५५ में श्रीनिवास ने इंडियाज विलेजेज़ नामक लेखों का संग्रह संपादित किया। इस किताब में उन्होंने ऐसे लेखों का संग्रह किया, जो भारत के विभिन्न क्षेत्रों के एक ख़ास गाँव के समाज एवं संस्कृति के बारे में मोटे अर्थों में संरचनात्मक-प्रकार्यवादी दृष्टिकोण से फील्डवर्क पर आधारित तथ्यों के आधार पर लिखे गए थे। इन लेखों के आधार पर वे कुर्ग समाज के रामपुरा गाँव के अध्ययन को तुलनात्मक दृष्टि से प्रस्तुत करते हुए कहते हैं कि भारतीय सभ्यता की विविधता में एकता को समझने के लिए भारत

के हर गाँव को पहले सम्पूर्णता में और फिर एक-दूसरे से तुलना करते हुए समझना आवश्यक है। पूरे गाँव की संरचना में विभिन्न जातियों एवं परिवारों के प्रकार्यों का योगदान होता है। १९५२ में प्रकाशित अपने कुर्ग समाज में हिन्दू धर्म के विस्तार (स्प्रेड) को स्थानीय, क्षेत्रीय, प्रायद्वीपीय एवं अखिल भारतीय किस्म में विश्लेषित कर चुके थे। उनका कहना था कि हिन्दू धर्म के विस्तार एवं विन्यास के उपरोक्त किस्मों को इनके सही परिप्रेक्ष्य में तभी समझा जा सकता है, जब अखिल भारतीय स्तर पर सांस्कृतिक हिन्दू धर्म के केंद्रीय मूल्यों की एकतामूलक एवं समन्वयकारी भूमिका को स्वीकारा जाए। संस्कृतीकरण की अवधारणा इसी संदर्भ में विकसित हुई। भारत के दूरस्थ इलाके में सांस्कृतिक हिन्दू धर्म के केंद्रीय (शास्त्रीय) मूल्यों का विस्तार (स्प्रेड) संस्कृतीकरण की प्रक्रिया के तहत हुआ। इसके तहत द्विज जातियों की जीवन शैली या पद्धति की नकल करके निम्न जातियों, जनजातियों ने हिन्दू धर्म के अखिल भारतीय किस्म को विस्तृत किया और स्थानीय जाति-व्यवस्था में तुलनात्मक रूप से पहले से ऊँची स्थिति का दावा किया। श्रीनिवास ने जाति को हिन्दू धर्म का 'संरचनात्मक आधार' माना है। १९५५ तक आते-आते उन्होंने इस संरचनात्मक आधार में प्रभु जाति की केंद्रीयता स्वीकार की जो पारम्परिक शब्द द्विज जाति की तुलना में ज़्यादा सार्थक समाजशास्त्रीय शब्दावली मानी जाने लगी है। श्रीनिवास ने देखा कि भारत के अधिकांश गाँव (स्थानीय समुदाय) या क्षेत्रों में कुछ जातियाँ अपनी जनसंख्या, आर्थिक एवं सामाजिक स्थिति, राजनीतिक पहुँच एवं धार्मिक स्थिति के आधार पर प्रभु जाति मानी जाती हैं और अपने गाँव या क्षेत्र की सामाजिक संरचना को अनेक प्रकार से प्रभावित करती हैं।

१९६२ में उन्होंने *कास्ट इन मॉर्डन इंडिया एंड अदर एशेज* प्रकाशित किया, जिसमें उन्होंने मार्क्सवादी बुद्धिजीवियों के इस भोले विश्वास को खारिज किया कि १९४७ के बाद शुरू हुए सामाजिक परिवर्तन एवं आर्थिक विकास के फलस्वरूप भारत में जाति समाप्त हो रही है और इसकी जगह सामाजिक वर्ग का उदय हो रहा है। १९८० के दशक से पहले मार्क्सवादी विद्वानों ने भारतीय समाज में जाति को हमेशा नकारात्मक माना और जाति आधारित राजनीति का विरोध किया। लेकिन १९५२ से १९६२ के अपने अध्ययनों के आधार पर श्रीनिवास ने बार-बार स्पष्ट किया कि जाति का महत्त्व भारतीय राजनीति में लगातार बढ़ रहा है और जाति के पारम्परिक स्वरूप में रूपांतरण हो रहा है लेकिन जातियाँ समाप्त नहीं हो रही हैं। भारत में सामाजिक पहचान और सांस्कृतिक अस्मिता में जाति के सकारात्मक योगदानों को पहचानने वाले श्रीनिवास पहले समाजशास्त्री माने जाते हैं।

भारत में सामाजिक परिवर्तन का विश्लेषण

१९६६ में प्रकाशित *सोशल चेंज इन मॉडर्न इंडिया* में सामाजिक मानवशास्त्र की परिधि से बाहर जाकर मैक्रो (अखिल भारतीय) स्तर की ऐतिहासिक प्रक्रियाओं के तहत भारत में होने वाले सामाजिक परिवर्तनों के बारे में अपने सामान्य सिद्धांतों को समाजशास्त्रीय दृष्टिकोण से प्रस्तुत करते हैं। संस्कृतीकरण, पश्चिमीकरण, जाति, गतिशीलता एवं पंथनिरपेक्षीकरण (सेकुलराइज़ेशन) जैसी प्रक्रियाओं को आधार बनाकर, वे पिछले २०० वर्षों के सामाजिक परिवर्तनों की चर्चा करते हैं।

१९५२ से १९७० तक भारतीय समाजशास्त्र में श्रीनिवास युग माना जाता है। श्रीनिवास की व्यक्तिगत सक्रियता तो १९९९ में उनकी मृत्यु तक बनी रही लेकिन भारतीय समाजशास्त्र में १९७० के बाद लुई डुमों की पुस्तक *होमो हैरारकिकस* (१९७०) और उनके द्वारा १९५० के दशक में शुरू की गई अंतर्राष्ट्रीय शोध पत्रिका *कंट्रीब्यूशंस टू सोशियोलॉजी ऑफ इंडिया* का प्रभाव बढ़ने लगा। लुई डुमों ने 'फील्ड व्यू' की तुलना में 'बुक व्यू' को एक बार फिर आकर्षक बनाया। लुई डुमों फ्रांसीसी मानवशास्त्री क्लाउड लेवी स्ट्रॉस से प्रभावित थे। लेवी स्ट्रॉस ने दुर्खीम के समाजशास्त्र को सौस्युर के संरचनात्मक भाषा-विज्ञान से जोड़ा और इस धारणा को लोकप्रिय बनाया कि संस्कृति भी एक भाषा की तरह है और जिस तरह भाषा को समझने के लिए उसके व्याकरण को समझना आवश्यक है, ठीक उसी प्रकार संस्कृति को समझने के लिए भी मनुष्य के मस्तिष्क के संरचनात्मक व्याकरण को समझना आवश्यक है। लेवी स्ट्रॉस सामाजिक मूल्यों और लोकप्रिय मिथकों को संस्कृति का व्याकरण समझने के लिए आधारभूत स्रोत मानते थे। लुई डुमों ने भारतीय जाति-व्यवस्था, नातेदारी संबंध, भारत के राजनीतिक इतिहास और भारतीय संस्कृति के सांगोपांग अध्ययन के लिए बुक व्यू और फील्ड व्यू को जोड़ने की आवश्यकता को रेखांकित किया। श्रीनिवास इस प्रवृति को अग्राह्य मानते रहे। उनका कहना था कि इस दृष्टिकोण में जिसे संरचनावाद कहा जाता है, सामाजिक संरचना की अवधारणा गौण हो जाती है और बुक व्यू को प्रधान माना जाता है। फील्ड व्यू की चर्चा को बुक व्यू की प्रतिछाया (रिफ्लेक्शन) मान लिया जाता है। इसका परिणाम यह होता है कि भारतीय सभ्यता में अंतर्निहित विविधता एवं गतिशीलता को नज़रअंदाज़ करके बौद्धिक अवधारणाओं एवं आग्रहों को कृत्रिम तरीके से आरोपित कर दिया जाता है।

अपने ग्रामीण अध्ययनों के आधार पर श्रीनिवास ने इसे बार-बार प्रमाणित किया कि समकालीन समाजविज्ञानियों में राज्य व्यवस्था की नीतियों

को प्रभावित करने के लिए 'पॉलिसी कैप्सूल' (रणनीतिक पैकेज) में फिट आने लायक सामान्यीकरण (जेनरलाइज़ेशन) करने की घातक प्रवृति बढ़ती जा रही है, जिसके दूरगामी कुपरिणाम होंगे। भारतीय सभ्यता की विविधता को समझना एक दीर्घकालिक लक्ष्य ही हो सकता है। इसकी आधारशिला अलग-अलग समुदायों की संरचना का सहभागी अवलोकन ही हो सकता है। चूंकि आस-पड़ोस के गाँव की संरचना में बहुत ज़्यादा विविधता रही है, जिसे न तो भारतीय शास्त्रों में वर्णित प्राचीन बौद्धिक अवधारणाओं में फिट किया जा सकता है और न ही पश्चिमी समाज वैज्ञानिकों की किताबी अवधारणाओं में ही आसानी से फिट किया जा सकता है। भारतीय समाज, संस्कृति एवं सभ्यता की विविधता एवं गतिशीलता को केवल समकालीन ज़मीनी यथार्थ (तथ्यपरक अध्ययन से उपजा फील्ड व्यू) के आधार पर ही समझा जा सकता है। उदाहरण के लिए, पश्चिमी समाजविज्ञानियों में जनजातीय एवं कृषक समुदायों को सभ्यता के दायरे से बाहर 'आइसोलेटेड कम्युनिटीज़' शीर्षक से अध्ययन करने का रिवाज़ है, जिसको पश्चिमी संदर्भ में असभ्यता की स्थिति माना जाता है। पुराने समाजविज्ञानी एवं ईसाई मिशन से जुड़े लोग तो ऐसे समुदायों को सीधे-सीधे सैवेज एवं बर्बर कबीलों के रूप में ही संबोधित करते थे और सभ्यता का अर्थ केवल पश्चिमी यूरोप की ईसाई सभ्यता मानी जाती थी। धीरे-धीरे उपनिवेशों के बारे में उनका ज्ञान बढ़ा तो उन्होंने कुछ उपनिवेशों को (जिसमें भारत शामिल था) पारम्परिक सभ्यता कहना शुरू किया और उसमें वही सब प्रवृत्ति, स्वभाव एवं स्वरूप आरोपित करने लगे जो १८वीं शताब्दी से पहले के यूरोपीय स्मृति एवं इतिहास का भाग रहे थे।

भारत में समाजशास्त्र एवं सामाजिक मानवशास्त्र

जब श्रीनिवास भारत में समाजशास्त्र और सामाजिक मानवशास्त्र को एक ही विषय के दो रूप मानने का आग्रह करते हैं तो इसके ठोस ऐतिहासिक एवं समाजशास्त्रीय कारण रहे हैं। भारतीय समाज १९५० के दशक से १९९० के दशक तक सामाजिक परिवर्तन की जटिल प्रक्रिया से गुज़र रहा था, जिसमें स्थानीय स्तर पर लगातार संरचनात्मक परिवर्तन हो रहे थे। एक ही साथ पश्चिमी आधुनिकता और भारतीय सांस्कृतिक परम्परा का सह अस्तित्व, समायोजन, संश्लेषण एवं अंतर्विरोध सामने आ रहा था। इसको समझने के लिए समाजशास्त्र एवं सामाजिक मानवशास्त्र की साझी विरासत से अनुकूल प्रभाव ग्रहण किए जा सकते हैं। उदाहरण के लिए, सहभागी अवलोकन का इस्तेमाल सामान्यतः जनजातीय एवं ग्रामीण समुदाय के अध्ययन के लिए किया

जाता है, लेकिन श्रीनिवास और उनके विद्यार्थियों ने 'सहभागी अवलोकन' के आधार पर शहरी एवं औद्योगिक समाजों के अध्ययन के लिए भी सफलतापूर्वक किया। औद्योगिक फैक्ट्री, ट्रेड यूनियन, कॉपरेटिव्स, हॉस्पिटल्स, उद्यमियों एवं उद्योगपतियों के अध्ययन में भी सहभागी अवलोकन उपयोगी प्रमाणित हुए हैं। भूमिहीन मजदूरों के अध्ययन में भी सर्वे मेथड की तुलना में सहभागी अवलोकन भारतीय संदर्भ में सार्थक प्रमाणित हुए हैं, चूंकि अधिकांश भारतीय मजदूर या उद्यमी अपने नातेदारी संबंधों के नेटवर्क से जुड़ा होता है और ग्रामीण तथा शहरी दोनों संदर्भों में इस नेटवर्क का व्यक्तिगत एवं व्यावसायिक जीवन में सदुपयोग करता है। भारत के शहरी एवं औद्योगिक ईकाइयों में भी पश्चिमी शैली का स्वायत्त व्यक्ति एवं नैतिक व्यक्तिवाद नहीं पाया जाता। भारत को समझने के लिए मैक्रो एवं माइक्रो दोनों तरह के अध्ययन ज़रूरी हैं।

मैक्रो स्टडी समाजशास्त्र में लोकप्रिय है। इस तरह के अध्ययनों की पद्धति सामान्यतः सामाजिक सर्वे होती है। इस तरह के अध्ययनों से सामाजिक परिस्थिति के बारे में विस्तृत तस्वीर उभरती है। ट्रेंड का पता चलता है। जबकि माइक्रो स्टडी के आधार पर सूक्ष्म दृष्टि या अंतर्दृष्टि मिलती है। माइक्रो स्टडीज़ समाजशास्त्र में भी पाई जाती है और सामाजिक मानवशास्त्र में भी। श्रीनिवास माइक्रो स्टडीज़ को सहभागी अवलोकन के आधार पर अंतर्दृष्टि के लिए एवं मैक्रो स्टडीज़ को सर्वे के आधार पर विस्तृत तस्वीर समझने के लिए इस्तेमाल करने के पक्ष में थे। अपने बाद के दिनों में श्रीनिवास ने कई बार स्वीकारा कि सामाजिक जीवन के वैचारिक एवं भावनात्मक दोनों आयाम होते हैं। प्रचलित संरचनात्मक-प्रकार्यवाद में सामाजिक जीवन के भावनात्मक पक्ष की प्रायः अनदेखी होती है, जिससे समाजशास्त्रीय निष्कर्ष में असंतुलन पैदा हो जाता है। श्रीनिवास दुर्खीम के इस मत से अंतिम समय तक सहमत थे कि समाजशास्त्र का मूल उद्देश्य समाज एवं संस्कृति का संपूर्णता में अध्ययन है। संपूर्णता के संदर्भ में विशिष्ट संस्थाओं एवं संरचनाओं को समझने की रीति समाजशास्त्र की पारिभाषिक विशेषता है। उसी तरह वे मानते थे कि तुलनात्मक पद्धति सामाजिक मानवशास्त्र की पारिभाषिक विशेषता है। सामाजिक मानवशास्त्री के लेखन में तुलना अंतर्भूत होती है। मानवशास्त्री का एक व्यक्ति के रूप में अपना अनुभव और उसके अध्ययन के विषय से प्राप्त अनुभव की तुलना करते हुए ही सामाजिक मानवशास्त्री अपना विश्लेषण एवं निष्कर्ष प्रस्तुत करता है। इस तुलना से मानवशास्त्री दोनों समाजों के बारे में नई दृष्टि प्राप्त करता है और धीरे-धीरे वह अपनी व्यक्तिगत अभिरुचियों से ऊपर उठकर सामाजिक जीवन के प्रति

तुलनात्मक रूप से वस्तुनिष्ठ एवं तटस्थ होने की कोशिश करता है। श्रीनिवास इसे साफ-साफ स्वीकारते हैं कि मानवशास्त्र यूरोपीय उपनिवेशवादी प्रक्रिया का एक उत्पाद रहा है और मानवशास्त्रियों के उद्यम में मिशनरी भाव रहा है। एक व्यवस्थित अध्ययन के रूप में यह हर स्थान पर कई चरणों से गुजरा है। भारत में भी यही हुआ है। प्रथम विश्वयुद्ध से पहले मानवशास्त्र का अर्थ दूसरी संस्कृति का अध्ययन था। लेकिन जी.एस. घुर्ये एवं के.सी. चट्टोपाध्याय जैसे डब्लु.एच.आर. रिवर्स (कैम्ब्रिज विश्वविद्यालय के प्रोफेसर) के विद्यार्थियों ने अपनी संस्कृति का अध्ययन करने का सूत्रपात किया। भारतीय समाजशास्त्री के लिए पराया या अन्य (द अदर) का वह अर्थ नहीं है, जो पश्चिमी मानवशास्त्रियों के लिए है। भारतीय समाजशास्त्री अपने बगल के गाँव या अपने शहरी पिछवाड़े के झुग्गी बस्ती में 'अन्य' की तलाश करता है। अन्य लोगों की विभिन्नता में सभ्यतामूलक एकता भारतीय संदर्भ में अंतर्निहित होती है। विभिन्नता श्रेणीगत या परिमाणात्मक होती है जबकि, एकता गुणात्मक है। जब एक यूरोपीय मानवशास्त्री अफ्रीका या भारत की जनजाति का अध्ययन करने आता है तो यहाँ अन्य और स्व (या अपनों एवं परायों) में गुणात्मक अंतर होता है। मानवशास्त्री अध्ययन पद्धति का उपयोग न सिर्फ अपने समाज के अध्ययन के लिए किया जा सकता है बल्कि अपने परिवार एवं अपने व्यक्तिगत जीवन को भी समझने के लिए किया जा सकता है। अपने व्यक्तिगत जीवन को भी एक इथनोग्राफिक फील्ड (नृजाति वर्णन क्षेत्र) की तरह समझा जा सकता है। इसके लिए पेशेवर दक्षता, तटस्थता एवं कलात्मक शिल्प चाहिए। अपने इस दृष्टिकोण को उन्होंने 'सोशिओलॉजी थ्रू पर्सनल राईटिंग' नाम दिया है।

श्रीनिवास की स्पष्ट मान्यता रही है कि सामाजिक मानवशास्त्र को सोशल इंजीनियरिंग या योजनाबद्ध सामाजिक परिवर्तन या विकास करने के सरकारी या आंदोलनात्मक प्रयासों से जोड़ने का प्रयास नहीं करना चाहिए। सामाजिक मानवशास्त्री का प्रशिक्षण एवं उसके अकादमिक औजार सामाजिक तथ्यों एवं सामाजिक प्रक्रियाओं के तटस्थ एवं वस्तुनिष्ठ विश्लेषण के लिए तो पर्याप्त हैं लेकिन सामाजिक परिवर्तन की प्रक्रिया में कल्याणकारी हस्तक्षेप या मध्यस्थता करने की पात्रता या वैध अधिकार सामाजिक मानवशास्त्र के प्रशिक्षण के दायरे से बाहर की चीज है। आधुनिक समाज में अन्योन्याश्रित घटकों को सम्पूर्णता में समझने के लिए एक तटस्थ एवं विश्वसनीय शास्त्र चाहिए और अपने वर्तमान रूप में सामाजिक मानवशास्त्र इस तरह के अध्ययन करने में सबसे ज़्यादा सक्षम है। अगर सामाजिक परिवर्तन को दिशा देने में या परिवर्तन की

गति को प्रभावित करने में समाजशास्त्री भूमिका निभाना शुरू करेगा तो वह अनावश्यक विवाद से नहीं बच पाएगा। इसे जानने का कोई वैज्ञानिक आधार नहीं विकसित हुआ है कि किस प्रकार का परिवर्तन वांछनीय है और उस परिवर्तन को किस विधि से सर्वकल्याणकारी बनाया जा सकता है। इस तरह का कार्य प्रजातंत्र में जनता द्वारा चुने गए प्रतिनिधियों (सांसदों एवं विधायकों) का है या फिर न्यायाधीशों का है। समाजशास्त्रियों की भूमिका किसी सामाजिक मुद्दे या परिस्थिति को तटस्थ तरीके से उपलब्ध आंकड़ों एवं तथ्यों के आधार पर समझने या समझाने की है। विकासशील देशों के राजनीतिज्ञ एवं प्रशासक हास्यास्पद हद तक कम समय में जटिल समस्याओं के सरल समाधान सुझाने के लिए समाज वैज्ञानिकों पर तरह-तरह के दबाव डालते हैं अथवा प्रलोभन देते हैं। श्रीनिवास का १९५० के दशक से मृत्युपर्यन्त यह दृढ़ मत रहा है कि इस तरह के दबाव या प्रलोभन से बचना चाहिए। ऐसे किसी भी अनाधिकार चेष्टा से न सिर्फ समाजशास्त्री की बल्कि समाज की भी बदनामी होगी। अनावश्यक विवाद में पड़कर किसी का कल्याण नहीं होता। उसी तरह वे समाजशास्त्रियों को सरल भाषा में अपनी बात कहने या लिखने की सलाह देते हैं। उनकी स्पष्ट मान्यता थी कि कुछ तकनीकी क्षेत्रों के अलावा सामाजिक जीवन के अधिकांश क्षेत्रों एवं आयामों के बारे में जटिल सैद्धांतिक चर्चा, शब्दावलियों एवं पारिभाषिक शब्दों की आवश्यकता केवल कन्फ्यूज़्ड एवं आलसी लोगों को पड़ती है। यदि आप चीज़ों को सम्पूर्णता एवं गहराई में समझते हैं तो उसे सरल भाषा में आम पाठकों एवं ग़ैर-समाजशास्त्रियों के उपयोग के लिए सफलतापूर्वक प्रस्तुत किया जा सकता है। वे मानते थे कि भारत और चीन के भौगोलिक आकार, जनसंख्या और इनकी सांस्कृतिक विविधता को नज़रअंदाज़ करके समाजशास्त्र और सामाजिक मानवशास्त्र के भविष्य की कल्पना नहीं की जा सकती। आज की परिस्थिति में भारतीय एवं चीनी समाज को नज़रअंदाज़ करके समाजशास्त्र एवं सामाजिक मानवशास्त्र का काम नहीं चल सकता। अब ये सभ्यतामूलक देश विश्व शक्ति एवं प्रमुख अर्थव्यवस्था के रूप में उभर चुके हैं। इन देशों में बुर्जुआ (मध्यवर्गीय) क्रान्ति हो रही है। इसको समझने के लिए समाजशास्त्र एवं सामाजिक मानवशास्त्र को तैयारी करनी पड़ेगी। भारतीय संदर्भ में प्रजातांत्रिक मूल्यों का जिस तरह विकास हुआ है और विकेन्द्रीकरण (पंचायती राज) के क्रम में जिस तरह आरक्षण की नीति के अंतर्गत स्त्रियों एवं कमज़ोर तबकों को अपनी स्थिति सुदृढ़ करने में मदद मिली है, जाति जैसी पारम्परिक संस्था का प्रजातांत्रिक राजनीति के विकास के क्रम में जिस तरह वोट बैंक के रूप में रूपान्तरण

हुआ है, पारम्परिक मूल्यों एवं संस्थाओं का आधुनिक तकनीक एवं आर्थिक प्रक्रियाओं के साथ जिस तरह का सामंजस्य विकसित हुआ है, इसकी सम्पूर्णता में व्याख्या केवल विकासशील देशों के लिए ही नहीं पूरी दुनिया को सांगोपांग समझने में बहुत महत्त्वपूर्ण होगी। सतही विश्लेषणों के दौर में श्रीनिवास ने भारतीय समाज को समझने में जिस तरह का धैर्य, संयम और लचीलापन दिखलाया वह भारतीय समाजशास्त्र में एक मानक है। इसका गंभीर आकलन अभी तक नहीं हो पाया है। भारतीय समाज की तरह भारतीय समाजशास्त्र के भीतर भी गंभीर मतांतर एवं वाद-विवाद रहा है। फलस्वरूप एक पीढ़ी के समाजशास्त्री गुटों में बंट जाते हैं। श्रीनिवास के गुट में उन्हें एक सम्प्रदाय निर्माता आचार्य के रूप में आदर दिया जाता है। यह गुट भारतीय समाजशास्त्र में काफी प्रभावी रहा है। अंतर्राष्ट्रीय संदर्भ में तो श्रीनिवास भारत के सबसे लोकप्रिय एवं सबसे प्रतिष्ठित समाजशास्त्री माने जाते हैं। इसके बावजूद श्रीनिवास की सम्पूर्ण रचनाओं को ध्यान में रखकर उनके समाजशास्त्रीय दृष्टिकोण का गंभीर आकलन एवं मूल्यांकन नहीं हो पाया है। अभी भी उन्हें रैडक्लिफ ब्राउन के संरचनात्मक-प्रकार्यवाद का आधिकारिक प्रतिनिधि ही माना जाता है जबकि हम देख चुके हैं कि अपने अंतिम अर्थों में श्रीनिवास के दृष्टिकोण की विविधता, लचीलापन एवं ज़मीनी अवधारणाओं एवं अनुभूतियों के प्रति लगातार आग्रह संरचनात्मक-प्रकार्यवाद के पश्चिमी संदर्भ में प्रचलित अर्थ से काफी अलग हो गया था। लेकिन यह भी सच है कि उन्हें पश्चिमी समाजशास्त्र के लोकप्रिय सैद्धांतिक दृष्टिकोणों एवं अध्ययन पद्धतियों के किसी अन्य दृष्टिकोण में भी शामिल नहीं किया जा सकता। दरअसल अपने भारतीय शिक्षक गोपाल सदाशिव घुर्ये की तरह एम. एन. श्रीनिवास भी एक मौलिक समाजशास्त्रीय चिंतक हैं, जिन्होंने संरचनात्मक-प्रकार्यवाद को भारतीय समाज को सम्पूर्णता में समझने के क्रम में पुनर्परिभाषित एवं परिमार्जित किया है। इसको भारत की बौद्धिक विरासत में 'भाष्य-संस्कृति' कहा जाता है। एक ही वेदांत का शंकराचार्य, रामानुजाचार्य, मध्वाचार्य और निंबार्काचार्य ने गुणात्मक रूप से अलग-अलग भाष्य किया लेकिन फिर भी उसे वेदांत ही कहा जबकि प्रचलित अर्थ में वेदांत का बादरायण द्वारा ब्रह्म-सूत्र में निरूपित दृष्टिकोण से सभी अलग-अलग भाष्य करते हैं। भारतीय समाज में इसे अनेकता में एकता तथा सनातनता में परिवर्तन कहते हैं। भारत के अधिकांश समाजशास्त्रियों के जीवन भर के कार्यों का सम्पूर्णता में गंभीर आकलन करने पर हमें इसी प्रवृत्ति की अनुकृति दिखती है। श्रीनिवास की संरचनात्मक-प्रकार्यवादी समाजशास्त्री के रूप में विकास-यात्रा इसका सर्वोत्तम उदाहरण है।

एस.सी. दूबे (श्यामाचरण दूबे)

श्यामाचरण दूबे को संरचनात्मक-प्रकार्यवादी उपागम के अंतर्गत एम.एन. श्रीनिवास के बाद सबसे महत्त्वपूर्ण समाजशास्त्री माना जाता है। उन पर ए. आर. रैडक्लिफ ब्राउन के बदले टॉलकौट पार्सन्स के अमेरिकी संरचनात्मक-प्रकार्यवादी उपागम का प्रभाव रहा है। पार्सन्स के उपागम को मॉडर्नाइज़ेशन की आधुनिकीकरण की प्रक्रिया को विकसित समाजों के साथ-साथ विकासशील समाजों को भी समझने में भी सबसे उपयुक्त उपागम माना जाता है। एस.सी. दूबे ने भारतीय समाज की संरचना और सामाजिक परिर्वतन को समझने के लिए पार्सन्स के उपागम का रचनात्मक उपयोग किया है। उन्होंने फील्डवर्क और किताबी दस्तावेज़ों का अपने अध्ययन में आवश्यक संश्लेषण करने का प्रयास किया है। उनकी प्रमुख रचनाओं में *इंडियन विलेज* (१९५५), *इंडियाज़ चेंजिंग विलेजेज़* (१९५८), *द स्टडी ऑफ़ कंपलेक्स कल्चर्स* (१९६५), *एक्सप्लानेशन एंड मैनेजमेंट ऑफ़ चेंज* (१९७१), *कन्टेमपोरेरी इंडिया एंड इट्स मोडर्नाइज़ेशन* (१९७४) एवं *सोशियोलॉजी ऑफ़ इकोनौमिक डेवलपमेंट* (१९७४) एवं *इंडियन सोशियोलॉजी एट दि टर्निंग प्वाइंट* (१९७७) शामिल हैं। श्यामाचरण दूबे ने बहुपरम्परा (मल्टीपुल ट्रैडिशंस) की अवधारणा को भारतीय समाजशास्त्र में विकसित किया। उनके विचार में भारतीय समाज या संस्कृति का विवरण परस्पर विरोधी अवधारणाओं से नहीं दिया जा सकता। श्रीनिवास द्वारा विकसित संस्कृतीकरण एवं पश्चिमीकरण की अवधारणा को वे इसी आधार पर अनुपयुक्त मानते थे। इसी तरह हमें रोबर्ट रैडफील्ड की लिटिल (लघु) एवं ग्रेट (महान्) परम्परा की अवधारणा को भी परस्पर विरोधी एवं भारतीय संदर्भ में अनुपयुक्त अवधारणा मानते थे। श्यामाचरण दूबे ने बार-बार ज़ोर देकर कहा कि भारतीय परम्परा बहुत जटिल है और इन परम्पराओं के कई सोपान हैं। अतः भारतीय समाज की व्यवस्थित समझ के लिए भारत की बहुपरम्पराओं का सोपानगत विश्लेषण होना चाहिए। इसी क्रम में उन्होंने भारतीय परम्पराओं के सोपान को छः श्रेणियों में विभाजित किया। श्यामाचरण दूबे की पहली किताब फील्डवर्क पर आधारित समाजशास्त्रीय अध्ययन की एक मिसाल मानी जाती है। १९५५ में प्रकाशित उनकी पहली पुस्तक *भारत में ग्रामीण समुदाय* समाजशास्त्रीय साहित्य में एक मील का पत्थर मानी जाती है। इसका महत्त्व १९५५ में ही प्रकाशित श्रीनिवास द्वारा संपादित *इंडियन विलेजेज* तथा मैकिम मैरियट द्वारा संपादित *विलेज इंडिया* से किसी मामले में कम नहीं है। उपरोक्त तीनों पुस्तकों को आज भी आदरपूर्वक पढ़ा जाता है। श्यामाचरण

दूबे की *इंडियन विलेज* और श्रीनिवास की १६७६ में प्रकाशित *द रिमेंमबर्ड विलेज* की कुछ लोग तुलना करते हैं। परंतु यह नहीं भूलना चाहिए कि श्रीनिवास की पुस्तक २१ वर्ष बाद प्रकाशित हुई थी। अपने-अपने काल-खण्ड में दोनों पुस्तकों का महत्त्व है।

एस.सी. दूबे ने भारतीय ग्राम एवं भारत के परिवर्तित हो रहे गाँवों के अध्ययन में इसी उपागम का प्रयोग किया। एफ.जी. बेली ने भारत में हो रहे संरचनात्मक परिवर्तनों का जनजाति, जाति एवं राष्ट्र जैसी तुलनात्मक श्रेणियों के आधार पर विश्लेषण किया, यह भी संरचनात्मक उपागम का उदाहरण है। आंद्रे बेते द्वारा तंजोर गाँव में जाति, वर्ग तथा शक्ति एवं कृषक संरचना के अध्ययनों में मैक्स वेबर तथा कार्ल मार्क्स द्वारा प्रयुक्त विश्लेषणात्मक श्रेणियों का प्रयोग किया गया है। टी.एन. मदान ने परिवार, विवाह एवं नातेदारी का अध्ययन तो संरचनात्मक-प्रकार्यवादी उपागम से किया परन्तु भारतीय संस्कृति में संन्यास एवं गृहस्थ विचारधारा के अध्ययन में उन्होंने संस्कृतिशास्त्रीय उपागम का प्रयोग किया। ए.एम. शाह ने भारतीय परिवार के घरेलू आयाम का अध्ययन तो संरचनात्मक उपागम से किया परन्तु ग्रामीण जीवन के अध्ययन में उन्होंने ऐतिहासिक उपागम का प्रयोग किया। टी.के. उम्मन द्वारा भारत के सामाजिक आंदोलनों के अध्ययनों में भी समाजशास्त्रीय अन्वेषण के संरचनात्मक उपागम का ही प्रयोग हुआ।

भारत में संरचनात्मक उपागम की पहचान एक से ज़्यादा अवधारणात्मक श्रेणियों के प्रयोग तथा तुलनात्मक पद्धति के प्रयोग से परिभाषित होती रही है। ऐसे अध्ययनों का मूल छोटे-छोटे आनुभविक अध्ययनों में निहित है परन्तु इनकी सैद्धान्तिक तथा अवधारणात्मक व्यवस्था व्यापक सामान्यीकरण के लिए महत्त्वपूर्ण रही हैं। उदाहरण के लिए श्रीनिवास द्वारा प्रयुक्त प्रभु जाति, संस्कृतीकरण, पश्चिमीकरण और उनके वर्ग तथा जाति के बीच विश्लेषणात्मक अंतर की अवधारणाओं को समाजशास्त्रियों की पीढ़ी दर पीढ़ी ने सामाजिक संबंधों के प्रतिमानों को समझने के लिए उपयोगी पाया है। भारत में समाजशास्त्र में संरचनात्मक उपागम का विस्तार संरचनात्मक उपागम प्रकार्यवाद से लेकर कार्ल मार्क्स और वेबर संश्लेषण तक व्याप्त है।

अधिकांश संरचनात्मक अध्ययनों की मुख्य सीमा ऐतिहासिक या सांस्कृतिक आयामों की उपेक्षा करती रही है। ऐसे अध्ययन सामान्यतया छिपे हुए अन्तर्विरोधों को नज़रअंदाज़ करके सामाजिक संरचना की सर्वसम्मत तस्वीर प्रस्तुत करते हैं। इन अध्ययनों की वास्तविक शक्ति इनकी समृद्ध आनुभविक परम्पराओं तथा परिष्कृत अवधारणाओं और सिद्धांतों में निहित हैं।

श्यामाचरण दूबे की बहुपरम्परा की अवधारणा संरचनात्मक प्रकार्यवाद की रैडक्लिफ ब्राउन एवं पार्सन्स दोनों के उपागमों से संगति नहीं रखती है। फलस्वरूप रैडक्लिफ ब्राउन समर्थक श्रीनिवास, ए. एम. शाह, आंद्रे बेते एवं पार्सन्स समर्थक योगेन्द्र सिंह आदि लोगों ने श्यामाचरण दूबे की उपरोक्त धारणा का समर्थन नहीं किया। रौबर्ट रैडफील्ड की आलोचना को अमेरिकी विद्वानों ने पसंद नहीं किया। खुद श्यामाचरण दूबे फ्रांसीसी संरचनावाद एवं लुई डुमों के भारतीय समाजशास्त्र की संरचनात्मक व्याख्या से बहुत सहमत नहीं थे। अतः डुमों समर्थकों ने भी श्यामाचरण दूबे के कामों की उपेक्षा की। परिणाम यह है कि भारतीय समाजशास्त्र में श्यामाचरण दूबे के कामों की सैद्धांतिक स्तर पर काम करने वाले तीनों (ब्रिटिश, अमेरिकी, फ्रांसीसी) संप्रदायों से जुड़े समाजशास्त्रियों ने उपेक्षा की है। श्यामाचरण दूबे की मृत्यु पर आंद्रे बेते ने लगभग उपहास उड़ाने की अंदाज़ में कहा कि "श्यामाचरण दूबे मूलतः वाचिक परम्परा के व्यक्ति थे। उन्होंने समाजशास्त्र में लेखन बहुत कम किया।" जबकि सच्चाई यह है कि हिन्दी एवं अंग्रेज़ी में प्रकाशित उनकी पुस्तकों की संख्या आंद्रे बेते की पुस्तकों की संख्या से कम नहीं है, बल्कि ज़्यादा है। परंतु फ्रांसीसी पिता और बंगाली मां के बेटे आंद्रे बेते सम्भवतः हिन्दी में प्रकाशित उनकी मौलिक कृतियों को पुस्तक नहीं मानते। जबकि वे बंगाली में प्रकाशित पुस्तकों को न सिर्फ पुस्तक मानते हैं बल्कि उन्होंने बंगाली में लिखित निर्मल कुमार बोस की एक पुस्तक को अंग्रेज़ी में 'हिन्दू सोशल स्ट्रक्चर' के नाम से अनुवादित और संपादित भी कर चुके हैं। लेकिन केवल बेते ही क्यों भारतीय समाजशास्त्र के अधिकांश अंग्रेज़ीदां समाजशास्त्री देशी भाषा (खास कर हिन्दी) में लिखी पुस्तकों को हिकारत के भाव से देखते हैं और पेशेवर बैठकों एवं संगोष्ठियों में इतना मज़ाक उड़ाते हैं कि ज़्यादातर हिन्दी मूल के भारतीय समाजशास्त्री अपनी खराब अंग्रेज़ी में किताब लिखकर अपनी अच्छी हिन्दी और देशी समाजशास्त्रीय समझ को अवकाश ग्रहण के बाद ही उपयोग कर पाते हैं । कभी-कभी तो नहीं ही उपयोग कर पाते। श्यामाचरण दूबे ने भारतीय संस्कृति के विकास का समाजशास्त्र एवं समकालीन भारत के विषय पर हिन्दी में मौलिक लेखन आरंभ किया और १९५५ से लेकर अपने अंतिम क्षण तक उन्होंने उत्तर भारत में समाजशास्त्र के विकास पर अपनी तरह का महत्त्वपूर्ण काम किया। उनकी रचनाओं का लीला दूबे, योगेश अटल, टी.के. उम्मेन, एम.एन. पाणिणि, नंदुराम एवं आनंद कुमार जैसे समाजशास्त्रियों ने अपने-अपने स्तर पर उपयोग किया है।

उनकी दूसरी पुस्तक *इंडियाज़ चेंजिंग विलेज* भी अपनी तरह की

महत्त्वपूर्ण पुस्तक है। इस पुस्तक को श्रीनिवास के अनुयायी भारतीय समाजशास्त्र में एक अवांछित परम्परा का प्रारंभ मानते हैं। इस पुस्तक में श्यामाचरण दूबे ने भारत सरकार के कम्युनिटी डेवलपमेंट प्रोग्राम (सामुदायिक विकास योजना) का समाजशास्त्रीय मूल्यांकन करने का प्रयास किया। श्यामाचरण दूबे और इनके शिष्य योगेश अटल ने इस तरह के सरकारी या अंतर्राष्ट्रीय (युनेस्को) के प्रोजेक्टों के समाजशास्त्रीय मूल्यांकन में बढ़-चढ़ कर हिस्सा लिया, जिस तरह नेहरू युग में डी.पी. मुखर्जी, इरावती कर्वे, के.एम. कपाड़िया और एम.एन. श्रीनिवास महत्त्वपूर्ण थे। उसी तरह इंदिरा युग में भारतीय विश्वविद्यालयों में एम.एन. श्रीनिवास की विश्वविद्यालयों में, ए.आर. देसाई की मार्क्सवादी बिरादरी में, श्यामाचरण दूबे की सरकारी महकमे में एवं टी.एन. मदान की समाजशास्त्रीय शोध पत्रिका के संपादक के रूप में तूती बोलती थी। भारत में १६४७ से १६६४ का समय नेहरू युग कहा जाता है। जबकि मोटे तौर पर १६६६ से १६८४ के समय को इंदिरा युग कहा जाता है। १६७७ के बाद श्यामाचरण दूबे का हिन्दी लेखन उनके अंग्रेज़ी लेखन से ज़्यादा महत्त्वपूर्ण है। १६५५ से १६७७ तक वे अंग्रेज़ी भाषा में लगातार लिखते रहे। लेकिन भारतीय समाजशास्त्र में इस दौरान एम.एन. श्रीनिवास सबसे चर्चित समाजशास्त्री माने जाते हैं। श्यामाचरण दूबे की पहली पुस्तक प्रकाशित होने से पाँच वर्ष पूर्व ही (१६५१) एम. एन. श्रीनिवास इंग्लैंड से भारत आकर घुर्ये के बाद की पीढ़ी के सिरमौर बन चुके थे। १६५५ में ही वे इस तरह के समाजशास्त्रीय अध्ययन नहीं करने की लिखित सलाह दे चुके थे, जिस तरह का अध्ययन १६५८ में श्यामाचरण दूबे ने शुरू किया। फलस्वरूप श्यामाचरण दूबे ने संरचनात्मक-प्रकार्यवादी उपागम की भारत में स्वतंत्र वैकल्पिक मॉडल विकसित करने की कोशिश की। परंतु उनके मॉडल को सीमित समर्थन मिला।

१६६५ तक आते-आते वे संरचनात्मक-प्रकार्यवाद के मॉडल से काफी आगे निकल गए थे। उनके जटिल संस्कृतियों के अध्ययन (१६६५) नामक अध्ययन में बहुपरम्परा की अवधारणा भारत के समतामूलक विमर्श का ही एक रूप है। लेकिन समतामूलक विमर्श के रूप में वे इसका उस तरह का सैद्धांतिक विकास नहीं कर पाए जिस तरह एन.के. बोस ने महात्मा गाँधी के विरासत से और ए.के. सरण ने कुमारस्वामी की विरासत से या राधाकमल ने सोरोकिन एवं कुमारस्वामी की विरासत से किया। दूबे संस्कृति एवं विकास के समाजशास्त्र को भारत के राष्ट्र-राज्य से ही जोड़कर देखते थे। वे नेहरू युग के आधुनिकीकरण के सरकारी प्रयासों का इंदिरा युग में

सामान्यीकरण करने का प्रयास करते हैं (१६७७ की किताब)। उनके इस काम की तुलना एक ओर योगेन्द्र सिंह की अति लोकप्रिय पुस्तक *दि मोडर्नाइजेशन ऑफ़ इंडियन ट्रेडिशन* से की जा सकती है तो दूसरी ओर अमेरिकी समाजशास्त्री आइजेंसटाड के भारतीय आधुनिकता के विश्लेषण से।

अपने हिन्दी लेखन में वे भारत की लोक संस्कृति एवं लोक परम्परा को समकालीन भारतीय संस्कृति और आधुनिक विकास की प्रक्रिया से जोड़कर देखते हैं। दुर्भाग्य से उनके सभी कामों को एक साथ समेट कर उनके समाजशास्त्रीय मूल्यांकन का काम अब भी नहीं हो पाया है।

ए.एम. शाह

ए. एम. शाह संरचनात्मक प्रकार्यवादी उपागम के एक प्रमुख समाजशास्त्री हैं। इनको एम. एन. श्रीनिवास का प्रमुखतम शिष्य माना जाता है। इन्होंने १६६८ में श्रीनिवास के साथ मिलकर *इन्टरनेशनल एनसाइक्लोपीडिया* में हिन्दुइज़्म नामक विश्व प्रसिद्ध लेख लिखा था। १६७३ में इनकी महत्त्वपूर्ण पुस्तक *द हाउसहोल्ड डाइमेन्शन ऑफ़ दि फैमिली इन इंडिया* प्रकाशित हुई। इस पुस्तक में उन्होंने भारत में परिवार (फैमिली) एवं घर या घराना (हाउसहोल्ड) का महत्त्वपूर्ण अंतर स्थापित किया। ए. एम. शाह के अनुसार भारतवर्ष में संयुक्त और नाभिकीय घराना तथा संयुक्त परिवार के सांस्कृतिक प्रतिमान साथ-साथ स्थित रहे हैं, अब परिवार की संरचना तथा संयुक्तता की भावना की मात्रा में परिवर्तन आ रहा है।

संयुक्त घराना की संरचनात्मक विशेषताएँ –

१. **सामान्य निवास स्थान एवं रसोई** – सभी सदस्य एक छत के नीचे रहते हैं। विभिन्न भाइयों एवं उनके परिवार वालों के उपयोग के लिए सम्पूर्ण निवास स्थान कई छोटे कमरों में बंटा हुआ होता है। साथ रहने से परिवार के विभिन्न सदस्यों के बीच सामूहिक भावना विकसित होती है। पूरे घर के लिए एक ही रसोईघर होता है। प्रायः कर्ता की पत्नी रसोईघर की व्यवस्थापिका होती है।

२. **बड़ा आकार** : इसमें कई लोग साथ रहते हैं। इसमे तीन या अधिक पीढ़ियों के लोग एक साथ रह सकते हैं, जिसके दादा-दादी, पोता-पोती, चाचा, ताऊ, चचेरे भाई-बहन इत्यादि एक साथ रहते हैं।

३. **सामान्य सम्पत्ति** : परिवार की चल व अचल संपत्ति में सभी सदस्यों का अधिकार होता है। सभी लोग अपनी क्षमता के अनुसार काम करते हैं तथा पारिवारिक आमदनी को एक सामूहिक कोष में जमा किया जाता है। संयुक्त परिवार का धन तथा वस्तुएँ सामूहिक रूप से अर्जित तथा खर्च की जाती हैं। परिवार का मुखिया, जिसे कर्त्ता कहा जाता है, इसका व्यवस्थापक बना रहता है। परिवार का प्रत्येक पुरुष सदस्य परिवार की पारिवारिक संपत्ति का कानूनी सह-स्वामी होता है।

भारत में संयुक्त घराना की प्रकार्यात्मक विशेषताएँ –

१. **सामूहिक कर्मकाण्ड तथा उत्सव** – हर संयुक्त घराना के अपने रीति-रिवाज़ तथा कर्मकाण्ड होते हैं, जिसका निर्धारण जाति मूल्यों तथा धार्मिक कर्त्तव्यों के आधार पर किया जाता है। सामूहिक पूजा पद्धति का पीढ़ी-दर-पीढ़ी हस्तांतरण होता है। इससे परिवार के अंदर एकता एवं आत्मीयता बढ़ती रहती है। जिस सामान्य देवता का पूजन किया जाता है, उसे 'कुल देवता' कहा जाता है।

२. **कर्त्ता की भूमिका** – घर में निर्णय लेने तथा शांति एवं अनुशासन कायम रखने की ज़िम्मेदारी या अधिकार मूलतः 'कर्त्ता' का होता है। आर्थिक उपार्जन करने वाले सभी सदस्य अपनी आमदनी कर्त्ता के पास जमा करते हैं एवं घर की संपूर्ण संपत्ति पर भी उसी का नियंत्रण होता है। पारिवारिक उत्सव एवं धर्मानुष्ठान भी उसी के मार्गदर्शन एवं अभिभावकत्व में संपन्न होते हैं। घरेलू झगड़ों का भी वही निवारण करता है। संक्षेप में, कर्त्ता संयुक्त घराने का न्यासी होता है और उसे निर्विवाद अधिकार प्राप्त होते हैं।

३. **आपसी कर्त्तव्य –** संयुक्त घराने के सदस्य एक-दूसरे के प्रति आपसी कर्त्तव्य से बंधे होते हैं। कोई एक-दूसरे के हितों के ख़िलाफ काम नहीं करता। सभी सदस्य एक-दूसरे के प्रति उत्तरदायी होते हैं तथा आपसी समझ, प्रेम उभयनिष्ठ संबंध एवं सहयोगात्मक भाव से जुड़े होते हैं। ये बंधन तथा संबंध परिवार को कायम रखने वाली शक्तियाँ हैं। संपूर्ण परिवार के हित के संदर्भ में व्यक्ति के हितों को गौण माना जाता है।

४. **समाजवादी व्यवस्था –** यह समाजवादी मूल्यों पर आधारित प्रकार्यात्मक इकाई है। हर सदस्य घराने की भलाई के लिए काम

करता है। घराने के सभी सदस्यों के बीच अधिकारों एवं सुविधाओं का समान बंटवारा होता है। हर सदस्य अपनी क्षमता के अनुसार अपना योगदान करता है अपनी आवश्यकता के अनुसार घराना से प्राप्त करता है।

संयुक्त घराना के प्रकार्य

भारतीय संयुक्त परिवार व्यवस्था या घराना भारतीय सामाजिक संगठन की रीढ़ समझी जाती है। सामाजिक संगठन की एक व्यवस्था के रूप में यह कई शताब्दियों से आज तक कायम रही है। फलस्वरूप हम कह सकते हैं कि यह प्राचीन संस्था समाज की दृष्टि से लाभदायक प्रकार्य करती रही है। संयुक्त घराना के लाभदायक प्रकार्यों में से कुछ की चर्चा की जा सकती है।

पुनरुत्पादन – परिवार या घराना सामान्यतः जैविक पुनरुत्पादन का विधि सम्मत स्थान है। मानवीय उत्पादकता एवं पुनरुत्पादकता काफी हद तक परिवार के द्वारा निर्धारित होती है। बच्चों के लालन-पालन की जिम्मेदारी विश्वस्त नातेदारी समूह द्वारा मिल-बाँट कर निभायी जाती है। परिणामस्वरूप, ज़्यादा बच्चे समूह के लिए लाभदायक माने जाते हैं, जो अपने माता-पिता के बुढ़ापे का सहारा बनते हैं।

समाजीकरण – पुनरुत्पादन में अपनी भूमिका निभाने की तरह ही, परिवार समाजीकरण का प्रथम एव प्राथमिक माध्यम है। छोटे बच्चों को सतत अनुशासन एवं मार्गदर्शन में रखा जाता है। परिवार अपने सदस्यों को सहिष्णुता के गुण, सहयोग, बलिदान, सहानुभूति जैसे मूल्यों को सिखाता है। यह बच्चों को अपने बड़ों की सेवा करना सिखाता है। यह अपने सदस्यों को वयस्क, उत्तरदायी, सम्पूर्ण सामाजिक मनुष्य के रूप में विकसित होने में मदद करता है। वयस्क बनने की प्रक्रिया में यह अपने सदस्यों को पारम्परिक मूल्यों के आधार पर स्त्री और पुरुष के रूप में अपने अधिकार और कर्त्तव्य सीखने पर ज़ोर देता है। परिवार अपने बच्चों की शिक्षा, नौकरी एवं विवाह के बारे में काफी दिलचस्पी लेता है तथा यह युवा पीढ़ी के सामाजिक नियोजन में महत्त्वपूर्ण भूमिका निभाता है।

सामाजिक नियंत्रण का साधन – संयुक्त घराना एक स्वयं-शासित प्रशासनिक इकाई है जो कर्त्ता के मार्गदर्शन में कार्य करती है। कर्त्ता को असंदिग्ध अधिकार प्राप्त होता है जिसे केवल अधिकार के दुरुपयोग की स्थिति में चुनौती दी जा सकती है। यह सामाजिक नियंत्रण के अनौपचारिक साधन के रूप में काम करता है। परिवार के वरिष्ठ सदस्य छोटे बच्चों की

अनुशासनहीनता एवं असामाजिक गतिविधियों पर नियंत्रण रखते हैं। परिवार यह व्यवस्था करता है कि इसके सदस्य सदाचारी एवं अनुशासित व्यक्ति बनें।

कल्याण– संयुक्त घराने का एक प्रमुख कर्त्तव्य छोटे बच्चों, अपाहिजों, बीमार लोगों एवं बुजुर्गों की सेवा एवं उपचार करना है। यह अबोध बच्चों, गर्भवती महिलाओं एवं दूध पिलाने वाली माताओं की विशेष देख-भाल करता है। संयुक्त परिवार व्यवस्था अपने सदस्यों को खासकर संकट के समय में अधिकतम सुरक्षा देने में ज़्यादा समर्थ होती है। इस तरह, संयुक्त परिवार अपने सदस्यों के लिए एक सहायक, मित्रतापूर्ण सामाजिक वातावरण का निर्माण करता है। यह मनोरंजन तथा सांस्कृतिक गतिविधियों में भाग ले सकने का अवसर भी प्रदान करता है।

उत्पादन, वितरण तथा उपभोग – उत्पादन की पारिवारिक व्यवस्था का आधार स्त्री-पुरुष के बीच लैंगिक श्रम-विभाजन होता है। यह श्रम-विभाजन घर के अंदर और बाहर दोनों जगह महत्त्वपूर्ण है। स्त्रियाँ सामान्यतः घरेलू एवं उत्पादन से संबंधित क्रिया-कलापों में योगदान करती हैं, पुरुष लोग सार्वजनिक क्षेत्र (घर के बाहर) में कार्य करते हैं और घर की आमदनी में योगदान करते हैं। परन्तु हाल के वर्षों में इस लैंगिक श्रम-विभाजन की आलोचना बढ़ रही है।

संयुक्त परिवार उपभोग की एक सम्पूर्ण इकाई है। इसका अर्थ है कि परिवार को काफी बड़ी मात्रा में सस्ती कीमत पर उपभोक्ता वस्तुओं को खरीद कर आर्थिक रूप से समुचित व्यवस्था करनी पड़ती है। ग़ैर-उपभोक्ता वस्तुओं का सदुपयोग परिवार के सभी सदस्य आपस में मिल बाँट कर करते हैं। परिवार के सभी सदस्य अपनी आमदनी एक साथ मिलाकर सम्पूर्ण परिवार की आवश्यकता के अनुसार खर्च करते हैं।

संयुक्त घराना के अकार्य

अनेक प्रकार्यों के साथ-साथ, संयुक्त परिवार अथवा घराने की संरचना में कई अकार्य भी देखने में आते हैं। समाजशास्त्रियों द्वारा निम्नलिखित अकार्यों की चर्चा की गई है:-

संयुक्त घर छोटी-छोटी बातों पर संघर्ष का केंद्र होता है। सदस्यों के बीच में आपसी तालमेल, समायोजन तथा सात्मीकरण का सामान्यतः अभाव होता है। मतभेद एवं कटुता से आंतरिक अंतर्विरोध पैदा होता है जो संयुक्त घराने के विघटन के लिए रास्ता तैयार करता है।

संयुक्त घराने को सदस्यों के स्वतंत्र व्यक्तित्व के विकास में बाधा माना जाता है। सामान्यतः घर का मुखिया सारे महत्त्वपूर्ण निर्णय खुद लिया करता है। फलस्वरूप हर व्यक्ति की पसंद या नापसंद का ख़याल रखना संयुक्त घर में संभव नहीं हो पाता। इस तरह स्वतंत्र रचनात्मक संभावना का पूरी तरह विकास एवं दोहन नहीं हो पाता।

कभी-कभी नई विवाहित जोड़ी के बीच आत्मीयता का विकास नहीं हो पाता फलस्वरूप मनोवैज्ञानिक असंतोष एवं नासमझी का माहौल रहता है। संयुक्त परिवार व्यवस्था के अंतर्गत विवाहित युवा स्त्रियों का अधिकांश समय घर के सभी सदस्यों की आवश्यकता पूर्ति में खर्च होता है। इसके कारण उन्हें उचित तरीके से अपने स्वास्थ्य पर ध्यान देने या आनंद उठाने के लिए समय या अवसर नहीं मिल पाता।

संयुक्त घराने में बुजुर्ग तथा युवा दोनों प्रकार के सदस्य पाए जाते हैं, फलस्वरूप पीढ़ियों के संघर्ष कई प्रकार से उभरते रहते हैं। बुजुर्ग लोग कठोरता से पारम्परिक मूल्यों एवं विश्वासों का पालन करते हैं। वे नए सांस्कृतिक चलन एवं सीमा को स्वीकार नहीं पाते। आजकल युवा व्यक्तिवाद के पक्षधर होने लगे हैं एवं पारम्परिक मूल्यों को अधिनायकवादी, पक्षपातपूर्ण एवं अन्यायी मानकर इनका विरोध करने लगे हैं। इसके कारण कई बार परिवार में समस्याएँ पैदा हो जाती हैं और घर की शांति भंग हो जाती है। विभिन्न पीढ़ियों की सामाजिक अभिरुचियों में अंतर होता है।

संयुक्त परिवार में परिवर्तन

संयुक्त परिवार में निम्नलिखित परिवर्तनों की चर्चा समाजशास्त्रियों द्वारा अक्सर की जाती है:-

संरचनात्मक परिवर्तन

जिन तथ्यों एवं मूल्यों ने संयुक्त परिवार या घराने की व्यवस्था का पोषण किया, स्थायित्व दिया एवं कायम रखा वे निम्नलिखित हैं:-

१. पुत्रों में पिता के प्रति समर्पण की भावना,

२. आर्थिक रूप से समर्थ सदस्यों का संयुक्त परिवार के अन्य सदस्यों की मदद के लिए तत्पर रहना, जो खुद अपनी आवश्यकताओं की पूर्ति करने में असमर्थ हैं,

३. बुजुर्ग स्त्री-पुरुष के लिए राज्य द्वारा नियोजित सामाजिक सुरक्षा की व्यवस्था का अभाव होना, एवं

४. जमीन, पूँजी एवं श्रम के चतुर्दिक् लाभ की दृष्टि से संगठन एवं दोहन के लिए संयुक्त परिवार के आकार द्वारा दिया गया भौतिक प्रोत्साहन।

अब संयुक्त घरों में निम्नलिखित कारणों से विघटन हो रहा है :-

१. भाइयों की आमदनी में अंतर जो घर में कलह को जन्म देता है।

२. बेटों और उनकी पत्नियों में पारिवारिक ज़िम्मेदारी निभाने की भावना में कमी।

३. पाश्चात्य शैली के प्रभावस्वरूप युवकों मे व्यक्तिवाद का विकास।

४. अर्थव्यवस्था में सेवाक्षेत्र का बढ़ता महत्त्व तथा बाहरी आमदनी के बढ़ते अवसर के कारण नाभिकीय परिवारों को वरीयता।

प्रकार्यात्मक परिवर्तन

इसकी तीन स्तरों पर पड़ताल की जा सकती है –

१. **पति-पत्नी संबंध** – पारम्परिक घरों में निर्णय लेने के काम में पत्नी, अपने पति के सहायक की भूमिका निभाती थी। परन्तु समकालीन घरों में पत्नी, अपने पति के बराबर ज़्यादा सक्रिय भूमिका निभाती है। फलस्वरूप घर के कार्य एवं बाहर के कार्य की दृष्टि से पति-पत्नी एक-दूसरे के साथ सहयोग एवं समयोजन करने लगे हैं।

२. **माता-पिता एवं बच्चों का संबंध** – पारम्परिक परिवारों में शक्ति एवं अधिकार पूरी तरह से कर्त्ता के हाथ में होता था और उसे शिक्षा, व्यवसाय एवं बच्चों के विवाह के बारे में निर्णय लेने के लिए परिवार में असीमित अधिकार प्राप्त होते थे। समकालीन परिवारों में अब अधिकांशतः माता-पिता एवं उनके बच्चे सामूहिक रूप से मिल-जुल कर निर्णय करने लगे हैं।

३. **सास-श्वसुर (ससुर) के साथ बहू का संबंध** – इस संबंध में एक महत्त्वपूर्ण परिवर्तन आया है। शिक्षित बहू अपने ससुर के सामने पर्दा नहीं रखती। सास-बहू के संबंध में भी पहले की तुलना में अब कम कटुता है। सास अब शक्तिशाली पद नहीं रहा परन्तु

वह ससुर की तरह एक सम्माननीय संबंधी अब भी है।

अपनी दूसरी महत्त्वपूर्ण पुस्तक *द फैमिली इन इंडिया* में उन्होंने समकालीन भारत में परिवार विषय पर अपने महत्त्वपूर्ण लेखों को प्रकाशित किया। इसमें ए.एम. शाह ने ज़ोर देकर कहा कि भारत के अधिकांश सामाजिक-धार्मिक एवं सांस्कृतिक समूहों में संयुक्त परिवार एक सांस्कृतिक मूल्य रहा है, व्यवहारिक स्तर पर नाभिकीय घरों का प्राचीनकाल से ही अस्तित्व रहा है। आज नगरीकरण, स्थानांतरण, औद्योगीकीकरण, पश्चिमी शिक्षा के प्रसार एवं पश्चिमीकरण की प्रक्रिया जैसे कारकों ने एक नए प्रकार के घर एवं परिवार का भारत में विकास किया है। इन कारकों ने संरचनात्मक दृष्टि से भारत में संयुक्त परिवार को समाप्त तो नहीं किया है, परन्तु इनके कारण पहले से ही कायम नाभिकीय घरों एवं परिवारों के व्यवहारिक चलन को निःसंदेह बल मिला है। इसके साथ-साथ, एक हद तक नाभिकीय परिवार के रूप में एक वैकल्पिक सांस्कृतिक मूल्य का भी प्रसार हुआ है। आधुनिक संचार के साधनों ने भी नाभिकीय परिवार के नए सांस्कृतिक मूल्य के प्रसार में एक महत्त्वपूर्ण भूमिका निभाई है।

जनांकिकीय कारकों ने, दूसरी ओर, संयुक्त परिवार एवं संयुक्त घर की संस्था को मजबूत किया है। जनगणना के आंकड़े एवं नृजातीय अध्ययनों से यह ज्ञात हुआ है कि भारतीय घरों के औसत आकार में आई बढ़ोतरी बुजुर्ग सदस्यों की बढ़ी संख्या के कारण है न कि बच्चों की बढ़ी संख्या के कारण। कई कारणों से पहले भारत में एक व्यक्ति की औसत आयु इतनी कम हुआ करती थी कि संयुक्त घरों का बनना या लंबे समय तक उनका संयुक्त रहना जनांकिकीय (जनसांख्यिकीय) रूप से संभव नहीं था। चिकित्सा की सुविधाओं के बढ़ने एवं अन्य कारकों के कारण अब एक व्यक्ति की औसत आयु में काफी बढ़ोतरी हुई है। फलस्वरूप लंबे समय तक संयुक्त परिवार का बने रहना अब संभव हो गया है।

ए.एम. शाह का कहना है कि सामान्यतः घर का औसत आकार ग्रामीण इलाकों की तुलना में शहरों में छोटा रहा है, १९५१ से ही यह शहरी तथा ग्रामीण दोनों इलाकों में बढ़ रहा है परंतु शहरी समाज के एक वर्ग में ख़ासकर महानगरों में, छोटे आकार के नाभिकीय परिवार एवं घर एक संस्था के रूप में स्वीकृत हो रहे हैं। नाभिकीय परिवार पश्चिमीकरण से गुज़रता हुआ मध्यम वर्ग, पेशेवर वर्ग (प्रोफेशनल्स) तथा महानगरों में रहने वाली ऊँची जातियों तक सीमित है। महानगरों में रहने वाला मध्यमवर्ग भारतीय समाज का

आधुनिक एवं तेजी से विकसित होने वाला वर्ग है। यह पश्चिमी शैली के व्यक्तिवादी विचारधारा के सबसे अधिक प्रभाव में रहने वाला वर्ग है। इस वर्ग में बेटियों के प्रति उदार दृष्टिकोण विकसित हुआ है जिसके परिणामस्वरूप पुत्र का अभाव विशेष चिंता का विषय नहीं होता।

मध्यमवर्ग के पेशेवर लोगों ने छोटे परिवार के मूल्य को स्वीकार कर लिया है। फलस्वरूप, इस वर्ग ने एक या दो संतान के आदर्श को व्यवहार में लाना शुरू कर दिया है। विवाह के बाद बच्चे आवश्यक रूप से अपने माता-पिता के साथ संयुक्त निवास स्थान (घर) में नहीं रहते। इस वर्ग के लोगों में ज़्यादा उम्र में विवाह करने का चलन व्याप्त है एवं विवाह के बाद पुत्र तथा पुत्रवधू का कार्यस्थल माता-पिता के निवास स्थान से सामान्यतः काफी दूर हो सकता है। ये लोग संयुक्त परिवार के आदर्श को मानते हुए भी संयुक्त घरों में लंबे समय तक नहीं रह पाते हैं।

छोटे नाभिकीय घरों में निम्नलिखित विशेषताएँ पाई गई हैं –

१. छोटे आकार के घर सदस्यों को ज़्यादा स्वतंत्रता एवं स्वावलंबन प्रदान करते हैं।

२. ऐसे घरों में संयुक्त घरों की तुलना में व्यक्ति ज़्यादा उत्तरदायित्व महसूस करता है।

३. पेशेवर मध्यमवर्ग के लिए शहरी परिवेश में ऐसे घर आर्थिक रूप से ज़्यादा सुविधाजनक बन गए हैं।

४. समकालीन परिवेश में नाभिकीय घर संकट की स्थिति से निबटने में ज़्यादा अनुकूल पाए गए हैं। बीमा, बैंकिंग तथा चिकित्सालयों जैसी आधुनिक सुविधाओं ने संयुक्त परिवारों द्वारा दी जाने वाली पारम्परिक सुरक्षा एवं सुविधाओं को संपन्न पेशेवर वर्गों के लिए कम आकर्षक बना दिया है।

५. बच्चों के दृष्टिकोण से नाभिकीय घरों के लाभदायक और हानिदायक दोनों आयाम हैं। मनोवैज्ञानिकों एवं समाजवैज्ञानिकों ने बच्चों के विकास में दादा-दादी एवं अन्य वरिष्ठ संबंधियों की महत्त्वपूर्ण भूमिका को स्वीकार किया है। कभी-कभी नाभिकीय घरों में माता-पिता दोनों बाहर काम करते हैं। फलस्वरूप बच्चे काफी अकेलापन एवं चिंता महसूस करते हैं। उन्हें नौकरों, घर की देखभाल करने वालों, क्रीड़ा-विद्यालय एवं अन्य औपचारिक माध्यमों पर निर्भर रहना

पड़ता है। कई बार इसके चलते उन्हें भावनात्मक दबाव झेलना पड़ता है और उनका व्यक्तित्व भावनात्मक रूप से निरीह हो जाता है। परंतु अधिकांशतः बच्चे इन परिस्थितियों को झेलना सीख जाते हैं और उनमें स्वतंत्रता एवं व्यक्तिवाद की भावना विकसित हो जाती है।

ज़्यादातर भारतीय आज भी संयुक्त घरों में रहते हैं तथा संयुक्त परिवार का आदर्श आज भी कायम है। समकालीन दबाव में संयुक्तता का सांस्कृतिक भाव एवं सदस्यों के बीच भावनात्मक जुड़ाव कमजोर पड़ने लगा है। परिवार के मुखिया या कर्त्ता का नैतिक अधिकार भी कमज़ोर हो गया है। आजकल पारिवारिक निर्णय विचार-विनिमय या समझौते की एक प्रक्रिया के तहत होता है। भारतीय संसद ने परिवार के महिला सदस्यों के हितों की रक्षा के लिए कई विधेयक पास किए हैं। शिक्षा ने भी बच्चों तथा महिलाओं का सबलीकरण किया है। फलस्वरूप, संयुक्त परिवार के मूल्य, आदर्श एवं प्रथाएँ तेजी से बदल रही हैं। संयुक्त घरों को बदलते हुए मूल्यों एवं प्रथाओं के साथ अनुकूलन स्थापित करना पड़ रहा है। इन परिवर्तनों की छाया पिछले दो दशकों के सिनेमा एवं टेलिविज़न माध्यमों से देखने को मिल सकती है क्योंकि सिनेमा तथा टेलिविज़न के कार्यक्रमों ने आधुनिक संदर्भ में संयुक्त परिवार तथा घर के बदलते आयामों को अक्सर अपनी विषय-वस्तु बनाया है। कुल मिलाकर, संयुक्त परिवार तथा घर की संस्था में अनुकूलन स्थापित करने की दृष्टि से प्रकार्यात्मक परिवर्तन ज़्यादा हो रहे हैं । भारतीय समाज तथा संस्कृति का लचीलापन परिवाररूपी संस्था में आज भी देखने को मिलता है। संरचनात्मक दृष्टि से संयुक्त परिवार के आदर्श और संयुक्त घराने की उपयोगिता में ज़्यादा परिवर्तन नहीं हुआ है।

उनका तीसरा महत्त्वपूर्ण अध्ययन भारत की जाति-व्यवस्था के बारे में आई.पी. देसाई के साथ महत्त्वपूर्ण समाजशास्त्रीय संवाद के रूप में सामने आया। उनका चौथा महत्त्वपूर्ण काम भारत में ग्रामीण समुदाय की संरचना और इसमें होने वाले परिवर्तन के बारे में है, जिसमें उन्होंने जनगणना (सेन्सस) के दस्तावेज़ों एवं सरकारी रिपोर्ट का सहभागी अवलोकन के साथ-साथ रचनात्मक सदुपयोग किया। उनका अंतिम महत्त्वपूर्ण काम भारत के हिन्दू संप्रदायों (सेक्ट्स) के सहभागी अवलोकन एवं भारतीय धार्मिक साहित्य एवं धार्मिक संप्रदायों के बारे में उपलब्ध प्रामाणिक पारम्परिक एवं आधुनिक भाष्यों के संश्लेषण पर आधारित अपनी तरह का अकेला काम है। अपने सभी अध्ययनों में ए.एम. शाह ने फील्ड व्यू एवं बुक व्यू के संश्लेषण

का समुचित सदुपयोग किया है। लेकिन जहाँ भी दोनों दृष्टिकोणों में उन्हें अंतर्विरोध नज़र आया है, वहाँ उन्होंने फील्ड व्यू को ज़्यादा महत्त्व दिया है। श्रीनिवास की ही तरह ए.एम. शाह भी भारतीय समाज व्यवस्था को एक गतिशील समाज व्यवस्था मानते हैं। श्रीनिवास द्वारा विकसित संस्कृतीकरण, पश्चिमीकरण एवं प्रभु जाति की अवधारणा का उन्होंने अपने अध्ययनों में भरपूर इस्तेमाल किया है। श्रीनिवास का अध्ययन कर्नाटक के कुर्ग लोगों के बीच एवं रामपुरा गाँव के अलावा भारत सरकार के भारतीय सरकारी गजट पर आधारित था जबकि ए.एम. शाह ने अपने आरंभिक अध्ययन में गुजराती तथ्यों को आधार बनाया है। लेकिन ऐतिहासिक एवं जनगणना के दस्तावेज़ों का श्रीनिवास से भी ज़्यादा इस्तेमाल किया है। हिन्दू संप्रदाय के अध्ययनों में उन्होंने उत्तर भारत के अधिकांश जगहों से तथ्य संग्रह किया है। दक्षिण भारत के दस्तावेजों का भी सदुपयोग किया है। श्रीनिवास का ज़ोर १९७६ के बाद विश्लेषणात्मक लेख एवं सामान्यीकरण पर ज़्यादा रहा है। जबकि ए. एम. शाह का ज़ोर तथ्यात्मक विवरण एवं स्थानीय एवं विशिष्टता को उभारने पर भी ज़्यादा रहा है। चूँकि ए.एम. शाह खुलेआम श्रीनिवास को अपना गुरु एवं आदर्श मानते हैं। अतः उनके योगदानों की चर्चा श्रीनिवास के समाजशास्त्रीय संप्रदाय में एक प्रकार के संशोधनकर्त्ता एवं पूरक अध्ययन करके इस संप्रदाय के प्रतिष्ठाता के रूप में ज़्यादा रही है। उन्हें स्वतंत्र समाजशास्त्रीय चिंतक नहीं माना जाता। परंतु परिवार, संप्रदाय एवं ग्रामीण समुदाय के क्षेत्र में किए उनके अध्ययनों को भरपूर आदर एवं लोकप्रियता प्राप्त है।

३

मार्क्सवाद से प्रेरित एवं प्रभावित उपागम संप्रदाय

डी.डी. कोसाम्बी, ए.आर. देसाई एवं डी.पी. मुखर्जी

भारतीय समाजशास्त्र में ऐतिहासिक एवं मार्क्सवादी उपागम

भारतीय समाजशास्त्र में ऐतिहासिक उपागम की सबसे स्पष्ट अभिव्यक्ति ऐतिहासिक समाजशास्त्र में हुई है। सामाजिक समूहों, उनकी सर्जना, उनके अंतर्संबंधों एवं उनको सहारा देने वाली या कमज़ोर करने वाली परिस्थितियों के एक विशेष तुलनात्मक अध्ययन को ऐतिहासिक समाजशास्त्र कहते हैं। ऐतिहासिक समाजशास्त्र या समाजशास्त्र में ऐतिहासिक उपागम की सैद्धान्तिक स्थापनाएँ निम्न हैं:

(क) समाजशास्त्र विशेष रूप से ऐतिहासिक प्रक्रिया के रूप में उद्योगवाद के संक्रमण से संबंधित है।

(ख) समाजशास्त्र मानवीय साधन एवं सामान्य सामाजिक संरचना की गतिशील अंतःक्रिया को एक अमूर्त समस्या के रूप में नहीं, बल्कि विश्व इतिहास के आनुभविक मुद्दे के रूप में देखता है।

(ग) समाजशास्त्र सामाजिक परिप्रेक्ष्य में व्यक्तियों के जीवनवृत्तों में पाए जाने वाली स्वतंत्रता एवं प्रतिबंधों के प्रतिमानों से जुड़ा है।

ऐतिहासिक समाजशास्त्र सामाजिक घटना की संरचना की अपेक्षा विकास की ऐतिहासिक प्रक्रिया को महत्त्व देता है। समाजशास्त्र में ऐतिहासिक उपागम प्रमुखता से सामाजिक विकास की समस्याओं से संबंधित है विशेष

रूप से औद्योगीकरण की ऐतिहासिक प्रक्रियाओं, नगरीकरण, प्रजातंत्रीकरण और आधुनिकीकरण से। ऐतिहासिक उपागम को मार्क्सवादियों तथा वेबरवादियों दोनों ने अपनाया है।

भारतीय समाजशास्त्र में दो प्रकार के ऐतिहासिक उपागम पाए जाते हैं। जी.एस. घुर्ये और राधाकमल मुखर्जी की रचनाएँ ऐतिहासिक दृष्टि से संपन्न हैं परन्तु सामान्यतया इन्हें भारत विद्यात्मक या संस्कृतिशास्त्रीय माना जाता है। कई समाजशास्त्रियों के अनुसार भारत विद्यात्मक उपागम मूलतः संस्कृति से संबंधित है न कि सामाजिक संरचना से। दूसरी ओर ऐतिहासिक उपागम सामाजिक संरचना और इसके गतिशील पक्षों पर ज़्यादा ज़ोर देता है। इसी कारण मार्क्सवादी समाजशास्त्रियों ने अन्य उपागमों के मुकाबले इसे ज़्यादा पसंद किया है। भारतीय समाजशास्त्र में ऐतिहासिक उपागम द्वंद्वात्मक उपागम के रूप में भी जाना जाता है। परन्तु ध्यान देने योग्य बात यह है कि जी. एस. घुर्ये तथा राधाकमल मुखर्जी जैसे कई समाजशास्त्रियों ने एक ही समय में एक से ज़्यादा पद्धतियों या उपागमों का प्रयोग किया है।

डी.पी. मुखर्जी ने एक विशिष्ट मार्क्सवादी विश्लेषण को भारतविद्याविज्ञों द्वारा प्रयुक्त भारतीय परम्परा की अवधारणा के साथ समन्वित करने का प्रयास किया था। उन्होंने अपने उपागम को मार्क्सवादी न कह कर मार्क्सोलोजिकल उपागम (मार्क्सवादशास्त्रीय) जैसा नया नाम दिया। उन्होंने संरचना, वर्ग-संघर्ष एवं समाजवादी समाज का प्रतिरूप जैसी श्रेणियों का उपयोग भारत की ऐतिहासिक सामाजिक प्रक्रियाओं के अध्ययन में किया। इस संदर्भगत ढाँचे को लेकर उन्होंने कोई आनुभविक अध्ययन नहीं किया। भारतीय संस्कृति के सामान्य ऐतिहासिक विकास तथा विशेष रूप से मध्यमवर्ग के ऐतिहासिक विकास के बारे में किया गया उनका विश्लेषण आज भी लोकप्रिय है।

रामकृष्ण मुखर्जी ने द्वंद्वात्मक प्रारूप के आधार पर व्यवस्थित रूप से ऐतिहासिक तथा आनुभविक अध्ययन किए हैं। भारतवर्ष में उपनिवेशवाद के संस्थाकरण के आर्थिक और सामाजिक इतिहास के प्रति रामकृष्ण मुखर्जी की कृति *राइज़ एंड फॉल ऑफ़ द ईस्ट इंडिया कंपनी* एक देन है। उन्होंने ईस्ट इंडिया कंपनी की आर्थिक नीतियों, सामंतवाद के पतन की प्रक्रिया तथा भारत में नये मध्यमवर्ग के उत्थान पर अपना ध्यान केन्द्रित किया है। अपनी पुस्तक *द डायनेमिक्स ऑफ़ रूरल सोसाइटी* में उन्होंने उच्च जातियों तथा भूस्वामियों के बीच साझेदारी एवं ग्रामीण वर्ग संरचनाओं में हो रहे परिवर्तनों को समझने का प्रयास किया है। अपने अध्ययन में उन्होंने ग्रामीण बंगाल में सामाजिक

एवं आर्थिक परिवर्तनों के बीच संबंधों की व्याख्या की है। बाद के दिनों में उन्होंने अपने समाजशास्त्रीय अध्ययन के दृष्टिकोण में परिवर्तन किया और कहा कि इतिहास तथा द्वंद्वात्मकता की प्रासंगिकता केवल अध्ययन समस्या के निर्माण तक सीमित है। इसके परीक्षण तथा पुनः परीक्षण जैसे तार्किक सिद्धान्त स्वतंत्र रूप से प्रभावी हो जाते हैं। इसी कारण उन्होंने भारत में आगमनात्मक समाजशास्त्र की वकालत की।

ए.आर. देसाई भारत में एकमात्र महत्त्वपूर्ण समाजशास्त्री हैं, जो अपने समाजशास्त्रीय अध्ययनों में निरंतर द्वंद्वात्मक ऐतिहासिक उपागम का प्रयोग करते रहे। राष्ट्रवाद, ग्रामीण सामाजिक संरचना, नगरीय मलिन बस्तियाँ, राज्य की संरचना एवं भारत में नीति संबंधी एवं भारतीय समाज में सामाजिक प्रक्रिया संबंधी अपने विश्लेषणों में देसाई ने भारतीय समाज के अंतर्विरोधों, गतिरोधों को व्यवस्थित रूप से दर्शाया है। देसाई के अनुसार आधुनिक भारतीय समाज और राज्य की नींव वर्ग हितों के ध्रुवीकरण पर टिकी है जिसमें पूंजीपति वर्ग के विरुद्ध खेतिहर मज़दूरों के हितों का टकराव है।

बी.एस. कोन ने पूर्वी उत्तर प्रदेश की अनुसूचित जाति की परिवार संरचना तथा भारतीय सभ्यता के ऐतिहासिक आयाम का अध्ययन ग़ैरमार्क्सवादी ऐतिहासिक उपागम से किया है। डेनियल थॉर्नर एवं पी.सी. जोशी ने कृषक संरचना एवं भूमि सुधार का मार्क्सवादी ऐतिहासिक उपागम के आधार पर अध्ययन किया है। कैथलिन गॅफ द्वारा तमिलनाडु एवं डी.एन. धनाग्रे द्वारा भारत में किसान आंदोलन का अध्ययन भारतीय समाजशास्त्र में ऐतिहासिक उपागम के अन्य प्रमुख उदाहरण हैं।

भारतीय समाजशास्त्र में ऐतिहासिक उपागम अपेक्षाकृत कम विकसित है। यह एक एकीकृत सैद्धांतिक उपागम को प्रस्तुत नहीं करता है और आवश्यकता इस बात की है कि एक व्यवस्थित संस्थाकृत ऐतिहासिक समाजशास्त्र की आनुभविक परम्परा स्थापित हो। परम्परा में प्रतीकात्मक व्यवस्थाओं की उपेक्षा, औपचारिकवाद, अर्थवाद आदि भारतीय समाजशास्त्र में ऐतिहासिक उपागम की मुख्य सीमाएँ हैं। उपागम की शक्ति, संघर्ष, अंतर्विरोध, शोषण एवं परिवर्तन के ऐतिहासिक आयामों के विश्लेषण में निहित है।

डी.डी. कोसाम्बी : द्वंद्वात्मक भौतिकवादी उपागम

डी.डी. कोसाम्बी भारत में मार्क्सवादी इतिहास लेखन के पिता माने जाते हैं। *एन इंट्रोडक्शन टु दि स्टडी ऑफ़् इंडियन हिस्ट्री* (१९५६), *मिथ एंड रियेलिटी*

(१९६२), *दि कल्चर एंड सिविलाईज़ेशन* (१९६५), *कम्बाइंड मेथड्स इन इंडोलॉजी* (१९७४) समाजशास्त्रीय दृष्टि से महत्त्वपूर्ण कृतियाँ हैं। राष्ट्रवादी समाजविज्ञान के वे प्रबल विरोधी थे। उनका कहना था कि भारत में समाजविज्ञान देशीकरण की तरंगों से आप्लावित है। समाजशास्त्र और सामाजिक मानवशास्त्र का शिक्षण भी इस प्रवृति का अपवाद नहीं है। वैकल्पिक वैचारिक उपागमों और सैद्धांतिक साधनों की खोज में, लगता है, मानव आयातित उपागमों और सिद्धांतों के प्रति विदेशी-विद्वेष को बढ़ावा दिया गया है। तथापि, द्वंद्वात्मक भौतिकवाद और वर्ग विश्लेषण, जो कि मार्क्सवादी वैचारिक परम्परा से संबंधित हैं, ने सामान्यतः भारतीय बुद्धिजीवी वर्ग में एवं ख़ासकर समाजविज्ञानियों में विरोध को काफी मुखरित किया है। यह विरोध, संभवतः, मार्क्सवादियों एवं साम्यवादियों के बीच पूर्व के संबंध के कारण भी है क्योंकि भारत में एक मार्क्सवादी सामान्यतः भारतीय कम्युनिस्ट पार्टी का सदस्य भी होता है। डी. डी. कोसाम्बी के बुद्धिमत्तापूर्ण कार्यों के प्रति उपेक्षा की इसके सिवाय, अन्यथा व्याख्या नहीं की जा सकती है।

भारतीय इतिहास में, कोसाम्बी के अध्ययन के प्रति आकर्षण को बॉम्बे विश्वविद्यालय में कोसाम्बी के नाम पर भाषणमाला के प्रस्तुतीकरण, एवं कोसाम्बी के लेखों के संग्रह के पूना में प्रकाशन से भी समझा जा सकता है।

जैसी कि यह एक सामान्य धारणा है, वैज्ञानिक चिंतन एवं ज्ञान में कोई भी क्रांति केवल डेटा संग्रह से ही नहीं आती वरन् उपागम में परिवर्तन के द्वारा आती है। प्रश्नों के प्रकार, जो एक व्याख्याकार उठाता है, अथवा परिकल्पनाएँ, जो वह गढ़ता है महत्त्वपूर्ण हैं। मार्ग से हटकर सूत्रीकरण, जिसमें भारतीय इतिहास में प्रचलित उपागमों में मुख्य बदलाव किए, कोसाम्बी की उपलब्धियों को दर्शाते हैं।

इस पेपर का उद्देश्य विज्ञान और इतिहास पर कोसाम्बी के विचारों, द्वंद्वात्मक भौतिकवाद पर उनकी समझ और भारतीय समाज, इसकी संरचना, एवं ऐतिहासिक गत्यात्मकता पर उनकी इस समझ को लागू करने के गंभीर प्रयास को एक साथ रखना है। यह प्रयास संकलित करने के रूप में ज़्यादा है बनिस्बत कि मूल्यांकित करने के अर्थ में। इसका प्रथम भाग विज्ञान और इतिहास पर कोसाम्बी के विचारों से संबंधित है। द्वितीय भाग भारतीय समाज, इसकी संरचना और ऐतिहासिक विकास के घटनास्थलों की व्याख्या से संबंधित है। तीसरा भाग, सामाजिक व्याख्या के प्रति, कोसाम्बी के मुख्य योगदान से संबंधित है।

(१) कोसाम्बी ने विज्ञान एवं समाज को परस्पर पूरी तरह एक-दूसरे से संबंधित माना है। उनके लिए यह कथन सामाजिक इतिहास के लिए उतना ही सही है जितना कि विज्ञान के रूप में मार्क्सवाद के लिए। बड़े अनुसंधानकर्त्ता और अनुसंधान अपने सामाजिक वातावरण एवं सामाजिक परिप्रेक्ष्य से अलग नहीं किए जा सकते। सामाजिक इतिहास को समझने के लिये, कोसाम्बी ने बड़े अनुसंधानकर्त्ताओं एवं उनके सामाजिक वातावरण के बीच के मूल संबंधों पर ज़ोर दिया। कट्टरपंथियों ने इतिहास को – ख़ासकर विज्ञान के इतिहास को – बड़े मनुष्यों की व्यक्तिगत उपलब्धि माना। मार्क्सवादी परम्परा, तथापि, इस पर ज़ोर देती है कि बड़ा मनुष्य वह है, जो अपने समय की गहरी और अनुलिखित सामाजिक जरूरतों को पूरा करने का कोई रास्ता ढूँढ़ लेता है। इसलिए कोसाम्बी कहते हैं कि कोई भी मार्क्सवादी जिस सामाजिक व्यवस्था में वह कार्य करता है उस सामाजिक व्यवस्था से विज्ञान को स्वतंत्र नहीं मान सकता है।

यदि मार्क्सवाद को विज्ञान के रूप में मानना है तो यह अवश्य ही स्वीकार किया जाना चाहिए कि व्याख्या करने का प्रभेदक तरीका ही द्वंद्वात्मक भौतिकवाद का तरीका है। कोसाम्बी के अनुसार, मानवीय चेतना अपने आप में एक भौतिक प्रक्रिया है। कोसाम्बी कहते हैं कि भाव, प्रारंभिक तथ्य होने के विपरीत, मानवीय चेतना के भौतिक प्रक्रियाओं और परिवर्तनों का प्रतिबिम्ब मात्र हैं। इस प्रकार, भौतिकवाद एक सम्पूर्ण दर्शन और इतिहास का सुसंगत सिद्धांत है। मूल धारणा जो मार्क्सवादी संरचना को रचती है। वह कोसाम्बी द्वारा स्पष्ट की गई है। कोसाम्बी कहते हैं कि पदार्थ अपने आप में जड नहीं है, बल्कि पारस्परिक क्रिया और परिवर्तन की लगातार अवस्था में है और यह प्रक्रियाओं का समूह है तथा वातावरण के साथ अन्योन्य क्रिया के अंतहीन गुणों को प्रकाशित करता है।

मनुष्य रोटी के बिना नहीं जी सकता है। रिश्तेदारी उतना आवश्यक संबंध नहीं है जितना कि उत्पादन संबंध है। वह तरीका जिसके द्वारा अंतिम उपभोक्ता के पास अतिरिक्त उत्पादन जाता है, अंततः समाज के स्वरूप को निर्धारित करता है। इस तरह, कोसाम्बी ने इतिहास के विशुद्ध भौतिकवादी पुनर्निर्माण को पसंद किया है। कोसाम्बी पाखण्ड, अकुशलता और हठधर्मिता के प्रति असहनशील थे। ऐतिहासिक अन्वेषण हेतु संस्कृत ग्रंथों को सर्वोत्तम साधन मानने

की एस.ए. डांगे द्वारा मान्य स्वीकृति का कोसाम्बी ने घोर विरोध किया है। श्रीपाद अमृत डांगे द्वारा ब्राह्मण को आर्य समुदाय और यज्ञ को उत्पादन का साधन मानने को कोसाम्बी ने हिकारत की दृष्टि से देखा है। वर्ण-व्यवस्था और जाति प्रथा को कोसाम्बी भारत की दासता का कारण मानते हैं।

(२) भारतीय समाज और इसके ऐतिहासिक विकास को समझने के लिए कोसाम्बी ने पुरातन भारत की आदिवासी संरचना का, जाति संरचना में बदलना मूल कारक माना है। इस परिर्वतन का मुख्य कारक उत्पादन की प्रणाली में खेती का प्रवेश है, जिससे स्थापित गाँवों के समूह में, अतिरिक्त उत्पादन के कारण, पुरोहित वर्ग के लिए लाभ बना। जाति प्रणाली भारतीय समाज की संरचना में अत्यंत महत्त्वपूर्ण बनी और जो आज भी है।

कोसाम्बी के आकलन के अनुसार समकालीन हिन्दुत्व के मुख्य लक्षण भारत में मुस्लिम घुसपैठ के बाद विकसित हुए। अतः वर्तमान हिन्दुत्व वैदिक कालीन आर्यों के धर्म से गुणात्मक रूप से अलग है। वर्तमान हिन्दुत्व, जाति प्रथा के साथ, न केवल इस्लाम और ईसाईयत के बीच जीवित रहा, बल्कि सदियों तक बुद्धिज़्म द्वारा पूरी तरह परिवर्तित भी रहा। यह अत्यंत महत्त्वपूर्ण है कि हिन्दुत्व ने न केवल सुदूर भूतकाल के बुद्धिज़्म के प्रहार को ही झेला, वरन हाल के ईसाईयत के प्रहार को भी सह लिया।

मार्क्सवादियों के अनुसार उत्पादन का सामंती तरीका ऐतिहासिक विकास का एक मात्र पड़ाव है, जिसे कोसाम्बी ने भारत के परिप्रेक्ष्य में स्वीकार किया। भारतीय सामंतवाद और यूरोपीय सामंतवाद में तीन मुख्य विशेषताओं – दासता की वृद्धि, शिल्पी संघ का अभाव, एवं संगठित चर्च का अभाव – का उल्लेख किया।

यद्यपि कोसाम्बी की टिप्पणियाँ भारत में सामाजिक विकास के पूँजीवादी रंगमंच पर काफी हद तक सही हैं, पूँजीवादी पक्ष बाद में कठिन वैज्ञानिक सिद्धांतों से काफी दूर चला जाता है।

(३) कोसाम्बी की मौलिकता उसके तीन योगदानों में परिलक्षित होती है। प्रथम, निश्चयात्मक अनुभववादी अन्तरात्मा जटिल सामाजिक तथ्यों के प्रति ठोस समझ बनाने के लिए अत्यावश्यक है। द्वितीय, मार्क्सवादी द्वंद्वात्मक भौतिकवाद इतिहास के एक सामान्य सिद्धांत

> एवं दर्शन के रूप में, निर्विवाद रूप से, एक उपयोगी उपागम है, जो सामाजिक विकास की विस्तृत व्याख्या करने में समर्थ है। तृतीय, न तो भारतीय धर्म ग्रंथ और न ही मार्क्सवाद, परमपावन यानी कि अलंघनीय है।

ये सभी बिंदु भारतीय समाजशास्त्रियों एवं सामाजिक मानवशास्त्रियों के गंभीर ध्यान को आकृष्ट करते हैं।

ए.आर. देसाई

भारत के मार्क्सवादी समाजशास्त्रियों में डॉ. ए. आर. देसाई का नाम प्रमुख है। विशेषकर ग्रामीण भारत की सामाजिक, आर्थिक, सांस्कृतिक संरचना एवं व्यवस्थाओं एवं उनमें हो रहे परिवर्तनों पर उनका अध्ययन अत्यंत महत्त्वपूर्ण माना जाता है। उन्होंने भारतीय ग्रामीण समाज पर काफी अन्वेषणात्मक सामग्री उपलब्ध कराई है। यह सामग्री समाजशास्त्र की अमूल्य निधि है। डॉ. देसाई की *सोशल बैकग्राउन्ड ऑफ् इंडियन नेशनलिज्म, रूरल सोशियोलोजी इन इंडिया* तथा *रूरल इंडिया इन ट्रांजिशन* काफी लोकप्रिय कृतियाँ हैं। इन्होंने ग्रामीण समाजशास्त्र को एक महत्त्वपूर्ण मार्गदर्शक के रूप में देखा है। इनका मत है कि ग्रामीण समाजशास्त्र विशेषकर ग्रामीण कार्यकर्ताओं को ग्रामीण क्षेत्र में व्याप्त बुराइयों एवं रोगों के निदान में सहयोग दे सकता है। उन्हें ग्रामीण समस्याओं को समझने एवं उन्हें दूर करने के लिए सही कार्यक्रम बनाने की समझ प्रदान करता है। डॉ. देसाई के अनुसार अगर ग्रामीण कार्यकर्त्ता ग्रामीण समाजशास्त्र से अनभिज्ञ रहेंगे तो वे कभी भी ग्रामीण समस्याओं का सही एवं वैज्ञानिक हल नहीं ढूँढ पाएंगे। देसाई के अनुसार वर्तमान में ग्रामीण समाजों में अनेक परिवर्तन घटित हुए हैं। समाज की प्रकृति में भी परिवर्तन आया है, जिसे ग्रामीण कार्यकर्त्ताओं एवं समाजशास्त्रियों को समझना चाहिए। वर्तमान समाज की बुराइयाँ उसके स्वयं की आंतरिक संरचना के दोषों के कारण उत्पन्न हुई हैं, जिनका हल अपने समाज में निहित साधनों द्वारा ही किया जाना चाहिए। ग्रामीण पुनर्निर्माण के कार्यक्रम ग्रामीण समाजों में पाई जाने वाली वास्तविक दशाओं और प्रवृत्तियों का समाजशास्त्रीय विश्लेषण करके ही तैयार किए जाने चाहिए। उनका कहना है कि सामाजिक कार्यक्रम और उनके अनुसार आरंभ किए गए सामाजिक कार्य वैज्ञानिक सामाजिक सिद्धांत पर आधारित होंगे और उनसे ही उनका पथ-प्रदर्शन होगा, तभी वे सफल हो सकते हैं।

ग्रामीण संयुक्त परिवार में भारत के संदर्भ में चर्चा करते हुए देसाई ने कहा है कि अब ग्रामीण परिवार देश की परम्परागत व्यवस्था के अनुसार

संयुक्त नहीं है, संयुक्त परिवार से अलग होने तथा पृथक् घर बसा कर रहने की प्रवृत्ति प्रबल होती जा रही है। उन्होंने अपने अध्ययनों के द्वारा ये स्पष्ट किया कि वर्तमान ग्रामीण संयुक्त परिवार में निम्नांकित परिवर्तन दृष्टिगोचर हो रहे हैं। अपने प्रसिद्ध लेख "भारतीय समाज को समझाने में मार्क्सवादी उपागम की प्रासंगिकता" (१९८१) में देसाई ने लिखा है कि भारतीय समाज के लिए लाभदायक और प्रासंगिक शोध के लिए मार्क्स का उपागम यदि सावधानीपूर्वक लागू किया जाए तो एक वैकल्पिक तरीका हो सकता है। मार्क्स के कुछ तरीकों एवं ए.आर. देसाई के तरीकों पर आधारित अध्ययन के आधार पर, जैसा कि देसाई का कहना है, मार्क्स के उपागम का प्रयोग बहुत ही सटीक ढाँचा है जो भारतीय समाज और इसकी प्रणालियों के परिवर्तन को सही तरीके से बोधगम्य बना सकता है। देसाई कहते हैं कि मार्क्स का तरीका संबंधित प्रश्नों को उछालने में, सही दिशा में शोध करने में ज़रूरी एवं पर्याप्त परिकल्पनाओं को गढ़ने में, सही अवधारणाओं को विकसित करने में, उचित शोध प्रणालियों को जोड़ने एवं अपनाने में और मुख्य निहितार्थों के साथ रूपांतरण की केंद्रीय प्रवृत्तियों को इंगित करने में सहायता कर सकता है। देसाई के अनुसार मार्क्स का तरीका उन कारणों की व्याख्या करने में सहायता कर सकता है कि क्यों प्रथम और तीसरी दुनिया के देशों के बुर्जुआ समाजों में उन कार्य–व्यवहारों को साधने के लिए शैक्षणिक संस्थाओं की स्थापना हुई साथ ही मार्क्स के प्रतिमान के प्रति क्योंकर अनिच्छा की प्रवृत्ति हुई। देसाई अपनी असमर्थताओं का भी बहुत ही साफगोई से ज़िक्र करते हैं। वे कहते हैं कि उनके लिए यह संभव नहीं है कि वे सत्तामूलक, ज्ञानमूलक एवं अन्तर्निहित अन्य मान्यताओं, जो मार्क्स के प्रतिमान को निर्मित करते हैं, को बता सकें। उनके लिए यह भी संभव नहीं है कि मार्क्स के प्रतिमान में प्रस्तुत अवधारणाओं के वैचारिक रूपों को सविस्तार प्रतिपादित करने, ख़ास क्षेत्र के अध्ययन के लिए महत्त्वपूर्ण घटनाओं की श्रेणियों, विभिन्न क्षेत्रों में प्रायोजित गम्भीर परिकल्पनाओं, खास परस्पर संबंधों की समस्याओं, तत्त्वों और रूपों के वैशिष्ट्य और इनके संबंधों की व्याख्या करने में समर्थ हो सकें। यह भी संभव नहीं है कि सदियों तक उपयुक्त, पृथक् अस्तित्व के रूप में मानव जाति से संबंधित कानून के समान प्रस्तावों को प्रतिपादित करने की व्याख्या कर सकें, और न तो यही संभव है कि समाजशास्त्रीय सामान्यीकरण जो सभी वर्ग समूहों और कैपिटलिस्ट समाजों में लागू ख़ास कानूनों की व्याख्या कर सकें। साथ ही यह भी संभव नहीं है कि मार्क्स के प्रतिमानों में समाहित परिवर्तन की प्रणाली को समझने वाली अन्तर्दृष्टि की व्याख्या कर सकें।

ए.आर. देसाई कामना करते हैं कि भारत में समाजशास्त्र के कर्ता-धर्ता मार्क्सिस्ट प्रतिमान के विभिन्न पहलुओं को सुस्पष्ट करने वाले विशद् साहित्य को पढ़ने के वातावरण को निर्मित करें एवं इन विशद् एवं प्रभावशाली तरीकों के प्रति एलर्जी का भेद न करें। भारत में अर्थपूर्ण और सार्थक शोध के लिए भी यह आवश्यक है। वे कहते हैं कि मार्क्सवादी प्रतिमानों, जो भारतीय समाज में बदलावों के प्रकार की व्याख्या करने में उपयुक्त हैं, को सुस्पष्ट करेंगे।

किसी समाज और उसके परिवर्तनों को समझने के लिए मार्क्सवादी उपागम इस रूप में विशिष्ट है कि यह मनुष्य के द्वारा किए गए जीवनदायी, मूल और प्राथमिक कार्यों के सामाजिक पहलू के अन्वेषण को प्रारंभ करने की आवश्यकता पर बल देता है। उदाहरणार्थ उत्पादन के साधनों द्वारा उत्पादन, मनुष्य जाति की उत्तरजीविता और जीवन के लिए आवश्यक उत्पादों को प्रकृति से हासिल करने और निर्मित करने के अन्वेषण पर बल देना। मार्क्स के शब्दों में ''मनुष्य विवेक, धर्म और इसी तरह की अन्य वस्तु द्वारा जानवर से पृथक् किया जा सकता है। जैसे ही वे जीविका के साधन को उत्पादित करने लगते हैं, वे अपने को जानवर से पृथक् करने लग जाते हैं। अपनी जीविका के साधनों को उत्पादित करने के क्रम में मनुष्य अपना वास्तविक भौतिक जीवन प्रारंभ करता है। वह तरीका, जिसमें मनुष्य अपनी जीविका का साधन उत्पादित करता है, वह प्रथमतः, प्रस्तुत साधनों की प्रकृति पर निर्भर करता है, जिसे उन्हें पुनः उत्पादित करना है। उत्पादन के तरीकों को व्यक्ति के केवल पार्थिव अस्तित्व के पुनःउत्थान के रूप में नहीं समझना चाहिए। यह इन व्यक्तियों के क्रिया-कलाप का निश्चित रूप है – अपने जीवन को अभिव्यक्त करने का निश्चित तरीका, एक निश्चित जीवन शैली। मनुष्य वही है, जिस तरह वह अपने जीवन को अभिव्यक्त करता है। वह क्या है? यह उनके उत्पादन, वे क्या उत्पादित करते हैं और वे कितना उत्पादित करते हैं, के अनुरूप है। व्यक्ति क्या हैं, यह उनके उत्पादन की भौतिक अवस्था पर निर्भर करता है। इतिहास की यह अवधारणा, इस प्रकार, उत्पादन के वास्तविक तरीकों के प्रतिपादन पर निर्भर करती है – जीवन के साधारण भौतिक उत्पादन से प्रारंभ और उत्पादन के तरीकों के समावेश पर, यानी कि सभ्य समाज और उसके विभिन्न सोपान, जो कि इतिहास के आधार हैं, उन पर।

''इतिहास की सम्पूर्ण पूर्ववर्ती अवधारणाओं में या तो पूर्ण रूप से इतिहास के इस वास्तविक आधार की अवहेलना की गई है अथवा इतिहास के साथ इसके संबंध को गौण मामला माना गया है। हमें सभी मानवीय अरितत्व के पूर्वकल्पित अनुमानों को इंगित करते हुए प्रारंभ करना चाहिए

और इसीलिए, मनुष्य को इस अवस्था में जीना चाहिए कि वह इतिहास बना सके। जीवन खाने, पीने, रहने, पहनने और अन्य वस्तुओं के इर्द-गिर्द घूमता है। इसी कारण, प्रथम ऐतिहासिक कार्य भौतिक जीवन का उत्पादन है। यह वास्तव में ऐतिहासिक कार्य है, सभी इतिहास की यह मौलिक अवस्था है, जो हज़ारों वर्ष पूर्व की तरह आज भी प्रत्येक दिन और प्रत्येक घड़ी मनुष्य जीवन की रक्षा के लिए पूरा किया जाना चाहिए।'' और मार्क्स इस बात पर ज़ोर देते हैं ''इसी कारण, प्रथम आवश्यकता है इस मूल तथ्य को इसके पूरे महत्त्व और इसके सभी निहितार्थ में देखा जाए तथा इसे पूरा महत्त्व दिया जाए।''

मार्क्सवादी उपागम इस बात की माँग करता है कि सामाजिक वास्तविकता, उत्पादन के साधन की प्रकृति, उत्पादन के साधनों के संचालन में श्रम के आर्थिक तकनीकी विभाजन और उत्पादन के सामाजिक संबंध अथवा, जिसे संक्षेप में, संपत्ति का संबंध कह सकते हैं, को समझने का प्रयास किया जाए। मार्क्सवादी उपागम सम्पत्ति संबंध को महत्त्वपूर्ण मानता है क्योंकि ये उद्देश्य, प्रकृति, नियंत्रण, दिशा और लक्ष्य को स्वरूप प्रदान करते हैं। इसके आगे सम्पत्ति संबंध उन मानदंडों को निर्धारित करते हैं कि कौन कितना पाएगा और किस आधार पर? रॉबिन ब्लैकबर्न ने सही ही बताया है कि जो किसी समाज की विशिष्टता की व्याख्या करता है, वह इसका सम्पत्ति तंत्र है। स्वतंत्र भारत के समाज को समझने का मार्क्सवादी उपागम खास प्रकृति के सम्पत्ति संबंधों पर प्रकाश डालेगा, जो स्वतंत्रता के समय अस्तित्व में थे और जो राज्य के द्वारा परिष्कृत किए जा रहे हैं और वास्तविक नीतियों को लागू किया जा रहा है ताकि भारतीय समाज को धनी और उन्नत समाज बनाया जा सके।

सामान्य रूप से यह विश्वास किया जाता है कि मार्क्सवाद एक निष्कपट आर्थिक नियतिवाद है अथवा यह आर्थिक तत्त्वों को मनुष्य जीवन के सभी पहलुओं को निर्धारित करने वाला एकमात्र तत्त्व है।

मार्क्सवादी उपागम में समाजविज्ञान व्यापक अर्थों में ग्रहण किया गया है और शैक्षणिक सीमा में नहीं बंधा हुआ है। संक्षेप में, मार्क्सवादी उपागम सम्पत्ति संरचना को समाज की व्याख्या करने में केंद्रीय महत्त्व देता है। पिछले ६४ वर्षों के अन्दर भारतीय समाज पिछड़ापन, गरीबी, असमानता को मिटाने और उन्नत समाज के रूप में बदलने के लिए गंभीर प्रयास कर रहा है। स्वतंत्र भारत का संविधान आर्थिक, राजनीतिक, सामाजिक और सांस्कृतिक मानदंडों एवं मूल्यों की मुख्य रूपरेखा तय करता है, जिससे कि उभरती सामाजिक व्यवस्था को आकार दिया जा सके।

गत चौंसठ वर्षों के दौरान विकास से संबंधित विभिन्न तरीकों से प्राप्त विशाल सूचना की जाँच-पड़ताल कुछ निश्चित प्रवृत्तियों को अभिव्यक्त करती है :-

१. चौंसठ वर्षों के विकास के बावजूद, भारत दुनिया में जी. एन. पी. और प्रति व्यक्ति आय दोनों लिहाज से अत्यंत गरीब देश है।

२. भारत की आबादी गरीब है और अत्यंत असमानता से पीड़ित है। धन और आय की असमानता बढ़ रही है। सामजिक और शैक्षिक अवसरों के मामले में भी यही सच है। जाति प्रथा के संदर्भ में असमानता और भी तीखी और दुखदायी है।

३. भारत सरकार के योजना आयोग की एक रिपोर्ट के अनुसार २००६ के मूल्य सूचकांक के अनुसार मई २०११ में करीब ३७.२ प्रतिशत लोग गरीबी रेखा से नीचे जी रहे हैं। इन अध्ययनों से स्पष्ट होता है कि विकास का तरीका गरीबी की समस्या को सम्पूर्ण परिप्रेक्ष्य में और बिगाड़ ही रहा है।

४. एकत्रित प्रमाण, उच्च वर्गों में आय के जमाव की ओर इंगित करते हैं। सम्पत्ति के एकत्रीकरण में भी असमानता की वृद्धि परिलक्षित होती है। ग्रामीण भारत में ज़मीन और अन्य परिसम्पत्तियों के मालिकाना हक साथ ही साथ पूंजी, आय और घर के मालिकाना हक के मामले में भी यह सत्य प्रतीत होता है।

५. मोनोपॉलिज़ से संबंधित अध्ययन स्पष्ट करते हैं कि सम्पत्ति, साधन और आय का एकत्रीकरण पूंजीवादी ग्रुपों में भी तेजी से बढ़ रहा है।

६. उच्चतर कैपिटल नियोजन के साथ शक्तिचालित लघु उद्योग ग्रामीण कलाकारों और हथकरघा उद्योग की कीमत पर बढ़ रहे हैं।

७. भूमि के जोतों और अन्य सम्पत्तियों के एक छोटे अल्पसंख्यक ज़मीन मालिक और धनी किसान के हाथ में जमा होना नीचे स्तर पर सर्वहारा और गरीब वर्ग के स्वतंत्रता के पश्चात, उद्भव की ओर इशारा करता है।

८. बेरोज़गारी बहुत ही तीव्र गति से बढ़ी है। बेरोज़गारी की यह संख्या गरीबी और असमानता की घातक वृद्धि को सूचित करती है।

९. महिलाओं, अनुसूचित जातियों तथा अनुसूचित जनजातियों से संबंधित अध्ययनों से आर्थिक स्थिति में और गिरावट और बढ़ता सामाजिक उत्पीड़न स्पष्ट होता है।

१०. शैक्षणिक अवसर उन्हीं को प्राप्त है, जो उन्हें खरीदने में सक्षम हैं। यह देश में सामाजिक असमानता को बढ़ाता है।

११. शहरीकरण पर अध्ययन यह इंगित करते हैं कि शहरी सामाजिक सांस्कृतिक प्रतिमान एक छोटा अल्पसंख्यक और धनी वर्ग, अधिसंख्य वर्ग की कीमत पर, शहरी सुविधाओं का अधिकतर हिस्सा अधिकृत कर लेता है।

१२. अध्ययन यह स्पष्ट करते हैं कि जनता के बढ़ते हुए असंतोष और दावों के बीच राज्य अपनी कल्याणकारी गतिविधियों को लगातार कम करते जा रहे हैं और दमनकारी गतिविधियां बढ़ा रहे हैं। राज्य उन साधनों को अपना रहे हैं, जो नागरिक स्वतंत्रताओं और लोकतांत्रिक अधिकारों को तीव्र गति से कम कर रहे हैं।

उपर्युक्त घटनाएँ स्पष्ट करती हैं कि राज्य बुर्जुआ अथवा मध्यवर्गीय समाज के सम्पत्ति आदर्श को विकास की धुरी के रूप में अपना चुके हैं।

देश के शासकों द्वारा सुरक्षा और सम्मान के लिए औचित्य स्थापित करने के लिए समाजशास्त्र के कर्ता-धर्ताओं को गंभीर बौद्धिक और धार्मिक द्वन्द्व का सामना करना पड़ेगा। अन्यथा उन परिस्थितियों को पैदा करना होगा, जो विकास के बुर्जुआ मार्ग के विपरीत मार्ग की खोज कर सकें और विशाल श्रमिक आबादी के लिए समान वितरण को सुनिश्चित कर सकें।

वर्ग व्यवस्था

सामाजिक वर्ग सामाजिक स्तरीकरण का वह प्रकार है जो सबसे अधिक औद्योगिक समाजों में देखने को मिलता है। उपनिवेशीकरण के कारण आज वर्ग ऐसे समाजों में भी देखने को मिलते हैं जहाँ औद्योगिक विकास नहीं हुआ है। वर्ग की न तो कोई कानूनी परिभाषा होती है और न ही धर्म द्वारा इसे स्वीकृति प्राप्त है। सामाजिक वर्ग सामान्यतः ऐसे लोगों का समूह है, जो धन, आय, व्यवसाय एवं शिक्षा जैसे कारकों के आधार पर एक श्रेणी के अंतर्गत आते हैं। एक वर्ग दूसरे वर्ग से आर्थिक-राजनैतिक दृष्टि से असमान होता है। वर्ग स्तरीकरण की वह व्यवस्था है, जिसमें एक व्यक्ति की सामाजिक प्रस्थिति उसके द्वारा अर्जित की जाती है। यह व्यक्तियों को अपना विकास

करने की स्वतंत्रता देता है। वर्ग व्यवस्था के अंतर्गत व्यक्ति अपने पुरुषार्थ द्वारा अपनी प्रस्थिति को परिवर्तित कर सकता है।

वर्ग व्यवस्था व्यक्तियों को अपने व्यवसायों को चुनने के लिए प्रोत्साहित करती है। वर्ग की सदस्यता जाति की सदस्यता की भाँति वंशानुगत नहीं होती है। जाति-व्यवस्था में सामाजिक प्रस्थिति जन्म से प्राप्त हो जाती है जबकि वर्गों के मध्य की सीमाएँ कभी कठोर नहीं रही हैं। विभिन्न वर्गों के मध्य अन्तरवर्गीय विवाह पर कोई औपचारिक प्रतिबंध नहीं होता है। वर्ग व्यवस्था में सामाजिक गतिशीलता साधारण बात है लेकिन स्तरीकरण के अन्य प्रकारों में ऐसा नहीं होता। फिर भी वर्ग में कोई व्यक्ति उर्ध्वगामी प्रस्थिति बहुत आसानी से अर्जित नहीं कर सकता है। इसके अतिरिक्त, एक सामाजिक वर्ग एक विशिष्ट जीवन शैली वाला सांस्कृतिक समूह भी है। यह जीवन में मिलने वाले अवसरों पर भी निर्भर करता है।

कार्ल मार्क्स ने पूंजीवादी समाज को उत्पादन के साधनों के स्वामित्व के आधार पर दो वर्गों मे विभाजित किया है – पूंजीवादी एवं सर्वहारा। मैक्स वेबर ने सामाजिक प्रस्थिति एवं राजनैतिक सत्ता के आधार पर यह सुझाव दिया है कि समाज में दो या दो से अधिक वर्ग भी हो सकते हैं। संचयी असमानता जाति-व्यवस्था की विशेषता है जबकि भिन्न-भिन्न प्रकार की असमानता वर्ग व्यवस्था की विशेषता है।

आधुनिक भारत में सामाजिक वर्ग सामाजिक संरचना का महत्त्वपूर्ण अंग है। इन सामाजिक वर्गों की जड़ें अंग्रेज़ी शासनकाल में पड़ी थीं। अंग्रेज़ी शासन पूर्व के भारत में लोगों का वर्गों में वर्गीकरण दो कारणों से सम्भव नहीं हो सका। प्रथम, ग्रामीण समुदाय एक आत्मनिर्भर इकाई थी। वे उतनी ही मात्रा में उत्पादन करते थे, जिससे कि उनकी आवश्यकताएँ पूरी हो सकें। इसीलिए कठिनता से ही कुछ बचता था इससे ग्रामीण जनसंख्या में बहुत कम विभिन्नता थी। दूसरा, यदि कभी वर्ग के आयाम पर विभिन्नता होती भी थी तो इसका प्रभाव जाति एवं जजमानी व्यवस्था के अंतर्गत स्पष्टतः प्रदर्शित नहीं होता था। यदि बृहत्तर रूप से देखा जाए तो भारत में वर्ग विभाजन केवल शासकों एवं शासितों के मध्य था। व्यापारियों, कारीगरों एवं विभिन्न विशिष्ट वर्गों में भी विभिन्न श्रेणी के प्रशासनिक अधिकारी होते थे।

ग्रामीण भारत में वर्ग

ब्रिटिश औपनिवेशिक शासन ने परम्परागत ग्रामीण अर्थव्यवस्था को छिन्न-भिन्न

कर दिया। कृषि एवं ग्रामीण उद्योग के मध्य जो परस्पर संबंध था वह नष्ट हो गया। भारतीय अर्थव्यवस्था अंग्रेज़ों के व्यापारिक हितों के अधीन हो गई। इन सभी स्थितियों ने एक नए प्रकार की वर्ग संरचना को जन्म दिया। ब्रिटिश शासकों ने भारत में एक नए प्रकार के भू-राजस्व को लागू किया; जैसे जमींदारी बंदोबस्त, रैयतवाड़ी एवं महालवारी। जमींदारी व्यवस्था ने एक नए जमींदार वर्ग को जन्म दिया, जो बाद में वंशानुगत आधार पर बड़े-बड़े भूखण्डों के वंशानुगत स्वामी बन गए। रैयतवाड़ी व्यवस्था में कृषक को भूमि का स्वामी बनाया गया, जो भू-राजस्व सीधे अंग्रेजी सरकार को देता था। इसने रैयत-जमींदार एवं रैयत-कृषक वर्ग को जन्म दिया। भू-राजस्व की महालवारी व्यवस्था को सरकार ने जमींदारी या पारिवारिक मुखियाओं के साथ मिलकर बनाया, जो गाँवों या महालों के भूस्वामी होते थे।

इन सभी व्यवस्थाओं के अंतर्गत जमींदार या स्वामी कृषक अंग्रेज़ी सरकार को एक निश्चित मात्रा में भू-राजस्व देता था। इसके लिए वे हर हालत में (चाहे फसल अच्छी हो या न हो) साधारण कृषक से पैसा वसूल करते थे। इसके फलस्वरूप महाजनों का एक नया वर्ग उभर कर सामने आया। इस प्रकार कृषक वर्ग सरकार, जमींदार एवं महाजन के दबावों के नीचे दब कर रह गया। फलस्वरूप यहाँ भूस्वामियों का एक नया वर्ग भी सामने आया, जो भूमि के वास्तविक कृषक तो थे परन्तु उनकी भूमि की कोई सुरक्षा नहीं थी। इसके अलावा एक वर्ग कृषक श्रमिकों का था, जो इस व्यवस्था के अंतर्गत सर्वाधिक प्रताड़ित हुआ। इसके अतिरिक्त, जमींदार लाभदायक शर्तों पर अपने भू-राजस्व के अधिकारों को दूसरों को सौंप दिया करते थे। इसके उपरान्त इन लोगों ने भी अपने अधिकार दूसरे व्यक्तियों को सौंपने शुरू कर दिए। इस प्रकार एक कड़ी की उत्पत्ति हुई। यह कड़ी वास्तविक कृषक एवं राज्य के मध्य मध्यस्थों की थी।

ग्रामीण उद्योग एवं पारम्परिक शिल्पकार इस अंग्रेज़ी व्यवस्था से सबसे अधिक प्रभावित हुए। अंग्रेजों ने स्वदेशी ग्रामीण उद्योगों एवं कलाओं को नष्ट कर दिया ताकि ब्रिटेन से आयातित वस्तुओं के लिए, वे भारत में एक बाज़ार बना सकें। इस परिस्थिति में गृह तकनीकों द्वारा एवं छोटे स्तर पर भारतीय शिल्पकारों द्वारा बनाई घरेलू वस्तुएँ अंग्रेज़ी वस्तुओं से प्रतियोगिता नहीं कर सकीं। उदाहरणस्वरूप ग्रामीण कपड़ा बुनकर इंग्लैंड के मिल में उत्पादित कपड़ों के आयात के कारण पूर्ण रूप से नष्ट हो गए। गाँव के अन्य शिल्पकार भी इंग्लैंड की वस्तुओं के आयात के कारण बुरी तरह से प्रभावित हुए। इस प्रकार बड़ी संख्या में पारम्परिक शिल्पी आधुनिक श्रमिक बन गए, जिन्होंने

या तो अपने गाँवों में कृषि कार्य करना प्रारम्भ किया अथवा गाँव के बाहर काम ढूंढा।

स्वतंत्रता के बाद कृषि संगठन को बदलने एवं कृषि उत्पादन को बढ़ाने के लिए बहुत से भूमि सुधार उपायों को अपनाया गया ताकि समानता को स्थापित किया जा सके। इस दिशा में पहला कदम जमींदारी व्यवस्था को समाप्त करना था। इसका मुख्य उद्देश्य कृषक को सीधे राज्य से संबद्ध करना था। इसके तहत मध्यस्थों को समाप्त कर दिया गया एवं उन्हें उतनी ही भूमि रखने की अनुमति मिली, जितनी वे अपनी व्यक्तिगत कृषि के लिए रख सकें। दूसरा, राज्य के द्वारा भूमि सुधार के कार्यक्रम अपनाए गए ताकि कृषकों को भूमि-संबंधी सुरक्षा प्रदान की जा सके। भूराजस्व को भी घटाया गया। तीसरे, वर्तमान एवं भविष्य में प्राप्त भूमियों के विषय में अधिकतम सीमा निर्धारित की गई। राज्य ने शेष भूमि का अधिग्रहण कर लिया, जिसका वितरण छोटे कृषकों एवं कृषक श्रमिकों में किया गया।

समाजशास्त्रियों के अनुसार कुल मिलाकर इन भूमि सुधारों का संतोषजनक प्रभाव नहीं रहा। छोटे कृषक बहुत कम सुरक्षा प्राप्त कर सके। बड़े कृषकों का प्रभाव गुप्त रूप से जारी रहा। इसका सबसे प्रमुख प्रभाव मध्यवर्ग की कृषक जातियों पर पड़ा। इन्हें आजकल ओ.बीं.सी. कहा जाता है। इन जातियों ने राजनीतिक-आर्थिक क्षेत्रों में पुराने जमींदारों को हटा कर अपनी स्थिति सुदृढ़ की और समकालीन भारत के नये प्रभुवर्ग के रूप में उभरे।

कृषि में हरित क्रांति की प्रक्रिया एवं यांत्रिक नवीनता ने प्रगतिशील कृषकों के नए वर्ग को जन्म दिया, जो अपने व्यक्तिगत नियंत्रण में कृषि कार्य करवाते हैं। वे अपनी जमीन को पट्टे पर नहीं देते हैं। इनके अतिरिक्त, वे ऐसे गरीब कृषकों की भूमि को पट्टे पर लेते हैं, जो कृषि के लिए महंगी वस्तुओं का निवेश नहीं कर सकते हैं। प्रगतिशील कृषक (जो बड़ी भूमि जोतों के स्वामी हैं) तथा छोटे कृषकों के मध्य (जो उत्पादन प्राप्त करने में असमर्थ हैं) एक खाई उत्पन्न हो गई है। छोटे कृषक कम भूमि के मालिक हैं और आधुनिक कृषि का खर्च नहीं उठा पाते हैं। छोटे कृषकों एवं कृषि श्रमिकों का अधिकांश भाग अब भी गरीबी-बेरोज़गारी में फंसा हुआ है। इसलिए ग्रामीण क्षेत्रों के बहुत से भागों में तनाव व्याप्त है।

नगरीय भारत में वर्ग

अंग्रेज़ी शासनकाल में भारत की विश्वप्रसिद्ध नगरीय हस्तकला का पतन

हुआ। नगरीय शिल्पकारों का शोषण इतना बढ़ गया कि उन्हें मजबूरन अपने वंशानुगत व्यवसायों को छोड़ना पड़ा। भारतीय हस्तकला की वस्तुएँ इंग्लैंड की मशीनों द्वारा उत्पादित सस्ती वस्तुओं से प्रतियोगिता नहीं कर सकीं।

आधुनिक उद्योगों का आरंभ भारत में अंग्रेज़ी शासनकाल में हुआ। इन उद्योगों पर विदेशी पूंजी का नियंत्रण था। इस प्रकार भारत में पूँजीपतियों के एक नये वर्ग का प्रादुर्भाव हुआ, इसमें औद्योगिक, वाणिज्यिक एवं वित्तीय पूँजीपति थे, इन्होंने अपने लाभांश को बढ़ाने के लिए श्रमिक वर्ग का शोषण किया।

अंग्रेज़ी शासनकाल में प्रमुख पूँजीपति अंग्रेज़ी मूल के थे। धीरे-धीरे भारतीय पूँजीपतियों ने भी अपनी संचित पूँजी को इन उन्नत होते देसी उद्योगों में निवेशित करना शुरू किया। स्वतंत्र भारत में यह औद्योगिक वर्ग समृद्ध हो रहा है।

नगरीय क्षेत्रों में दो वर्ग और भी थे। इसमें से एक वर्ग छोटे व्यापारियों एवं दुकानदारों का था, जो आधुनिक पूंजीवादी अर्थव्यवस्था से बंधा हुआ था। नई शिक्षा एवं प्रशासनिक व्यवस्था के फलस्वरूप शिक्षित मध्यम वर्ग का उदय हुआ। इसमें पेशेवर लोग भी सम्मिलित थे। वकील, डॉक्टर, इंजीनियर, तकनीकविद, प्रोफेसर, शिक्षक, क्लर्क एवं अन्य सफेदपोश श्रमिक भारत में पले-बढ़े एवं समृद्ध हुए।

नगरीय श्रमिक वर्ग दो भागों में विभाजित हैं (अ) वे श्रमिक जो संगठित क्षेत्र में हैं और (ब) वे जो असंगठित क्षेत्र में हैं। इन संगठित क्षेत्रों की विशेषताएँ हैं बड़ी मात्रा में पूँजी, मजदूरी, आधुनिक तकनीक, सार्वजनिक एवं निजी स्वामित्व और उत्पादन एवं श्रमिकों के लिए नियंत्रित एवं सुरक्षित बाज़ार, निपुण श्रम, इत्यादि। असंगठित क्षेत्र की विशेषताएँ है, छोटे स्तर की क्रियाएँ, निजी या छोटे स्वामित्व, श्रम पर आधारित और पिछड़ी तकनीक, अकुशल या अर्धकुशल श्रमिक, अनियमित बाज़ार और असुरक्षित श्रम, इत्यादि। संगठित क्षेत्र के श्रमिकों की स्थिति की तुलना में असंगठित क्षेत्रों के श्रमिकों की स्थिति कहीं अधिक खराब है।

आधुनिक भारत में वर्ग संरचना की सबसे महत्त्वपूर्ण विशेषता यह है कि सभी वर्ग अब एक राष्ट्रीय अर्थव्यवस्था एवं एक राज्य शासन के अंतर्गत अभिन्न अंग के रूप में कार्य करते हैं। ग्रामीण शिल्पकारों का पृथक्कीकरण (अलगाव) अपेक्षाकृत कम हो गया है। यही बात नगरों के हस्तशिल्पियों के साथ भी है। इसके अतिरिक्त नगरीय भारत का मध्यम वर्ग दिनोंदिन गाँवों के

समृद्ध लोगों को अपने में सम्मिलित करता जा रहा है। वे अब भारत के अभिजात वर्ग में सम्मिलित होते जा रहे हैं। श्रमिकों के मध्य जाति विभाजन भी अब तुलनात्मक रूप से दुर्बल हो गया है। भारतीय श्रमिकों में वर्ग चेतना कठिनता से ही देखने को मिलती है। प्रत्येक व्यक्ति मध्यम वर्ग में स्थान प्राप्त करने के लिए प्रयत्नशील रहता है।

जाति एवं वर्ग

जाति एवं वर्ग सामाजिक स्तरीकरण के दो मुख्य रूपों का प्रतिनिधित्व करते हैं। इन दोनों में एक संस्तरण होता है। जाति एक व्यक्ति के जन्म से निर्धारित होती है परंतु वर्ग जन्म पर निर्भर नहीं करता । वर्ग व्यवस्था के अन्तर्गत एक व्यक्ति अपने धन, आय और समाज में स्थान के अनुसार स्तरीकरण में उच्च या निम्न स्थान प्राप्त करता है। यह जाति-व्यवस्था के अंतर्गत संभव नहीं है।

गतिशीलता के संदर्भ में वर्ग अधिक खुला हुआ है। एक व्यक्ति अपनी वर्ग स्थिति को अपने व्यवसाय, सत्ता या धन के सहारे परिवर्तित कर सकता है। जाति-व्यवस्था को सामान्यतः बंद माना जाता है परंतु एम.एन. श्रीनिवास का मानना है कि संस्कृतीकरण एवं पाश्चात्यकरण की प्रक्रिया के द्वारा गतिशीलता हमेशा ही संभव है। आंद्रे बेते ने भी जाति-व्यवस्था में गतिशीलता की बात की है। वर्ग संरचना में एक व्यक्ति अपनी इच्छा एवं क्षमता के अनुसार अपने व्यवसाय को चुन सकता है। जाति-व्यवस्था में व्यवसाय को इतनी आसानी से परिवर्तित नहीं किया जा सकता।

डी.पी. मुखर्जी का उपागम

भारत में समाजशास्त्र के उद्भव और विकास का इतिहास करीब सौ वर्ष पुराना है। भारतीय समाजशास्त्र में डी. पी. मुखर्जी का योगदान अत्यंत महत्त्वपूर्ण है। वे लखनऊ विश्वविद्यालय में समाजशास्त्र एवं अर्थशास्त्र के शिक्षक थे। सन १९५५ में देहरादून में प्रथम भारतीय समाजविज्ञान सम्मेलन में प्रो. मुखर्जी द्वारा दिया गया अध्यक्षीय भाषण भारतीय समाजशास्त्र का अमूल्य दस्तावेज है। इन्होंने संस्थाओं के परिवर्तन की प्रक्रिया पर विशेष बल दिया है और इस दिशा में सिर्फ मार्क्स को एकमात्र विकल्प के रूप में स्वीकार नहीं किया है। उनके विचारों पर संरचनावाद और सांस्कृतिक क्षेत्र के समाजशास्त्रीय परम्परा का महत्त्वपूर्ण प्रभाव पड़ा है। *मॉडर्न इंडियन कल्चर* (१९४२) एवं *डायवर्सिटीज़* (१९५८) उनकी सबसे प्रमुख कृतियाँ हैं। उनकी अन्य कृतियों

में *बेसिक कॉन्सेप्ट ऑफ सोशियोलॉजी* एवं *पर्सनैलिटी एंड सोशल साइन्स* जैसी कृतियाँ हैं।

प्रो. मुखर्जी के विचारों के अनुसार संरचनावाद भिन्न-भिन्न संरचनाओं में द्वन्द्वात्मकता एवं परिवर्तन की प्रक्रिया के संदर्भ में तुलना की संभावना को स्वीकार करता है। संरचनात्मक ऐतिहासिकतावाद भारत के संदर्भ में परम्परा को एक अनुकूलन योग्य पैमाना मानता है, जो भारत में विभेदीकरण एवं आधुनिकीकरण की प्रक्रिया को नियमित करता है। भारतीय संदर्भ में मार्क्सवादी उपागम का आरंभ समाजशास्त्र में डी. पी. मुखर्जी, ने किया जो मार्क्सवाद के स्थान पर मार्क्सशास्त्र शब्द का अधिक प्रयोग करना चाहते थे। उन्होंने भारतीय समाज के संदर्भ में परम्परा के विश्लेषण पर बहुत बल दिया। भारतीय राष्ट्रवाद के सामाजिक आधारों की चर्चा से लेकर वर्तमान ग्रामीण संरचना, विकास कार्यक्रम, भूमि-सुधार, हरित क्रांति आदि का उन्होंने अपने ही ढंग से मार्क्सवादी पद्धति के आधार पर विश्लेषण किया। उन्होंने भारतीय समाजशास्त्र संघ के अध्यक्षता काल में भारतीय समाज के अध्ययन में मार्क्सवादी पद्धति नामक महत्त्वपूर्ण निबंध भी लिखा। उन्होंने भारतीय सामाजिक व्यवस्था एवं संरचना के संदर्भ में अधिक शास्त्रीय दृष्टि से भारतीय समाज में सामाजिक परिवर्तन, वर्ग-संघर्ष, जन-आन्दोलन आदि का अध्ययन किया है। भारतीय समाज आज जिस क्रांति एवं संकट के दौर से गुज़र रहा है, उस पर डी.पी. मुखर्जी का विचार है कि मार्क्सवादी समाजशास्त्री, जिनकी संख्या नगण्य है, काफी सफलता से भारतीय समाज एवं संस्कृति का विश्लेषण कर सके हैं। यह उनकी प्रामाणिकता ही है, जिसके कारण श्रीनिवास जैसे मार्क्सवाद विरोधी समाजशास्त्रियों में मार्क्सवादी उपागम का महत्त्व बढ़ता ही जा रहा है। डी.पी. मुखर्जी के अनुसार मार्क्स प्रेरित ऐतिहासिक उपागम सामाजिक यथार्थ को समझने में मदद करता है। परंतु भारतीय संस्कृति की विशिष्टता को समझने में इसकी स्पष्ट सीमाएँ हैं। फलस्वरूप उन्होंने इंडोलॉजिकल अवधारणाओं एवं मार्क्सवादी ऐतिहासिक उपागम को जोड़ कर मार्क्सियोलॉजी नामक नया उपागम विकसित किया। डी.पी. मुखर्जी ने एक विशिष्ट मार्क्सवादी विश्लेषण को भारतीय समाजशास्त्रियों द्वारा प्रयुक्त भारतीय परम्परा की अवधारणा के साथ समन्वित करने का प्रयास किया। उन्होंने अपने उपागम को मार्क्सवादी न कहकर मार्क्सोलॉजिकल (मार्क्सवादशास्त्रीय) जैसा नया नाम दिया। उन्होंने संरचना, मार्क्सवाद एवं सामाजिक संरचना का प्रतिरूप जैसे श्रेणियों का उपयोग भारत की ऐतिहासिक, सामाजिक प्रक्रिया के रूप में किया। परन्तु उन्होंने एम.एन. श्रीनिवास या इरावती कर्वे की तरह

फील्डवर्क के आधार पर ज़मीनी यथार्थ का आकलन करने का प्रयास नहीं किया। उन्होंने मार्क्स के ऐतिहासिक भौतिकवादी मॉडल या ढाँचे का उपयोग भारत के मध्य वर्ग के विकास को समझने में किया। परंतु भारतीय संस्कृति के स्वरूप को समझने के लिए उन्होंने विलियम जोंस के द्वारा विकसित इंडोलॉजिकल उपागम का इस्तेमाल किया। अतः वे अपने को मार्क्सवादी समाजशास्त्री नहीं कहते थे लेकिन अपने समाजशास्त्रीय उपागम को मार्क्सोलॉजी कहते थे। इनके बारे में विस्तृत चर्चा अध्याय १० 'साहित्य एवं कला का समकालीन भारतीय समाजशास्त्र' के तहत रामविलास शर्मा, और समकालीन समाजशास्त्रीय दृष्टिकोण के विकास के संदर्भ में की जाएगी।

४

लुई डुमों का संरचनावादी संप्रदाय

लुई डुमों के समाजशास्त्रीय अध्ययनों का स्वरूप

लुई डुमों फ्रांसीसी समाजशास्त्री लेवी स्ट्रॉस के संरचनात्मक समाजशास्त्र से प्रभावित समाजशास्त्री हैं। उन्होंने डेविड एफ. पोकौक के साथ १९५७ में *पेरिस कंट्रीब्यूशंस टु इंडियन सोशियोलोजी* नामक एक नई पत्रिका शुरू की। कालक्रम में यह पत्रिका भारत के लिए एक नए प्रकार के "भारतीय समाजशास्त्र" के विकास की दृष्टि से सबसे महत्त्वपूर्ण माध्यम साबित हुई। इस पत्रिका का प्रकाशन भारत में आज भी जारी है। १९५७ में ही उनका महत्त्वपूर्ण मोनोग्राफ *हैरारकी एण्ड मैरेज एलायंस इन साउथ इंडियन किनशिप* का लंदन से प्रकाशन हुआ था। १९५७ से १९६७ तक अपनी प्रतिष्ठित हो चुकी पत्रिका में भारतीय धर्म, जाति एवं प्रजाति, राष्ट्रवाद एवं संप्रदायवाद, जाति के समाजशास्त्र, भारत में विवाह : समकालीन प्रश्न, जाति सामाजिक संरचना एवं भारतीय संस्कृति जैसे विषयों पर कई महत्त्वपूर्ण लेख लिखे। एफ.जी. बेली जैसे समाजशास्त्रियों के साथ भारतीय समाज को सम्पूर्णता में समझने के लिए सबसे उचित तरीके के बारे में उनका वाद-विवाद भी प्रकाशित हुआ। १९७० में उनकी दो महत्त्वपूर्ण पुस्तकों का प्रकाशन हुआ।

(१) *होमो हैरारकिकस : द कास्ट सिस्टम एंड इट्स इम्पलिकेसंस,* लंदन से एवं (२) *रिलिजन, पोलिटिक्स एंड हिस्ट्री इन इंडिया,* पेरिस से। इन दोनों किताबों की खूब चर्चा हुई। सही मायने में १९७० से भारतीय समाजशास्त्र में लुई डुमों का युग शुरू होता है और एम.एन. श्रीनिवास का युग समाप्त होता है। यह अलग बात है कि श्रीनिवास लगातार अपनी मृत्यु (१९९९) तक सक्रिय समाजशास्त्री बने रहे और अपने विचारों, लेखों एवं प्रतिक्रियाओं के कारण बराबर चर्चा में बने रहे। लेकिन १९७० से १९९० के आरंभ तक के बीस वर्षों में अंग्रेज़ी भाषा में काम करने वाले अधिकांश भारतीय समाजशास्त्रियों

में लुई डुमों के विचारों से प्रभावित या प्रेरित दिखने की होड़ मची रही। १९८० के दशक के उत्तरार्द्ध में आर.के. जैन जैसे समीक्षकों ने साफ-साफ कहा कि भारतीय समाजशास्त्र में लुई डुमों और डेविड श्नाइडर द्वारा प्रस्तुत संरचनात्मक उपागम (डुमों) एवं सांस्कृतिक विश्लेषण पद्धति (श्नाइडर) सबसे उपयुक्त हैं। १९९५ में प्रकाशित *पाथवेज : एप्रोचेज़ टु दि स्टडी ऑफ़ सोसाइटी इन इंडिया* में टी. एन. मदान ने डी. पी. मुखर्जी, डी. एन. मजूमदार, एम. एन. श्रीनिवास, लुई डुमों, मैंडेलवॉम एवं मैकिम मैरियट को पाथ-फाइंडर (प्रमुख पथ-प्रदर्शक) माना लेकिन इसी पुस्तक के पृष्ठ १३९ पर यह भी जोड़ दिया कि उनकी दृष्टि में आनंद कुमारस्वामी एवं क्लाउड लेवी स्ट्रॉस की अंतर्दृष्टि सबसे उपयोगी पथ-निर्देशन करती है।

१९७७ में लुई डुमों ने *फ्रॉम मंडेविले टु मार्क्स : द जेनेसिस एंड ट्रिम्फ ऑफ़ इकोनोमिक आइडियोलोजी* को शिकागो से एवं होमो इक्वीलिस पेरिस से प्रकाशित किया। १९८० में उन्होंने *होमो हैरारकिकस* नामक (१९७० में अंग्रेज़ी और १९६६ में फ्रेंच) लोकप्रिय पुस्तक को पूरी तरह संशोधित करके दूसरा संस्करण प्रकाशित किया। १९८६ में उनकी *ए साउथ इंडियन सबकास्ट: सोशल ऑर्गनाइजेशन एंड रिलिजन ऑफ़ द प्रमलाई कालार* नामक पुस्तक दिल्ली से प्रकाशित हुई। इसी वर्ष उनकी *एशेज ऑन इंडिविजुअलिज़्म: मॉर्डन आइडियोलॉजी इन एनथ्रोपोलौजिक पर्सपेक्टिव,* शिकागो से प्रकाशित हुई। उनकी अंतिम महत्त्वपूर्ण कृति *एफिनिटि एज़ ए वैल्यू* नाम से प्रकाशित हुई।

उपरोक्त पुस्तकों एवं लेखों की चर्चा तीन दृष्टियों से ज़रूरी है। पहली, चूंकि अज्ञानतावश भारत के कुछ लोग लुई डुमों की चर्चा केवल *होमो हैरारकिकस* को ध्यान में रखकर करते हैं, जिससे लुई डुमों के बारे में एकांगी समझ बनती है। दूसरी, उन्हें केवल इंडोलॉजिकल एवं टेक्सचुअल (भारतीय धार्मिक एवं साहित्यिक दस्तावेजों के पाठों का विश्लेषक) दृष्टिकोण वाला समाजशास्त्री मानते हैं, जो सत्य से परे है। सच तो यही है कि लुई डुमों ने इम्पीरिकल (फील्डवर्क पर आधारित तथ्यपरक) अध्ययनों का १९८६ में प्रकाशित अपनी पुस्तक *ए साउथ इंडियन सबकास्ट : सोशल ऑर्गनाइजेशन एंड रिलिजन ऑफ़ द प्रमलाई कालार*) में जिस तरह का मानक खड़ा किया है, उसकी तुलना केवल एम. एन. श्रीनिवास की पुस्तक *द रिमेंबर्ड विलेज* (१९७६) से की जा सकती है। ठीक उसी तरह, १९७० में प्रकाशित अपनी दूसरी पुस्तक (*रिलिजन, पोलिटिक्स एंड हिस्ट्री इन इंडिया*) में उन्होंने समकालीन भारतीय समाज का जो समाजशास्त्रीय विश्लेषण प्रस्तुत किया है, वह इंडोलॉजिकल स्टडी के दायरे से बाहर है और

ऐतिहासिक उपागम एवं समसामयिक तथ्य विश्लेषण (कंटेंट एनालिसिस) की श्रेणी में ज़्यादा आएगा। लेकिन उनके सभी अध्ययनों में एक समान्य बात है। सभी अध्ययन लेवी स्ट्रॉस द्वारा विकसित संरचनात्मक उपागम से ही प्रभावित एवं प्रेरित अध्ययन हैं। अपने अति लोकप्रिय *होमो हैरारकिकस* में भी वे इंडोलॉजिकल एंड सोशियोलॉजिकल अध्ययनों के समन्वय की वकालत करते हैं और अपने अधिकांश लेखों में वे "बुक व्यू" (इंडोलॉजिकल दृष्टिकोण) और "फील्ड व्यू" (तथ्यपरक फील्डवर्क से निकला दृष्टिकोण) का संश्लेषण करते हैं। इस दृष्टि से उनके अध्ययनों की तुलना जी.एस. घुर्ये, के.एम. कपाड़िया, पी.एच. प्रभु या बी.के. सरकार की तुलना में इरावती कर्वे, ए.एम. शाह, एन. के. बोस या जे.पी.एस. उबेराय या टी.एन. मदान जैसे समाजशास्त्रियों से ज़्यादा मिलती है।

दरअसल, लुई डुमों सभ्यतामूलक विमर्श की फ्रांसीसी परम्परा को संरचनात्मक उपागम से सींचते हैं। अपनी १९७७ में प्रकाशित दोनों किताबों में भारतीय सभ्यता एवं पश्चिमी सभ्यता की जैसी तुलना प्रस्तुत करते हैं, वह अपनी श्रेणी का समकालीन संदर्भ में अनोखा प्रयास है। लुई डुमों न तो दुर्खीम या घुर्ये की तरह "आर्म चेयर विचारक" हैं न एम.एन. श्रीनिवास या एफ.जी. बेली की तरह भारतीय समाज के इम्पीरिकल समाजशास्त्री। बल्कि वे भारतीय अवधारणाओं और भारतीय समाज, धर्म और संस्कृति के व्यवहारिक तथ्यों को आधार बना कर पश्चिमी अवधारणाओं, संस्थाओं समाज एवं संस्कृति की नई संरचनात्मक सभ्यता की समीक्षा करते हैं और इस नई सभ्यता की समीक्षा के संदर्भ में भारतीय समाज एवं संस्कृति को समकालीन मानवीय सभ्यता के एक विकल्प के रूप में प्रस्तुत करते हैं। यह लेवी स्ट्रॉस के संरचनात्मक घोषणापत्र को उत्तर संरचनावाद के युग में तार्किक परिणति तक ले जाकर गरिमा प्रदान करने का प्रयास है।

लेवी स्ट्रॉस एवं लुई डुमों

लेवी स्ट्रॉस से पहले के अधिकांश पश्चिमी समाजशास्त्रियों एवं विचारकों में ग़ैर-पश्चिमी समाज को पिछड़ा, अल्प-विकसित एवं अविवेकी कुरीतियों पर आधारित अवांछनीय समाज व्यवस्था मानने का भाव है। यह भाव औद्योगीकरण एवं यूरोपीय ज्ञानोदय की उपनिवेशवादी विचारधारा से निकला प्रजातीय दंभ है। इसे सामाजिक उद्विकास के कृत्रिम ऐतिहासिक श्रेणियों में सजाकर वैज्ञानिक अध्ययन का ढकोसला का रूप दिया गया। प्रथम युद्ध के बाद मैलिनोवस्की और मार्शल मौस के अपवाद को छोड़कर अधिकांश पश्चिमी

विचारकों ने सामाजिक उद्विकास की पाँच श्रेणियों को परम्परा और आधुनिकता की दो श्रेणियों में विभाजित कर 'विकसित और विकासशील समाज' के दो वर्गों में सजा दिया और उनका संरचनात्मक-प्रकार्यवादी उपागम से अध्ययन किया जाने लगा। इसमें विकसित समाजों का समाजशास्त्री अध्ययन करने लगे और विकासशील समाजों का सामाजिक मानवशास्त्री अध्ययन करने लगे। श्रीनिवास ने इस वर्गीकरण के निहितार्थ को समझकर भारत में समाजशास्त्र एवं सामाजिक मानवशास्त्र दोनों को एक ही विषय मानकर भारत में फील्डवर्क आधारित तथ्यपरक अध्ययनों को प्रोत्साहित किया लेकिन पश्चिमी मानसिकता में व्याप्त यूरोपीय जाति की श्रेष्ठता और ग़ैर-यूरोपीय समुदायों की हीनता को दूर करने का कोई सैद्धांतिक उपाय वे खोज नहीं पाए। १९४९ के आस-पास *एलिमेंटरी स्ट्रक्चर ऑफ़ किनशिप* का प्रकाशन हुआ। इसमें लेवी स्ट्रॉस ने लैटिन अमेरिकी समाज को आधार बना कर संरचनात्मक भाषा-विज्ञान से प्रेरित संरचनात्मक समाजशास्त्र विकसित किया। अंग्रेज़ी में अन्य अध्ययनों का प्रकाशन १९६२ से १९७७ के बीच हुआ। १९८० के दशक के उनके प्रकाशनों का लुई डुमों पर ज़्यादा प्रभाव नहीं पड़ा। १९६२ से १९७७ के बीच लेवी स्ट्रॉस ने *टोटेमिज़्म (१९६२) स्ट्रक्चरल एंथ्रोपोलोजी* भाग-१ (१९६३), *दि सैवेज माइंड* (१९६६), *स्ट्रक्चरल एंथ्रोपोलोजी* भाग-२ (१९७७) प्रकाशित कीं। १९६३ से उन्होंने मिथकों के संरचनात्मक अध्ययन की शृंखला प्रकाशित करनी शुरू की, जिसे १९६८ के बाद उत्तर संरचनावाद के दौर में पश्चिमी समाजशास्त्र अनदेखा कर गया लेकिन लुई डुमों के प्रभाव में १९७० और १९७० के दशक में भारतीय समाजशास्त्र में क्लॉयड लेवी स्ट्रॉस और उनकी संरचनावादी उपागम को अभूतपूर्व लोकप्रियता मिली।

लेवी स्ट्रॉस के संरचनात्मक उपागम का तुलनात्मक महत्त्व

लेवी स्ट्रॉस ने सामाजिक उद्विकास के सिद्धांतों पर आधारित कोम्ट, दुर्खीम और मार्क्स तथा प्राच्यवाद की कपोल कल्पना पर आधारित मैक्स वेबर के ऐतिहासिक-सामाजिक विश्लेषणों के मूल में आधारित इतिहास और मिथक की लोकप्रिय अवधारणाओं की वैधता पर सवाल खड़ा करना शुरू किया। ऐतिहासिक एवं पूर्व ऐतिहासिक समाजों को क्रमशः सभ्य एवं असभ्य कहने के सैद्धांतिक एवं पद्धतिमूलक आधारों की व्यवस्थित छानबीन करके उन्होंने यह कहा कि समाजविज्ञानों में लोकप्रिय डायक्रोनिक (ऐतिहासिक विकास के विश्लेषण की सुविधा के लिए बनाए गए विकास क्रम के कृत्रिम सोपानों पर

आधारित) अध्ययनों में यह मान लिया जाता है कि पश्चिमी समाजों की 'आधुनिक व्यवस्था' मानव सभ्यता की सबसे विकसित अवस्था है। इससे भिन्न-भिन्न दिखने वाले समाजों एवं जनजातियों को विकासशील, अविकसित, असभ्य एवं बर्बर श्रेणियों में विभक्त करके उनको सामाजिक उद्विकास के ऐतिहासिक सोपानों में कृत्रिम तरीके से सजा कर इनके अध्ययन शुरू करने से पहले ही इनका समाजशास्त्रीय या सैद्धांतिक मूल्यांकन कर दिया जाता है। इसके बाद इनके अध्ययन के नाम पर मनमाने निष्कर्ष निकाल कर इन समाजों के बारे में सुविधाजनक सिद्धांत विकसित कर दिए जाते हैं।

लेवी स्ट्रॉस के अनुसार संरचनात्मक-प्रकार्यवादी उपागम से जुड़े विद्वानों ने डायक्रोनिक (ऐतिहासिक उद्विकासवादी) अध्ययनों के स्थान पर सिनक्रोनिक (समकालिक समाजों की फील्डवर्क पर आधारित) अध्ययनों के द्वारा पूर्व पीढ़ी की समाजशास्त्रीय अवधारणाओं को और गरिमा प्रदान करनी शुरू की। केवल सामाजिक उद्विकास की तीन (कोम्ट) या पाँच (मार्क्स) सोपानों की जगह दो सोपानों (टॉनिज, दुर्खीम, वेबर) की चर्चा शुरू की। इन्हें आधुनिक पश्चिम और पारम्परिक ग़ैर-पश्चिमी समाजों में विभक्त कर समाजशास्त्र द्वारा ग़ैर-पश्चिमी पारम्परिक समाजों का संरचनात्मक प्रकार्यवादी उपागम द्वारा अध्ययन करने की युक्ति निकाल ली गई।

एक दूसरा परिवर्तन अध्ययन-पद्धति के आधार पर किया गया। पुरानी पीढ़ी के अधिकांश समाजविज्ञानी, जिन्हें पोजिटिविस्ट (कोम्ट और सेंट सिमों द्वारा लोकप्रिय बनाया गया शब्द, जिसे हिन्दी में प्रत्यक्षवादी कहा जाता है) समाजशास्त्र में भौतिक विज्ञान (फिजिक्स) के अध्ययन पद्धति से प्रभावित थे। मैक्स वेबर अकेले अपवाद थे, जो हर्मुन्यिटिक (भाष्य विज्ञान) पद्धति से प्रभावित थे। पोजिटिविस्ट मेथड के सबसे स्थापित सिद्धांतकार ईमाइल दुर्खीम और कार्ल मार्क्स माने जाते हैं। सामाजिक उद्विकास की अवधारणा चार्ल्स डार्विन, अगस्त कोम्ट और हरबर्ट स्पेंसर के प्रभाव में लोकप्रिय हुई। दुर्खीम अगस्त कोम्ट से प्रभावित थे। उन्होंने कोम्ट के तीन स्तरों के ऐतिहासिक उद्विकास को दो स्तरों के सामाजिक उद्विकास (यांत्रिक या मेकैनिकल समाज व्यवस्था एवं सावयव या ऑर्गेनिक समाज व्यवस्था) के रूप में विकसित किया। मार्क्स ने द्वन्द्वात्मक भौतिकवादी अध्ययन पद्धति से ऐतिहासिक भौतिकवादी सिद्धांत विकसित किया। अध्ययन पद्धति के स्तर पर कार्ल मार्क्स एक ओर जर्मन दार्शनिक हीगेल से प्रभावित थे तो दूसरी ओर अंग्रेज़ अर्थशास्त्री एडम स्मिथ से भी प्रभावित थे। दार्शनिक सिद्धांतों के स्तर पर वे सेंट सिमो जैसे यूरोपीय समाजवादी विचारकों के ऐतिहासिक उद्विकासवादी विचारों से प्रेरित

थे। जैसे-जैसे समाजविधानों का विकास होता गया वैसे-वैसे ग़ैर-यूरोपीय समुदायों को औद्योगिक पूँजीवादी उपनिवेशों के रूप में 'विकसित' करने की प्रतिस्पर्द्धा इंग्लैंड, फ्रांस, जर्मनी, पुर्तगाल और स्पेन जैसे यूरोपीय शक्ति केन्द्रों में बढ़ती गई। इससे सामाजिक मानवशास्त्र के कई यूरोपीय संप्रदाय विकसित हुए। हर संप्रदाय में अपने देश के उपनिवेशवादी अभियान को ध्यान में रख कर ग़ैर-यूरोपीय देशों और समुदायों का अध्ययन करना शुरू किया गया। जिससे एक ही समाज के बारे में प्रतिस्पर्द्धी देशों के विद्वानों का आकलन अलग-अलग होने लगा। सभी अपने निष्कर्षों को सही साबित करने के लिए सुविधाजनक तथ्यों का संकलन करने लगे। प्रथम विश्वयुद्ध के बाद सामाजिक उद्‌विकासवादी अध्ययनों में अंतर्विरोध इतना बढ़ गया था कि इसकी लोकप्रियता घटने लगी। तभी संरचनात्मक विकासवाद को विकसित करने का प्रयास लोकप्रिय हुआ।

१६२० के दशक में रैडक्लिफ ब्राउन और उनके सहयोगियों ने सामाजिक मानवशास्त्र में संरचनात्मक-प्रकार्यवाद को प्रतिष्ठित किया। द्वितीय विश्वयुद्ध के बाद टॉलकौट पार्सन्स ने अमेरिकी समाजशास्त्र में संरचनात्मक-प्रकार्यवाद को विकसित किया। पश्चिमी पूँजीवादी व्यवस्था को सभ्यता का मानक और सामाजिक-आर्थिक विकास को सबसे विवेकसम्मत और विधिसम्मत (रेशनल-लीगल) मानने का भाव दुर्खीम और वेबर से भी ज़्यादा बढ़ गया। १६१७ में सोवियत रूस के साम्यवादी बन जाने के बाद रूस में समाजशास्त्र को पूँजीवादी रुझान वाला शास्त्र मानकर इसकी उपेक्षा शुरू हुई। रूस के सबसे प्रतिष्ठित समाजशास्त्री पित्रिम एलेक्जांडर सोरोकिन अमेरिका के हार्वर्ड विश्वविद्यालय के प्रमुख बनाए गए। टॉलकौट पार्सन्स सोरोकिन के सहयोगी बनने के लिए यूरोप से अपना अध्ययन समाप्त करके वापिस अमेरिका आए। १६२० के दशक से पश्चिमी यूरोप और अमेरिकी समाजशास्त्र एवं मानवशास्त्र की मुख्यधारा में कार्ल मार्क्स की उपेक्षा शुरू हुई और ईमाइल दुर्खीम एवं मैक्स वेबर की प्रतिष्ठा शुरू हुई। मैक्स वेबर को स्थापित करने में सबसे प्रमुख भूमिका टॉलकौट पार्सन्स सोरोकिन की रही है। बीच के काल-खण्ड में विलफ्रेड पैरेटो, अर्नोल्ड ट्वायनवी, ऑसवॉल्ड स्पेंगलर एवं सोरोकिन का महत्त्व मैक्स वेबर से कम नहीं था। पैरेटो और सोरोकिन समाजशास्त्री थे और ट्वायनवी और स्पेंगलर इतिहासकार थे। इन लोगों ने सामाजिक विकास के चक्रीय सिद्धांत को स्थापित किया था। पैरेटो को इटली के तानाशाह मुसोलिनी का गुरु माना जाता है। सोरोकिन अंतिम जार के सलाहकार और लेनिन के विरोधी थे। अतः द्वितीय विश्वयुद्ध के बाद इंग्लैंड,

फ्रांस और अमेरिका में सामाजिक विकास के चक्रीय सिद्धांत को फासीवादी विचारधारा से जोड़कर बदनाम किया गया।

लेवी स्ट्रॉस ने पहली बार यूरोपीय आधुनिकता से निकली समाजशास्त्री अवधारणाओं में गुणात्मक संशोधन की आवश्यकता को सप्रमाण प्रस्तुत किया। इन्होंने कहा कि संरचनात्मक-प्रकार्यवाद की मूल स्थापना ही गलत है कि मानव समाजों का विकास उसी तरह होता है, जिस तरह किसी जीवधारी के शरीर का विकास होता है। अतः समाजशास्त्र की अध्ययन पद्धति (पदार्थ विज्ञान के बदले) जीव विज्ञान से लेकर संरचनात्मक-प्रकार्यवादी भ्रम फैला रहे हैं। वास्तव में वे अलोकप्रिय हो चुकी सामाजिक उद्विकास की पुरानी मान्यताओं को ही नये पैकेज में प्रस्तुत कर रहे हैं। सामाजिक मानवशास्त्र एवं समाजशास्त्र के बीच जो सुविधाजनक कार्य विभाजन हुआ है, इससे सामाजिक उद्विकासी मान्यताएँ ऊपरी तौर पर (सरफेस स्ट्रक्चर) ओझल हो गई हैं। जबकि आधारभूत स्तर (डीपर स्ट्रक्चर) पर गहराई में अब भी मौजूद हैं। यूरोपीय नस्ल (रेस) की नैसर्गिक श्रेष्ठता एवं आधुनिक पूंजीवादी व्यवस्था की विवेकसम्मत एवं विधिसम्मत कसौटी पर विकल्पहीनता का भाव संरचनात्मक-प्रकार्यवादी विद्वानों में ज़्यादा तीक्ष्ण है। आधुनिकीकरण के सामाजिक विकास के सार्वभौमिक सिद्धांत के टॉलकौट पार्सन्स के प्रयासों को लेवी स्ट्रॉस के संरचनात्मक समाजशास्त्र से विकासशील देशों में काफी धक्का पहुँचा और इससे अप्रत्यक्ष रूप से शीत युद्ध के उस माहौल में अमेरिका विरोधी सोवियत गठबंधन को कुछ लाभ पहुँचा। लेकिन यह दुष्प्रचार सही नहीं है कि लेवी स्ट्रॉस प्रच्छन्न मार्क्सवादी थे। वे संरचनात्मक भाषा-विज्ञान से प्रभावित दुर्खीम-मार्शल मौस की परम्परा वाले तुलनात्मक समाजशास्त्री ही थे, जिनकी रचनाओं को लुई अलथुजर, मौरिस गोदेलियर तथा अन्य मार्क्सवादी विद्वानों ने अपनी तरह से इस्तेमाल किया था। दूसरी ओर लुई डुमों जैसे ग़ैर-मार्क्सवादियों ने भी उनकी लोकप्रियता को चरम पर पहुँचाया। तीसरी ओर उत्तर-संरचनावादी मिशेल फूको और रोलैंड बार्थ पर भी उनका काफी प्रभाव था।

लेवी स्ट्रॉस के संरचनावाद की मूल विशेषता

लेवी स्ट्रॉस की मूल स्थापना यह है कि मनुष्य-समाज की तुलना न तो भौतिक जगत से की जा सकती है और न ही जीव जगत से। अतः समाजशास्त्र की अध्ययन-पद्धति का विकास न तो भौतिक विज्ञान से प्रेरित हो सकता है और न जीव विज्ञान से। दुर्खीम के समाजशास्त्र की प्रेरणा भौतिक विज्ञान से आई

है और संरचनात्मक-प्रकार्यवादी उपागम की प्रेरणा जीव विज्ञान से आई है। दोनों ही उपागमों के मूल में आधुनिक पश्चिमी पूंजीवादी समाज को उद्‌विकास के एक रेखीय प्रक्रिया में एकमात्र सभ्यता एवं विकास के एकमात्र तर्कसंगत एवं न्यायसंगत व्यवस्था मानने का भाव अंतर्निहित है। फलस्वरूप दुर्खीम और मार्क्स के 'डायक्रोनिक' एवं रेडक्लिफ ब्राउन एवं पार्सन्स के 'सिनक्रोनिक' अध्ययनों में गुणात्मक समानता एवं ऊपरी फर्क है। दोनों ही उपागमों में ग़ैर-पश्चिमी एवं ग़ैर-आधुनिक समाजों के सांगोपांग एवं व्यवस्थित अध्ययनों में तटस्थता का अभाव है। इसका सबसे बड़ा कारण है कि ये लोग मनुष्य जाति की विभिन्नता में अंतर्निहित एकता और संरचनात्मक सह-धर्मिता (स्ट्रक्चरल होमोलॉजी एंड डीपर स्ट्रक्चरल युनिटी) को समझने में असमर्थ हैं।

लेवी स्ट्रॉस के अनुसार मनुष्य जाति अन्य जीवों की तुलना में अपने मस्तिष्क की संरचना में भिन्न है। मनुष्य की सामाजिकता उसकी कृत्रिम भाषा पर निर्भर है। अन्य जीवों की भाषा जैविक रूप से उनके डी.एन.ए. कोड पर निर्भर करती है जबकि मनुष्य जाति के हर सदस्य को अपने समुदाय या समाज की भाषा सीखनी पड़ती है। मनुष्य समाज में व्याप्त हर भाषा की संरचना एक जैसी होती है। हर भाषा में अक्षर या शब्दों की संख्या या बनावट अलग हो सकती है लेकिन वाक्य का अर्थ विभिन्न शब्दों के बीच पाए जाने वाले संरचनात्मक रिश्ते पर निर्भर करता है न कि अलग-अलग शब्दों के अर्थ के जोड़ पर। विभिन्न वाक्यों के निर्माण में हर भाषा-समूह अपने व्याकरण से निर्देशित होता है। बिना उस व्याकरण को समझे उस भाषा की संरचना और वाक्यों के निर्माण में विभिन्न शब्दों के बीच पाए जाने वाले भाषा-विज्ञान की दृष्टि से वैध एवं तर्कपूर्ण रिश्ते को नहीं समझा जा सकता।

सौस्यूर के भाषा-विज्ञान से प्रभावित उपरोक्त विश्लेषण में दुर्खीम के सिद्धांतों की झलक स्पष्ट है। दुर्खीम ने *रूल्स ऑफ़ सोशियोलॉजिकल मेथड* में साफ कहा था कि 'द होल इज नॉट दि सम टोटल ऑफ़ पार्ट्स' (सम्पूर्णता अपने अंशों के कुल जोड़ के बराबर नहीं होती)। उनका यह तात्पर्य था कि किसी भी समाज की सम्पूर्णता को उस समाज के अंगों, अंशों, सदस्यों को अलग-अलग समझ कर नहीं समझा जा सकता। बल्कि हर समाज को सम्पूर्णता में समझ लेने के बाद ही उस समाज के विभिन्न अंगो, अंशों एवं सदस्यों को सम्पूर्णता से जोड़कर समझा जा सकता है। समाज अपने आप में स्वयंभू (सुई जेनरि) होता है। उसे सम्पूर्णता में ही समझना पड़ता है। इसी तरह, *दी एलीमेंटरी फॉर्म ऑफ़ रिलिजियस लाइफ* में उन्होंने कहा था कि कोई

भी समाज मोरल कन्सेशन्स (नैतिक सर्वानुमति) के बिना नहीं चल सकता। इस नैतिक सर्वानुभूति को वे सोशल फैक्ट (सामाजिक यथार्थ) कहते थे। इसको वे सोशल रिप्रेंज़ेंटेशन (सामाजिक प्रतिनिधित्व) भी कहते थे। संरचनात्मक भाषा-विज्ञान में व्याकरण उस भाषा के बारे में नैतिक सर्वानुमति का सामाजिक प्रतिनिधित्व करता है। दुर्खीम के लिए धर्म में जो स्थान सेक्रेड (सामुदायिक नैतिकता का केन्द्र-बिन्दु या पवित्रतम सर्वानुमति) का है, सौस्यूर के लिए भाषा में वही स्थान व्याकरण का है। इस तरह दुर्खीम के सामाजिक सिद्धांत और सौस्यूर के संरचनात्मक-भाषा-विज्ञान में रेने डेकार्ट के रेशनलिज़्म (विवेकजन्य आत्मानुभूति) और प्लेटो के दर्शन का प्रभाव स्पष्ट है, जिसमें समाज को व्यक्तियों से बना होने के बावजूद स्वायत्त माना जाता है और सत्य को समझने के लिए व्यक्तिगत अनुभूति (इम्पिरिसिज़्म) की सीमा प्रारंभ में ही स्वीकार ली जाती है। अतः लेवी स्ट्रॉस के संरचनावाद के सिद्धांत दुर्खीम के सिद्धांत का ही संशोधित एवं संवर्धित रूप है। लेकिन मेथड या अध्ययन प्रणाली के स्तर पर दोनों में गुणात्मक अंतर है।

लेवी स्ट्रॉस के अनुसार मनुष्य की भाषा और मनुष्य की संस्कृति की संरचना में मौलिक एकता या सहधर्मिता है। अतः मनुष्य की संस्कृति का उसी तरह अध्ययन होना चाहिए, जिस तरह मनुष्य की भाषा का अध्ययन होता है। दूसरे शब्दों में, जिस तरह किसी भाषा को समझने में उस भाषा के व्याकरण को केंद्रीयता दी जाती है, उसी तरह किसी संस्कृति को समझने में उस संस्कृति के सर्वानुमति वाले सांस्कृतिक मूल्यों एवं नैतिक-प्रतिमानों को केंद्रीयता मिलनी चाहिए। ऐसे मूल्यों एवं नैतिक-प्रतिमानों को वे संस्कृति का व्याकरण कहते थे। ऐसे व्याकरणों के आलोक में ही उस संस्कृति के विभिन्न आयामों एवं अभिव्यक्तियों को समझना संरचनात्मक उपागम का प्रमुख लक्ष्य है। संस्कृति के व्याकरण की संरचना को, वे डीपर स्ट्रक्चर (मूल संरचना) कहते थे और इस व्याकरण की अभिव्यक्तियों को वे सरफेस स्ट्रक्चर (ऊपरी संरचना) कहते थे। दोनों संरचनाओं को समझ लेने के बाद ही उस संस्कृति की सम्पूर्ण समझ विकसित हो सकती है। अलग-अलग संस्कृति की सम्पूर्ण संरचनात्मक समझ विकसित कर लेने के बाद ही वे दो भिन्न संस्कृति की तुलना के पक्षधर थे। इस तरह की तुलना को वे सिनक्रोनिक एवं डायक्रोनिक दोनों स्तरों पर करने के पक्षधर थे। लेकिन वे हमेशा पूरी संरचना की तुलना एक-दूसरे से करने के पक्ष में थे। एक संरचना के एक अंश की दूसरे संरचना के संदर्भ विहीन तुलना को वे अर्थहीन और अवैध दोनों मानते थे।

द सैवेज माइंड नामक अपनी पुस्तक में लेवी स्ट्रॉस ने प्रमाणित किया

कि संरचनात्मक आधार पर एक अफ्रीकी या लैटिन अमेरिकन जनजाति की संरचना और संयुक्त राज्य ऑफ़ अमेरिका की संरचना की तुलना करने पर इसे वैध तरीके से साबित नहीं किया जा सकता कि जनजातियों की संस्कृति या जनजातियों का मस्तिष्क अमेरिकी संस्कृति या अमेरिकी व्यक्तियों के मस्तिष्क से कम विकसित है या कम सभ्य है। केवल इतना ही कहा जा सकता है कि दोनों की संस्कृति का व्याकरण और इस व्याकरण से उपजी सामाजिक संरचना की अभिव्यक्ति का स्वरूप अलग है। संरचनावाद के फॉर्मल एवं तटस्थ मानकों पर यदि तकनीकी दृष्टि से अमेरिकी व्यवस्था बेहतर दिखती है तो पर्यावरण रक्षण या नातेदारी कर्त्तव्यों के निर्वाह में अमेरिकी व्यवस्था कई जनजातीय व्यवस्था से कमतर भी साबित हो सकती है। अतः केवल कुछ मानकों के आधार पर अमेरिकी व्यवस्था को सबसे विकसित सामाजिक व्यवस्था या संस्कृति मानना संरचनात्मक समाजशास्त्र में सैद्धांतिक दृष्टि से असंगत एवं अवांछनीय है। यह विस्तृत तुलना के आधार पर ही कहा जा सकता है कि इन मामलों में तुलनात्मक रूप में कौन सी व्यवस्था संरचनात्मक रूप से ज़्यादा न्यायसंगत एवं टिकाऊ साबित होती है। उदाहरण के लिए पैरेलल कज़िन मैरेज और क्रॉस-कज़िन मैरेज दोनों संरचनात्मक रूप से तुलनीय व्यवस्थाएं हो सकती हैं लेकिन दुनिया भर के नातेदारी संरचनाओं की सिनक्रोनिक एवं डायक्रोनिक स्टडी के बाद पाया गया कि पैरेलल कज़िन मैरेज (चचेरे-मौसेरे भाई-बहनों का विवाह) की तुलना में क्रॉस-कज़िन मैरेज (ममेरे-फुफेरे भाई-बहनों का विवाह) ज़्यादा टिकाऊ नातेदारी संरचना होती है।

इसी तरह, संरचनात्मक मानवशास्त्र नामक अपनी पुस्तक में आधुनिक इतिहास लेखन और पारम्परिक मिथकों की तुलनात्मक अध्ययन के बाद लेवी स्ट्रॉस ने प्रमाणित किया कि तटस्थ संरचनात्मक मानदंडों पर आधुनिक इतिहास की वस्तुपरकता (वस्तुनिष्ठता) एवं तटस्थता एक लोकप्रिय फैशन या मिथक है जबकि जिसे आधुनिक समाजविज्ञानी ग़ैर-ऐतिहासिक समाजों का पुरा-आख्यान या मिथक कहते हैं, वह दरअसल इन समुदायों की सर्वानुमति प्राप्त इतिहास का वैकल्पिक मॉडल है। (*द हिस्ट्री इज़ मिथ एंड मिथ इज़ हिस्ट्री*)। लेवी स्ट्रॉस के मत में, समाजशास्त्र और सामाजिक मानवशास्त्र दोनों का एक ही उद्देश्य है कि मानव समुदाय का संरचनात्मक अध्ययन कर मानव समाज व्यवस्था और सभ्यता के वैकल्पिक मॉडलों की संरचनात्मक प्रस्तुति कर सके एवं मानव जाति की संरचनात्मक एकता और सांस्कृतिक विविधता को सही परिप्रेक्ष्य में प्रस्तुत किया जा सके। संरचनात्मक-प्रकार्यवादी उपागम

से संबंधित विद्वानों ने शुरू में उनके कार्य की अनदेखी करनी चाही और फिर यह कहना चाहा कि उनका कार्य बहुत तकनीकी और दुरूह है, जिसे समझना उनके बूते की बात नहीं है। प्रतिष्ठित विद्वानों के ऐसा कहने के पीछे उपहास का भाव था। लेकिन लेवी स्ट्रॉस की लोकप्रियता १६६८ तक लगातार बढ़ती गई। उत्तरसंरचनावादी विद्वानों ने, जिसमें मिशेल फुको, रोलैंड बार्थ और देरिदा प्रमुख थे। लेवी स्ट्रॉस ने मेथड (अध्ययन पद्धति) के आधार पर अलग-अलग तरह के सैद्धांतिक निष्कर्ष निकालना शुरू किया, जिसे डिस्कोर्स एनालिसिस (फुको) डीकन्सट्रक्शन (देरिदा) एवं उत्तर संरचनावाद (बार्थ) आदि कहा गया। इन लोगों ने लेवी स्ट्रॉस की यह कहकर आलोचना शुरू की कि लेवी स्ट्रॉस मेथड के स्तर पर तो क्रांतिकारी हैं लेकिन सिद्धांत के स्तर पर दुर्खीमवादी हैं। आखिर पूरे मनुष्य-समाज के लिए एक ही सिद्धांत होना क्यों ज़रूरी है? अगर ज़रूरी है तो इसमें कमज़ोर समुदायों की सामाजिक संरचना को मानकों को मानने के लिए विवशता क्यों नहीं होगी? जैसा कि श्रीनिवास आदि ने दिखलाया है कि कमज़ोर वर्गों में अपने से श्रेष्ठ समझे जाने वाले वर्गों के मानक की नकल करने की स्वाभाविक प्रवृत्ति होती है। श्रीनिवास इसे संस्कृतीकरण एवं पश्चिमीकरण कहते हैं। लेकिन अन्य लोग रेफरेंस ग्रुप बिहेवियर कहते हैं। अतः उपरोक्त विद्वानों ने सार्वभौमिक संरचनावाद की जगह अलग-अलग समाजों की संरचना को वैकल्पिक सिद्धांतों में प्रस्तुत करके एक सामान्य मैक्रो सिद्धांत बनाने की वकालत शुरू की। धीरे-धीरे इस प्रवृत्ति को नवमार्क्सवादियों एवं इथनो मेथडोलॉजी के समर्थकों का भी समर्थन मिला। और धीरे-धीरे उत्तर आधुनिकता का आंदोलन ज़ोर पकड़ने लगा। विश्व समाजशास्त्र में १६६८ से १६८० के पूर्वार्द्ध तक उत्तरआधुनिकता की धूम रही। १६८० में रीगन और थैचर के उदय के बाद के ८ वर्षों में पूँजीवाद की दूसरी पाली शुरू हुई, जिसे मार्क्सवादी विद्वान् लेट कैपिटलिज़्म, (उत्तर पूँजीवादी व्यवस्था) कहते हैं और पूँजीवाद के समर्थक इसे वैश्वीकरण या खगोलीकरण की प्रक्रिया कहते हैं। १६८० से १६८८ तक यह पश्चिमी पूँजीवादी देशों में मज़बूत हुई। १६८६ से १६६१ के बीच पूर्वी जर्मनी और पूर्वी यूरोप के साम्यवादी देश तथा भारत भी इसके प्रभाव में आ गए। १६८० के दशक में चीन ने इस व्यवस्था को स्वीकार लिया। इसी बीच यूरोपीय यूनियन बनने की प्रक्रिया शुरू हुई और वैश्वीकरण के भीतर मल्टीपुल मोडर्निटी (आधुनिकता के वैकल्पिक मॉडलों) की चर्चा शुरू हो गई। मल्टीकल्चरलिज़्म (बहु सांस्कृतिकता) की बात भी होने लगी। फलस्वरूप लेवी स्ट्रॉस की रचनाओं में आम आदमी और मध्यवर्गीय पेशेवर समुदाय की भी

रुचि बढ़ी। १९५७ से १९७० तक अपनी पत्रिका के द्वारा और १९७० से अपनी रचनाओं के द्वारा लुई डुमों भारत में लेवी स्ट्रॉस के संरचनात्मक उपागम के सबसे प्रमुख प्रवक्ता एवं प्रतिनिधि माने जाते हैं।

संरचनात्मक उपागम के विकास में लुई डुमों का योगदान

अपनी *होमो हैरारकिकस* (फ्रेंच १९६६, अंग्रेज़ी १९७०, संशोधन १९८०) पुस्तक में उन्होंने लेवी स्ट्रॉस के संरचनावादी उपागम को नई ऊँचाई दी। उन्होंने कहा कि हैरारकी (असमानता पर आधारित श्रेणियों की सर्वसमावेशी व्यवस्था) एक 'सार्वभौमिक आवश्यकता है और यदि इसे सैद्धांतिक रूप से नहीं स्वीकारा जाता है तो यह विकृत स्वरूप में अपने को अभिव्यक्त करती है (उदाहरण के लिए रेसिज़्म या प्रजातिवाद)। इसलिए, पश्चिमी व्यक्तियों के लिए ऐसी समाज व्यवस्था का अध्ययन करना और समझना बहुत महत्त्वपूर्ण दायित्व है, जिसमें हैरारकी को समाज व्यवस्था के प्रथम सिद्धांत के रूप में औपचारिक रूप से स्वीकार किया जाता है। १९७७ के अपने प्रकाशन में उन्होंने यह साबित किया कि आर्थिक समानता की विचारधारा या समाज के लक्ष्य के रूप में आर्थिक उपलब्धि की विचारधारा आधुनिक पश्चिमी समाज में भी मैंडेविले से पहले नहीं पाई जाती थी और मार्क्स के बाद इसको लोकप्रियता अवश्य मिली लेकिन इसको लोक-व्यवहार के स्तर पर पश्चिमी पूंजीवादी व्यवस्था या साम्यवादी व्यवस्थाओं में भी सर्वानुमति नहीं मिली। अधिक से अधिक यह एक लोकप्रिय विचारधारा या फैशनेबुल सिद्धांत या नारा बन कर रह गई। इसी तरह १९८६ के अपने अध्ययन में उन्होंने यह साबित किया कि नैतिक रूप से स्वयंभू व्यक्ति का विकास आधुनिक पूंजीवादी समाजों की विशेष ऐतिहासिक परिस्थिति में हुआ है और ऐसे व्यक्तियों से बनी समाज व्यवस्था न तो सार्वभौमिक व्यवस्था है और न अपने आप में सबसे विकसित, सबसे विवेकसम्मत या सबसे न्यायसंगत व्यवस्था है। अगर मानवशास्त्रीय दृष्टिकोण में ऐसी व्यवस्था की सामाजिक विकास की सबसे सभ्य, सबसे तर्कपूर्ण एवं सबसे न्यायसंगत माना जाता है तो इसका आधार ऐसी व्यवस्थाओं के तटस्थ संरचनात्मक मूल्यांकन पर आधारित नहीं है बल्कि मानवशास्त्रीय या समाजशास्त्रीय दृष्टिकोण के भीतर सैद्धांतिक स्तर पर अन्तर्निहित आधुनिक व्यक्तिवाद की विचारधारा के कारण है।

अपने १९८७ में प्रकाशित लेख (करेन्ट एन्थ्रोपालॉजी २८ए ५) में उन्होंने कहा कि व्यक्तिवाद और समानता के बारे में दो तरह के संरचनात्मक मॉडल मौजूद हो सकते हैं। पहला भारतीय समाज का मॉडल जिसे वे होमो

हैरारकिकस कहते हैं और दूसरा पश्चिमी पूंजीवादी देशों, ख़ासकर संयुक्त राज्य अमेरिका का मॉडल, जिसे वे होमो इक्वीलिस कहते हैं। होमो हैरारकिकस वाले भारतीय समाज व्यवस्था की इकाई स्वयंभू व्यक्ति नहीं होकर समुदाय (जाति या नातेदारी समूह) है और इस समाज व्यवस्था की विचारधारा या प्रथम सिद्धांत व्यक्तियों (इकाइयों) की समानता नहीं बल्कि असमानता या श्रेणीगत सोपानता है। दूसरी ओर होमो इक्वीलस वाले अमेरिकी समाज व्यवस्था की इकाई स्वयंभू व्यक्ति है और समाज व्यवस्था की विचारधारा या प्रथम सिद्धांत व्यक्तियों के बीच समानता है। परन्तु विचारधारा में समानता की वकालत या प्रचार करने के बावजूद अमेरिकी समाज में हर स्तर पर असमानता पाई जाती है और समाज को सुचारु रूप से चलाने के लिए इसे पुरस्कार एवं दंड की न्यायसंगत व्यवहारिकता के रूप में सहर्ष स्वीकारा जाता है। इतना ही नहीं अमेरिकी समाज में काले लोगों के प्रति गोरे लोगों के मन एवं व्यवहार में वीभत्स प्रजातिवाद (रेसिज़्म) पाया जाता है। लुई डुमों ने पहले प्रकार की व्यवस्था में विचारधारा और व्यवहार के अद्वैत या हारमनी (कथनी और करनी में समानता या तादात्मय) और दूसरे प्रकार की व्यवस्था में विचारधारा और व्यवहार के द्वैत या डिसहारमनी; कथनी और करनी में असमानता या अन्तर्विरोध) को रेखांकित किया है। जे.पी.एस. उबेराय ने इसे फैक्ट (यथार्थ) और वैल्यू (नैतिक मूल्य) की एकता या विलगाव कहा है। लुई डुमों और जे.पी.एस. उबेराय उपरोक्त संरचनात्मक आधार पर आधुनिक पश्चिमी समाज व्यवस्था को ज़्यादा सभ्य या ज़्यादा नैतिक या ज़्यादा विकसित मानने वाले समाजशास्त्रियों पर पक्षपात एवं अनीति पर चलने का आरोप लगाते हैं। डुमों के उपरोक्त निष्कर्षों को ग़ैर पश्चिमी विचारकों में खूब लोकप्रियता मिली। पश्चिम के कुछ विचारकों में भी इसकी स्वीकार्यता बढ़ी।

लेकिन भारतीय समाज एवं संस्कृति के बारे में लुई डुमों के कुछ निष्कर्षों पर अच्छा-ख़ासा विवाद भी हुआ। लुई डुमों ने अपने उपागम को 'पोजिटिव एवं सबजेक्टिव' दोनों का मिश्रण कहा। इसमें बाहरी व्यक्ति (समाजशास्त्री) की तटस्थ वस्तुनिष्ठता (पोज़िटिव) एवं जिस समुदाय का अध्ययन किया जा रहा है, उस समुदाय के भीतर की अंतर्दृष्टि (सब्जेक्टिव) का संगम होता है। भारतीय समाजशास्त्री ए.के. सरण (लखनऊ संप्रदाय के प्रतिनिधि, जिन पर आनंद कुमारस्वामी का सबसे ज़्यादा प्रभाव था और जो महात्मा गाँधी के भी समर्थक थे) ने लुई डुमों के उपरोक्त दावे को यह कहकर ख़ारिज किया कि यह अधिक से अधिक एक शुभेच्छा है। लुई डुमों एक आधुनिक यूरोपीय व्यक्ति हैं और एक आधुनिक व्यक्ति के लिए बिना आधुनिकता का अतिक्रमण किए

ग़ैर आधुनिक समुदायों या संस्कृतियों के प्रति तटस्थ होना संभव ही नहीं है। और यदि वे आधुनिक मानदंडों को छोड़ कर पारम्परिक समाजों के पारम्परिक मानदंडों को समझेंगे और अभिव्यक्त करेंगे तो इसमें 'सब्जेक्टिव' एवं 'पोज़िटिव' दृष्टि में से कोई एक ही रह पाएगा। दोनों एक साथ सैद्धांतिक रूप से एक ही अध्ययन में कैसे अभिव्यक्त हो पाएंगे? फिर सरण ने यह प्रमाणित करना चाहा कि भारतीय समाज व्यवस्था की आंतरिक अन्तर्दृष्टि समझने के लिए लुई डुमों जिस इंडोलॉजी (बुगले जैसे फ्रांसीसी भारतविदों) का सहारा लेते हैं, वह समाजशास्त्र की ही तरह अठारहवीं शताब्दी के यूरोपीय ज्ञानोदय का पूरक रूप है। अतः लुई डुमों दो तरह के आधुनिक 'पोजिटिव' विमर्शों (सोशिओलॉजी एवं इंडोलॉजी) का संगम एवं मिश्रण करा रहे हैं। इसे 'पोजिटिव एवं सब्जेक्टिव' का संगम कहना ठीक नहीं है।

इसी तरह लुई डुमों के इस स्थापना पर भी विवाद हुआ है कि जाति-व्यवस्था भारतीय संस्कृति का प्रथम सिद्धांत या एकमात्र आधार स्तंभ है। एम.एस.ए. राव ने प्रमाणित किया कि जाति (कास्ट) की अलावा सम्प्रदाय (सेक्ट) भी भारतीय संस्कृति का प्रथम सिद्धांत एवं समान रूप से महत्त्वपूर्ण आधार-स्तंभ है।

इस तरह लुई डुमों की इस स्थापना (फ्रांसीसी इंडोलॉजिस्ट बुगले की धारणा पर आधारित) को भी भारतीय समाजशास्त्रियों का समर्थन नहीं मिला कि जाति-व्यवस्था का आधार स्तंभ शुद्ध (प्योर) एवं अशुद्ध (इमप्योर) की अवधारणा है। वीणा दास एवं जे.पी.एस. उबेराय ने कहा कि शुद्ध एवं अशुद्ध की तुलना में पवित्र (सेक्रेड) एवं अपवित्र (नॉन-सेक्रेड) की अवधारणा ज़्यादा महत्त्वपूर्ण एवं ज़्यादा सर्वसमावेशी अवधारणा है। उसी तरह दास एवं उबेराय ने यह भी कहा कि हैरारकी (श्रेणीगत असमानता) के साथ-साथ पारस्परिकता (रेसिप्रोसिटी) एवं समानता (इक्वीलिटी) की अवधारणाएं भी विभिन्न जातियों के आपसी संबंधों को समझने के लिए उतनी ही महत्त्वपूर्ण हैं।

इसी तरह हीस्टरमैन ने लुई डुमों के इस मत को अतिरंजित कहा कि भारतीय समाज व्यवस्था को चलाने में ब्राह्मण एवं क्षत्रियों के बीच अनुपूरक भूमिका होती है। हीस्टरमैन ने कहा कि दोनों जातियों के बीच अंतर्विरोधों की स्थिति को समझने का डुमों ने प्रयास नहीं किया (चूंकि वे नैतिक सर्वानुमति के बिना सामाजिक व्यवस्था की संभावना को दुर्खीम की तरह सैद्धांतिक रूप से ख़ारिज करते हैं)।

इसी तरह लुई डुमों और एफ.जी. बेली संवाद से भी भारतीय पारम्परिक

व्यवस्था के निर्धारण में मत भिन्नता सामने आई है। एफ.जी. बेली ने यह साबित करना चाहा है कि भारतीय समाज में राजनैतिक-आर्थिक प्रस्थिति (पावर) तथा धार्मिक प्रस्थिति (स्टेटस) में बहुत ज़्यादा संगति है। केवल समाज के सबसे ऊपर और सबसे नीचे स्थित दोनों ध्रुवों पर जाति-व्यवस्था में एक विचित्र कठोरता (रिजिडिटी) पाई जाती है। लुई डुमों ने कहा कि किसी भी व्यवस्था की संरचनात्मक पहचान तो हैरारकी के दोनों ध्रुवों की उस व्यवस्था में स्थान एवं मूल्यांकन के आधार पर ही तय होती है। मध्य की जातियों में स्टेटस (धार्मिक रैकिंग) एवं पावर (राजनैतिक-आर्थिक रैंकिंग) के बीच संगति हो सकती है। लेकिन जाति--व्यवस्था के ऊपरी ध्रुव पर ब्राह्मण जाति के स्टेटस एवं पावर में संगति नहीं पाई जाती। ब्राह्मण जाति के सदस्यों की राजनैतिक-आर्थिक स्थिति क्षत्रिय एवं वैश्य जातियों से कमज़ोर होने के बाद भी उनके धार्मिक स्टेटस को सर्वोच्च माना जाता है। उसी तरह से अछूत जातियों की आर्थिक-राजनैतिक स्थिति यदि अन्य जातियों से किसी क्षेत्र में अच्छी भी हो तो उससे उनकी धार्मिक रैंकिंग में फर्क नहीं पड़ता। अछूत जातियों की धार्मिक स्थिति जाति-व्यवस्था में सबसे नीचे मानी जाती है। जाति-व्यवस्था की आधुनिक व्यवस्था से संरचनात्मक भिन्नता ही इस बात में है कि इसमें धार्मिक शुद्धता एवं अशुद्धता के आधार पर विभिन्न जातियों को ऊंची या नीची शृंखला में नैतिक मूल्यों के आधार पर विभाजित किया जाता है और इन नैतिक मूल्यों को सभी जातियाँ स्वेच्छा से स्वीकार करती हैं। यही कारण है कि जाति-व्यवस्था इस देश की सामाजिक एवं सांस्कृतिक संरचना की हज़ारों वर्षों से अपरिवर्तनशील पहचान बनी हुई है। इस संरचना के भीतर (मध्य जातियों) की संरचना में थोड़ी बहुत उथल-पुथल होती रहती है लेकिन इस संरचना की पारिभाषिक विशेषता एवं इस व्यवस्था के आधारभूत नैतिक मूल्यों में आश्चर्यजनक रूप से अपरिवर्तनशीलता बनी रहती है।

एम.एन. श्रीनिवास ने लुई डुमों के उपरोक्त निष्कर्षों से असहमति दिखलाई है। उनका मानना है कि लुई डुमों जाति-व्यवस्था एवं वर्ण-व्यवस्था में अन्तर नहीं करते जबकि दोनों अलग-अलग चीज़ें हैं। जाति-व्यवस्था एक स्थानीय (लोकल) व्यवस्था होती है। अलग-अलग क्षेत्रों में एक ही जाति की स्थिति स्थानीय व्यवस्था में अलग-अलग हो सकती है।

संस्कृतीकरण की प्रक्रिया के तहत कई प्रकार की ब्राह्मण जातियाँ या क्षत्रिय जातियाँ एक-दूसरे की धार्मिक रैंकिंग को चुनौती देती रही हैं। अतः जाति-व्यवस्था का कोई एक अखिल भारतीय संरचनात्मक मॉडल व्यवहारिक रूप से नहीं पाया जाता और भारत के धार्मिक साहित्य में जाति-व्यवस्था की

चर्चा तक नहीं है। जातियाँ भारतीय समाज की लम्बे समय से एक सामाजिक इकाई रही हैं, जो स्थानीय, क्षेत्रीय, प्रायद्वीपीय या अखिल भारतीय स्तर पर उपलब्ध ऐतिहासिक व्यवस्थाओं को या तो प्रभावित करतीं हैं या प्रभावित होती हैं। दूसरी ओर वर्ण–व्यवस्था एक अवधारणात्मक मॉडल है, कोई सामाजिक यथार्थ या ऐतिहासिक रूप से उपलब्ध सांस्कृतिक व्यवस्था नहीं है। वर्ण व्यवस्था भारतीय सभ्यता का पारम्परिक मॉडल है, जिसमें समाज को सुचारु रूप से चलाने के लिए चार प्रकार का श्रम विभाजन और चार प्रकार के श्रम संस्कृति या पेशेवर संस्कार कहे गए हैं। इसे वर्णाश्रम धर्म कहा जाता है। इसे चारों वर्णों के लिए चार प्रकार के प्रोफेशनल इथिक या वर्णगत धर्म कहा गया है। इस मॉडल को एक प्रेरणा या संदर्भ की तरह देखा जाता है लेकिन इसे लागू करने का कोई ऐतिहासिक प्रमाण इस देश में उपलब्ध नहीं है।

इसी तरह एम.एस.ए. राव ने कहा कि कर्नाटक जैसे प्रदेशों की स्थानीय एवं क्षेत्रीय व्यवस्था में जाति एवं सम्प्रदाय का साथ–साथ अस्तित्व रहा है। ब्राह्मण जाति को वीर, शैव सम्प्रदाय के लोग, जिन्हें लिंगायत कहा जाता है, सर्वोच्च धार्मिक रैंकिंग नहीं देते। इसी तरह वीना दुआ ने पश्चिमी उत्तर प्रदेश एवं पंजाब के आर्य समाजी जाटों की चर्चा की है, जो अपने पड़ोसी ब्राह्मणों को अपने से श्रेष्ठ नहीं मानते।

उपरोक्त आलोचनाओं के बावजूद, लुई डुमों की लोकप्रियता या उनके अध्ययनों का महत्त्व बना रहा। नातेदारी व्यवस्था के उत्तर भारतीय और दक्षिण भारतीय विवाह मॉडलों और नातेदारी संबोधनों का जैसा विशद फील्डवर्क आधारित अध्ययन लुई डुमों ने प्रस्तुत किया है उसकी तारीफ सभी करते हैं। *होमो हैरारकिकस* के प्रकाशन का एक उद्देश्य भारतीय सभ्यता को सम्पूर्णता में समझना था। सम्पूर्णता में समझने का आग्रह १९५० और १९६० के दशक में संरचनात्मक–प्रकार्यवादी उपागम की लोकप्रियता की वजह से कम हो गया था। विलेज स्टडीज़ (गाँव के अध्ययन) के लोकप्रिय होने के कारण लोग एक, पाँच या छः गाँवों के अध्ययन में इतने व्यस्त हो गये थे कि पूरे भारतीय समाज या सभ्यता की बात ओझल हो गयी थी। आधुनिकीकरण के अध्ययन के नाम पर सरकारी योजनाओं का सरकारी सदुपयोग के लिए अध्ययन होने लगा था। ऐसी परिस्थिति में लुई डुमों ने १९५७ से भारतीय समाज को समझने के लिए भारतीय समाजशास्त्र की आवश्यकता को रेखांकित करना शुरू किया। फिर *होमो हैरारकिकस* नामक पुस्तक में भारतीय समाजशास्त्र का एक ऐसा मॉडल विकसित करना चाहा, जिसकी संरचनात्मक मानदंडों पर सम्पूर्णता में आधुनिक व्यवस्था के मॉडल से तुलना की जा सके।

यह लेवी स्ट्रॉस के संरचनात्मक समाजशास्त्र को एक सैद्धांतिक ऊँचाई देने का चुनौतीपूर्ण कार्य था। अपनी पुस्तक की कुछ आलोचनाओं को उन्होंने तथ्यात्मक स्तर पर स्वीकारा और सैद्धांतिक स्तर पर उठाए गए सवालों का १९८० में प्रकाशित द्वितीय संस्करण में प्रति–उत्तर दिया। १९८६ में प्रकाशित व्यक्तिवाद एवं समानता वाले अध्ययन में उन्होंने भारतीय समाज व्यवस्था के आधार पर आधुनिक समाज व्यवस्था के मूल्यांकन की जैसी कोशिश की, उसका मैकिम मैरियट और उनके सहयोगियों के १९८९ में प्रकाशित *इथनोसोशियोलॉजी थ्रू हिन्दू कटेगेरीज* तथा इन्डेन एवं निकोलस आदि के अध्ययनों पर निर्णायक प्रभाव पड़ा। ओस्टर, फ्रुजेडी एवं बार्नेट के अध्ययनों पर भी इसका महत्त्वपूर्ण प्रभाव पड़ा। टी.एन. मदान, जे.पी.एस. उबेराय, वीना दास, आर.के. जैन, पेट्रिशीया उबेराय आदि ने भी लुई डुमों के कार्य को भारतीय समाजशास्त्र के विकास में एक महत्त्वपूर्ण मोड़ माना है।

५

सभ्यतामूलक सम्प्रदाय

महात्मा गाँधी, एन.के. बोस, सुरजीत सिन्हा

सभ्यतामूलक उपागम का अर्थ

सभ्यता की अवधारणा समाजशास्त्र में एक छतरीनुमा अवधारणा है। सामान्यतः, जिसके कई अर्थ हो सकते हैं। एक लंबे समय के अंतराल में विकसित शक्ति केन्द्र, किसी ख़ास संस्कृति के क्षेत्रीय विस्तार एवं किसी ख़ास समय में किसी ख़ास समाज की सांस्कृतिक निरंतरता को सभ्यता कहा जाता है। इस तरह, संस्कृति और सभ्यता परस्पर संबंधित अवधारणाएँ हैं। प्रत्येक समाज की एक संस्कृति होती है, परंतु सभी समाज सभ्यता नहीं माने जाते। आधुनिक समाजशास्त्र में, सभ्यता की अवधारणा उन्नत संस्कृति की विशेष अवस्था के लिए आरक्षित है। आधुनिक पश्चिमी विचारधारा में सभ्यता तीन विभिन्न अर्थों में अभिव्यक्त होती है : प्राथमिक रूप से क्षेत्रीय संदर्भ में, द्वितीय रूप में धार्मिक संदर्भ में एवं तृतीय रूप में उत्पादन के किसी ख़ास तरीके से संबंधित। इसके विपरीत पारम्परिक सामाजिक विचार एवं भारतीय समाजशास्त्र में, सभ्यता की अवधारणा कुछ भिन्न परिप्रेक्ष्य में समझी जाती है। सभ्यता की इन दोनों अवधारणाओं को कुछ विस्तार से देखने की आवश्यकता है।

सभ्यता की आधुनिक अवधारणा

सभ्यता की आधुनिक अवधारणा १८वीं शताब्दी में यूरोपीय बौद्धिक ज्ञानोदय की उपज है। यद्यपि यूरोपीय बौद्धिक ज्ञानोदय की विभिन्न बौद्धिक परम्पराओं में एक सामान्य सहमति के बावजूद कुछ भिन्नताएँ भी हैं। समाजशास्त्रीय दृष्टि से फ्रांसीसी परम्परा का महत्त्व सबसे अधिक है।

अगस्त कोम्टे के लेखों में सभ्यता उन्नत संस्कृति की विशेष अभिव्यक्ति है। तथापि ईमाइल दुर्खीम के लेखों में सभ्यता की अवधारणा तिहरे अभिप्राय को अभिव्यक्त करती है। प्रथम रूप में यह समाज और व्यक्ति के बीच के संबंध तथा सामाजिक अर्थ के विभिन्न स्तरों के संबंध को समझने में काफी हद तक समर्थ बनाती है। दुर्खीम का कहना है कि मनुष्य पाशविक एवं दैविक गुणों का मिश्रण है तथा मनुष्य को सभ्य तरीके से संस्कृति की समृद्ध एवं गहन शिक्षा की आवश्यकता पड़ती है। इसके अलावा दुर्खीम का मानना है कि सभ्य बनने की यह प्रक्रिया, रोज़मर्रा के जीवन, जो कि विखण्डित एवं विषमतापूर्ण है, के स्तर पर नहीं घटित होती है वरन यह समाज के सामूहिक लोकाचार, जो कि सांकेतिक रूप में, एकत्रित, संघनित एवं निरूपित हैं, के द्वारा निर्मित होती है। दुर्खीम के अनुसार मानव एक प्रतीकात्मक प्राणी है और इन प्रतीकों के माध्यम से सभ्य बनने की प्रक्रिया संपन्न होती है। प्रतीकों का यह माध्यम प्रत्येक व्यक्ति को समाज में स्थापित करता है। दुर्खीम का मानना है कि सभ्यता परिचय निर्माण और प्रतीकात्मक सृष्टि की दोनों प्रक्रियाओं का एक समाहित संवर्ग है।

दुर्खीम के मत को आगे बढ़ाते हुए, मार्शल मौस कहते हैं कि सभ्यता एक सामाजिक सोपान है, जिसमें राज्य और सांस्कृतिक रूप-विधान परस्पर निर्भर, एक-दूसरे में समाहित एवं एक-दूसरे से अखण्डनीय होते हैं। सांस्कृतिक रूप-विधान तथा राजनैतिक संस्था के अस्थिर परंतु सहनीय सामंजस्य के द्वारा इनकी संबद्धता, जो केवल राज्य-निर्माण की सीमा में नहीं बँधा है, प्राप्त होती है। मार्शल मौस के अनुसार सभी सभ्यताओं की विशेषता उनकी स्वयंभुता एवं स्वायत्तता है।

कुछ अलग परिप्रेक्ष्य में, लुसियन फेबरे और एनल्स स्कूल ने सभ्यता को खास भौगोलिक व्यवस्था में, मानव-जीवन के विभिन्न रूपों के समन्वय एवं लंबे इतिहास की स्थिति रूप में परिभाषित किया है। फेबरे ने अपने को दुर्खीम की विरासत का हिस्सा माना है और दावा किया है कि ऐतिहासिक तथ्य मात्र घटनाएँ नहीं वरन अमूर्त प्रत्यय, वैज्ञानिक आविष्कार अथवा सांस्कृतिक निर्माण भी हैं। इन ऐतिहासिक तथ्यों की अपनी एकदम ख़ास वंशावली और इतिहास भी होता है।

सभ्यता की भारतीय अवधारणा

आनंद कुमारस्वामी के अनुसार सभ्यता की भारतीय अवधारणा यूनानी सभ्यता की पारम्परिक अवधारणा से मिलती-जुलती अवधारणा है। भारत की

प्राचीन भाषा संस्कृत एवं यूनान की पारम्परिक ग्रीक भाषा में तात्त्विक रूप से सभ्यता की अवधारणा समानार्थी है। उदाहरण के लिए महान् यूनानी दार्शनिक प्लेटो के अनुसार यूनानी नगर-राज्य एवं यूनान के राजनैतिक समुदाय संसार में दैवीय नगर (कॉस्मिक सिटी) की अभिव्यक्ति हैं। दैवीय नगर को संस्कृत साहित्य में स्वर्ग कहा जाता है। भारत की पारम्परिक सभ्यता में संसार में लोक (गाँव एवं नगर में कायम सभ्यतामूलक धर्ममय जीव व्यवस्था) स्वर्ग की ही अनुकृति मानी जाती है। भारत में लोक और प्राचीन यूनान के नगर-राज्य में मनुष्य, प्रकृति, मनुष्येतर जीव जगत एवं दैवीय शक्तियों के बीच संतुलन को धर्म कहा जाता था। प्लेटो को उद्धृत करते हुए आनंद कुमारस्वामी कहते हैं कि ईश्वर का नगर-राज्य अपने में सभी समुदायों और सच्ची सभ्यता को समेटे हुए है। जब समुदाय के सभी सदस्य अपने उचित कर्त्तव्य का निर्वाह करते हैं तभी सही व्यक्ति बनते हैं और विवेक एवं सम्यक् विचार से युक्त सम्पूर्ण मानव कहलाते हैं। समुदाय में शासन-व्यवस्था एवं जीविकोपार्जन के साधन के बारे में किसी प्रकार का कोई भ्रम नहीं रह जाता है और प्रत्येक पेशा एक व्यवसायिक ज़िम्मेदारी होता है। समुदाय में कोई जाति या वर्ग नहीं होकर प्रत्येक व्यक्ति एक ख़ास क्षेत्र में एक ज़िम्मेदार एजेंट होता है। यदि कोई नगर अगर औचित्य से पृथक् है तो वह अच्छा नगर नहीं कहला सकता। समझदारी, सहनशीलता, साहस और न्यायप्रियता ये चारों नागरिक गुण हैं, जिनसे युक्त नगर ही अच्छा नगर है। इन गुणों से पृथक् नगर अन्यायपूर्ण और नगर की बर्बादी हैं।

इस प्रकार एक आदर्श समाज एक सहकारी कार्यशाला है, जिसका उत्पादन लाभ के लिए नहीं बल्कि मनुष्य की शारीरिक एवं आत्मिक ज़रूरतों की पूर्ति के लिए होता है। आदर्श समाज में वस्तुओं का उत्पादन बेचने या लाभ के लिए न होकर उपयोग के लिए होता है और इस प्रकार से मानवता की सेवा होती है।

कार्य का भारतीय दर्शन भी यही है। भारतीय दर्शन में कार्य विश्वकल्याण के लिए किए जाते हैं। अपने कार्य के प्रति समर्पण भाव से ही मनुष्य पूर्णता को प्राप्त करता है। अपनी प्रकृति के अनुरूप कार्य करना श्रेयस्कर है और इसीलिए मनुष्य को अपना स्वाभाविक पेशा नहीं छोड़ना चाहिए। इन्हीं वजहों से औद्योगिक सभ्यता मनुष्यता के लिए अभिशाप है। उन्नति की औद्योगिक अवधारणा के कारण ही आधुनिक युद्धों का सामना करना पड़ा है। कृषि और हस्त-शिल्प सभ्यता के आधार-स्तम्भ हैं। मशीन युग और विश्व व्यापार ने सभ्यता को मुश्किल स्थिति में डाल दिया है। ग्रीस, पूर्वी ईसाईयत और अन्य

प्राचीन एवं मध्ययुगीन परम्पराओं को कुमारस्वामी ने सभ्यता की भारतीय अवधारणा के समकक्ष माना है। महात्मा गाँधी भी सभ्यता के बारे में इसी तरह सोचते हैं। वे कहते हैं कि सभ्यता आचरण का वह प्रकार है, जो मनुष्य को कर्त्तव्य का सही रास्ता दिखलाता है। कर्त्तव्य पालन ही नैतिकता का पालन है। भारतीय सामाजिक विचार में कुमारस्वामी और गाँधी दोनों ही मुख्य पारम्परिक सिद्धांतकार हैं।

बॉम्बे स्कूल ऑफ सोशियोलॉजी के जनक जी.एस. घुर्ये के अनुसार सभ्यता मानवता का सामूहिक प्रयास है और सभ्यता के उत्थान और पतन के क्रम में संस्कृति का लगातार विकास होता गया है। उनके अनुसार, सभ्यता के विकास के क्रम में कुछ खास मूल्य संस्कृति के अन्तिम और पवित्र आधार हैं। उन्होनें पाया कि सभ्यता के आधारभूत मूल्य पाँच हैं: १. धार्मिक विवेक २. विवेकशीलता ३. न्याय ४. ज्ञान की स्वतंत्र खोज और अभिव्यक्ति ५. सहनशीलता। ट्वायनबी की तरह घुर्ये का विश्वास है कि अपने विकास की अवधि में सभ्यता क्रियाशील अल्पमत को पैदा करती है, जबकि अपनी अवनति की अवधि में वह ऐसा नहीं करती।

भारतीय समाजशास्त्र के एक अन्य स्तम्भ राधाकमल मुखर्जी भी सोचते हैं कि आधुनिक समाजशास्त्र ने आधुनिक सभ्यता की बीमारी और भारतीय एवं अन्य पारम्परिक सभ्यताओं की शक्ति को कमतर कर आँका है। परिणामस्वरूप सभ्यता के अर्थ और मूल्यों की व्याख्या करना सैद्धांतिक रूप में अत्यंत ही मुश्किल हो गया है। मैक्रो सैद्धांतिक आधार पर सभी सभ्यताओं के तीन हिस्से हैं – मनुष्य, मूल्य और प्रकृति। ये तीनों भ्रामक, स्वतंत्र और अविधेय हैं। इन तीनों सार्वजनिक तत्त्वों के गतिशील कारोबार से सभ्यता निर्मित होती है। सभ्यता एक समयावधि के अन्तर्गत मानवीय प्रकृति, मूल्य एवं परिस्थिति के उभार की ओर इंगित करती है। सभ्यता मानव मात्र की आकांक्षाओं का प्रतिनिधित्व करती है। इस तरह भारतीय दृष्टिकोण में सभ्यता और परम्परा समानार्थी शब्द हैं।

अनेक सभ्यताओं में से मात्र तीन सभ्यताओं ने ऐतिहासिक शक्तियों के दबाव को झेला है – भारतीय सभ्यता, चीनी सभ्यता एवं पाश्चात्य सभ्यता। अन्य सभ्यताएँ काल के गाल मे समा गईं। इतिहासकारों का मानना है कि उच्चतर शिक्षा की संस्थाओं ने सामान्यतः सभ्यता की नियति को मोड़ने में निर्णायक भूमिका अदा की है। उदाहरणार्थ, नालन्दा और तक्षशिला के गुरुकुलों ने प्राचीन भारतीय सभ्यता को दिशा देने में महत्त्वपूर्ण भूमिका निभाई है। यद्यपि कि अरबों ने ज्ञान की उन्नत संस्था की स्पेन में (सरगोसा विश्वविद्यालय)

स्थापना की, भारत में मध्य युग के मुस्लिम शासकों की दिलचस्पी ज़्यादातर नृत्य, संगीत और ललित कलाओं की ओर थी न कि विज्ञान और तकनीकी संस्थाओं की तरफ। दूसरी तरफ, तेरहवीं शताब्दी से पन्द्रहवीं शताब्दी तक यूरोपीय पुनर्जागरण के दौरान इंग्लैंड में ऑक्सफोर्ड और कैम्ब्रिज, फ्रांस में पेरिस और जर्मनी में लाइपत्सिश यूनिवर्सिटी की स्थापना हुई।

भारतीय समाजशास्त्र में सभ्यतामूलक उपागम के अधिकारी प्रवक्ता सामान्यतः निर्मल कुमार बोस माने जाते हैं जो कि गाँधीवादी विचारधारा के समाजशास्त्री हैं। वे कलकत्ता विश्वविद्यालय में मानवशास्त्र (१९३८–१९४५) और मानव भूगोल (१९४८ से १९५९ के बीच) के शिक्षक थे। १९५९ से १९६४ के बीच वे एंथ्रोपोलौजिकल सर्वे ऑफ़् इंडिया के निदेशक थे। १९६७ से १९७० के बीच भारत सरकार के अनुसूचित जाति एवं जनजाति आयोग के कमीश्नर के रूप में उन्होंने अपनी अंतिम सार्वजनिक भूमिका निभाई। अपने लेखन और सार्वजनिक कार्यों में वे महात्मा गाँधी के सभ्यतामूलक विचारों का विश्लेषण, विस्तार एवं व्याख्या करते रहे। अतः उनके उपागम को समझने के लिए महात्मा गाँधी के सभ्यतामूलक विमर्श को समझना आवश्यक है।

महात्मा गाँधी का सभ्यता विमर्श

सभ्यता का दर्शन

महात्मा गाँधी (१८६९–१९४८) आधुनिक भारत के सबसे लोकप्रिय जन–नेता माने जाते हैं। उन्होंने १९१९ से १९४७ तक भारतीय स्वतंत्रता संग्राम का नेतृत्व किया था। भारत में सभ्यतामूलक विमर्श के वे सबसे समर्थ प्रतिनिधि माने जाते हैं। उनका सभ्यता विमर्श १९०९ में प्रकाशित उनकी *हिन्द–स्वराज* नामक पुस्तक में व्यवस्थित तरीके से व्यक्त हुआ है। *हिन्द स्वराज* के छठे अध्याय का शीर्षक 'सभ्यता का दर्शन' है। इस अध्याय का सैद्धान्तिक आधार एक ओर सनातन भारतीय सभ्यता की उनकी अपनी समझ है, जो मूलतः उनकी व्यक्तिगत अनुभूतियों पर आधारित है। परंतु दूसरी ओर वे प्लेटो, रस्किन, थोरो और टॉल्सटाय जैसे पश्चिमी परम्परावादियों की रचनाओं से भी प्रभावित हैं।

एक अंग्रेज़ लेखक के अनुसार यह (आधुनिक) सभ्यता एक तरह का रोग है। इसी को आधार बना कर गाँधीजी कहते हैं कि आधुनिक सभ्यता में लोग बाहरी दुनिया की खोजों में और शरीर के सुख में धन्यता यानी सार्थकता

और पुरुषार्थ मानते हैं। इस सभ्यता के विचारकों की राय में यह सभ्यता जैसे-जैसे आगे बढ़ेगी लोगों को हाथ-पैर हिलाने की जरूरत नहीं रहेगी। सारी सुख-सुविधाएँ एक बटन दबा कर मशीन एवं अत्याधुनिक तकनीक की मदद से प्राप्त की जा सकेंगी। हर काम मशीन से किया जाएगा। अब पहले की तरह हाथ-पैर या शरीर के अन्य अंगों की आवश्यकता न के बराबर होगी।

पहले लोग खुली हवा में, अपने को जितना ठीक लगे, उतना काम स्वतंत्रता से करते थे। अब हज़ारों आदमी अपने गुज़ारे के लिए इकट्ठा होकर बड़े कारखानों में या खानों में काम करते हैं। पहले लोगों को मार-पीटकर गुलाम बनाया जाता था। आज लोगों को पैसे का और भोग का लालच देकर गुलाम बनाया जाता है।

इस सभ्यता में नीति और धर्म की बात ही नहीं है। इस सभ्यता के हिमायती साफ-साफ कहते हैं कि ''उनका काम केवल लोगों को धर्म सिखाने का नहीं है। धर्म तो ढोंग है। नीति के नाम पर अनीति सिखलाई जाती है।'' शरीर का सुख कैसे मिले, यही आज की सभ्यता ढूँढ़ती है, और यही देने की वह कोशिश करती है। परंतु वह सुख भी नहीं मिल पाता। गाँधीजी के शब्दों में यह सभ्यता तो अधर्म है और यह यूरोप में इतने हद तक फैल गयी है कि वहाँ के लोग आधे पागल जैसे दिखते हैं। वे एकांत में बैठ ही नहीं सकते। वे नशा करके अपनी ताकत कायम रखते हैं। जिन स्त्रियों को घर की रानियाँ होना चाहिए, उन्हें गलियों में भटकना पड़ता है या कोई मजदूरी करनी पड़ती है। औरत हो या मर्द हर प्रकार के मजदूरों की हालत इस सभ्यता में जानवरों से भी बदतर हो गई है। इसका लाभ मात्र पैसे वाले लोगों को मिलता है।

गाँधीजी कहते हैं कि ''इस सभ्यता की चपेट में आए हुए लोग खुद की जलाई हुई आग में जल मरेंगे। पैग़म्बर मोहम्मद साहब की सीख के मुताबिक यह शैतानी सभ्यता है। हिन्दू धर्म इसे निरा कलियुग कहता है। यह सभ्यता दूसरों का नाश करने वाली और खुद नाशवान् है। इससे दूर रहना चाहिए और इसीलिए ब्रिटिश और दूसरी संसदें बेकार हो गई हैं। ब्रिटिश संसद अंग्रेज़ प्रजा की गुलामी की निशानी है। हमें अंग्रेज़ प्रजा पर दया आनी चाहिए। वे साहसी और मेहनती हैं। मूल में उनके विचार अनीति भरे नहीं हैं। यह सभ्यता उनके लिए कोई अमिट रोग नहीं है। लेकिन अभी वे इस रोग में फँसे हुए हैं।''

आधुनिक सभ्यता की इतनी कटु, इतनी सरल भाषा में और इतनी कलात्मक आलोचना देखने में नहीं आती। इसकी तुलना आनंद कुमारस्वामी के प्रसिद्ध निबंध "सभ्यता क्या है?" से करने पर इसका महत्त्व ज़्यादा समझ में आता है। कुमारस्वामी ने अपने विश्लेषण का आधार प्लेटो की अवधारणा एवं स्थापना को बनाया है, जबकि महात्मा गाँधी ने आधुनिक सभ्यता की अपनी आलोचना का मानदंड पैग़म्बर मोहम्मद की शिक्षाओं और हिन्दू धर्म में लोकप्रिय कलियुग की अवधारणा से लिया है। तीनों स्रोतों (प्लेटो के ग्रीक, मोहम्मद साहब के अरब एवं हिन्दुओं के भारतीय) से आधुनिक सभ्यता की करीब एक जैसी आलोचना प्रस्तुत करने की कोशिश की गई है। प्रकारांतर से उपरोक्त तीनों परम्पराओं की सभ्यता के बारे में सहधर्मिता साबित की गई है। तीनों परम्पराओं में सामाजिक परिवर्तन के चक्रीय सिद्धांत का महत्त्व समान है ऐसा तो नहीं कहा जा सकता, परंतु समय की जैसी एक रेखीय, यांत्रिक और कृत्रिम अवधारणा आधुनिक सभ्यता में पाई जाती है, वह उपरोक्त परम्पराओं में नहीं पाई जाती। मूल्य-निरपेक्ष गति, लोभ, लालच, हर कीमत पर प्राप्त हो सकने वाले शारीरिक सुख की जैसी निर्लज्ज वकालत आधुनिक सभ्यता में देखने को मिलती है वह भी उपरोक्त परम्पराओं में नहीं मिलती। गाँधीजी आधुनिक सभ्यता को एक प्रकार की अस्वाभाविक स्थिति, एक प्रकार का रोग, एक प्रकार की अधार्मिक अभिव्यक्ति मानते हैं। उनको लगता है कि यह हिन्दुओं के कलियुग और इस्लाम वालों के शैतानी सभ्यता की अवधारणा पर फिट बैठती है। फिर वे यह कहते हैं कि यह खुद नाशवान् है और दूसरों का नाश करने वाली है। मुझे लगता है कि गाँधीजी को अरबी इस्लाम में लोकप्रिय शैतानी साम्राज्य या शैतानी सभ्यता के बारे में बहुत गहरी जानकारी नहीं थी। शैतानी साम्राज्य या सभ्यता दूसरों का नाश करने वाली तो कही जा सकती है परंतु उसे खुद नाशवान् नहीं कहा जा सकता। उसी तरह कलियुग को नाशवान् एवं द्वापर, त्रेता या कृतयुग को अनाशवान् नहीं कह सकते। चारों युग एक अर्थ में नाशवान् और दूसरे अर्थ में सनातन हैं। उसी तरह कलियुग को दूसरों का नाश करने वाला भी नहीं कह सकते। कुछ लोगों ने कलियुग को तारने वाला भी कहा है। सनातनी अर्थों में मात्र इतना अंतर है कि कृतयुग में धर्म चार पैरों पर खड़ा होता है, त्रेता में तीन पर, द्वापर में दो पैर पर, कलियुग में एक पैर पर। फलस्वरूप, कलियुग में व्यवस्था की दृष्टि से सबसे अधिक असंतुलन होता है। स्वर्ण, लोभ, मोह, सत्ता आदि का कुछ अधिक महत्त्व होता है। अहंकार जल्दी बढ़ जाता है। कर्मफलों की प्राप्ति जल्दी होने लगती है। परंतु कलियुग के बाद

कालचक्र घूम कर कृतयुग पर फिर पहुँचता है। इस तरह संसार का सनातन चक्र चलता रहता है। महात्मा गाँधी का भाव तो सनातनी है लेकिन उनकी भाषा यहाँ विश्लेषण वाली कम और खण्डन वाली ज़्यादा है। उन्होंने अंग्रेज़ी राज की साम्राज्यवादी मानसिकता पर गहरी चोट की है। उस समय अधिकांश भारतीय विद्वान् कहीं-न-कहीं आत्महीनता के भाव से ग्रस्त नज़र आते थे। उनको अपनी संस्कृति और सभ्यता कमज़ोर और खोखली नज़र आने लगी थी और आधुनिक यूरोप की सभ्यता अपराजेय, पवित्र और कल्याणप्रद नजर आने लगी थी। उस स्थिति में *हिन्द-स्वराज* जैसी पुस्तक का आना ज़रूरी था। इसमें भारतीय दृष्टि से यूरोपीय सभ्यता की शुरुआती सैद्धान्तिक आलोचना है।

हिन्द-स्वराज में महात्मा गाँधी कहते हैं कि "अंग्रेज़ी राज के दौरान हिन्दुस्तान की दशा एक रंक (कंगाल) जैसी हो गई है। हिन्दुस्तान अंग्रेज़ों से नहीं, बल्कि आजकल की (आधुनिक) सभ्यता से कुचला जा रहा है, उसकी चपेट में वह फंस गया है। उसमें से बचने का अभी भी उपाय है, लेकिन दिन-ब-दिन समय बीतता जा रहा है। मुझे तो धर्म प्यारा है परंतु हिन्दुस्तान धर्मभ्रष्ट होता जा रहा है। धर्म का अर्थ मैं यहाँ हिन्दू, मुस्लिम या ज़रथुष्ट्रियन धर्म नहीं करता। लेकिन इन सब धर्मों के अंदर जो 'धर्म' है वह हिन्दुस्तान से जा रहा है; हम ईश्वर से विमुख (अलग) होते जा रहे हैं।" धर्म से विमुखता गाँधीजी की सबसे पहली चिंता है। उनकी यह चिंता उन्हें भारत के अधिकांश आधुनिक चिंतकों से अलग करके स्वामी रामकृष्ण परमहंस जैसे सनातनी सिद्धों और धर्म से अनुप्राणित आम भारतीय नर-नारियों से जोड़ देती है।

गाँधीजी की दूसरी चिंता यह है कि आधुनिक लोग हिन्दुस्तान पर यह तोहमत लगाते हैं कि हम आलसी हैं और गोरे (यूरोपीय/अंग्रेज़) लोग मेहनती और उत्साही हैं। बहुत दुःख के साथ गाँधीजी यह जोड़ते हैं कि दुर्भाग्य से हम हिन्दुस्तानी लोगों ने इस झूठी तोहमत को सच मान लिया है और आधुनिक मानदंडों पर खरा उतरने के लिए अनावश्यक रूप से गलत दिशा में प्रयत्नशील हो गए हैं। हिन्दू, मुस्लिम, ज़रथुष्ट्रियन, ईसाई सभी धर्म सिखलाते हैं कि हमें सांसारिक स्वार्थ की बातों के बारे में यथासंभव उदासीन भाव रखना चाहिए और धार्मिक परमार्थ के बारे में उत्साही रहना चाहिए। हमें अपने सांसारिक लोभ, लालच और स्वार्थ की हद बाँधनी चाहिए और आत्म-विकास एवं सांस्कृतिक परिष्कार पर ज़्यादा ध्यान केन्द्रित करना चाहिए। गाँधीजी ज़ोर देकर कहते हैं कि जैसा पाखंड आधुनिक सभ्यता में

पाया जाता है उसकी तुलना में सभी धर्मों में पाया जाने वाला व्यावहारिक पाखंड कम खतरनाक और कम दुखदायी होता है। वे स्वीकार करते हैं कि धर्म के नाम पर हिन्दू–मुसलमान लड़े, धर्म के नाम पर ईसाइयों में बड़े–बड़े युद्ध हुए। धर्म के नाम पर हज़ारों बेगुनाह लोग मारे गये। उन्हें जला दिया गया। उन पर बड़ी–बड़ी मुसीबतें आईं। तब भी, वे बड़ी आस्था एवं आत्मविश्वास से कहते हैं कि यह सब तुलनात्मक रूप से आधुनिक सभ्यता के दुःख से ज़्यादा बर्दाश्त करने लायक है चूंकि धार्मिक पाखंडों को कोई सही नहीं समझता। सभी इसको पाखंड ही समझते हैं। ऐसे लोग जो पाखंडी नहीं हैं, इसमें नहीं फँसते। इसका असर मूलतः पाखंडियों पर ही पड़ता है। फलस्वरूप इसका असर हमेशा के लिए बुरा नहीं रहता। परंतु आधुनिक सभ्यता के पाखंड को लोग विकास और प्रगति समझते हैं। लोग इसके पाखंड में बलिदान के भाव से कूद पड़ते हैं। फिर वे न तो दीन के रहते हैं और न दुनिया के। उनका तो लोक और परलोक दोनों बिगड़ जाता है। वे सच बात को बिल्कुल भूल जाते हैं। आधुनिक सभ्यता एक प्रकार का मीठा ज़हर है। उसका असर जब हम जानेंगे तब पुराने वहम और धार्मिक पाखंड इसके मुकाबले मीठे लगेंगे। आधुनिक सभ्यता के वहमों और पाखंडों से आधुनिक सभ्यता में आस्था रखने वाले लोगों को लड़ने का कोई कारण नज़र नहीं आता। जबकि सभी धर्मों के भीतर धर्म और पाखंड के बीच धार्मिक संघर्ष सदैव चलता रहा है।

गाँधीजी की चिंता यह है कि कुछ लोगों को अभी भी भ्रम है कि अंग्रेज़ों ने हिन्दुस्तान में शांति एवं सुव्यवस्था कायम की है और अंग्रेज़ नहीं होते तो ठग, पिंडारी, भील वगैरह आम आदमियों का जीना मुश्किल कर देते। गाँधीजी इसे भी अंग्रेज़ी राज से प्रेरित आधुनिक कुप्रचार मानते हैं। अगर सचमुच ठग, पिंडारी, भील वगैरह इतने खतरनाक होते तो अब तक हिन्दुस्तानी प्रजा का जड़मूल से कभी का नाश हो जाता। चूंकि ये लोग तो हिन्दुस्तान में सदियों से रह रहे हैं, जबकि अंग्रेज़ी राज तो १७५७ से पहले नहीं था। उपरोक्त प्रकरण में गाँधीजी ने जिस ओर मात्र संकेत किया है, उस पर समकालीन इतिहासकारों ने विस्तार से प्रकाश डाला है। दरअसल अंग्रेज़ों की साम्राज्यवादी नीतियों और दमन के फलस्वरूप ही उपरोक्त लोगों की स्वाभाविक जीविका का साधन (खेत और जंगल) उनसे छीन लिया गया और उन्हें लाचारी में अपना अस्तित्व बचाने के लिए दुःसाहसी कदम उठाना पड़ा। खैर, गाँधीजी मात्र इतना ही कहते हैं कि अंग्रेज़ी राज की "शांति" से हम नामर्द, नपुंसक और डरपोक बन गए हैं। वे कहते हैं कि हम कमज़ोर और डरपोक बनें;

इससे तो भीलों के तीर-कमान से मरना उन्हें ज़्यादा पसंद है। हिन्दुस्तानी नामर्द कभी नहीं थे। जिस देश में पहाड़ी लोग बसते हैं, जहाँ बाघ-भेड़िये रहते हैं, उस देश में रहने वाले अगर सचमुच डरपोक हों तो उनका नाश ही हो जाए। खेतों में हमारे किसान आज भी निर्भय होकर सोते हैं। बल तो निर्भयता में है; बदन पर मांस के लोंदे होने में बल नहीं है। भील, पिंडारी और ठग ये सब हमारे ही देशी भाई हैं। उन्हें जीतना हम लोगों का काम है। जब तक हमारे ही भाई का डर हमको रहेगा, हम स्वराज प्राप्त नहीं कर सकेंगे।

हिन्द-स्वराज के नवें अध्याय में अंग्रेज़ी राज में हिन्दुस्तान की दशा की व्याख्या करते हुए गाँधीजी रेलगाड़ियों के महत्त्व पर प्रकाश डालते हैं। हिन्दुस्तान की तत्कालीन दशा के बारे में गाँधीजी की चौथी चिंता यह है कि वास्तव में जिन चीज़ों ने हिन्दुस्तान को रंक बनाने में सबसे बड़ी भूमिका निभाई है उसे ही हम लोगों ने लाभकारी मानना शुरू कर दिया है। गाँधीजी साफ-साफ कहते हैं कि हिन्दुस्तान को रेलों ने, वकीलों ने और ऐलोपैथिक डॉक्टरों ने कंगाल बना दिया है। अगर हम समय पर सावधान नहीं होंगे तो चारों ओर से घिर कर बरबाद हो जाएंगे। उनकी दृष्टि में आधुनिक सभ्यता एक अदृश्य रोग है। इसका नुकसान मुश्किल से मालूम हो सकता है। उदाहरण के लिए, रेलवे की आधुनिक तकनीक को लीजिए। गाँधीजी कहते हैं कि "अगर रेल न हो तो अंग्रेज़ों का काबू हिन्दुस्तान पर जितना है, उतना तो नहीं ही रहेगा। रेल से महामारी फैली है। अगर रेलगाड़ी न हो तो कुछ ही लोग एक जगह से दूसरी जगह जाएंगे और इस कारण संक्रामक रोग सारे देश में नहीं पहुँच पाएंगे। रेल से अकाल बढ़े हैं क्योंकि रेलगाड़ी की सुविधा के कारण लोग अपना अनाज बेच डालते हैं। जहाँ महंगाई हो वहाँ अनाज खिंच जाता है, लोग लापरवाह बनते हैं और उससे अकाल का दुःख बढ़ता है। रेल से दुष्टता बढ़ती है। बुरे लोग अपनी बुराई तेजी से फैला सकते हैं। हिन्दुस्तान में जो पवित्र स्थान थे, वे अपवित्र बन गए हैं। पहले लोग बड़ी मुसीबत से वहाँ जाते थे। ऐसे लोग वहाँ सच्ची भावना से ईश्वर को भजने जाते थे; अब तो ठगों की टोली सिर्फ ठगने के लिए वहाँ जाती है। समाज में जो अच्छा होता है, वह धीरे चलता है। उसके मन में स्वार्थ नहीं रहेगा, वह जल्दी नहीं करेगा। वह जानता है कि आदमी पर अच्छी बात का असर डालने में बहुत समय लगता है। बुरी बात ही तेजी से बढ़ सकती है। अतः रेलगाड़ी हमेशा दुष्टता का ही फैलाव करेगी।"

इसका मूल उद्देश्य आधुनिक सभ्यता के तकनीकी आधार की समालोचना है। इसमें गाँधीजी कहना चाहते हैं कि किसी भी सच्ची, अच्छी और

कल्याणकारी सभ्यता का आधार धर्म, नीति और मूल्य होते हैं तथा यंत्रों, तकनीकों एवं मशीनों का उपयोग मात्र साधन के रूप में होता है। जबकि आधुनिक सभ्यता का आधार मूल्य, नीति और धर्म के बदले रेलवे जैसा आधुनिक तकनीक वाली मशीन बन गया है। यहाँ रेल मात्र एक मशीन न होकर आधुनिक यातायात के सभी प्रमुख साधनों बस, ट्रक, हवाई जहाज आदि की सांस्कृतिक-तकनीकी प्रतीक बन गई है। यहाँ गाँधीजी तकनीक की सांस्कृतिक उपयुक्तता का प्रश्न उठाते हैं। उनका मानना है कि मनुष्य के जीवन, आकांक्षा, सुख-दुःख, सफलता-असफलता, हानि-लाभ, प्रगति-पतन जैसे मूल विषयों को जब मूल्यों के स्थान पर तकनीक परिभाषित करने लगती है तब सभ्यता पर असली संकट आता है। तब असली बर्बादी शुरू होती है। उदाहरण के लिए, रेलवे जैसे आधुनिक जन-संचार के साधनों ने तीर्थयात्रा और तीर्थ की अवधारणा एवं परिभाषा ही बदल दी है। तीर्थ को अब पर्यटन (टूरिज्म) में रूपांतरित कर दिया गया है। अंग्रेज़ी राज से पहले तीर्थयात्रा पर लोग मात्र कौतूहल वश एक नई जगह सैर-सपाटे के लिए नहीं जाते थे बल्कि आत्म-परिष्कार, आत्म-शुद्धि और ब्रह्म-साक्षात्कार के लिए ज़रूरी पात्रता बढ़ाने, नैतिक-बल प्राप्त करने और पवित्रता के भाव से खुद को भरने के लिए जाते थे। इसमें तीर्थ-स्थान और तीर्थयात्रा का दुर्गम, दुरूह, कष्टसाध्य, समय-साध्य और श्रमसाध्य होना मददगार एवं उपयोगी होता था। परंतु रेलवे जैसे आधुनिक साधनों ने तीर्थयात्रा को सुविधाजनक, आरामदायक और मनोरंजक बनाकर आसान बना दिया। इसमें अब बहुत कम समय लगता है, फलस्वरूप, इतनी भीड़-भाड़ होने लगी है कि इसका सारा उद्देश्य ही खत्म हो गया है। इससे पवित्र स्थान अपवित्र होने लगे हैं और समाज में पवित्रता के स्रोत सूखने लगे हैं।

उसी प्रकार से जब यातायात के साधन इतने सरल एवं सुविधासंपन्न नहीं होते थे, तब गाँव और क्षेत्र के ज़्यादातर साधन उसी गाँव या क्षेत्र की आवश्यकता पूर्ति के काम में लगाए जाते थे। उस गाँव या क्षेत्र की आवश्यकता से अधिक संसाधन ही बाहर भेजे जाते थे। तब स्वदेशी और स्वावलंबन का भाव सीमित तकनीक से बल पाता था। तब जीविका को उपासना की एक विधि माना जाता था। हर व्यक्ति अपने काम या व्यापार या श्रम के द्वारा प्रभु-प्राप्ति या आत्म-साक्षात्कार करने की कोशिश करता था। लेकिन अब आर्थिक प्रयासों का पवित्रता, ईश्वर या समाज सेवा से सम्बन्ध कम और व्यक्तिगत स्वार्थ, लोभ और लालच से ज़्यादा हो गया है। अब सूखा, बाढ़ और अकाल की स्थिति में भी अनाज और अन्य संसाधनों की रेलवे एवं ट्रकों द्वारा शुद्ध

मुनाफे के लिए दूसरे क्षेत्रों में ढुलाई होती रहती है। इससे उस क्षेत्र के ज़रूरतमंदों की समस्याएँ बढ़ जाती हैं।

गाँधीजी के इस तर्क में दम तो है परंतु पिछले अध्यायों के तर्क से थोड़ी असंगति भी दिखती है। एक तरफ गाँधीजी यह मानते हैं कि हम अंग्रेज़ों की श्रेष्ठता के कारण नहीं अपने लोभ लालच और ईर्ष्या-द्वेष के कारण गुलाम बने। दूसरी ओर वे यह मानते हैं कि रेलवे जैसी तकनीक के कारण हमारे तीर्थस्थानों की पवित्रता नष्ट हुई है। रेलवे-ट्रकों के कारण अकाल के कष्ट एवं काला बाज़ार बढ़ा है। दरअसल यहाँ भी मूल कारण हमारे लोभ-लालच, ईर्ष्या-द्वेष ही हैं। रेलवे के कारण लोभी-लालची, सुविधाभोगी व्यक्तियों और सुविधाभोगी स्वभाव को मौका मिल जाता है। अपने लोभ-लालच, स्वार्थ और सुविधा के कारण ही हम लोग रेलवे जैसी तकनीक और ब्रिटिश रीति-रिवाज़, रहन-सहन, कानून और परम्परा को अपनाने लगे हैं। गाँधीजी को लगता है कि अंग्रेज यदि इस देश को छोड़कर चले भी जाते तब भी रेलवे आदि जैसे अंग्रेज़ों द्वारा विकसित तकनीक और उनके कोर्ट-कचहरी, वकील, जज तथा ऐलोपैथिक चिकित्सा पद्धति ज़्यादातर लोग नहीं छोड़ पाएंगे। और तब अंग्रेज़ों की अनुपस्थिति में अंग्रेज़ी शासन के वाहकों का शासन इस देश पर बना रहेगा।

राष्ट्र की अवधारणा

अंग्रेज़ों के कुप्रचार के कारण कुछ लोग इस आधुनिक पूर्वाग्रह को सच मानते हैं कि हिन्दुस्तानी लोग अंग्रेज़ों और रेलवे के आने से पहले एक राष्ट्र नहीं थे और एक-राष्ट्र बनने में हम लोगों को सैकड़ों बरस लगेंगे। गाँधीजी साफ-साफ कहते हैं कि यह बिल्कुल बेबुनियाद बात है। जब अंग्रेज़ हिन्दुस्तान में नहीं थे तब भी हम एक-राष्ट्र थे, हमारे विचार एक थे। हमारा रहन-सहन एक था। तभी तो अंग्रेज़ों ने यहाँ एक राज्य कायम किया। हमारे बीच भेद तो बाद में उन्होंने ही पैदा किया। एक राष्ट्र का अर्थ यह नहीं कि हमारे बीच कोई मतभेद नहीं था। परंतु हमारे बीच एकता के महत्त्वपूर्ण सूत्र प्राचीनकाल से रहे हैं। हमारे यहाँ रेलवे नहीं थी लेकिन हमारे समाज के प्रमुख लोग पैदल या बैलगाड़ी में हिन्दुस्तान का सफर करते थे। वे लोग एक-दूसरे की भाषा सीखते थे। देश के चारों कोनों तक लोग तीर्थ करने जाते थे। हमारे यहाँ एकता के सूत्र अलग प्रकार के रहे हैं।

हिन्दू-मुस्लिम संबंध

हिन्द-स्वराज के दसवें अध्याय में गाँधीजी हिन्दुस्तान में हिन्दू-मुस्लिम संबंधों की दशा और दिशा की समालोचना करते हैं। हिन्दुस्तान की तत्कालीन दशा के बारे में गाँधीजी की छठी चिंता यह है कि विदेशी शिक्षा और कुप्रचार के प्रभाव में कुछ लोग मानने लगे हैं कि भारत में हिन्दू-मुसलमान कभी मिलकर नहीं रह सकते। गाँधीजी कहते हैं कि मनुष्य इस तरह पैदा किया गया है कि अपने हाथ-पैर से जितना बने उतनी ही आने-जाने वगैरह की कोशिश उसे करनी चाहिए। भगवान ने मनुष्य की हद उसके शरीर की बनावट से ही बांध दी, लेकिन आधुनिक मनुष्य ने उस बनावट की हद को लांघने का उपाय (तकनीक) ढूँढ निकाला। मनुष्य को अक्ल इसीलिए दी गई थी कि उसकी मदद से वह भगवान (ईश्वरत्व) को पहचाने। पर मनुष्य ने अक्ल का उपयोग भगवान को भूलने में किया। वह अपनी कुदरती हद के मुताबिक अपने आसपास रहने वालों की ही सेवा कर सकता है; पर उसने तुरंत अपनी मग़रूरी में ढूंढ़ निकाला कि उसे तो सारी दुनिया की सेवा अपने तन से करनी चाहिए। यह बोझ मनुष्य उठा ही नहीं सकता। इसके लिए अनेक धर्मों का और कई लोगों का साथ लेना स्वाभाविक है। हिन्दुस्तान में इसीलिए सभी धर्मों और मतों के लिए स्थान है। यहाँ राष्ट्र सभ्यतामूलक अवधारणा है। राष्ट्र या सभ्यता का अर्थ यहाँ तात्त्विक रूप से सदैव विश्व व्यवस्था या 'वसुधैव कुटुम्बकम्' के रूप में रहा है। फलस्वरूप नये धर्मों या विदेशी धर्मों एवं धर्मावलंबियों के प्रवेश से यह राष्ट्र कभी आतंकित और चिंतित नहीं होता। यह भाव रूढ़ रहा है कि यह एक सनातन सभ्यता है, सनातन राष्ट्र है। यह अंततः मिटने वाला नहीं है। जो नए लोग इसमें दाखिल होते हैं, वे इस राष्ट्र की प्रजा को तोड़ नहीं सकते, वे इसकी प्रजा में अंततः घुलमिल जाते हैं। हिन्दुस्तान ऐसा रहा है और आज भी ऐसा ही है। हिन्दू, मुसलमान, पारसी, ईसाई जो इस देश को अपना वतन मान कर बस चुके हैं, एक-देशी, एक-मुल्की हैं; वे देशी भाई हैं, और उन्हें एक-दूसरे के स्वार्थ के लिए भी एक होकर रहना पड़ेगा। दुनिया के किसी भी हिस्से में एक राष्ट्र का अर्थ एक धर्म नहीं किया गया है; हिन्दुस्तान में तो कभी ऐसा था ही नहीं। हिन्दू लोग मुसलमान बादशाहों के मातहत और मुसलमान लोग हिन्दू राजाओं के मातहत रहते आए हैं। उनमें प्रेम और झगड़ा एक सीमा में रहता रहा है परंतु सामुदायिक बैर का स्थायी विचार अंग्रेज़ों के आने से पहले नहीं था। बहुतेरे हिन्दुओं और मुसलमानों के पूर्वज एक ही थे। हमारे अंदर एक ही खून है। क्या धर्म बदला इसलिए हम आपस में दुश्मन बन गए? धर्म तो एक ही जगह

पहुँचने के अलग-अलग रास्ते हैं। इस तरह गाँधीजी ने रेखांकित किया कि पूजा पद्धति, रीति-रिवाज़ और उपासना की सांप्रदायिक व्यवस्था के स्तर पर हिन्दू-मुसलमानों में अन्तर अवश्य है परंतु यह अंतर उन्हें दो राष्ट्रों की प्रजा नहीं बना सकता। १९४७ में देश के बँटवारे के अवसर पर भी गाँधीजी ने नहीं माना कि दो राज्य (राष्ट्र-राज्य) बनने से भारत और पाकिस्तान नामक दो राष्ट्र बन गए। वे हमेशा मानते रहे कि भारत में राष्ट्र की अवधारणा सभ्यतामूलक रही है, एक प्रकार की भू-सांस्कृतिक अवधारणा रही है और समय-समय पर इसमें न सिर्फ एक से अधिक राज्य होते रहे हैं बल्कि उनके बीच राजनैतिक शत्रुता भी रही है। अतः वे हमेशा मानते रहे कि बँटवारे के बावजूद भारत और पाकिस्तान के हिन्दू-मुसलमान एक ही सभ्यता के अंग रहेंगे। १९७१ में पाकिस्तान और बंगलादेश अलग-अलग हो गये जबकि दोनों जगह एक ही धर्म (इस्लाम) के मानने वाले लोग थे। उनकी भाषा अलग-अलग थी और अन्य सांसारिक हित भी अलग-अलग थे। उसी तरह, भारत और नेपाल दोनों हिन्दू बहुल देश हैं। राधाकुमुद मुखर्जी, हुमायूँ कबीर, आबिद हुसैन, टी.एन. मदान, जे.पी.एस. उबेराय, ए.के. सरण, टी.के. उम्मेन, एन.के. बोस, कुमारस्वामी, राधाकमल मुखर्जी, जी.एस. घुर्ये जैसे विद्वानों की रचनाओं में भी गाँधीजी की उपरोक्त स्थापनाओं का एक हद तक सत्यापन हुआ है। धर्मपाल जैसे विद्वानों ने भी भारतीय सभ्यता और पश्चिमी सभ्यता के बीच अंतर के बारे में गाँधीजी के मत को विस्तारित किया है।

अंग्रेज़ी राज में भारतीय वकील, जज एवं आधुनिक न्यायालय

हिन्द-स्वराज के ग्यारहवें अध्याय में वे तत्कालीन हिन्दुस्तानी समाज में वकीलों, जजों और आधुनिक न्यायालयों के द्वारा ब्रिटिश राज के संवर्धन की समालोचना करते हैं। तत्कालीन हिन्दुस्तानी समाज के बारे में गाँधीजी की सातवीं चिंता भारतीय समाज में वकीलों के बढ़ते महत्त्व को लेकर है। उनकी राय में वकीलों ने हिन्दुस्तान को गुलाम बनाने में महत्त्वपूर्ण भूमिका निभाई है। वकीलों ने हिन्दू-मुसलमानों के झगड़े बढ़ाए हैं और अंग्रेज़ी हुकूमत को यहाँ मज़बूत किया है। उनका धंधा उन्हें अनीति सिखाने वाला है। वे आम हिन्दुस्तानियों को बुरे लालच में फंसाते हैं, जिसमें से उबरने वाले बिरले ही होते हैं। वकील लोग आमतौर पर झगड़ा आगे बढ़ाने की ही सलाह देते हैं। उनके लिए झगड़े का मुकदमा कमाई का एक रास्ता है। आलसी लोग ऐशो-आराम करने के लिए वकील बनते हैं। वकीलों के कारण अंग्रेज़ों का प्रभाव आम हिन्दुस्तानियों पर मजबूत हुआ है। अंग्रेज़ी अदालतों के जरिए

हम पर अंकुश जमाया गया। हिन्दुस्तानी जज और हिन्दुस्तानी वकील के बगैर उनका काम नहीं चल सकता था। अंग्रेज़ी सत्ता की एक मुख्य कुंजी उनकी अदालतें रही हैं और अदालतों की कुंजी वकील हैं। अगर वकील वकालत करना छोड़ दे और वकीलों का पेशा वेश्या के पेशे जैसा नीच माना जाए तो अंग्रेज़ी राज एक दिन में टूट जाए। वकील और जज दोनों मौसेरे भाई हैं और एक-दूसरे को बल देने वाले हैं। अंग्रेज़ों के आने से पहले लोग खुद मार-पीट करके या रिश्तेदारों को पंच बनाकर अपना झगड़ा निबटा लेते थे। तब हिन्दुस्तानी लोग बहादुर थे। अदालतें आईं और वे कायर बन गये। अब वे वकील के पास जाने लगे। मुवक्किल के ख़याल में भी न हों ऐसी दलीलें मुवक्किल की ओर से ढूँढ़ना वकीलों का काम है।

इतने बड़े भू-भाग और इतनी जनसंख्या वाले महादेशनुमा हिन्दुस्तानी सभ्यता पर राज करना अकेले अंग्रेज़ों के बूते की बात नहीं थी। इस काम में इसी देश के कुछ वर्गों ने उनके सहयोगी की भूमिका अदा की। उनके सहयोगियों में जमींदार वर्ग, पढ़े-लिखे समाज सुधारक, वकील, डाक्टर, सरकारी कर्मचारी एवं अधिकारी एवं अंग्रेज़ी राज की सेना में काम करने वाले लोग भी थे। इनमें भारतीय वकीलों एवं जजों का सहयोग अंग्रेज़ों के लिए बहुत उपयोगी साबित हुआ। वकीलों एवं जजों के सहयोग से इस देश के पारम्परिक रीति-रिवाज़ों, धार्मिक कानूनों एवं उत्तराधिकार तथा स्वामित्व के हिन्दुस्तानी कानूनों का अंग्रेज़ी राज के हित साधन के लिए संग्रह, संपादन, परिवर्तन किया गया और इनकी वह कानूनी स्थिति बना दी गई कि लोग चाहकर भी इनको अपने व्यक्तिगत एवं सामाजिक जीवन के नियमन एवं संचालन का आधार नहीं बना सके। पंचायत जैसी देशी संस्थाओं को कानूनी रूप से पंगु और अप्रभावी बना दिया गया। राष्ट्रीय स्तर से लेकर स्थानीय स्तर तक अंग्रेज़ी कानूनों को प्रभावी बना दिया गया। यदि भारतीय भाषा, भारतीय रीति-रिवाज़ एवं भारतीय लोगों के मनोविज्ञान समझने वाले भारतीय वकील और जज नहीं होते तो अंग्रेज़ी बोलने और समझने वाले भारतीय परिस्थिति और भारतीय भाषाओं से अनजान अंग्रेज वकील और जज कितना प्रभावी और कितना कारगर हो पाते? खुद एक प्रशिक्षित (वह भी इंग्लैंड में) और अनुभवी वकील होने के कारण गाँधीजी जानते थे कि बिना भारतीय वकीलों की मदद के न वे अब तक प्रभावी होते और न आगे प्रभावी हो पाएंगे। अतः इस अध्याय में वे भारतीय वकीलों के सुप्त राष्ट्रवाद को जगाकर उन्हें अंग्रेज़ों से असहयोग करने के लिए प्रेरित करते हैं।

अंग्रेज़ी राज और ऐलोपैथिक डॉक्टर

हिन्द-स्वराज के बारहवें अध्याय में वे हिन्दुस्तान की तत्कालीन दशा से संबंधित अपना पाचवाँ लेख 'डॉक्टर' शीर्षक से पूरा करते हैं। इस दृष्टि से पाँच लेखों के अंतर्गत गाँधीजी की आठवीं चिंता वकीलों, डॉक्टरों जैसे नए पेशों के प्रचार-प्रसार के बहाने अनीति और अधर्म के नए-नए क्षेत्रों में प्रचार-प्रसार को लेकर है। गाँधीजी कहते हैं कि हमारे समाज में वैद्य का धंधा कभी अच्छा माना ही नहीं गया। अंग्रेज़ों ने डॉक्टरी विद्या से भी हम पर काबू जमाया है। डॉक्टरों ने हमें जड़ से हिला दिया है। डॉक्टरों का काम शरीर में जो रोग पैदा होते हैं, उन्हें दूर करने का है। रोग क्यों होते हैं? हमारी ही गफलत से। उदाहरण के लिए, बहुत खाने से बदहजमी हो जाती है। अगर कोई डॉक्टरों की दवा न ले और बदहजमी की सजा भुगते तो वह फिर से बहुत नहीं खाएगा। डॉक्टर बीच में आया और उसने हद से ज़्यादा खाने में मेरी मदद की। उससे मेरे शरीर को तो तात्कालिक आराम हुआ, लेकिन मेरा मन कमज़ोर बना। अगर डॉक्टर बीच में नहीं आता तो कुदरत अपना काम करती, मेरा मन मजबूत बनता और अंत में निर्विषयी होकर मैं सुखी होता। अस्पताल पाप की जड़ हैं। उनकी बदौलत लोग शरीर का जतन कम करते हैं और अनीति को बढ़ाते हैं। यूरोप के डॉक्टर तो हद करते हैं। वे सिर्फ शरीर के गलत जतन के लिए लाखों जीवों को हर साल मारते हैं, ज़िंदा जीवों पर प्रयोग करते हैं। ऐसा करना किसी भी धर्म को मंजूर नहीं। उनकी बहुत सी दवाओं में चरबी या दारू होती है। वे हमें धर्मभ्रष्ट करते हैं। हम निःसत्त्व और नामर्द बनते हैं। हम लोकसेवा करने लायक नहीं रहते और शरीर से क्षीण तथा बुद्धिहीन होते जा रहे हैं। डॉक्टर सिर्फ आडम्बर दिखाकर ही लोगों से बड़ी फीस वसूला करते हैं और अपनी एक पैसे की दवा के कई रुपये ठग लेते हैं। "भलाई का दिखावा करने वाले डॉक्टरों की तुलना में गाँधीजी व्यंग्यात्मक रूप से नीम-हकीम जैसे ठग-वैद्यों को ज़्यादा अच्छा मानते हैं।

इस अध्याय को बहुत ध्यान से पढ़ने की आवश्यकता है वर्ना बहुत से लोग ख़ासकर नई पीढ़ी इस अध्याय के रणनीतिक निहितार्थ को समझ नहीं पाएगी और गाँधीजी के तर्क उन्हें बहुत हल्के, यहाँ तक कि बेतुके नज़र आएंगे।

इस अध्याय के संदर्भ पर ध्यान देना जरूरी है। अंग्रेज़ी राज में हिन्दुस्तान की दशा नामक पाँच अध्यायों की शृंखला के अंतर्गत यह पाँचवाँ लेख है। इसमें अंग्रेज़ी राज के विरुद्ध और हिन्दुस्तानी सभ्यता में स्वराज की प्राप्ति की दृष्टि से गाँधीजी अपना आठवाँ तर्क और अन्तिम चिन्ता प्रस्तुत

करते हैं। युद्ध में जिस तरह तरकश का अन्तिम तीर सबसे विषैला और सबसे विनाशकारी माना जाता है, उसी तरह अंग्रेज़ी राज और आधुनिक सभ्यता के ख़िलाफ यह अध्याय गाँधीजी के तरकश का अन्तिम तीर है। गाँधीजी को मालूम है कि अब तक के सारे तर्कों के बावजूद भारत में अंग्रेज़ी राज के समर्थक, हिन्दुस्तान का पश्चिम परस्त तबका, अंग्रेज़ी राज की बरकतों के गीत गाना नहीं छोड़ेंगे। अब भी यह तबका कहेगा कि चलो मान लिया, ब्रिटिश संसद के मॉडल पर बना भारतीय संसद और विधानसभाएँ अकल्याणकारी हैं। वह यह भी मान लेगा कि रेलगाड़ी से जितना फायदा है, उससे ज़्यादा नहीं तो कम-से-कम उतना ही दूसरे प्रकार का नुकसान है। वह यह भी मान लेगा कि अंग्रेज़ी राज में हिन्दू-मुस्लिम झगड़े बढ़े। वह यह भी मान लेगा कि अंग्रेज़ी राज ने इस देश को जो शान्ति और व्यवस्था देने का दावा प्रस्तुत किया है, उसमें तथ्यात्मक खोट है। वह यह भी मान लेगा कि अंग्रेज़ों के आने से बहुत पहले से हम एक समृद्ध, सुसंस्कृत और कल्याणकारी राष्ट्र रहे हैं। वह यह भी मान लेगा कि अंग्रेज़ी ढंग के न्यायालयों की तुलना में हमारी अपनी न्याय-व्यवस्था और पंचायतें ज़्यादा कल्याणकारी थीं एवं भारतीय वकीलों ने अंग्रेज़ी राज को सुदृढ़ करने और हिन्दुस्तान की ग़ुलामी को पुख्ता करने में बहुत महत्त्वपूर्ण भूमिका निभाई है। परंतु अंग्रेज़ों के समर्थन में वह तब भी कहेगा कि अंग्रेज़ी राज की एक बरकत, अंग्रेज़ों की एक देन, डाक्टर तो निर्दोष रह ही जाता है। उनकी जादुई दवा (वंडर ड्रग) जैसे कुनैन, उनकी एलोपैथिक चिकित्सा पद्धति, उनकी चिकित्सा पद्धति की जादुई सर्जरी और सूट-बूट, टाई पहने एवं गले में आला लगाए और आधुनिक उपकरणों से सुसज्जित अंग्रेज़ डाक्टर। ये लोग तो शोषण नहीं करते। इनसे तो कोई नुकसान नहीं। ये तो केवल सेवा करते हैं। कम से कम उनके डाक्टरों और उनकी चिकित्सा पद्धति को तो हिन्दुस्तान के लिए वरदान मानना ही पड़ेगा। अंग्रेज़ों का इस देश में कम से कम यह तो योगदान है ही कम से कम इस आधार पर तो अंग्रेज़ी राज का समर्थन करना ही पड़ेगा। कम से कम यह तो शैतानी सभ्यता के अनुरूप नहीं है। कम से कम यह तो देवदूत जैसा कार्य है। देवदूत जैसा पेशा है।

गाँधीजी को मालूम है कि जिस तरह रावण का सिर काटने से रावण नहीं मरता, चूँकि रावण की नाभि में अमृत का घट है। ठीक उसी प्रकार, अंग्रेज़ी राज को भी इस देश में सबसे ज़्यादा नैतिक समर्थन, सबसे ज़्यादा वैधता उनके डाक्टरों, अस्पतालों और उनकी चिकित्सा पद्धति से मिलती है। परंतु यूरोप और साउथ अफ्रीका के अनुभवों, संपर्कों, संवादों एवं अध्ययनों के

आधार पर गाँधीजी को मालूम है कि ऐलोपैथिक चिकित्सा के तात्कालिक फायदे तो दिखते हैं, परंतु इसके दूरगामी साइड इफेक्ट्स (अदृश्य प्रभाव) नहीं दिखते। उनको यह भी मालूम है कि यूरोप में १८वीं शताब्दी से ही ऐलोपैथिक चिकित्सा की अपूर्णता, क्रूरता एवं विनाशकारी प्रभाव पहचाना जाने लगा है और इसके बेहतर विकल्प के रूप में प्राकृतिक चिकित्सा, होमियोपैथी, सूर्यकिरण चिकित्सा, संगीत चिकित्सा, आहार चिकित्सा और एशिया महादेश में लोकप्रिय पारम्परिक चिकित्सा पद्धतियों — आयुर्वेद, यूनानी एवं चीनी चिकित्सा पद्धतियों का महत्त्व स्वीकारा जा रहा है। गाँधीजी ने प्राकृतिक चिकित्सा एवं स्वस्थ जीवन के लिए मार्गदर्शिका, स्वस्थ जीवन की कुंजी जैसी पुस्तिकाओं की रचना इसी दृष्टि से की थी। इसी संदर्भ में *हिन्द-स्वराज* के बारहवें अध्याय में अंग्रेज़ी राज में डाक्टरों की भूमिका की वे सरल भाषा में समालोचना प्रस्तुत करते हैं। यह अध्याय अपने समय से काफी पहले उत्तर-आधुनिक तर्कों के आधार पर हर व्यक्ति को अपना डाक्टर खुद बनने, अपने शरीर के स्वभाव और जरूरतों को समझकर अपने रोगों का खुद इलाज करने और अपने सर्वांगीण स्वास्थ्य का खुद ख़याल रखने की अपील करता है और प्रकारांतर से अंग्रेज़ी राज के भारत में बने रहने का अंतिम और सबसे मज़बूत नैतिक स्तंभ ढहाने की कोशिश करता है।

सनातन सभ्यता का नया शास्त्र

सनातनी सभ्यता की अवधारणा

गाँधीजी कहते हैं कि जो सभ्यता हिन्दुस्तान ने विकसित की है, उसकी बराबरी दुनिया में अब तक कोई और सभ्यता कर नहीं पाई है। जो बीज हमारे पुरखों ने बोए हैं, उनकी बराबरी कर सके ऐसी कोई चीज़ देखने में अब तक नहीं आई है। अपनी बात को स्पष्ट करने के लिए गाँधीजी कहते हैं कि रोम मिट्टी में मिल गया, ग्रीस सिर्फ नाम की सभ्यता रह गया है। मिस्र की बादशाही चली गई, जापान पश्चिम के शिकंजे में फँस गया और चीन का कुछ भी नहीं कहा जा सकता। लेकिन गिरी-टूटी जैसी भी हो, हिन्दुस्तानी सभ्यता आज भी अपनी बुनियाद में मजबूत है। अनुभव से जो हमें ठीक लगा उसे हम क्यों बदलेंगे? बहुत से अक्ल देने वाले आते-जाते रहते हैं, पर हिन्दुस्तान अडिग रहता है। यह उसकी खूबी है, यह उसका लंगर है। सभ्यता वह फ्रेमवर्क या व्यवस्था पद्धति है, जिससे आदमी अपना फर्ज़ अदा करता है। फर्ज़ अदा करने का मतलब है, नीति का पालन करना। नीति के पालन का मतलब है अपने मन और इन्द्रियों को वश में रखना। ऐसा करते हुए हम अपने को

(अपनी असलियत को) पहचानते हैं। यही सभ्यता है। इससे जो उलटा है वह विनाश करनेवाला है।

गाँधीजी कहते हैं कि "हमने देखा है कि मनुष्य की वृत्तियाँ चंचल हैं। उसका मन बेकार की दौड़-धूप किया करता है। उसकी आवश्यकताएँ असीम हैं। उसका शरीर जैसे-जैसे ज़्यादा दिया जाए वैसे-वैसे ज़्यादा माँगता है। ज़्यादा पाकर भी मनुष्य का शरीर और मन सुखी नहीं होता। भोग भोगने से भोग की इच्छा बढ़ती जाती है। इसलिए हमारे पुरखों ने भोग की हद बाँध दी। बहुत सोचकर उन्होंने देखा कि सुख-दुःख तो मन के कारण हैं। अमीर अपनी अमीरी की वजह से सुखी नहीं है परंतु गरीब अपनी गरीबी के कारण दुखी नहीं है। अमीर लोग देखने में दुखी नजर आते हैं और गरीब आदमी सुखी दिखता है। करोड़ों लोग तो गरीब ही रहेंगे। ऐसा देखकर उन्होंने भोग की वासना छुड़वाई। हज़ारों साल पहले जो हल काम में लिया जाता था, उससे हमने काम चलाया। हज़ारों साल पहले जैसे झोंपड़े थे, उन्हें हमने कायम रखा। हज़ारों साल पहले जैसी हमारी शिक्षा व्यवस्था थी, वही चलती रही। हमने नाशकारक होड़ को समाज में जगह नहीं दी; सब अपना-अपना धंधा करते रहे। उसमें उन्होंने दस्तूर के मुताबिक दाम लिए। ऐसा नहीं था कि पारम्परिक यंत्रों से बेहतर यंत्र वगैरह की खोज करना हमें नहीं आता था। लेकिन हमारे पूर्वजों ने देखा कि लोग अगर अपने स्वाभाविक सामर्थ्य के बदले परिष्कृत यंत्र वगैरह के झंझट में पड़ेंगे, तो वे तकनीक एवं यंत्र के अंततः गुलाम ही बनेंगे और अपनी नीति एवं धर्म को छोड़ देंगे। उन्होंने सोच-समझकर कहा कि अधिकांशतः, हमें ऐसे ही काम करना चाहिए, जो हाथ-पैरों से हो सके। हाथ-पैरों का इस्तेमाल करने में ही सच्चा सुख है, उसी में तंदुरुस्ती है।"

"उसी तरह, उन्होंने सोचा कि बड़े महानगर खड़े करना बेकार का झंझट है। उनमें कुल मिला कर लोग सुखी नहीं रहेंगे। उसमें स्थानीय समुदाय और नैतिक बंधनों का क्षरण होगा तथा झुग्गी-झोपड़ियाँ पैदा होगी, धूर्तों की टोलियाँ एवं वेश्याओं की गलियाँ पैदा होंगी; गरीब अमीरों से लूटे जाएंगे। इसलिए उन्होंने छोटे आकार के गाँव एवं नगरों से संतोष किया। उन्होंने देखा कि राजाओं और उनकी तलवार की बनिस्बत नीति का बल ज़्यादा बलवान है। इसीलिए उन्होंने राजाओं को नीतिवान् पुरुषों, ऋषियों और फकीरों से कम दर्जे का माना।" गाँधीजी कहते हैं कि हिन्दुस्तान जैसी सभ्यता दूसरों को सिखाने लायक है; न कि दूसरों से सीखने लायक। इस राष्ट्र में पारम्परिक अदालतें थी, आधुनिक वकीलों के पारम्परिक विकल्प थे, पारम्परिक डॉक्टर-वैद्य

भी थे। लेकिन वे सब ठीक ढंग से, नियम के मुताबिक चलते थे। सब जानते थे कि ये पेशेवर धन्धे अन्य धंधों एवं पेशों से अपने आप में बड़े नहीं हैं और पारम्परिक पेशेवर लोग समाज में लूट नहीं चलाते थे, वे तो लोगों के स्वजन एवं आश्रित थे।

भारत की पारम्परिक सभ्यता अब भी दूर-दराज़ के गाँवों में एवं कस्बाई शहरों के पारम्परिक मुहल्लों में जीवंत बनी हुई है। उनमें कालक्रम से कुछ दोष भी आ गए हैं परंतु इन दोषों को लोग खुद भी दोष मानते हैं। उन्हें कोई सभ्यता नहीं कहता। वे दोष सभ्यता के बावजूद कायम रहे हैं। उन्हें दूर करने के प्रयत्न हमेशा हुए हैं, और होते ही रहेंगे। हममें जो नया जोश पैदा हुआ है, उसका उपयोग हम इन दोषों को दूर करने में कैसे कर सकते हैं? इस प्रश्न के उत्तर में गाँधीजी कहते हैं कि किसी भी देश में, किसी भी सभ्यता के मातहत सभी लोग सम्पूर्णता तक नहीं पहुँच पाये हैं। हिन्दुस्तानी सभ्यता का झुकाव नीति को मजबूत करने की ओर है; पश्चिम की आधुनिक सभ्यता का झुकाव अनीति को मजबूत करने की ओर है। पश्चिम की आधुनिक सभ्यता अनीश्वरवादी है, हिन्दुस्तान की सभ्यता ईश्वर को मानने वाली है। इसीलिए आधुनिक पश्चिम की सभ्यता एवं इसका प्रतिनिधित्व करने वाले अंग्रेज़ी राज को विनाशकारी मानना पड़ता है।

सत्याग्रह – आत्मबल

गाँधीजी कहते हैं कि "अगर दुनिया की कथा लड़ाई से शुरू होती तो आज एक भी आदमी जिंदा नहीं रहता। दुनिया के इतिहास में जो प्रजा लड़ाई का ही भोग (शिकार) बन गई, उसकी ऐसी ही दुर्दशा हुई है। दुनिया में इतने लोग आज भी ज़िन्दा हैं, यह तथ्य बताता है कि दुनिया का आधार हथियार-बल पर नहीं है, बल्कि सत्य, दया या आत्मबल है। इसका सबसे बड़ा प्रमाण तो यही है कि दुनिया लड़ाई के हंगामों के बावजूद टिकी हुई है। इसलिए संघर्ष बल की बजाय दुनिया का आधार दूसरा ही बल है।" गाँधीजी सत्याग्रह की चर्चा करते हुए कहते हैं कि सत्याग्रह या आत्मबल पर आधारित आंदोलन को अंग्रेज़ी में "पैसिव रेजिस्टेंन्स" कहा जाता है। जिन लोगों ने अपने अधिकार पाने के लिए खुद दुःख सहन किया था, उनके दुःख सहने के ढ़ंग के लिए यह शब्द व्यवहार किया गया है। उसका ध्येय लड़ाई के ध्येय से उलटा है। उदाहरण के लिए, गाँधीजी कहते हैं कि "जब मुझे कोई काम पसंद न आये और वह काम मैं न करूं तो उसमें मैं सत्याग्रह या आत्मबल का उपयोग करता हूँ। सत्याग्रह में, मैं अपना ही बलिदान देता हूँ। सत्याग्रह से लड़ते हुए

अगर लड़ाई गलत ठहरी, तो सिर्फ लड़ाई छेड़ने वाला ही दुःख भोगता है। यानी अपनी भूल की सज़ा वह खुद भोगता है। जबकि युद्ध या खूनी संघर्ष में निर्दोष को भी सज़ा भोगनी पड़ती है। फलस्वरूप सत्याग्रह युद्ध या खूनी संघर्ष की तुलना में नैतिक रूप से बेहतर विकल्प है। अपनी आस्था के अनुसार अपने अधिकारों के लिए खुद कष्ट भोगना, कष्ट सहन करना चाहिए। यही सत्याग्रह की कुँजी है। उदाहरण के लिए हम कानून को मानने वाली प्रजा हैं, इसका सही अर्थ तो यह है कि हम सत्याग्रही प्रजा हैं। कानून जब पसंद न आये तब हम कानून बनानेवालों का सिर नहीं तोड़ते, बल्कि उन्हें रद्द कराने के लिए खुद उपवास करते हैं. . . खुद दुःख उठाते हैं।'' गाँधीजी कहते हैं कि हमें अच्छे या बुरे कानून को मानना चाहिए, ऐसा अर्थ तो आज-कल का है। पहले ऐसा नहीं था। पहले भी अवांछित कानून को लोग तोड़ते थे और वे उसकी सज़ा भी भोगते थे। गाँधीजी ज़ोर देकर कहते हैं कि जो कानून हमें पसन्द न हों वह भी हमें मानना चाहिए, यह आधुनिक शिक्षा है और यह मर्दानगी के ख़िलाफ है। यह अवधारणा किसी भी पारम्परिक धर्म के ख़िलाफ है और गुलामी की हद है। जिस आदमी में सच्ची इंसानियत है, जो केवल खुदा से ही डरता है, वह किसी और से नहीं डरेगा। दूसरे के बनाए हुए कानून उसके लिए बंधनकारक नहीं होते। बेचारी अंग्रेज़ी सरकार भी नहीं कहती कि 'तुम्हें ऐसा करना ही पड़ेगा।' यह केवल इतना कहती है कि 'तुम ऐसा नहीं करोगे तो तुम्हें सजा होगी।' हम अपनी अधम दशा के कारण मान लेते हैं कि हमें 'ऐसा ही करना चाहिए', यह हमारा फर्ज़ है, यह हमारा धर्म है। अगर लोग अब भी सीख लें कि जो कानून हमें अन्यायी मालूम हो उसे मानना अनैतिक, अधार्मिक नामर्दगी है, तो हमें किसी प्रकार का भी जुल्म गुलामी के बंधन में बाँध नहीं सकता है। यही स्वराज की कुँजी है। संख्या में ज़्यादा लोग जो कहें उसे थोड़े लोगों को मान लेना चाहिए, बहुमत का निर्णय माना ही जाना चाहिए, यह भावना तो करीब-करीब सभी पारम्परिक समाजों के लिए नई बात है। यह एक अधार्मिक एवं अनैतिक बात है, एक वहम है। अन्यायी कानून को मानना चाहिए, यह वहम जब तक दूर नहीं होता तब तक हमारी गुलामी जाने वाली नहीं है। और इस वहम को सिर्फ सत्याग्रह ही दूर कर सकता है। गाँधीजी के अनुसार सत्याग्रह सबसे बड़ा बल है। सत्याग्रह के लिए जैसी हिम्मत और बहादुरी चाहिए, वह तोप का बल रखने वाले के पास हो ही नहीं सकती। सत्याग्रही व्यक्ति की योग्यता के बारे में गाँधीजी कहते हैं कि ''शरीर से दुबला व्यक्ति भी सत्याग्रही हो सकता है। शरीर से कमज़ोर लेकिन आत्मबल से मजबूत कोई भी आदमी

सत्याग्रही हो सकता है। मर्द भी सत्याग्रही हो सकता है; औरत भी हो सकती है। सत्याग्रही को अपना लश्कर तैयार करने की ज़रूरत नहीं रहती। उसे पहलवानों की कुश्ती सीखने की ज़रूरत नहीं रहती। यदि उसने अपने मन को काबू किया तो वह फिर वनराज (सिंह) की तरह गर्जना कर सकता है; और जो उसके दुश्मन बन बैठे हैं, उनके दिल इस गर्जना से फट जाते हैं। सत्याग्रह ऐसी तलवार है, जिसके दोनों ओर धार है। उसे चाहे जैसे काम में लिया जा सकता है। जो उसे चलाता है और जिस पर वह चलाई जाती है, वे दोनों सुखी होते हैं। वह खून नहीं निकालती, लेकिन उससे भी बड़ा परिणाम ला सकती है।''

गाँधीजी *हिन्द-स्वराज* के पाठक से कहते हैं कि आप हिन्दुस्तान का अर्थ मुट्ठीभर राजाओं से लगाते हैं। मेरे अनुसार तो हिन्दुस्तान का अर्थ वे करोड़ों किसान हैं, जिनके सहारे राजा और हम सब जी रहे हैं। राजा तो हथियार काम में लाएंगे ही कलियुग में यह तो उनका रिवाज़ ही हो गया है। उन्हें हुक्म चलाना है। लेकिन हुक्म माननेवालों को तोपबल की ज़रूरत नहीं है। दुनिया के ज़्यादातर लोग हुक्म मानने वाले हैं। उन्हें सत्याग्रह का बल सिखाना चाहिए। अपनी बात को प्रमाणित करने के लिए गाँधीजी एक उदाहरण देते हैं, ''मुझे याद है कि एक रियासत में रैयत को अमुक हुक्म पसन्द नहीं आया, इसलिए रैयत ने हिजरत करना – गाँव खाली करना – शुरू कर दिया। राजा घबराये। उन्होंने रैयत से माफी माँगी और हुक्म वापस ले लिया। ऐसी मिसालें तो बहुत मिल सकती हैं। लेकिन वे ज़्यादातर भारत-भूमि की ही उपज होंगी। ऐसी रैयत जहाँ है, वहीं स्वराज है। इसके बिना स्वराज कुराज्य है।''

गाँधीजी कहते हैं कि शरीर को कसे बिना सत्याग्रही होना मुश्किल है। अक्सर जिन शरीरों को गलत लाड़-प्यार देकर या सहला-पुचकार कर कमज़ोर बना दिया गया है, उनमें रहनेवाला मन भी कमजोर होता है। और जहाँ मन का बल नहीं है, वहाँ आत्मबल कैसे हो सकता है? फलस्वरूप, गाँधीजी का मानना है कि ''जो व्यक्ति देश के भले के लिए सत्याग्रही होना चाहता है, उसे ब्रह्मचर्य का पालन करना चाहिए, स्वेच्छा से गरीबी अपनानी चाहिए, सत्य का पालन तो करना ही चाहिए और हर हालत में अभय बनना चाहिए।'' ब्रह्मचर्य की पारम्परिक अवधारणा आश्रम व्यवस्था के अंतर्गत आती है और इसमें शरीर, मन, मस्तिष्क के सर्वांगीण विकास के लिए योग, ध्यान, शिक्षा एवं सदाचार पर ज़ोर दिया जाता है। स्वैच्छिक गरीबी का अर्थ अनावश्यक विलासिता का त्याग और मितव्ययिता की आदत डालने से है।

बुनियादी शिक्षा

गाँधीजी कहते हैं कि शिक्षा का साधारण अर्थ अक्षर-ज्ञान ही होता है। लोगों को लिखना, पढ़ना और हिसाब करना सिखाना बुनियादी या प्राथमिक (प्रायमरी) शिक्षा कहलाती है। एक किसान ईमानदारी से खुद खेती करके रोटी कमाता है। उसे मामूली तौर पर दुनियावी ज्ञान है। अपने माँ-बाप के साथ कैसे व्यवहार करना, अपनी स्त्री के साथ कैसे व्यवहार करना, बच्चों से कैसे पेश आना है, जिस देहात में वह बसा हुआ है, वहाँ उसकी चालढाल कैसी होनी चाहिए? इस सबका उसे काफी ज्ञान है। वह नीति के नियम समझता है और उनका पालन करता है। लेकिन वह अपने दस्तखत करना नहीं जानता। गाँधीजी पूछते हैं कि इस आदमी को आप अक्षर-ज्ञान देकर क्या हासिल करना चाहते हैं? उसके सुख में आप कौन सी बढ़ोत्तरी करेंगे? क्या आप उसकी झोंपड़ी या उसकी हालत के बारे में, उसके मन में, असंतोष पैदा करना चाहते हैं? ऐसा करना हो तो भी ऐसे अक्षर-ज्ञान देने की ज़रूरत नहीं है। चूँकि ऐसे असंतोष से तो मूलतः अंग्रेज़ी राज पुष्ट होगा और पारम्परिक व्यवस्था छिन्न-भिन्न होगी।

एक अंग्रेज़ विद्वान् हक्सले के विचारों को उद्धृत करते हुए गाँधीजी कहते हैं कि "उस आदमी ने सच्ची शिक्षा पाई है, जिसके शरीर को ऐसी आदत डाली गई है कि वह उसके बस में रहता है, जिसका शरीर चैन से और आसानी से सौंपा हुआ काम करता है। उस आदमी ने सच्ची शिक्षा पाई है, जिसकी बुद्धि शुद्ध, शांत और न्यायदर्शी है। उसने सच्ची शिक्षा पाई है, जिसका मन कुदरती कानूनों से भरा है और जिसकी इंद्रियाँ उसके बस में हैं, जिसकी मन की भावनाएँ बिल्कुल शुद्ध हैं, जिसे नीच कामों से नफरत है और जो दूसरों को अपने जैसा मानता है। ऐसा आदमी ही सच्चा, शिक्षित या तालीमशुदा माना जाएगा, क्योंकि वह कुदरत के कानून के मुताबिक चलता है। कुदरत उसका अच्छा उपयोग करेगी और वह कुदरत का अच्छा उपयोग करेगा।" गाँधीजी कहते हैं कि इस तरह की शिक्षा तो पारम्परिक रूप से हिन्दुस्तान के लोगों को सदियों से प्राप्त होती रही है। केवल अंग्रेज़ी राज में ही इसके विपरीत मूल्यों वाली अनैतिक शिक्षा दी जा रही है।

करोड़ों लोगों को ऐसी अनैतिक, अव्यवहारिक अंग्रेज़ी शिक्षा देना उन्हें गुलामी में डालने जैसा है। मैकॉले ने शिक्षा की जो बुनियाद डाली, वह सचमुच गुलामी की बुनियाद थी। अंग्रेज़ों ने इसी इरादे से अपनी योजना बनाई थी, ऐसा तो नहीं कहा जा सकता लेकिन उसके काम का नतीजा यही निकला है। यह कितने दुःख की बात है कि हम स्वराज की बात भी पराई भाषा में करते

हैं। गाँधीजी कहते हैं कि आपको समझना चाहिए कि अंग्रेज़ी शिक्षा लेकर हमने अपने राष्ट्र को गुलाम बनाया है। अंग्रेज़ी शिक्षा से दंभ, राग, जुल्म, वगैरह बढ़े हैं। अंग्रेज़ी शिक्षा पाये हुए लोगों ने अपने मूल्य बदल जाने के कारण प्रजा को ठगने में और उसे परेशान करने में अपराध बोध महसूस करना छोड़ दिया है।

परंतु गाँधीजी स्वीकार करते हैं कि हम लोग आधुनिक सभ्यता के रोग में ऐसे फँस चुके हैं कि अंग्रेज़ी शिक्षा को पूरी तरह अस्वीकार कर अपना काम चला सकें, ऐसी स्थिति फिलहाल नहीं रही। अब अगर अंग्रेज़ी शिक्षा पाए हुए लोग इस देश के लिए कुछ करना चाहते हैं तो वे अपनी अंग्रेज़ी शिक्षा का भी देश हित में सदुपयोग कर सकते हैं। उदाहरण के लिए, अंग्रेज़ लोग खुद अपनी सभ्यता से कैसे परेशान हो गए हैं यह समझने और समझाने के लिए अंग्रेज़ी का उपयोग किया जा सकता है। जो लोग अंग्रेज़ी पढ़े हुए हैं, उनकी संतानों को पहले तो हिन्दुस्तानी रीति-नीति सिखानी चाहिए, उनको मातृभाषा सिखानी चाहिए और हिन्दुस्तान की दूसरी भाषा सिखानी चाहिए। बालक जब पुख्ता (पक्की) उम्र के हो जाएँ तब भले ही वे अंग्रेज़ी शिक्षा पाएँ और वह भी इस देश पर विदेशी प्रभाव मिटाने के इरादे से, न कि उसके ज़रिये पैसा कमाने के इरादे से। गाँधीजी मानते हैं कि जो अंग्रेज़ी पुस्तकें काम की हैं, उनका हमें अपनी भाषा में अनुवाद करना होगा। अनावश्यक शास्त्र सीखने का दंभ और वहम हमें छोड़ना होगा। गाँधीजी की नज़र में सबसे पहले तो धर्म की शिक्षा या नीति की शिक्षा दी जानी चाहिए। हर एक पढ़े-लिखे हिन्दुस्तानी को अपनी भाषा का, हिन्दू को संस्कृत का, मुसलमान को अरबी का, पारसी को फारसी का और सबको हिन्दी का ज्ञान होना चाहिए। कुछ हिन्दुओं को अरबी और कुछ मुसलमानों और पारसियों को संस्कृत सीखनी चाहिए। उत्तरी और पश्चिमी हिन्दुस्तान के लोगों को तमिल सीखनी चाहिए। सारे हिन्दुस्तान के लिए जो भाषा चाहिए वह तो हिन्दी ही होनी चाहिए। उसे उर्दू या नागरी लिपि में लिखने की छूट रहनी चाहिए। हिन्दू-मुसलमानों के संबंध ठीक रहें, इसलिए बहुत से हिन्दुस्तानियों को इन दोनों लिपियों को जान लेना ज़रूरी है। ऐसा होने से हम आपस के व्यवहार में अंग्रेज़ी को निकाल सकेंगे। यह सबसे अधिक उनके लिए ज़रूरी है जो बौद्धिक एवं सांस्कृतिक रूप से अंग्रेज़ों की सभ्यता के गुलाम बन गए हैं। हमारी गुलामी की वजह से देश की प्रजा गुलाम बनी है। अगर हम गुलामी से छूट जाएँ, तो प्रजा तो छूट ही जाएगी। गाँधीजी बड़े आत्म-विश्वास से कहते हैं कि हिन्दुस्तान कभी नास्तिक नहीं बनेगा। हिन्दुस्तान की भूमि में

नास्तिक कभी भी फल-फूल नहीं पाएंगे। हिन्दुस्तान को असली रास्ते पर लाने के लिए आधुनिकता में रसे-बसे हिन्दुस्तानियों को ही पारम्परिक हिन्दुस्तान के लोक कल्याणकारी रास्ते पर आना होगा। बाकी करोड़ों लोग तो सही रास्ते पर हैं ही पारम्परिक तरीकों में सुधार, बिगाड़, उन्नति, अवनति काल-क्रम के अनुसार होते ही रहेंगे। पश्चिम की सभ्यता को निकाल बाहर करने की ही हमें कोशिश करनी चाहिए। अन्य प्रकार के असंतुलन काल-क्रम से अपने-आप ठीक हो जाएंगे।

यूरोपीय आधुनिकता एवं समकालीन भारतीय समाज

महात्मा गाँधी ने पश्चिम को भारतीय दृष्टि से समझने की बड़ी ईमानदार कोशिश की थी। जबकि भारत में जो पश्चिम परस्त तबका है, वह ठीक से न भारत को समझता है और न यूरोप को। इन लोगों की यूरोप की समझ भी सतही, एक आयामी एवं किताबी है। वे लोग आम यूरोपीय लोगों की जीवन पद्धति एवं जीवन दृष्टि तथा जीवंत आस्था एवं विश्वास को नहीं समझते। आधुनिक यूरोपीय विश्वविद्यालय काफी हद तक यूरोपीय ज्ञानोदय (एनलाइटेनमेन्ट) केन्द्रित हैं। परंतु यूरोपीय समाज तो ज्ञानोदय केन्द्रित नहीं रहा है। यूरोपियन समाज में तो कई प्रवृत्तियाँ रही हैं। डेरिडा, फुको जैसे कुछ लोग अब विज्ञान केंद्रीयता के बारे में, तर्कसंगत विवेक के बारे में तथा यूरोपीय विज्ञान के बारे में पुनर्विचार करते दिखाई देते हैं। यह प्रवृत्ति पश्चिम में उत्तर-आधुनिक काल के (१९६८ के) बाद धीरे-धीरे बढ़ रही है।

यूरोपीय परम्परा को विज्ञान केन्द्रित विमर्श से पूरी तरह समझा ही नहीं जा सकता। इसके लिए तो यूरोप का दर्शन, इतिहास, धर्म, कला एवं साहित्य पढ़ना पड़ेगा। इन पाँचों अंगों के सहयोग के बिना तो यूरोपीय आधुनिकता को समझना भी मुश्किल होगा परंतु विज्ञान एवं तकनीक यूरोपीय आधुनिकता की पारिभाषिक विशेषता है इसमें संदेह नहीं। भारतीय परम्परा में भी विज्ञान-तकनीक तो होती है परंतु यह उस प्रकार संगठित नहीं होती जैसी आधुनिक यूरोपीय समाजों में होती है। विज्ञान-तकनीक परम्परा में अपने-आप में लक्ष्य नहीं होती बल्कि साधन भर होती है। अब उत्तर-आधुनिकता वाले सवाल पूछ रहे हैं कि हमें आकाश का क्यों अन्वेषण करना चाहिए? हमें स्पेस टेक्नोलॉजी एवं न्युक्लियर टेक्नोलॉजी क्यों चाहिए?

कुछ लोगों का कहना है कि गाँधीजी पर टॉल्सटाय का प्रभाव एक दृष्टि से निर्णायक था। टॉल्सटाय से उन्होंने दिशा और दृष्टि दोनों लिए। उन्होंने दिशा और दृष्टि स्वेच्छा से लीं परंतु वे उनके धार्मिक संप्रदाय में दीक्षित नहीं

हो पाए। टॉल्सटाय रशियन ऑर्थोडक्स चर्च के द्वारा प्रतिबिंबित पूर्वी ईसाई परम्परा के प्रतिनिधि थे। ईस्टर्न ऑर्थोडॉक्स चर्च थेरवादी बौद्ध परम्परा से मिलती-जुलती साधना परम्परा है, जो जैन श्रमण परम्परा के नजदीक है। जैनों में मूलतः मुनि लोग ही निवृत्ति मार्गी होते हैं जबकि बौद्धों की थेरवादी परम्परा एवं पूर्वी ईसाई परम्परा में साधारण अनुयायी भी निवृत्ति मार्गी होते हैं। यह मूलतः साधना की मोक्षगामी परम्परा है।

ऐसा नहीं है कि थेरवादी बौद्ध-जैन श्रावक और पूर्वी ईसाई परम्परा के तत्त्वचिंतन में अन्तर नहीं है परंतु जहाँ तक नीति-निर्देश एवं जीवन पद्धति का सवाल है समानता तो है ही। अठारहवीं शताब्दी तक आते-आते यूरोपीय ईसाईयत यूरोपीय आधुनिकता से मुख्य धारा के स्तर पर हार चुकी थी। लेकिन रूस तब तक पूरी तरह आधुनिक नहीं हुआ था। रशियन ऑर्थोडॉक्स चर्च की परम्परा तब तक काफी जीवंत थी। मुझे नहीं मालूम कि रशियन ऑर्थोडॉक्स चर्च वाले धर्मपरिवर्तन के मामलों में किस हद तक उत्सुक रहते हैं परंतु इतना तय है कि गाँधीजी पराजित हो चुके रोमन कैथोलिक चर्च या यूरोपीय प्रोटेस्टेंट चर्च से बहुत प्रभावित नहीं थे। ईसा मसीह एवं सर्मन ऑन द माउन्ट का यूरोपीय परम्परा में तुलनात्मक रूप से तब तक केवल प्रतीकात्मक महत्त्व रह गया था जबकि रशियन परम्परा एवं टॉल्सटाय में दोनों का तुलनात्मक महत्त्व तब भी सुरक्षित था। टॉल्सटाय की दिशा एवं दृष्टि से प्रभाव ग्रहण करके गाँधीजी ने गुजराती वैष्णव परम्परा एवं भारत की गुलामी की व्याख्या की और भारतीय स्वतंत्रता संग्राम को एक नई दिशा एवं दृष्टि देने का प्रयास किया।

इसके विपरीत स्वामी विवेकानंद एवं श्रीअरविन्द एक हद तक यूरोपीय आधुनिकता से प्रभावित थे और इसके आधार पर इन लोगों ने भारतीय परम्परा की पुनर्व्याख्या करनी चाही। इन लोगों को यूरोपीय आधुनिकता से कोई अवधारणात्मक समस्या नहीं थी। ये लोग यूरोपीय आधुनिकता को, जो ईसाई परम्परा से निरपेक्ष हो चुकी थी, भारतीय आध्यात्मिक परम्परा से मेल कराना चाहते थे। स्वामी विवेकानन्द एवं श्रीअरविन्द की मृत्यु के बाद विश्व इतिहास में उपरोक्त प्रोजेक्ट को लगातार वैश्विक सफलता मिलती रही है जबकि गांधीवादी प्रोजेक्ट न यूरोप में चल पा रहा है, न रूस में, न भारत में। हर जगह की मुख्यधारा में फिलहाल इस प्रोजेक्ट के लिए कोई प्रतिष्ठित जगह नहीं बची है। भारतीय विद्वानों के एक बड़े समुदाय में महात्मा गाँधी को तात्त्विक अर्थों में ईर्स्टन ऑर्थोडॉक्स चर्च का प्रतिनिधि माना जाता है और व्यावहारिक अर्थों में उन्हें जैन-वैष्णव परम्परा के नजदीकी वाली आधुनिकता का प्रतिनिधि माना जाता है।

कुमारस्वामी और गाँधी बहुत मामलों में एक जैसे माने जाते हैं। परंतु तात्त्विक रूप से कुमारस्वामी गाँधीजी की तुलना में सनातन हिन्दू/महायानी बौद्ध परम्परा के ज़्यादा नज़दीक (प्रवृत्तिमार्गी) माने जाते हैं। उनकी तुलना में महात्मा गाँधी तात्त्विक रूप से मध्यकालीन रशियन आर्थोडॉक्स चर्च और रस्किन की पारम्परिक यूरोपीय कलादृष्टि से प्रभावित आधुनिक व्यक्ति माने जाते हैं। अपने स्वभाव में कुमारस्वामी प्रवृत्तिमार्गी कहे जाते हैं जबकि गाँधी निवृत्ति मार्ग के ईसाई मॉडल के ज़्यादा नज़दीक माने जाते हैं। ऐसे ही विद्वानों का मानना है कि कुमारस्वामी में मध्यकालीन ईसाई कला एवं विचार पद्धति का उसी तरह अपनी वैधता के लिए इस्तेमाल है, जिस तरह गाँधी में हिन्दू धर्म की लौकिक परम्परा के स्रोतों का। इसी तर्क से, गाँधी आधुनिक यूरोप के विरोधी थे और इसी अर्थ में अंग्रेज़ी राज के विरुद्ध भारत की स्वाधीनता चाहते थे।

स्वामी विवेकानंद एवं श्रीअरविंद के अनुयायियों ने महात्मा गाँधी और कुमारस्वामी की उपरोक्त व्याख्या एवं सनातन धर्म और पारम्परिक सभ्यता की पुनर्व्याख्या करके इतिहास सुधारने का काम किया है। परंतु सनातन परम्परा में इतिहास को सुधारने की कोई अवधारणा नहीं है। सनातन परम्परा में समय की चक्रीय गति का सिद्धांत चार युगों के स्तर पर चक्र की गति से घूमता है, फलस्वरूप किसी व्यक्ति या किसी संप्रदाय के लिए इतिहास सुधारने का कोई उपाय नहीं होता। दूसरी ओर सनातन परम्परा यह भी मानती है कि एक आत्मा अपने कर्म फल को भोगने के लिए ८४ लाख योनियों तक भ्रमण करती रह सकती है। हर नई योनि में जन्म लेने पर पूर्व जन्मों के संस्कार सूक्ष्म रूप में साथ होते हैं। व्यक्ति पर जन्म काल से ही बहुत प्रकार के पर्यावरण, वातावरण, शिक्षण, प्रशिक्षण, समाजीकरण, सांस्कृतिकरण, संवाद एवं सजग-असजग प्रेरणाओं का प्रभाव पड़ता है। अतः व्यक्ति खुद एक ऐतिहासिक, सामाजिक एवं सांस्कृतिक प्रक्रिया के तहत धीरे-धीरे विकसित होता है। इसी क्रम में स्वाभाविक रूप से उसके विचार बनते बिगड़ते रहते हैं।

हिन्द-स्वराज में महात्मा गाँधी ने साफ-साफ कहा है कि हम लोग १७५७ से १८५७ तक अंग्रेज़ों से उनकी श्रेष्ठता के कारण नहीं हारे हैं बल्कि हमने स्वेच्छा से उन्हें भारत दान में दिया है और जब हम एक स्वाभिमानी राष्ट्र के रूप में उनसे अपना देश लेने का संकल्प करेंगे उस दिन उन्हें देश छोड़ कर जाना पड़ेगा। इतिहास गवाह है कि महात्मा गाँधी की बात अंततः सच साबित हुई।

दूसरी ओर स्वामी विवेकानंद और कुछ हद तक श्रीअरविंद भी यह मानते थे कि अंग्रेज़ों ने अपनी बेहतर विज्ञान एवं तकनीक के बल पर हमें जीता था और भारत के स्वर्णिम भविष्य के लिए पश्चिमी ज्ञान-विज्ञान, तकनीक एवं मैनेंजमेंट आदि सीखना अत्यावश्यक है। गाँधीजी ने जो कहा/लिखा वह पश्चिमी साम्राज्यवाद से लड़ने में आज हमारा सबसे प्रमुख हथियार है। जबकि स्वामी विवेकानन्द ने गुलामी के दौरान भारतीय समाज की कमज़ोरियों के बारे में जो कहा या लिखा तथा भारतीय समाज के विकास के लिए यूरोपीय ज्ञान-विज्ञान की जो तारीफ की वह भारतीय परम्परा के विरोधियों के द्वारा भारत विरोध के आधार के रूप में दुरुपयोग किया जाता रहा है। इतना तक कि कुछ लोग स्वामी विवेकानंद की कुछ बातों को संदर्भ से अलग करके स्वामी रामकृष्ण की आलोचना के लिए भी इस्तेमाल करते हैं।

अपनी सारी वैज्ञानिक चमक-दमक के बावजूद आज आधुनिक पश्चिमी सभ्यता अपने असंतुलन, अपूर्णता एवं दंभ के कारण हार रही है। इससे समझौता की हर कोशिश (चाहे वह ऊपर से जितनी अनुकूल दिखे) नुकसानदेह साबित होगी। उत्तर-आधुनिक दौर की सांस्कृतिक उहा-पोह के बाद आज पश्चिमी सभ्यता में असुरक्षा एवं निराशावाद बहुत बढ़ गया है। दूसरी ओर चर्च-केन्द्रित एवं संगठित ईसाई धर्म की तुलना में घर-केन्द्रित एवं व्यक्ति-केन्द्रित स्वैच्छिक समुदायों एवं संप्रदायों की लोकप्रियता पश्चिमी सभ्यता में लगातार बढ़ रही है। बौद्ध धर्म, नव-पैगन संप्रदायों एवं योग-ध्यान से संबंधित आध्यात्मिक समुदायों का आकर्षण भी लगातार बढ़ रहा है। श्रद्धालुओं के अभाव में कहीं-कहीं तो बड़े-बड़े विशाल गिरजाघर सूने पड़ने लगे हैं एवं नीलाम हो रहे हैं। इसके विपरीत इस्लाम धर्म के संगठित स्वरूप में पढ़े-लिखे मुसलमानों का आकर्षण बढ़ रहा है; जिससे कई बार ईसाई धर्म एवं इस्लाम धर्म के बीच सभ्यतामूलक संघर्ष की स्थिति पैदा हो जाती है। पश्चिमी सभ्यता पर इन प्रवृत्तियों के सम्मिलित प्रभाव का व्यवस्थित अध्ययन होना अभी बाकी है। परंतु इतना तो कहा ही जा सकता है कि पश्चिमी सभ्यता एक सांस्कृतिक त्रासदी के दौर से गुजर रही है। वह इस त्रासदी से उबर पाएगी या नहीं, यह इस पर निर्भर करता है कि वह अपने वैज्ञानिक एवं तकनीकी पक्ष का अपने समकालीन धार्मिक एवं धर्मशास्त्रीय (थियोलॉजिकल) जिज्ञासाओं के साथ तात्त्विक स्तर पर कितना समन्वय कर पाती है। पश्चिमी सभ्यता के निर्माण में धर्मशास्त्र की भूमिका विज्ञान एवं तकनीक से ज़्यादा रही है परंतु आधुनिकता के दौर में धर्मशास्त्र

और विज्ञान के बीच एक अजीब प्रकार का द्वंद्वात्मक संबंध विकसित हुआ था। अंतर्विरोध के बावजूद यूरोप का आधुनिक विज्ञान एवं यूरोप का आधुनिक धर्म (प्रोटेस्टेंट मत) एक दूसरे को संबल देते रहे हैं। इसकी सबसे उत्कट अभिव्यक्ति संयुक्त राज्य अमेरिका में देखी जा सकती है। आधुनिक विज्ञान एवं तकनीक का सबसे निर्द्वंद्व विकास संयुक्त राज्य अमेरिका में हुआ है। यूरोप की तुलना में अमेरिका के लोग ज़्यादा धार्मिक माने जाते हैं। एक सर्वेक्षण के अनुसार करीब ६२ प्रतिशत अमेरिकी लोगों ने अपने को धार्मिक माना है, जिसमें से करीब २१ से २३ प्रतिशत लोग कैथोलिक एवं १७ प्रतिशत लोग ग़ैर-ईसाई धर्मों को मानते हैं। इसके अलावा अन्य सभी लोगों पर प्रोटेस्टेंट एवं एंगलिकन संप्रदायों तथा पैगन-कल्टस का प्रत्यक्ष या अप्रत्यक्ष प्रभाव है। ये सभी ग़ैर-कैथोलिक संप्रदाय किसी औपचारिक संगठन के तहत संगठित तो नहीं हैं परंतु यह संयोग नहीं है कि जॉन एफ. कैनेडी के अलावा कोई दूसरा कैथोलिक आज तक अमेरिका का राष्ट्रपति नहीं हो पाया है। भारत में बहुत से लोग आधुनिक विज्ञान-तकनीक एवं विश्वविद्यालयों को ईसाई धर्म की परम्परा से काटकर देखने के आदी हैं। परंतु यह एक प्रकार का सरलीकरण है। पश्चिमी सभ्यता के समकालीन संकट का प्रभाव ग़ैर पश्चिमी परम्पराओं पर भी पड़ सकता है। चूँकि पिछले २०० सालों में पश्चिम ने हर परम्परा के भीतर अपने समर्थकों का एक वर्ग तैयार कर लिया है। इसी अर्थ में कुछ लोग पश्चिमी सभ्यता को वैश्विक सभ्यता कहते हैं।

भारत में भी कुछ लोग *हिन्द-स्वराज* और गाँधीवादी दृष्टिकोण की तुलना में यूरोपीय आधुनिकता के मूल स्वर को भारतीय सनातन दृष्टि के ज़्यादा करीब पाते हैं। स्वामी विवेकानंद और रवीन्द्रनाथ जैसे व्यक्तियों को सनातन भारतीय दृष्टिकोण का ज़्यादा अधिकारी प्रवक्ता माना जाता है। ज़्यादातर भारतीय आधुनिकतावादियों की दृष्टि में महात्मा गाँधी भारतीय परम्परा के प्रतिनिधि नहीं थे। वे यूरोप की वैकल्पिक परम्परा के प्रतिनिधि थे। वे भारतीय परम्परा-दर्शन और जीवन में सुधार चाहते थे। अंग्रेज़ भी भारतीय परम्परा में सुधार चाहते थे। गाँधी खुद को हमेशा सनातनी हिन्दू कहते रहे परंतु उनका प्रोजेक्ट हमेशा सुधार का रहा। गाँधी 'भारतीय परम्परा की आत्मा' में सुधार चाहते थे। जबकि आधुनिकतावादी लोग 'भारतीय शरीर' में सुधार चाहते थे। ऐसे लोग फख़्र से कहते हैं कि गाँधी में एक प्रकार का अतिवाद था, जिसे रवीन्द्रनाथ ने *गोरा* में दिखलाया है। जबकि ब्रह्म समाज और इसकी उपज विवेकानन्द तथा रवीन्द्रनाथ में आधुनिकता और भारतीयता का संतुलन स्पष्ट रूप से देखने को मिलता है। सभ्य समाज का काम संस्थाओं-संगठनों

के बिना नहीं चल सकता। ऐतिहासिक संस्थाओं की सीमा हो सकती है। उनमें सतत सुधार होता रहा है। पश्चिम में भी और भारत में भी। गाँधी, इलीच, सुमाखर आदि की आलोचनाओं से सुधार की प्रक्रिया प्रभावित हुई है और आगे भी इनकी आलोचनाओं को ध्यान में रखा जाना चाहिए परंतु इनके पास कोई वैकल्पिक दर्शन नहीं है। इनके पास एक प्रकार का अराजकतावाद/व्यक्तिवाद है, जिसे अधिक से अधिक रूमानी स्वप्न कहा जा सकता है। एक अन्य अर्थ में यह संन्यासियों की जीवन दृष्टि हो सकती है। यह गृहस्थों के जीवन-दर्शन का विकल्प न रहा है, न होना चाहिए, न होगा। यह दृष्टि एकांगी है। यह दृष्टि चाहे जितनी लोकप्रिय बन गई हो पर यह तथ्यों पर आधारित नहीं है।

इस दृष्टि के विपरीत *मेरे सपनों का भारत* (*इंडिया ऑफ़ माई ड्रीम*) नामक पुस्तक में गाँधीजी द्वारा लिखित निबंध को पढ़ने के बाद किसी के लिए भी गाँधीजी को ईसाई कहना सम्भव नहीं होगा। वे एडवर्ड सईद की भाषा में प्राच्यवाद से प्रभावित हिन्दू तो कहे जा सकते हैं पर उन्हें पश्चिमी अर्थों में ईसाई कहना ज़्यादती होगी। पश्चिमी अर्थों में केशवचन्द्र सेन भी ईसाई मानदण्डों पर खरे नहीं उतरते। ये लोग ईस्टर्न आर्थोडॉक्स चर्च के नज़दीक या उससे प्रभावित लोग थे और इस दृष्टि से गाँधीजी ए.के. सरण, कुमारस्वामी आदि के परम्परावाद से अलग नहीं थे। कुल मिला कर भारत में चार प्रकार के प्राच्यवाद प्रचलित हैं। एक प्रकार का प्राच्यवाद एशियाटिक सोसाइटी वाले विलियम जोंस लेकर आए। दूसरे प्रकार का प्राच्यवाद मैक्समूलर के प्रभाव में फैला। तीसरे प्रकार का प्राच्यवाद गाँधीजी लेकर आए और चौथे प्रकार का ऐनी बेसेन्ट, कुमारस्वामी और श्रीअरविन्द लेकर आए। सत्य की परीक्षा उसके स्वरूप से होती है उसके उद्गम से नहीं होती। स्वदेशी की तुलना में स्वावलंबन पर ज़ोर सनातन भारतीय दृष्टि की विशेषता रही है। विवेकानन्द, सावरकर, गाँधी, दयानन्द, राममोहन राय, रवीन्द्रनाथ, श्रीअरविन्द सभी की चिन्ता भारत को मजबूत बनाना था। सभी अपनी-अपनी समझ से भारत की परम्परा को समझने की कोशिश कर रहे थे। सभी भारतीय परम्परा के आन्तरिक और बाह्य संकट को समझ कर भारतीय परम्परा का संवर्धन करना चाहते थे या युगानुकूलन करना चाहते थे। इसमें दृष्टिभेद अवश्य था।

रोजर लिप्से की तो स्पष्ट मान्यता है कि कुमारस्वामी पर ईमाइल मेल द्वारा प्रस्तुत क्रिश्चियन आईकोनोग्राफी (ईसाई मूर्तिविज्ञान) के अध्ययन का दूरगामी प्रभाव था। मॉरिस और मेल का कुमारस्वामी पर प्रभाव ज़्यादा था या रस्किन और टॉल्सटाय का गाँधी पर प्रभाव ज़्यादा था यह बहुत जटिल प्रश्न है। इसका उत्तर आसान नहीं है। दोनों आधुनिक यूरोपीय सभ्यता के ख़िलाफ

थे। परंतु गाँधी ईसा मसीह एवं ईस्टर्न आर्थोडॉक्स चर्च से प्रभावित माने जाते हैं जबकि कुमारस्वामी कैथोलिक बुद्धिवाद-रहस्यवाद और इसके समकालीन प्रतिनिधियों से प्रभावित माने जाते हैं। यह भी कहा जाता है कि गाँधी अपनी ईसाई समझ का उपयोग अंग्रेज़ी राज के ख़िलाफ स्वतंत्रता आंदोलन के अपने नेतृत्व एवं राजनीति एवं अर्थनीति के क्षेत्र के प्रयोगों में कर रहे थे जबकि कुमारस्वामी अपनी ईसाई समझ का उपयोग भारतीय शास्त्रों एवं परम्परा की अधिकारी व्याख्या करने में कर रहे थे।

अतः रूढ़ अर्थों में, एक सीमा से ज़्यादा न गाँधी परम्परावादी हैं और न कुमारस्वामी (और न ही श्रीअरविन्द)। जहाँ तक ये लोग वाचिक परम्परा को अस्वीकार नहीं करते वहीं तक आम भारतीयों ने इनको स्वीकारा। आम भारतीयों का असंदिग्ध भरोसा समकालीन लोगों में संभवतः केवल स्वामी रामकृष्ण परमहंस तक ही सीमित रहा है। हाँ, सभ्यतामूलक विमर्श में एक हथियार के रूप में अन्य लोगों का भी उपयोग किया गया है परंतु समझ बढ़ाने के लिए रामायण, महाभारत, गीता, उपनिषद् एवं पुराणों के साथ-साथ सांप्रदायिक आचार्यों के विमर्श को ज़्यादा भरोसेमंद स्रोत माना जाता रहा है।

असल में, हर शास्त्रीय परम्परा एवं सभ्यता में द्वैधवृत्ति या एम्बीवैलेंस होता है। हर महान् व्यक्ति एक रहस्यमय भाषा में अपने को अभिव्यक्त करता है। उसे दोनों प्रकार के लोग ठीक से नहीं समझ पाते, न मित्र, न शत्रु; परंतु वह दोनों के साथ सहज होता है। इनका वर्गीकरण इतना सरल नहीं होता। एक अर्थ में ये लोकोत्तर होते हैं। गाँधी, अरविंद और कुमारस्वामी तीनों ऐसे ही महान् लोग थे। बहुत कुछ दुर्खीम, मार्क्स और वेबर की तरह। इसमें गाँधी और कुमारस्वामी बहुत कुछ एक जैसे थे और अरबिन्दो थोड़े अलग थे, ठीक उसी प्रकार जैसे दुर्खीम और मार्क्स बहुत मामलों में एक जैसे थे और वेबर थोड़े अलग थे।

गाँधी = मार्क्स :: कुमारस्वामी = दुर्खीम = सिस्टम या व्यवस्था

श्रीअरविंद = वेबर :: आधुनिक पूँजीवाद, प्रजातंत्र, आध्यात्मिक नीति-निर्देश

अपने व्यक्तित्व के विकास के दौरान कुमारस्वामी और महात्मा गाँधी ने कई तरह का एवं कई व्यक्तियों का प्रभाव ग्रहण किया परंतु अपने अन्तिम दिनों में कुमारस्वामी और गाँधी दोनों काफी हद तक सनातनी हिन्दू बन गए थे। गाँधी अपने अन्तिम समय में सनातनी जीवन मूल्यों को जीने लगे थे और उनके अन्तिम शब्द थे, "हे राम !" उसी तरह अपने अन्तिम दिनों में

कुमारस्वामी भी वानप्रस्थी हिन्दू की तरह व्यवहार करने लगे थे। अपने अन्तिम लेख को उन्होंने 'ओम नमो अनन्ताय कालान्तकाय' नामक मंत्र से खत्म किया था। अतः विषय-वस्तु के साथ-साथ संरचना में भी वे सनातनी हिन्दू की तरह व्यवहार करने लगे थे और बार-बार अपने को भारतीय कहने लगे थे। परंतु इन लोगों ने अपना-अपना सनातन हिन्दूपन खोजा था, विरासत के रूप में पाया नहीं था और यह खोज पूरे जीवन की साधना का फल था, किसी गुरु के मार्गदर्शन में एक फार्मूला के तहत नहीं खोजा था। *हिन्द-स्वराज* की रचना भले ही १६०६ में हुई थी लेकिन अपने अंतिम समय तक महात्मा गाँधी की आस्था इस पुस्तिका के सत्य एवं प्रासंगिकता के बारे में बनी रही। यदि किसी एक रचना के आधार पर महात्मा गाँधी का मूल्यांकन करना पड़े तो वह रचना *हिन्द-स्वराज* ही हो सकती है; परंतु सनातन धर्म के दायरे में किसी व्यक्ति का मूल्यांकन मात्र उसकी रचना एवं कार्य के आधार पर नहीं किया जाता बल्कि उसकी आत्मानुभूति एवं ब्रह्मानुभूति की साधना एवं सिद्धि के आधार पर भी किया जाता है। फलस्वरूप एक कृति के रूप में *हिन्द-स्वराज* एवं इसके कृतिकार महात्मा गाँधी की जीवनानुभूतियों को अलग-अलग करके देखना उसी तरीके से संभव नहीं है जिस तरीके से पश्चिमी परम्परा में एक किताब को स्वायत्त मान कर देखा-पढ़ा जाता है।

इसी संदर्भ में यह ध्यान रखना भी आवश्यक है कि भारतीय परम्परा में जो रणनीतिक व्यवहारिकता पाई जाती है वह ऊपरी तौर पर अमेरिकी व्यवहारवाद (प्रैगमेटिज़्म) के समान दिखती अवश्य है परंतु दोनों में गुणात्मक अंतर है। अमेरिकी प्रैगमेटिज़्म का आधार यूरोप का मानववाद है। यूरोपीय मानववादी दृष्टि की तरह ही अमेरिकी दृष्टि में भी मनुष्य के रूप में व्यक्ति ब्रह्माण्ड का केन्द्र है और इसमें भी व्यक्ति को परम स्वतंत्र और परम स्वायत्त कर्त्ता ही माना जाता है। परंतु जब एक भारतीय व्यक्ति सांसारिक युक्ति की बात करता है या किसी किताबी सिद्धांत के प्रति समर्पित होने के बदले अपनी अंतरात्मा की आवाज को ज़्यादा महत्त्व देता है तो वह ब्रह्माण्ड के केन्द्र में एक प्रकार की अतिमानवीय शक्ति या सत्ता के अस्तित्व को स्वीकार रहा होता है। भारतीय दृष्टि में व्यक्ति इसी अतिमानवीय शक्ति की अभिव्यक्ति का एक माध्यम भर होता है। यहाँ सांसारिक युक्ति का लक्ष्य नियति का एक प्रभावी माध्यम (सुपात्र) बने रहने के उद्देश्य से प्रेरित होता है न कि परम स्वतंत्र, स्वायत्त व्यक्ति बने रहने के मानववादी अहंकार से प्रेरित होता है।

उसी तरह उत्तर-आधुनिकतावादियों के विमर्श के केन्द्र में भी यूरोपीय मानववाद की ही ज़्यादा उत्कट अभिव्यक्ति हुई है। उत्तर-आधुनिकतावादियों

को लगता है कि आधुनिक संस्थाओं के तहत मनुष्य के रूप में एक व्यक्ति उतना स्वतंत्र एवं स्वायत्त नहीं रह पाता, जितना कि उसे होना चाहिए या जितना कि वह होने में समर्थ है। अतः बहुसांस्कृतिक विकल्प की वकालत के पीछे उत्तर-आधुनिकतावादियों का उद्देश्य व्यक्ति की मानववादी दृष्टि को तार्किक परिणति देना है। उनका उद्देश्य मात्र इतना होना चाहिए कि व्यक्ति को अधिक से अधिक चुनाव का अवसर मिले। उनके लिए बहुसांस्कृतिक विमर्श बाज़ार में उपलब्ध मनोरंजक उत्पाद भर है, जिसका उपयोग उत्तर-आधुनिक मानव एक परम स्वतंत्र, परम स्वायत्त व्यक्ति के रूप में करता है। उत्तर-आधुनिक विमर्शों की प्रकृति एवं ईश्वरीय तत्त्व से, तात्त्विक रूप से, वही संबंध है जो आधुनिक विमर्शों का रहा है। उत्तर-आधुनिक विमर्शों के केन्द्र में भी मनुष्य ही है और उनके यहाँ भी संस्कृति की अवधारणा में प्रकृति या ईश्वरत्व की कोई भूमिका पारिभाषिक रूप से अब तक स्वीकारी नहीं गई है।

इसके विपरीत भारत की हर संस्कृति के केन्द्र में ईश्वरीय तत्त्व, शक्ति या सत्ता ही मानी गई है। हर संस्कृति, मत या संप्रदाय इसी तत्त्व तक पहुंचने का एक माध्यम है। संस्कृति और प्रकृति परिभाषा से ही एक-दूसरे की पूरक एवं संबंधित अवधारणाएँ हैं। भारत के हर सांस्कृतिक या सांसारिक विमर्श में नियति या ईश्वरीय तत्त्व की लीला या इच्छा या सृजनात्मक शक्ति ही अभिव्यक्त होती है।

इस तरह यूरोपीय सभ्यता की दोनों समकालीन प्रवृत्तियाँ – व्यवहारवाद (प्रैगमेटिज़्म) और उत्तर-आधुनिकता – यूरोपीय सभ्यता के पारिभाषिक दायरे से बाहर नहीं जा पातीं और भारतीय सभ्यता के साथ इनका अंतर काफी हद तक कायम रह जाता है। यूरोपीय साहित्य, संस्कृति, सिनेमा, दर्शन, समाजविज्ञान एवं धार्मिक विमर्श में मनुष्य की अवधारणा प्रकृति से स्वतंत्र एवं स्वायत्त है जबकि भारतीय संदर्भ में ऐसा नहीं है। उदाहरण के लिए भारतीय साहित्य एवं संस्कृति में नायक का पेड़ या नायिका का लता बन जाना एवं पशु-पक्षियों द्वारा श्रेष्ठ ऋषियों को तत्त्व ज्ञान देना सामान्य घटना है। भारतीय दृष्टि से जब संसार ही एक खेल है तो सांसारिक हार-जीत, सफलता-असफलता, खुशी-गम से लेकर पूजा पद्धति या विचारधारा परिवर्तन भी हंसी-खेल का माध्यम है। उत्सव में या खेल में बड़ी लगन और उत्साह से मूर्ति या इमेज बनाई जाती है और पूजा की जाती है। लेकिन खेल के बाद या उत्सव के बाद उतने ही उत्साह और उतनी ही लगन से विसर्जन कर दिया जाता है। भारतीय दृष्टि से 'खेल', 'लीला', 'उत्सव' और 'विमर्श' एक ही

सभ्यतामूलक सृजन प्रक्रिया को अभिव्यक्त करने वाली समानधर्मी अवधारणाएँ हैं। गाँधीजी का *हिन्द-स्वराज* इसी प्रकार का एक सभ्यतामूलक विमर्श है।

एन.के. बोस का सभ्यतामूलक उपागम

निर्मल कुमार बोस (१९०१-१९७२) को सभ्यतामूलक उपागम का सामान्यतः प्रतिनिधि समाजशास्त्री माना जाता है। उन्होंने १९२५ में कलकत्ता विश्वविद्यालय से मानवशास्त्र में एम.एस.सी. करके भारत के स्वाधीनता आंदोलन में महात्मा गाँधी के निकटतम सहयोगी की भूमिका निभाई। वे जीवनपर्यंत एक समर्पित गाँधीवादी रहे। १९४७ में जब महात्मा गाँधी नोआखाली में साम्प्रदायिक सद्भाव कायम करने के लिए सत्याग्रह कर रहे थे, उस समय निर्मल कुमार बोस महात्मा गाँधी के व्यक्तिगत सहायक थे। उन्होंने महात्मा गाँधी के सभ्यतामूलक विचारों को समाजशास्त्र में स्थापित करने के लिए अथक कार्य किया। महात्मा गाँधी के ऊपर उन्होंने तीन महत्त्वपूर्ण पुस्तकों की रचना की –

(क) *माई डेज़ विद गाँधी* जिसमें उन्होंने महात्मा गाँधी के साथ बिताए अपने समय के आधार पर उनके जीवन एवं विचारों के बारे में सहभागी अवलोकन प्रस्तुत किया। सामाजिक मानवशास्त्री के रूप में उनकी साफगोई गाँधीजी के कुछ अनुयायियों को अच्छी नहीं लगी। फलस्वरूप गाँधी साहित्य छापनेवाले नवजीवन प्रकाशन, अहमदाबाद, से इस पुस्तक का प्रकाशन नहीं हो पाया। बाद में इसे ओरियंट लौंगमैन, हैदराबाद, ने छापा।

(ख) *स्टडीज़ इन गाँधीइज़्म* – इस पुस्तक को नवजीवन प्रकाशन, अहमदाबाद ने छापा। महात्मा गाँधी को समाजशास्त्रीय दृष्टि से समझने का इस पुस्तक में पहली बार गंभीर प्रयास किया गया था। इस पुस्तक के बाद ए.के. सरण, टी.के. उन्नीथान, योगेन्द्र सिंह एवं जे.पी.एस. उबेराय जैसे समाजशास्त्रियों ने महात्मा गाँधी की विभिन्न अवधारणाओं का भारतीय समाज एवं संस्कृति के सांगोपांग अध्ययन के लिए सदुपयोग किया है।

(ग) *सेलेक्शंस फ्रॉम गाँधी* – इस पुस्तक का प्रकाशन भी नवजीवन प्रकाशन, अहमदाबाद, ने किया है। निर्मल कुमार बोस ने एक लंबी भूमिका लिख कर महात्मा गाँधी के विपुल साहित्य में से ऐसे अंशों को श्रमपूर्वक संकलित किया है जिससे महात्मा गाँधी का सभ्यतामूलक विचारक के रूप में अध्ययन, अध्यापन एवं मूल्यांकन हो सके।

इन तीन पुस्तकों के अलावा उन्होंने भारतीय जनजातियों का भारतीय सभ्यता के महत्त्वपूर्ण घटक के रूप में अध्ययन किया। *सम नोटेबुल इंडियन ट्राइब्स, इंडियन ट्राइब्स इन ट्रांजिशन* तथा *हिन्दू सोशल स्ट्रक्चर* उनकी अन्य महत्त्वपूर्ण पुस्तकें हैं। *हिन्दू सोशल स्ट्रक्चर* मूलतः उनकी बंगला भाषा में लिखी गई पुस्तक का अंग्रेज़ी अनुवाद है। एक लंबी भूमिका के साथ इसका बंगला से अंग्रेज़ी अनुवाद उनके प्रारंभिक शिष्यों में से एक आंद्रे बेते ने किया है। इसके दूसरे संस्करण में बेते ने एन.के. बोस के लोकप्रिय शोधपत्र 'हिन्दू वे ऑफ़् ट्राइबल एबसोर्पशन' को भी शामिल किया है। अपने उपरोक्त समाजशास्त्रीय अध्ययनों में भी एन.के. बोस, महात्मा गाँधी के सभ्यतामूलक विमर्श से प्रेरित रहे हैं परंतु उन्होंने भारत की जनजातियों का जैसा सजीव चित्रण किया है, वह श्रीनिवास शैली के फील्डवर्क के मानदंडों पर भी खरा उतरता है। जिसे श्रीनिवास संस्कृतीकरण की सांस्कृतिक प्रक्रिया कहते हैं उसे भारत की जनजातियों के संदर्भ में एन.के. बोस हिंदू समाज में जनजातियों को आत्मसात करने की हिंदू विधि कहते हैं। जी.एस. घुर्ये ने अपने अध्ययनों में यह कह कर जाने-अनजाने विवाद पैदा कर दिया था कि "भारत के जनजाति पिछड़े हिंदू हैं"। भारतीय जनजातियों को धर्मान्तरित करने में लगे ईसाई मिशन से जुड़े विद्वानों ने अंग्रेज़ी राज में ही यह कहना शुरू किया था कि भारत में आर्य बाहर से आए हैं और हिंदू धर्म मूलतः भारत में बाहर से आई आर्य प्रजाति (रेस) के लोगों का धर्म है। इन लोगों का यह भी कहना था कि भारत के मूल निवासी यहाँ की जनजातियाँ रहीं हैं जो या तो द्रविड़ नस्ल (रेस) की हैं या मंगोल नस्ल (रेस) की हैं। ईसाई मिशन से सहानुभूति रखने वाले यूरोपीय विद्वानों के विचार अंग्रेज़ी राज में कई पढ़े-लिखे लोगों ने भी स्वीकार लिए। लेकिन यूरोप के कुछ तटस्थ विद्वानों तथा भारत के अधिकांश राष्ट्रवादी विद्वानों ने उस मत का विरोध किया। डेविड फ्राउले, एन. एस. राजाराम, डेविड ट्राउटमैन, रामविलास शर्मा एवं रोमिला थापर जैसे विद्वानों ने ईसाई मिशन एवं प्राच्यवाद (ओरियंटलिज़्म) से जुड़े यूरोपीय एवं कुछ भारतीय विद्वानों के उपरोक्त मत की गहरी छानबीन करके यह प्रमाणित किया है कि इसका कोई ठोस ऐतिहासिक या साहित्यिक साक्ष्य नहीं है कि भारत में आर्य बाहर से आये अथवा नहीं आए। यह उपनिवेशवादी व्यवस्था को ग्राह्य बनाने के लिए रणनीतिक कुप्रचार ही अधिक प्रतीत होता है। जो लोग इस कुप्रचार से सहमत हो गए, उनके लिए इसे पचाना स्वाभाविक हो गया कि केवल अंग्रेज़ विदेशी नहीं हैं, भारत के मध्यकालीन मुसलमान शासक भी विदेशी थे। प्राचीनकाल के कुछ बौध शासक भी विदेशी थे। और हद तो

यह है कि भारत के प्राचीनतम शासक भी आर्य नस्ल के होने के कारण विदेश से आए थे। आर्यों के बाहर से आने के सिद्धांत को एक हद तक बालगंगाधर तिलक ने भी *आर्कटिक होम इन द वेदाज* में स्वीकार लिया था। जी.एस. घुर्ये ने भी अपनी प्रारंभिक पुस्तक *कास्ट एण्ड रेस इन इंडिया* में इस सिद्धांत को मान लिया था। लेकिन बाद की रचनाओं में तिलक एवं घुर्ये इस प्रकरण पर चुप्पी साध कर विवाद से बचने की कोशिश करते रहे। एम.एन. श्रीनिवास ने तो संरचनात्मक-प्रकार्यवाद की आड़ में १९५२ से ही कहना शुरू किया कि समाजशास्त्र का संबंध वर्तमान भारतीय समाज के समकालीन एवं व्यवहारिक पक्ष के अध्ययन से है। आर्मचेयर फिलॉसोफी या मोटे ऐतिहासिक अनुमानों के लिए, जिसे फील्डवर्क के आधार पर सही या गलत नहीं साबित किया जा सके, समाजशास्त्र या सामाजिक मानवशास्त्र में कोई जगह नहीं है। रामविलास शर्मा जैसे मार्क्सवाद से प्रेरित एवं प्रभावित स्वतंत्र विद्वानों ने मार्क्सवादी ऐतिहासिक भौतिकवाद को भारतीय संदर्भ में ठोस तथ्यों पर जब जांचना-परखना शुरू किया तो यह बात स्पष्ट होने लगी कि आर्य एवं द्रविड़ या मुंडारी भाषा परिवार हैं, रेस या नस्ल समूह नहीं। ट्राउटमैन जैसे समाजविज्ञानियों ने भी स्वतंत्र रूप से ऐसे ही निष्कर्ष निकाले। उपरोक्त संदर्भ में घुर्ये का यह कहना स्वाभाविक रूप से विवादास्पद हो गया कि भारत के जनजाति पिछड़े हिन्दू हैं।

एन.के. बोस आर्य-द्रविड़ के विवाद में नहीं पड़े। उन्होंने ऐतिहासिक विश्लेषण करते वक्त भी समकालीन इतिहास विमर्श के मानकों पर ही तथ्यों की ऐतिहासिकता को कसा। उन्होंने पश्चिमी मानवशास्त्र की इस मान्यता का सप्रमाण खण्डन किया की जनजातियाँ सभ्यताहीन होती हैं। पश्चिमी मानवशास्त्रियों के उपरोक्त निष्कर्ष अफ्रीका और एशिया के ऐसे कबीलों के ऊपर आधारित थे, जिन्हें पश्चिमी मानदण्डों पर असभ्य एवं बर्बर कहा जाता है। एन.के. बोस ने अपने अध्ययनों के आधार पर प्रमाणित किया कि भारतीय जनजातियाँ भारतीय सभ्यता के अभिन्न अंग हैं। भारतीय सभ्यता एक पारम्परिक सभ्यता है और उसके केंद्र में हिन्दू समाज की संरचना रही है। इस सामाजिक सभ्यता का तरीका पश्चिमी आधुनिकता के तरीके से भिन्न है। एन.के. बोस के जनजातीय अध्ययनों को सुरजीत सिन्हा एवं आंद्रे बेते ने आगे बढ़ाया।

भारतीय सभ्यता के भीतर हिन्दू-मुस्लिम-सिख-जनजाति जैसे घटकों को सभ्यतामूलक दृष्टि से समझने के प्रयासों की जे.पी.एस. उबेराय, ए.के. सरण, टी.एन. मदान, योगेन्द्र सिंह एवं सी.एन. वेणुगोपाल जैसे विद्वानों के प्रयासों में संगति तुलनात्मक अध्ययनों के संदर्भ में देखी जा सकती है।

सुरजीत सिन्हा के विचार

भारतीय सामाजिक परिप्रेक्ष्य में सभ्यता संबंधी विचारों के क्रम में जनजातियों के आंदोलन की भी मुख्य भूमिका रही है। इस संबंध में अक्सर जनजातियों और ग़ैर-जनजातीय कृषक आंदोलनों में अंतर करना अनिवार्य हो जाता है। यह इसलिए आवश्यक है कि किसानीकरण के कारण हालाँकि आदिम जनजाति समुदाय किसान समाज में बदल गए हैं फिर भी उनमें कुछ आदिम जनजातीय लक्षण अब भी बरकरार हैं। चूँकि उनकी आबादी कुछ खास क्षेत्रों में घनीभूत है और उनमें गहरे सजातीय तत्त्व हैं, इसलिए मूल समस्या, नेतृत्व का स्वरूप और राजनैतिक संगठन प्रक्रिया की प्रकृति आदि अन्य किसान समुदायों से भिन्न है। इसके अलावा कृषकों के आंदोलन प्रधानतः भूमि सुधार संबंधी होते हैं जबकि जनजातीय भूमि सुधार तथा वन संबंधी दोनों हुए हैं क्योंकि उनकी वनों पर निर्भरता परम्परानुसार भूमि निर्भरता की भाँति ही महत्त्वपूर्ण है। दूसरी महत्त्वपूर्ण बात यह है कि जनजाति विद्रोह, सामंती जमींदारों, ऋण देने वाले महाजनों और छोटे सरकारी कर्मचारियों के विरुद्ध हुए हैं, केवल इसलिए नहीं कि उनका शोषण करते थे बल्कि इसलिए भी कि वे उनके लिए बाहरी व्यक्ति थे। इसी संदर्भ में सुरजीत सिन्हा ने अपना विचार व्यक्त किया है कि उत्तर पूर्वी प्रदेश और मध्य भारतीय आदिम जनजातीय क्षेत्र जनजातीय आंदोलन के मामले में बहुत आगे रहा है जबकि सुदूर दक्षिण आदिवासी समुदाय अपने आंदोलन संगठित करने के मामले में अत्यधिक पिछड़े हुए, संख्या में बहुत कम और एकदम अलग-थलग अथवा अकेले पड़ जाने वाले रहे हैं। हालाँकि उनका शोषण और उनसे उत्पन्न असंतोष की मात्रा कम नहीं रही है। जनजाति आंदोलन प्रतिक्रियावादी, रूढ़िवादी और संशोधनात्मक या परिवर्तनपरक रहा है। प्रतिक्रियावादी आंदोलन प्राचीन स्वर्णिम दिनों को लाने का प्रयास करता है जबकि रूढ़िवादी आंदोलन यथास्थिति बनाए रखने के पक्ष का पोषक होता है। संशोधनात्मक अथवा परिवर्तनवादी आंदोलन वे हैं, जो बुरे या निम्न कोटि के रीति-रिवाज़ों, आस्थाओं और संस्थाओं को खत्म करके सांस्कृतिक एवं सामाजिक व्यवस्था में सुधार कर उनका विशुद्धकरण करना चाहते हैं। सुरजीत सिन्हा ने आंदोलन को ५ वर्गों में बाँटा है।

निर्जातीय बगावत, सुधार आंदोलन, भारतीय संघ में रहते हुए राजनैतिक स्वशासन संबंधित आंदोलन, अलगाववादी आंदोलन और भूमि सुधार संबंधी अशांति। इन सभी आंदोलनों का उद्देश्य जनजातियों के सामाजिक, आर्थिक सुधार ही था। जहाँ तक मुद्दे और समस्याओं का संबंध है इन आंदोलनों को

अनेक दृष्टिकोणों से देखा जा सकता है, जिसमें ब्रिटिश राज के उत्थान, विस्तार और स्थापना का काल मुख्य था, जिसमें उपनिवेशवाद के सघन होने के साथ-साथ आदिवासी अर्थव्यवस्था में व्यापारियों के धन का भी समावेश हुआ, जिसने भूमि एवं जंगलों से उनके संबंधों को प्रभावित किया, देश की स्वाधीनता प्राप्ति तक के समय की अवधि में जनजातीय समाज ने न केवल तथाकथित अलगाववादी आंदोलन शुरू किए बल्कि उनके कुछ समुदायों ने राष्ट्रीय एवं भूमि सुधार आंदोलनों में भी भाग लिया। गुजरात एवं महाराष्ट्र जैसे कुछ क्षेत्रों में सामाजिक सुधार आंदोलनों ने जनजातियों को अंग्रेज़ी शासन के विरुद्ध भाग लेने की प्रेरणा दी।

भारतीय सामाजिक संदर्भ में सभ्यता संबंधी पारम्परिक एवं आधुनिक विचारों के तुलनात्मक समाजशास्त्रीय अध्ययन में एन.के. बोस एवं महात्मा गाँधी के अन्य अनुयायियों की महत्त्वपूर्ण भूमिका रही है। भारतीय समाज के विकास क्रम में जनजातीय समुदायों के सभ्यतामूलक अध्ययन में सभ्यतामूलक उपागम के महत्त्व को नकारा नहीं जा सकता। इसी दृष्टिकोण को ध्यान में रखते हुए सुरजीत सिन्हा ने भी जनजातीय आंदोलनों की उत्पत्ति के मुख्य मुद्दों एवं उनके स्वरूप पर प्रकाश डाला है। भारतीय समाज एवं संस्कृति के सर्वांगीण स्वरूप को समझने में सभ्यतामूलक उपागम का सदुपयोग लगातार बढ़ रहा है।

६

वंचित समूहों के दृष्टिकोण पर आधारित संप्रदाय

डॉ. अम्बेडकर

वंचित समूहों के दृष्टिकोण का भारतीय समाज-विज्ञान में विकास

भारतीय समाज-विज्ञान में सबल्टर्न या वंचित समूहों का अध्ययन इतिहासकार रणजीत गुहा और उनके निकट सहयोगियों के अध्ययन के बाद लोकप्रिय हुआ है। रणजीत गुहा को नव-मार्क्सवादी विचारक माना जाता है। उनकी रचनाओं पर एंटोनियों ग्राम्शी, ऐरिक हॉब्सबॉम एवं जॉर्ज रूच्ड के विचारों का प्रभाव माना जाता है। शासक एवं अभिजात वर्ग के दृष्टिकोण के ख़िलाफ श्रमिक वर्ग के हित की बात तो खुद कार्ल मार्क्स भी करते थे लेकिन नव-मार्क्सवादी आम आदमी के दृष्टिकोण को अपने ऐतिहासिक अध्ययनों का आधार बनाते हैं। आम आदमी श्रमिक वर्ग की तुलना में काफी विस्तृत अवधारणा है और इसमें किसान, मजदूर, शिल्पी, बेरोज़गार, निम्न जाति के लोग, जनजातियों के लोग या स्त्रियाँ सभी आ जाते हैं। आम आदमी के विचारों के अंतर्गत केवल आर्थिक या राजनैतिक विचारों का अध्ययन नहीं किया जाता बल्कि वह हर विचार आ जाता है, जो शासक वर्ग द्वारा उपयोग में लाए गए शास्त्रों की परिधि या सरोकार से बाहर माना जाता है और जिसको सामान्यतः पारम्परिक इतिहासकार नज़रअंदाज़ करते हैं। रणजीत गुहा द्वारा *सबल्टर्न स्टडीज़* के पहले भाग का प्रकाशन ऑक्सफोर्ड यूनिवर्सिटीज़ प्रेस से १९८२ में हुआ था।

वंचित समूहों के दृष्टिकोण के विकास की ऐतिहासिक प्रक्रिया

१९८० के दशक में दलितों, जनजातियों, स्त्रियों, किसानों, पिछड़ी जातियों, पर्यावरणवादियों के साथ-साथ लोक संस्कृति, लोककला, लोक साहित्य, लोक नाट्य, वैकल्पिक विकास, वैकल्पिक चिकित्सा पद्धति, वैकल्पिक शिक्षा एवं विकेन्द्रित राजनीति के समर्थन में लगातार आंदोलन चल रहे थे। १९९१ में भारतीय अर्थव्यवस्था को उदारीकरण एवं वैश्वीकरण के विश्वव्यापी राजनीति-अर्थशास्त्र से जोड़ा गया। तब तक सोवियत संघ का साम्यवादी महासंघ के रूप में बिखराव हो चुका था। पूर्वी यूरोप के अधिकांश देश पूँजीवादी विश्वव्यवस्था का अंग बनने की प्रक्रिया में प्रसव-पीड़ा से गुज़र रहे थे। साम्यवादी चीन बाज़ारोन्मुखी पूँजीवादी औद्योगीकीकरण के रास्ते औद्योगिक विकास का नया मॉडल बन चुका था। १९६७ के आम चुनाव में पहली बार उत्तर भारत के अधिकांश राज्यों में कांग्रेस पार्टी विधान-सभा का चुनाव हार चुकी थी। १९६४ में नेहरू की मृत्यु के बाद लालबहादुर शास्त्री प्रधानमंत्री बने थे। जवाहरलाल नेहरू महात्मा गाँधी के उत्तराधिकारी होने के बावजूद पश्चिमी औद्योगिक आधुनिकता में समाजवादी रुझान के राजनेता थे। चाहे अनचाहे उनके राज में गाँवों की पारम्परिक व्यवस्था और कृषि के व्यापक हितों की अनदेखी की गई और नगरीकरण तथा औद्योगीकरण की प्रक्रिया को पंचवर्षीय योजनाओं के तहत तेज़ किया गया। गाँवों से व्यक्तियों एवं कच्चे माल का शहरों की ओर लाने की सामाजिक एवं आर्थिक स्थिति पैदा की गई थी। इससे उस प्रक्रिया को बल मिला, जिसे एम.एन. श्रीनिवास पश्चिमीकरण कहते हैं। लेकिन नेहरू युग में पंचायती राज और प्रजातांत्रिक विकेन्द्रीकरण के साथ-साथ अनुसूचित जातियों और जनजातियों के लिए शिक्षण संस्थानों में पढ़ने के लिए, नौकरियों में तथा विधानसभा एवं लोकसभा में आरक्षण की व्यवस्था भी की गई थी। इससे अनुसूचित जातियों, जनजातियों के बीच एक प्रकार का मध्यवर्ग या अभिजन समूह विकसित हुआ। पंचायती राज और पंचवर्षीय योजनाओं का मुख्य लाभ स्थानीय स्तर पर तथा प्रादेशिक स्तर पर प्रभु जातियों को मिला। इन प्रभु जातियों में कुछ दबंग पिछड़ी जातियों ने राजनीतिक रूप से अपना राजनीतिक संगठन या गठबंधन बनाना शुरू किया। ऊँची जातियों के अधिकांश संपन्न लोग नेहरू युग में शहरी नौकरी या व्यवसाय करने के लोभ में गाँवों को छोड़कर शहरों एवं कस्बों में बसने लगे। इसके परिणामस्वरूप, दबंग पिछड़ी जातियों को संस्कृतीकरण का स्थानीय या क्षेत्रीय मॉडल बनाने का भी मौका मिला। १९६७ के चुनाव में पिछड़े वर्ग की दबंग जातियों ने उत्तर-भारत में कांग्रेस को हराने में मुख्य

भूमिका निभाई। १९६५ के भारत पाक-युद्ध के समय भारत के तत्कालीन प्रधानमंत्री लालबहादुर शास्त्री ने जय जवान, जय किसान का नारा दिया था। शास्त्रीजी केवल १९६४ से १९६६ के बीच प्रधानमंत्री रहे। उनकी आकस्मिक मृत्यु के बाद इंदिरा गाँधी प्रधानमंत्री बनी। प्रधानमंत्री बनने के तुरंत बाद १९६७ का चुनाव आ गया। १९६७ के चुनाव के बाद १९६९ में कांग्रेस पार्टी राष्ट्रीय स्तर पर टूट गई। इंदिरा गाँधी अपने पिता की तरह साम्यवादी रुझान की व्यक्ति तो नहीं थीं लेकिन कांग्रेस पार्टी के टूटने और उत्तर भारत में चुनाव हारने के बाद उन्होंने भारतीय कम्युनिस्ट पार्टी के साथ राजनैतिक गठजोड़ किया। इस गठजोड़ के बाद एक तो भारत और सोवियत संघ के रिश्ते में गुणात्मक सुधार आया, दूसरे कम्युनिस्ट विचारधारा के व्यक्तियों को सरकारी अनुदान एवं संरक्षण मिलने लगा। १९६९ में ही जवाहरलाल नेहरू के नाम पर पहला साम्यवादी रुझानवाला विश्वविद्यालय बनाने की प्रक्रिया शुरू हुई। पूरे देश से कम्युनिस्ट पार्टी से जुड़े विद्वानों को खोज-खोज कर जवाहरलाल नेहरू विश्वविद्यालय में सीधे प्रोफेसर के पद पर आमंत्रित करके मनचाहा विभाग बनाने की स्वतंत्रता दी गई। इस विश्वविद्यालय में विद्यार्थियों के नामाकंन में भी विशेष रणनीति अपनाई गई, जिससे पूरे देश के हर क्षेत्र एवं हर समुदाय के विद्याथियों को प्रतिनिधित्व दिया जा सके। जे.एन.यू. के शिक्षकों एवं इसमें प्रशिक्षित विद्यार्थियों ने वंचित समूहों के दृष्टिकोण को समाजविज्ञान के भीतर लोकप्रिय बनाने में महत्त्वपूर्ण भूमिका निभाई। १९७१ में बंगलादेश के पक्ष में इंदिरा गाँधी ने भारत-पाक युद्ध जीता। फिर वे तानाशाह हो गईं। १९७४ तक इंदिरा गाँधी का शासन काल भ्रष्टाचार, तानाशाही और लाइसेंस-परमिट राज की लाल फीताशाही के कारण पूरे देश में बदनाम हो गया। गुजरात और बिहार में उनके शासन के ख़िलाफ आंदोलन शुरू हुआ जिसे नेतृत्व देने के लिए जयप्रकाश नारायण सामने आए। उन्होंने सम्पूर्ण क्रांति का नारा दिया। इसी बीच इलाहाबाद हाईकोर्ट ने रायबरेली से इंदिरा गाँधी के चुनावी जीत को अवैध घोषित कर दिया। गद्दी छोड़ने के बजाय इंदिरा गाँधी ने संजय गाँधी और अपने कम्युनिस्ट सलाहकारों की राय को मानते हुए, जून १९७५ से मई १९७७ तक इमरजेंसी लगा दी। राष्ट्रीय स्तर पर इस इमरजेंसी का मूक विरोध १९७७ के चुनाव में सामने आया। १९४७ से १९७७ तक देश की राजनीति पर कांग्रेस पार्टी का एकछत्र राज रहा। कांग्रेस पार्टी पर जवाहरलाल नेहरू के परिवार का शासन रहा। वे काश्मीरी मूल के इलाहाबादी ब्राह्मण थे। उनका परिवार काश्मीरी शैव आगम से प्रभावित था। लेकिन खुद जवाहरलाल नेहरू पश्चिमी समाजवादी आधुनिकता से

प्रभावित थे। महात्मा गाँधी की मृत्यु (३० जनवरी १९४८) के बाद से १९७७ तक नेहरूवादी दृष्टिकोण इस देश की शासकीय विचारधारा बनी रही। नेहरूवादी समाजवाद को चुनौती देने की तीन महत्त्वपूर्ण कोशिशें हुईं। श्यामा प्रसाद मुखर्जी ने कांग्रेस पार्टी से अलग होकर हिन्दू महासभा, आर्य समाज और राष्ट्रीय स्वंयसेवक संघ के अनुयायियों को भारतीय जनसंघ नामक नए राजनैतिक दल में संगठित करने का प्रयास किया। राममनोहर लोहिया और आचार्य नरेन्द्र देव कांग्रेस पार्टी से अलग होकर समाजवादी आंदोलन के लिए राजनैतिक ध्रुवीकरण में लगे रहे। १९६७ के चुनाव में ग़ैर-कांग्रेसवाद के बैनर तले भारतीय जनसंघ और समाजवादी पार्टियों ने मिलकर एक गठबंधन बनाया, जिसमें प्रादेशिक स्तर पर इंदिरा विरोधी कांग्रेसी नेताओं को जोड़ा गया। १९६७ में उत्तर भारत में इंदिरा गाँधी के नेतृत्व को राजनैतिक चुनौती तो दी गई लेकिन वैचारिक चुनौती नहीं दी जा सकी। १९७७ तक सार्वजनिक जीवन में नेहरूवादी समाजवाद और भारतीय कम्युनिस्ट पार्टी के बुद्धिजीवियों का वर्चस्व इतना ज़्यादा था कि जल्द ही इंदिरा विरोधी गठबंधन को अवसरवादी गठबंधन घोषित करके इससे जुड़े नेताओं को सत्ता लोलुप गिरोह कह कर बदनाम कर दिया गया था। फलस्वरूप, नेहरूवादी समाजवाद के विकल्प में केवल तीसरा प्रयास ही धीरे-धीरे फलता-फूलता रहा। इस विचारधारा के प्रवर्तक बाबा साहब भीमराव अम्बेडकर थे।

वंचित समूहों के प्रमुख सिद्धांतकार के रूप में डॉ. अम्बेडकर की स्वीकार्यता के समाजशास्त्रीय कारण

वंचित समूहों के सबसे प्रमुख सिद्धांतकार के रूप में बाबा साहब १९९० के दशक में ही स्थापित हो पाए। भारतीय समाजशास्त्र में उन्हें एक सिद्धांतकार का दर्जा १९९० के उत्तरार्द्ध में मिलना शुरू हुआ। इससे पहले उन्हें केवल दलित नेता या दलित विचारक माना जाता था। उनको महाराष्ट्र के संदर्भ में दलित उद्धार से जोड़ा जाता था, संविधान निर्माण के लिए बनी प्रारूप समिति के अध्यक्ष के रूप में, भारतीय संविधान के निर्माता के रूप में आदर दिया जाता था तथा अनुसूचित-जाति-जनजातियों के आरक्षण के संदर्भ में याद किया जाता था। उनके वंचित समूहों के दृष्टिकोण के सबसे प्रमुख सिद्धांतकार के रूप में उभरने में १९७७ के बाद की भारतीय समाज की ऐतिहासिक-सामाजिक घटनाओं की सबसे महत्त्वपूर्ण भूमिका है। रणजीत गुहा एवं उनके सहयोगियों ने सपनों में भी नहीं सोचा था कि उनके सहयोगी प्रयासों से भारतीय इतिहास के पुनर्लेखन की जो प्रक्रिया शुरू होगी उससे नव-मार्क्सवादी दृष्टिकोण के

बदले बाबा साहब भीमराव अम्बेडकर महिमामंडित होंगे। प्रारंभ में तो यही लगा था कि वंचित समूहों में जयप्रकाश नारायण, राममनोहर लोहिया या चारू मजूमदार लोकप्रिय होंगे या बिरसा मुंडा जैसे स्थानीय महानायक की पुनर्प्रतिष्ठा होगी और भारतीय समाज के ऐतिहासिक विकास में राज्य और बाज़ार के मुकाबले ज़्यादा मानवीय, पर्यावरण को संपुष्ट करने वाली विकेंद्रित समाजवादी मूल्यों की प्रतिष्ठा होगी। इसमें अम्बेडकर के दलित विमर्श या एन.जी.ओ., ईसाई मिशन केंद्रित जनजाति एवं नारीवादी विमर्श को महत्त्व मिलेगा लेकिन केंद्रीयता तो नव-मार्क्सवाद प्रेरित समाजवादी विमर्श को ही मिलेगी। दूसरे शब्दों में, रणजीत गुहा और उनके सहयोगियों ने वंचित समूहों के स्थानीय प्रतिरोधी आंदोलनों को नव-मार्क्सवादी भाष्य देकर मिश्रित व्यवस्था केंद्रित नेहरूवादी समाजवाद को रूपांतरित करने का उपक्रम किया। समाजवाद के भीतर से पूँजीवादी रुझान की नीतियों को रूपांतरित करके भारतीय समाज को पूरी तरह साम्यवादी या समाजवादी विकास के मार्ग पर जोड़ने की हसरत १९६७ से १९६९ के बीच पश्चिमी विश्वविद्यालयों में पढ़े-लिखे भारतीय मार्क्सवादियों में फलने-फूलने लगी थी। यह सोवियत संघ के नेतृत्व वाले समाजवादी देशों और अमेरिका के नेतृत्व वाले पूँजीवादी देशों के बीच 'शीत युद्ध' (वैचारिक युद्ध) का चरमकाल था। इसी काल खण्ड में फ्रांस में छात्र आंदोलन एवं उत्तर-आधुनिकतावादी आंदोलन का सूत्रपात हुआ। इसी काल में महाबली अमेरिका वियतनाम जैसे छोटे से देश को हराने में नाकाम रहा। उन दिनों अमेरिका समेत पश्चिम के अधिकांश देशों में हिप्पी आंदोलन, बीटलूस एवं उत्तर-आधुनिक जीवन मूल्यों को अपनाने का फैशन चरम पर था। १९७० के दशक में पर्यावरणवादी आंदोलनों को भी पश्चिमी समाज के युवक आशाभरी निगाह से देख रहे थे। पश्चिमी युवाओं के एक बड़े वर्ग ने गिरिजाघरों में जाना बंद कर दिया था और इन में से एक बड़े वर्ग का पूर्व के देशों में प्रचलित आध्यात्मिक संप्रदायों, आश्रमों एवं धर्म गुरुओं में आकर्षण पैदा हो गया था। दलाईलामा, ओशो रजनीश, इस्कॉन आंदोलन के प्रभुपाद, महर्षि महेशयोगी, पंडित रविशंकर, जुबिन मेहता, आनंदमूर्ति, प्रभातरंजन सरकार के अनुयायियों की संख्या पश्चिमी युवाओं में अचानक बहुत बढ़ गई। मीडिया में इनके प्रचार से भारतीय मध्यवर्ग में भी इनके प्रति आकर्षण बढ़ा। १९८० के दशक में भारतीय मूल के पेशेवर मध्यवर्ग (इंडियन डायसपोरा) का अमेरिका में प्रभाव एवं संख्याबल काफी बढ़ा। इसमें दलित डायसपोरा भी अच्छी संख्या में थे।

१९८० में इंग्लैंड में मार्गरेट थैचर और अमेरिका में रोनाल्ड रीगन के

नेतृत्त्व में पूँजीवादी नव-उदारवाद ने नये जोश के साथ पूँजीवादी व्यवस्था को मजबूत करना शुरू किया। १९७७ से १९७९ तक आते-आते जनता पार्टी की सरकार अपने अंतर्विरोधों से बिखरने लगी। मोरारजी के नेतृत्त्व में चरण सिंह और राजनारायण जैसे समाजवादी रुझानों वाले पिछड़े वर्ग के हिमायती नेताओं ने असहजता महसूस की। मोरारजी के स्थान पर जनता पार्टी के नेता बाबू जगजीवनराम निवार्चित हुए। वे बाबा साहब अम्बेडकर के बाद अनुसूचित जनजातियों (दलितों) के सबसे प्रतिष्ठित नेता रहे हैं। बाबा साहब अम्बेडकर के कांग्रेस छोड़ने के बाद भी १९८० के दशक के पूर्वार्द्ध तक देशों के अधिकांश दलित कांग्रेस पार्टी के साथ बने रहे थे। इसके दो महत्त्वपूर्ण कारण माने जाते हैं। पहला, महात्मा गाँधी द्वारा अछूतों की भलाई के लिए किया गया कार्य और दूसरा बाबू जगजीवनराम जैसे ज़मीन से जुड़े नेताओं का कांग्रेस पार्टी से जुड़ा होना। लेकिन जब १९८० में पिछड़े वर्ग के दबंग जातियों के नेताओं (चौधरी चरण सिंह, नीलम संजीव रेड्डी आदि) ने विधि सम्मत तरीके से जनता पार्टी में मोरारजी देशाई के स्थान पर चुने गये नेता बाबू जगजीवनराम को प्रधानमंत्री बनने नहीं दिया और बिना संसद में एक भी दिन का बहुमत पाए चौधरी चरण सिंह को तत्कालीन राष्ट्रपति नीलम संजीव रेड्डी ने कांग्रेस के जबानी आश्वासन पर प्रधानमंत्री की शपथ दिला दी तो अनुसूचित जनजातियों का कांग्रेस और सवर्ण नेताओं पर से भरोसा उठना शुरू हुआ। इसका लाभ मान्यवर कांशीराम ने उठाया। कांशीराम और मायावती १९७७ के आस-पास एक-दूसरे से मिले। तब तक कांशीराम अनुसूचित जनजाति के आरक्षण के फलस्वरूप नौकरी कर रहे अधिकारियों एवं कर्मचारियों को संगठित करने के क्रम में महाराष्ट्र के अम्बेडकरवादी नेताओं की तुलना में ज़्यादा लोकप्रिय तथा प्रभावी संगठक साबित हो चुके थे। जल्द ही उन्हें मायावती जैसी चमत्कारी नेता का सहयोग मिला। १९८० के चुनाव में इंदिरा गाँधी की वापसी हुई। चुनाव जीतने के कुछ माह बाद ही उनके आपातकाल के कारण बदनाम पुत्र संजय गाँधी की मृत्यु हो गई। संजय गाँधी ने युवा कांग्रेस को १९७० के दशक में अनुशासनविहीन सत्तालोलुप युवाओं एवं बाहुबलियों का अखाड़ा बना दिया था। इमरजेंसी के दिनों में युवा कांग्रेस के हुल्लड़ ब्रिगेड की तूती बोलती थी। जबकि विश्वविद्यालयों के पढ़ाकू युवाओं में माओ, चेग्वेरा, हो ची मिन्ह, ज्याँ पॉल सार्त्र एवं चारू मजूमदार जैसे लोकप्रिय मार्क्सवादी नायकों के साथ-साथ उत्तर-आधुनिक विचारधारा एवं प्रवृत्तियों का आकर्षण फल-फूल रहा था।

१९८० की जीत और संजय गाँधी की मृत्यु के बाद इंदिरा गाँधी काफी

हद तक बदल चुकी थी। १९८२ के एशियाई खेल की तैयारी की जिम्मेदारी राजीव गाँधी और उनके दून स्कूल में पढ़े मित्रों की मंडली के जिम्मे दी गई। उन्हें इंदिरा गाँधी के उत्तराधिकारी के रूप में कांग्रेस पार्टी ने स्वीकार कर लिया। १९८२ में भारत में टेलीविज़न क्रांति शुरू हुई। धारावाहिक सीरियलों का प्रसारण शुरू हुआ। हम लोग, बुनियाद, रामायण, महाभारत, चाणक्य, दी सोर्ड ऑफ़् टीपू सुल्तान, द ग्रेट मराठा, भारत एक खोज जैसे सीरियलों ने भारत की सांस्कृतिक विरासत के प्रति भारतीय मध्यवर्ग और विदेश में बसे भारतीय एवं भारतीय मूल के विदेशियों के बीच जबरदस्त आकर्षण पैदा किया। १९८० का दशक भारतीय समाज में संक्रमण का महान् दशक साबित हुआ। एक ओर आतंकवाद एवं उग्रवाद तथा माफिया सरगनाओं की काली छाया करीब-करीब पूरे दशक पर मंडराती रही, तो दूसरी ओर १९८४ में इंदिरा गाँधी की हत्या के बाद राजीव गाँधी को प्रचंड बहुमत मिला। १९८० से १९८४ के बीच ही अपना उत्सव तथा एशियाई खेलों के क्रम में भारत का पूँजीवादी देशों से सहयोग बढ़ने लगा था जबकि थैचर, रीगन और जर्मनी के हेलमुट कोल के नेतृत्व में सूचना एवं संचार क्रांति का पूँजीवादी देशों ने रणनीतिक सदुपयोग करके साम्यवादी देशों के युवाओं के मन में मध्यवर्गीय जीवन शैली के प्रति अपेक्षित आकर्षण जगाने की व्यवस्था कर ली।

माओ की मृत्यु के कुछ वर्षों बाद ही चाऊ एन लाई के घनिष्ठ सहयोगी देंग शियाओ पिंग का चीन की कम्युनिस्ट पार्टी और चीनी सरकार पर वर्चस्व कायम हो गया। वे मार्क्स और माओ के बदले कनफ्युशियस और लाओत्से के विचारों से ज़्यादा प्रेरित थे। उन्होंने चीन की कम्युनिस्ट पार्टी के संगठन को कायम रखते हुए कनफ्युशियस की सांस्कृतिक विचारधारा और पूँजीवादी बाज़ार के लिए चीनी उत्पादन प्रणाली और सरकारी नीतियों को बदलकर औद्योगिक विकास का एक नया कीर्तिमान कायम किया। इसी बीच १९८० में ईरान ने रजाशाह पहलवी की पश्चिमी परस्त राजशाही को अपदस्थ करके इस्लामी क्रांति कर दी। जल्द ही अयातुल्लाह खुमैनी धर्मान्ध मुसलमानों के सबसे प्रतिष्ठित नेता हो गए। उन्होंने जेहाद के द्वारा इस्लामी मूल्यों के प्रचार के नाम पर इस्लामी आतंकवाद को सहयोग एवं संरक्षण देना शुरू किया। शुरू-शुरू में ईराक के सद्दाम हुसैन के ख़िलाफ शिया उग्रवादियों को संरक्षण दिया गया। इसी बीच अफगानी जहीरशाह का तख्त सोवियत संघ के सहयोग से अफगानी साम्यवादियों ने पलट दिया। सोवियत समर्थक अफगानी सरकार के ख़िलाफ अमेरिका ने अफगानी मुजाहिद्दीनों की मदद शुरू की, जिससे आगे चलकर अलकायदा और बिन लादेन का आतंकवादी नेटवर्क फैला। इसी बीच

पोलैंड में जन्मे पोप जॉन पॉल ने पोलैंड समेत पूर्वी यूरोप में ईसाई मत का प्रचार एवं साम्यवाद के विरोध को सहयोग, समर्थन एवं संरक्षण देना शुरू किया। १९८९ तक आते-आते पूर्वी जर्मनी ने साम्यवादी नीति छोड़कर पूँजीवादी पश्चिमी जर्मनी में अपना विलय कर लिया। जल्द ही गोर्बाचोव की नीतियों और येल्तसिन के प्रयासों से सोवियत संघ बिखर गया। एशिया के इस्लामी बहुल नए राज्यों को ईरान जैसे इस्लामिक केन्द्रों का सहयोग मिलने लगा। कुल मिलाकर १९९१ में जब नरसिंह राव की सरकार ने भारत को उदारीकरण और वैश्वीकरण की प्रक्रिया से जोड़ा तो अल्पमत में होने के बावजूद उनको किसी भी राजनीतिक दल या विचारधारा का विरोध नहीं सहना पड़ा। १९८९ तक आते-आते भारतीय जनता पार्टी और मार्क्सवादी कम्युनिस्ट पार्टी की आर्थिक नीतियों में ज़्यादा फर्क नहीं रह गया था। १९८९ में राजीव गाँधी बोफोर्स दलाली के मुद्दे पर चुनाव हार चुके थे। १९८० से १९८९ तक के कांग्रेसी शासन में पिछड़ी जाति के दबंग नेताओं का भारत की राजनीति में दबदबा कायम हो चुका था। १९८९ से १९९६ के बीच पिछड़ी जाति के लोगों ने अनुसूचित जातियों की तरह अपने लिए भी जनसंख्या के आधार पर आरक्षण की माँग को नये वोट बैंक की राजनीति के तहत स्वीकृत करवाया। इसके विरोध में राम जन्मभूमि आंदोलन, दलित आंदोलन और वैश्वीकरण के तहत पूँजीवादी विकास का संगठित प्रयोग चला। १९९५ में पहली बार मायावती भारतीय जनता पार्टी के सहयोग से उत्तर प्रदेश की मुख्यमंत्री बनी। २००७ के मई महीने में मायावती के नेतृत्त्व में बहुजन समाज पार्टी को अकेले पूर्ण बहुमत मिल गया। मायावती चौथी बार मुख्यमंत्री बनीं। पहले तीन बार मुख्यमंत्री बनने का मौका भारतीय जनता पार्टी के सहयोग से मिला था। चौथी बार मुख्यमंत्री बनने के लिए उन्होंने उत्तर प्रदेश के दलित-ब्राह्मण-मुस्लिम गठजोड़ का प्रयास किया। कभी इसी तरह के गठजोड़ से कांग्रेस पार्टी पूरे देश पर शासन करती थी।

१९८५ में रामजन्म भूमि का आंदोलन शुरू हुआ था। १९८५ में ही शाहबानो प्रकरण पर कांग्रेस की सरकार पर मुस्लिम तुष्टीकरण का आरोप लगा था। १९८५ से कांग्रेस का वोट बैंक धीरे-धीरे भारतीय जनता पार्टी की ओर खिसकना शुरू हुआ। दलित वोट बहुजन समाज पार्टी की ओर जाना शुरू हुआ। मुस्लिम वोट हमेशा भाजपा विरोधी सबसे महत्त्पूर्ण उम्मीदवार को मिलता रहा। इसका लाभ बिहार में लालू प्रसाद यादव को और यू.पी. में मुलायम सिंह यादव की पार्टी को मिलता रहा। १९९० के दशक में बहुजन समाज पार्टी ने भी मुस्लिम वोटों का कुछ प्रतिशत पाना शुरू किया।

रामजन्मभूमि के चरमकाल (१६६०-१६६८) में पिछड़ी जाति और मुस्लिम वोटों का ध्रुवीकरण सामने आया, जिसके परिणामस्वरूप दलितों और सवर्णों खासकर ब्राह्मणों-बनियों के बीच रणनीतिक सहयोग चाहे-अनचाहे बढ़ता गया। इस दौरान राष्ट्रीय स्वंयसेवक संघ ने भी बाबा साहब अम्बेडकर को सामाजिक समरसता के प्रतीक के रूप में प्रतिष्ठित करना शुरू किया। इसी बीच एडमंड वेबर जैसे जर्मन समाजशास्त्री ने बाबा साहब अम्बेडकर का एक नया समाजशास्त्रीय मूल्यांकन रखा। एडमंड वेबर ने यह स्थापित किया कि बौद्ध धर्म में धर्मांन्तरित होकर बाबा साहेब ने ईसाई मिशन की योजनाओं पर पानी फेर दिया। यदि बाबा साहब अपने अनुयायियों के साथ बौद्ध धर्म में धर्मांन्तरित नहीं हुए होते तो उनके अधिकांश अनुयायी ईसाई धर्म में धर्मांन्तरित हो चुके होते। इस निष्कर्ष में यूँ तो चौंकाने वाली कोई बात न थी क्योंकि खुद बाबा साहब ने इसे कई बार कहा है कि उनके हिन्दू जाति-व्यवस्था और छुआछूत की प्रथा के लगातार विरोध करने के कारण उनको ईसाई और मुसलमान बनाने का कई बार प्रयास किया गया था लेकिन ईसा मसीह के पश्चिमी अनुयायियों और भारतीय अनुयायियों में कई महत्त्वपूर्ण अंतर देखने में आए। एक तो यह कि अछूत जाति के जिन लोगों ने ईसाई धर्म स्वीकारा उनको ईसाई धर्म के अभिजात वर्ग ने बराबरी का दर्जा नहीं दिया बल्कि धर्म परिवर्तन के बाद भी उनको अछूत जाति के अभिशाप से मुक्ति नहीं मिली। दूसरे, वे बचपन से महात्मा कबीर और गौतम बुद्ध की शिक्षाओं से प्रभावित थे। ज्योतिबा फूले के व्यक्तित्व एवं शिक्षाओं का भी उन पर प्रभाव था। वे जाति पर आधारित असमानता को हिन्दू धर्म से मिटाने की स्थिति में नहीं थे परंतु वे भारतीय संस्कृति और परम्परा को भी छोड़ने के लिए तैयार नहीं थे। उन्होंने लंबे समय तक महाराष्ट्र के दलित समुदाय को हिन्दू मंदिरों में प्रवेश दिलाने के लिए संघर्ष का नेतृत्व किया था और वे जानते थे कि उनके अनुयायी इतनी जलालत और अपमान सहने के बावजूद भी मध्यकाल के मुस्लिम शासन के दौरान अपनी जातीय पहचान और सांस्कृतिक अस्मिता कायम रखने की जद्दोजहद करते रहे। अंग्रेज़ी शासनकाल में भी वे सवर्ण हिन्दुओं की तरह मंदिर में प्रवेश और छुआछूत के अपमान से मुक्ति चाहते थे। उन्होंने यह भी लिखा है कि ईसाई मिशन के लोग भोले-भाले लोगों को बहला-फुसलाकर धर्मान्तरित करते हैं जो यूरोप की महान् ईसाई परम्परा में भी गलत माना जाता है। इस्लाम के बारे में उनकी धारणा कुछ और नकारात्मक थी। वे पाकिस्तान की अवधारणा के ख़िलाफ थे। शुरू में उन्होंने मुसलमानों के पृथक् निर्वाचन मंडल का विरोध किया था।

उनका कहना था कि ''अल्पसंख्यक विस्फोटक तत्त्व होते हैं, अगर वे किसी दिन फट पड़े तो सरकार की धज्जियाँ उड़ा सकते हैं।'' परंतु जब कांग्रेस पार्टी ने मुसलमानों के लिए पृथक् निर्वाचन मंडल की बात मान ली तब उन्होंने भी १९३२ में अन्य अल्पसंख्यकों के साथ दलित वर्ग के लिए भी सांप्रदायिक पंचाट (कम्युनल एवार्ड) के तहत पृथक् निर्वाचन मंडल की माँग की। उन्होंने कहा ''हमने पृथक् निर्वाचन मंडल की माँग करके, हिन्दू समाज का अहित नहीं सोचा है। हमने ये रास्ता इसलिए अपनाया है ताकि अपना भाग्य निर्धारित करने में हमें सवर्ण हिन्दुओं की कृपा पर निर्भर न रहना पड़े।'' महात्मा गाँधी इस मांग से तिलमिला उठे। उन्होंने आमरण अनशन कर दिया। उन्होंने कहा कि उन्हें अछूत जातियों (जिन्हे वे हरिजन और अम्बेडकर दलित कहते थे) के लिए अलग निर्वाचन मंडल कतई स्वीकार नहीं है। उनके मरने के बाद ही यह स्वीकृत हो सकता है। हरिजन समुदाय के लोग सदियों से हिन्दू समाज के अंग हैं और समाज से कट कर उनका कोई भला नहीं होगा। देश को स्वाधीनता मिले या न मिले लेकिन अछूतों के लिए अन्य संप्रदाय के रूप में अलग निर्वाचन मंडल उन्हें किसी भी कीमत पर स्वीकार्य नहीं है। गाँधी की जिद के आगे अम्बेडकर को झुकना पड़ा और पूना संधि (१९३२) के बाद अम्बेडकर ने अपनी माँग छोड़ दी। इस तरह, एडमंड वेबर की बात ने पुरानी बातों को मात्र एक नई प्रासंगिकता दी। लेकिन अपने लेखों में उन्होंने नई बात यह कही कि अम्बेडकर जानते थे कि हिन्दू धर्म और बौद्ध धर्म में मौलिक एकता है। जन्मना वर्ण व्यवस्था को नहीं मानने के अलावा महात्मा बुद्ध ने सनातन हिन्दू धर्म की अधिकांश मान्यताओं को मान लिया था और साथ ही साथ काल बाह्य हो गई कुछ मान्यताओं का भी युगानुकूल किया था। एडमंड वेबर ने सन् २००० में अम्बेडकर स्मृति व्याख्यान, जवाहरलाल नेहरू विश्वविद्यालय, नई दिल्ली में दिया। उन्होंने अपने उपरोक्त निष्कर्षों को तुलनात्मक उद्धरण देकर साबित करना चाहा। इससे प्रारंभ में विवाद उत्पन्न हुआ। पहली बार बौद्ध धर्म और हिन्दू धर्म का तुलनात्मक अध्ययन समाज विज्ञानियों को गहरी अन्वेषण की चीज नजर आया। अभी तक यह मिथक फैला हुआ था कि बौद्ध धर्म, जैन धर्म, सिख धर्म आदि हिन्दू धर्म के ख़िलाफ एक प्रकार के क्रांतिकारी आंदोलन थे जिसमें हिन्दू धर्म की मूल स्थापनाओं को पूरी तरह नकारने की कोशिश हुई थी। स्वतंत्रतापूर्व बौद्ध धर्म और हिन्दू धर्म का विवाद उपनिवेशवादी शासकों और मिशनरी विद्वानों ने बढ़ाया था। मार्क्सवादी विद्वानों ने भी भ्रम फैलाने में महत्त्वपूर्ण योगदान दिया।

कलागुरु आनंद केंटिश कुमारस्वामी के अनुयायियों ने दलाईलामा द्वारा

सारनाथ में स्थापित तिब्बतन हायर रिसर्च इन्सटीच्यूट के सहयोग से तिब्बतीमूल में उपलब्ध सामग्री के भारत में अनुवाद, प्रकाशन, संपादन के कार्यों में सहयोग शुरू किया। जापानी विद्वानों ने भी अपनी ओर से हिन्दू–बौद्ध–चीनी परम्पराओं का मूल दस्तावेज़ों के आधार पर अध्ययन शुरू किया। सुजुकी और हाजिमे नाकामुरा के प्रभाव में कुमारस्वामी के युगांतकारी कार्य को और बल मिला। भरत सिंह उपाध्याय ने भी अपनी गवेषणा में इस कार्य को आगे बढ़ाया। रामस्वरूप और उनके सहयोगियों ने भी हिन्दू धर्म और बौद्ध धर्म के बारे में प्रचलित कई गलत धारणाओं का निराकरण किया। इसी बीच महाबोधि सोसाइटी और अन्य बौद्ध संगठनों के सम्मिलित प्रभाव में बौद्ध धर्म को आकर्षक विकल्प के रूप में विश्वग्राम में प्रस्तुत किया, जिससे प्रारंभ में तीन प्रतीक पुरुषों पर लोगों का ध्यान केन्द्रित हुआ – ओशो रजनीश, दलाई लामा और बाबा साहब भीमराव अम्बेडकर। बहुजन समाज पार्टी के उत्थान और मार्क्सवाद के पतन के बाद पश्चिमी लोकतंत्र और आधुनिक औद्योगिक विकास को स्वतंत्रता, समानता और भ्रातृत्व की फ्रांसीसी क्रांति के समय से प्रचलित नारे को बुद्ध, कबीर और फूले के विचार से जोड़ने वाले दलित मूल के बौद्ध सिद्धांतकार के रूप में बाबा साहब भीमराव अम्बेडकर की अहमियत ओशो रजनीश और दलाई लामा की तुलना में लगातार बढ़ती गई। और अंततः उन्हें महात्मा गाँधी के बाद भारत का सबसे प्रमुख सामाजिक विचारक मान लिया गया। वे आज समाजशास्त्र में वंचित समूहों के दृष्टिकोण के सबसे समर्थ और सबसे ज़्यादा स्वीकृत सिद्धांतकार माने जाते हैं।

डॉ. बी.आर. अम्बेडकर और महात्मा गाँधी

डाक्टर भीमराव अम्बेडकर का जन्म १४ अप्रैल १८६१ को महाराष्ट्र के एक महार परिवार में हुआ था। १६०७ में मैट्रिकुलेशन पास करने के बाद बड़ौदा महाराज की आर्थिक सहायता से वे एलफिन्सटोन कॉलेज से १६१२ में ग्रेजुएट हुए। कुछ साल बड़ौदा राज्य की सेवा करने के बाद उनको गायकवाड़–स्कालरशिप प्रदान किया गया, जिसके सहारे उन्होंने अमेरिका के कोलम्बिया विश्वविद्यालय से अर्थशास्त्र में एम.ए. (१६१५) किया। इसी क्रम में वे प्रसिद्ध अमेरिकी अर्थशास्त्री सेलिगमैन के प्रभाव में आए। सेलिगमैन के मार्गदर्शन में उन्होंने कोलंबिया विश्वविद्यालय से १६१७ में पीएच. डी. की उपाधि प्राप्त कर ली। उनके शोध का विषय था – नेशनल डेवलेपमेंट फॉर इंडिया : ए हिस्टोरिकल एंड एनालिटिकल स्टडी। इसी वर्ष उन्होंने लंदन स्कूल ऑफ़ इकोनोमिक्स में

दाखिला लिया लेकिन साधनाभाव में अपनी शिक्षा पूरी नहीं कर पाए। कुछ दिनों तक वे बड़ौदा राज्य के मिलिटरी सेक्रेटरी थे। फिर वे बड़ौदा से बम्बई आ गए। कुछ दिनों तक वे सिडेनहैम कॉलेज, बम्बई, में राजनैतिक अर्थशास्त्र के प्रोफेसर भी रहे। डिप्रेस्ड क्लासेज़ कांफरेंस से भी जुड़े और सक्रिय राजनीति में भागीदारी शुरू की। कुछ समय बाद उन्होंने लंदन जाकर लंदन स्कूल ऑफ़् इकोनोमिक्स से अपनी अधूरी पढ़ाई पूरी की। इस तरह विपरीत परिस्थिति में पैदा होने के बावजूद अपनी लगन और कर्मठता से उन्होंने एम. ए., पीएच. डी., एम. एस. सी., बार-एट-लॉ की डिग्रियाँ प्राप्त कीं। इस तरह से वे अपने युग के सबसे ज़्यादा पढ़े-लिखे राजनेता एवं विचारक थे। उनको आधुनिक पश्चिमी समाजों की संरचना की समाज-विज्ञान, अर्थशास्त्र एवं कानूनी दृष्टि से व्यवस्थित ज्ञान था। वे विदेशों के परिवेश तथा मान्यताओं को पूर्ण रूप से समझते थे, किन्तु उन्होंने अपने कार्यों एवं रचनाओं के द्वारा जिस विचारधारा का प्रचार-प्रसार किया, उसकी संरचना में सबसे अधिक भाग भारत की तत्कालीन परिस्थिति में उनके अपने अनुभवों, विवेक एवं दूरदर्शिता का था। महात्मा गाँधी और देंग शियाओ पिंग की तरह डॉ. अम्बेडकर भी एक रणनीतिक विचारक थे और समय-समय पर आवश्यकता के अनुसार अपने लक्ष्य की प्राप्ति के लिए उन्होंने अपने विचारों एवं सरोकारों को पिछले अनुभवों के आधार पर संशोधित एवं परिमार्जित भी किया। लेकिन शुरू से अंत तक उनका लक्ष्य एवं उनके चिंतन की मूल धारा में निरंतरता बनी रही। १९२० के दशक में बंबई में एक बार बोलते हुए उन्होंने साफ-साफ कहा था "जहाँ मेरे व्यक्तिगत हित और देशहित में टकराव होगा, वहाँ मैं देश के हित को प्राथमिकता दूँगा, लेकिन जहाँ दलित जातियों के हित और देश के हित में टकराव होगा, वहाँ मैं दलित जातियों को प्राथमिकता दूँगा।" वे अंतिम समय तक दलित-वर्ग के मसीहा थे और उन्होंने जीवनपर्यंत अछूतोद्धार के लिए कार्य किया। जब गाँधी ने दलितों को अल्पसंख्यकों की तरह पृथक् निर्वाचन मंडल देने के ब्रिटिश नीति के ख़िलाफ आमरण अनशन किया तो शुरू में डॉ. अम्बेडकर ने कहा "महात्मा कोई अमर व्यक्ति नहीं है, और न कांग्रेस ही अमर है। बहुत से महात्मा आए और चले गए। लेकिन अछूत अछूत ही बने रहे।" लेकिन जब आमरण अनशन के कारण सचमुच महात्मा गाँधी के जीवन पर खतरा मंडराने लगा तो देश के हित के लिए डॉ. अम्बेडकर ने महात्मा गाँधी के साथ पूना-पैक्ट (१९३२) किया। और स्वतंत्रता मिलने के बाद संविधान सभा के प्रारूप समिति के अध्यक्ष एवं भारत के प्रथम कानून मंत्री के रूप में डॉ. अम्बेडकर

का चुनाव महात्मा गाँधी की प्रेरणा से ही हुआ था। भारतीय संविधान में अनुसूचित जातियों और जनजातियों के लिए आरक्षण के बारे में सैद्धांतिक सहमति गाँधी-अम्बेडकर के पूना पैक्ट के दौरान ही हो गई थी। महात्मा गाँधी पाकिस्तान की तरह दलितिस्तान की संभावना के कारण पृथक् निर्वाचन मंडल के ख़िलाफ थे लेकिन अछूतोद्धार की हर उस कोशिश के पक्ष में थे, जो अहिंसा एवं सत्य के साथ सर्वोदय के उनके आदर्श के ख़िलाफ न हो। दलितों और जनजातियों को मुख्यधारा में लाने के लिए कानूनी संरक्षण या आरक्षण के बारे में गाँधीजी और डॉ. अम्बेडकर के विचारों में १९३२ के बाद सैद्धांतिक विरोध की जगह पूरकता ज़्यादा दिखती है।

महात्मा गाँधी अछूतोद्धार के लिए सवर्ण हिन्दुओं के हृदयपरिवर्तन के लिए वैष्णव धर्म और भक्ति आंदोलन की सभ्यतामूलक चेतना में जैन दर्शन के अनेकांतवाद से भी प्रभावित थे। उनका मानना था कि अछूतों की कुछ समस्याएँ तो सवर्ण हिन्दुओं की अशिक्षा के कारण पैदा हुई हैं लेकिन उनकी कुछ समस्याएँ हर समुदाय के किसानों, श्रमिकों एवं शिल्पकारों की समस्याएं हैं, जो उपनिवेशवादी ग़ुलामी के कारण पैदा हुई हैं। इसके निवारण के लिए महात्मा गाँधी ने बुनियादी शिक्षा, ग्राम स्वराज, सर्वोदय और आत्म-परिष्कार की वकालत की। महात्मा गाँधी समाज की समस्या को समाज के लोगों (जिसे वे लोक कहते थे) के स्तर पर आपसी सद्भाव से हल करने के पक्ष में थे। वे राज्य की बहुत सीमित भूमिका देखते थे। आधुनिक विधि व्यवस्था, संसद, पुलिस-स्टेशन आदि पर उनको ज़्यादा भरोसा नहीं था। दुर्खीम के गिल्ड-समाजवाद को ही वे सर्वोदय के नाम से भारतीय समस्याओं के समाधान के लिए प्रस्तुत कर रहे थे। गाँधीजी के प्रति अपार आदर के बावजूद कांग्रेस की सरकार गाँधीजी की विचारधारा पर नहीं चल पायी। जवाहरलाल नेहरू आधुनिक पश्चिम की औद्योगिक व्यवस्था के तहत मार्क्सवाद से प्रभावित प्रजातांत्रिक समाजवाद के समर्थक थे।

महात्मा गाँधी और जवाहरलाल नेहरू के विपरीत डॉ. अम्बेडकर समाजवादी नहीं थे। उनकी शिक्षा अमेरिका के कोलंबिया विश्वविद्यालय और लंदन स्कूल ऑफ़् इकोनोमिक्स में हुई थी। वे मार्क्सवादी समाजवाद के स्थान पर पश्चिमी यूरोप और अमेरिका में प्रचलित प्रजातांत्रिक पूँजीवादी व्यवस्था के तहत ही बौद्ध धर्म 'बहुजन हिताय और बहुजन सुखाय' वाले आदर्श समाज के निर्माण के पक्षधर थे, जिसमें हर व्यक्ति एक दूसरे के समान होगा। फ्रांसीसी क्रांति के नारे स्वतंत्रता, समानता और भातृत्व की भावना को वे भगवान बुद्ध, महात्मा कबीर और महात्मा ज्योतिबा के चिंतन का भी केन्द्रीय सरोकार मानते हैं। वे अक्सर

कहा करते थे कि यह सुखद संयोग है कि फ्रांसीसी क्रांति के नेताओं को भी भारतीय मनीषियों की तरह सभ्य समाज के लिए स्वतंत्रता, समानता और भ्रातृत्व की विचारधारा उतनी ही आवश्यक लगती थी।

आधुनिक विधि व्यवस्था, संसद और आधुनिक शिक्षा में उनकी गहरी आस्था थी। वे अधिकांशतः पश्चिमी अभिजन की शैली में कोट-पैंट और टाई लगाते थे। उनकी स्पष्ट मान्यता थी कि दलितों को न सिर्फ ऊँची शिक्षा हासिल करनी चाहिए बल्कि सत्ता संचालन में प्रत्यक्ष भागीदारी करनी चाहिए। बिना राजनैतिक-आर्थिक शक्ति और ज्ञान प्राप्त किए दलितों और अछूतों के लिए उन्नति के सारे मार्ग बंद हैं। अतः उन्होंने अपने अनुयायियों को आपस में राजनैतिक रूप से संगठित होकर सत्ता में प्रत्यक्ष भागीदारी के लिए प्रेरित किया। १९२० से १९५६ तक पूरे जीवन वे दलितों को राजनैतिक रूप से संगठित होकर सत्ता में प्रत्यक्ष भागीदारी के लिए विभिन्न मंचों पर सक्रिय रहे। लेकिन अपने जीवन में राजनैतिक स्तर पर अपने दल रिपब्लिकन पार्टी को उतनी सफलता नहीं दिला पाए। लेकिन कालांतर में उनके विचारों से प्रेरित दलित आंदोलन से कांशीराम और मायावती के नेतृत्व में बहुजन समाज पार्टी का विकास हुआ जिसने १९८० के दशक से उत्तर प्रदेश की राज़नीति में पहले दलित वोटों को गोलबंद करने में सफलता पाई फिर गठबंधन की राजनीति के दौर में १९९३ से सत्ता में प्रत्यक्ष भागीदारी पाना शुरू किया। १९९५ से अब तक मायावती उत्तर प्रदेश की चार बार मुख्यमंत्री बन चुकी हैं और उत्तर भारत के अन्य राज्यों में भी बहुजन समाज पार्टी का विस्तार हो रहा है। अब दलितों को अछूत कहना तो दूर उनके नेतृत्व में राजनैतिक गठबंधन बनाने की होड़ सवर्ण जातियों में आम बात हो गई है।

शिक्षण केन्द्रों, नौकरियों, विधानसभा और लोकसभा में अनुसूचित जातियों और जनजातियों के लिए १९५२ से आरक्षण लागू करवा लेना, डॉ. अम्बेडकर के लिए बड़ी उपलब्धि मानी जाती है। दलित, आदिवासियों और स्त्रियों के अधिकारों के रक्षा के लिए भी डॉ. अम्बेडकर ने कई कानून बनवाए। उनकी प्रेरणा से अनुसूचित जाति आयोग भी बना।

महात्मा गाँधी के विपरीत डॉ. अम्बेडकर गाँवों की अपेक्षा नगरों में एवं ग्रामीण शिल्पों या कृषि की व्यवस्था की तुलना में पश्चिमी समाज के औद्योगिक विकास में भारत और दलितों का भविष्य देखते थे। वे मार्क्सवादी समाजवाद की तुलना में बौद्ध मानववाद के समर्थक थे जिसके केन्द्र में व्यक्तिगत स्वतंत्रता, समानता एवं भ्रातृत्व की भावना है।

डॉ. बी.आर. अम्बेडकर, बौद्ध धर्म एवं विश्व ग्राम

ज़्यादातर समीक्षक डॉ. बी.आर. अम्बेडकर की दलित मसीहा के रूप में एकांगी व्याख्या करते हैं। परंतु उपरोक्त विवरण से स्पष्ट है कि डॉ. अम्बेडकर अपने युग के महान् चिंतक थे जिसे नेहरू और इंदिरा युग में मार्क्सवादी विद्वानों ने जातिवादी और संकीर्ण सोच वाले दलित हित चिंतक मानकर उपेक्षित किया। लेकिन जैसे-जैसे भारत में उदारवादी अर्थनीति और राजनीति का भारतीय प्रजातांत्रिक व्यवस्था में महत्त्व बढ़ता गया, ऐतिहासिक संयोग से भारतीय राजनीति में दलित आंदोलन और बहुजन समाज पार्टी का भी विकास होता गया। उदारवादी विश्व व्यवस्था में बहुसांस्कृतिक चेतना के प्रति आग्रह और सभ्यताओं के संघर्ष की आशंका १९९३ में सैम्यूल हटिंगटन के फॉरेन अफेयर्स नामक प्रतिष्ठित पत्रिका में व्यक्त की गई। बढ़ती उम्र और चीन के भीतर तिब्बत मसले के लगातार उलझते जाने के कारण दलाई लामा की छवि बौद्ध समाज में अधिकाधिक आध्यात्मिक धर्म गुरु की बनने लगी जबकि वास्तव में मार्च २०११ तक वे तिब्बत राष्ट्र के पारम्परिक राष्ट्राध्यक्ष थे। १९९० के दशक में अमेरिकी दबाव में जापानी अर्थव्यवस्था को अपने अत्यधिक तेज रफ्तार से लाभ मिलने के कारण हानि उठानी पड़ी। रोनाल्ड रीगन के उत्तराधिकारी जॉर्ज बुश सीनियर ने सैनिक हस्तक्षेप की धमकी देकर १९९० से १९९२ के बीच जापानी सरकार को डालर के मुकाबले जापानी मुद्रा येन का अवमूल्यन करने के लिए विवश किया। तब से जापानी समाज में अमेरिकी प्रभाव से मुक्त होने, अपनी सेना खड़ी करने की आवाज उठने लगी। द्वितीय विश्वयुद्ध में हारने के बाद अमेरिका ने जापान पर न सिर्फ दो एटम बम गिराए (हिरोशिमा और नागासाकी पर) बल्कि जापानी सेना को भंग कर के अमेरिकी सेना द्वारा संरक्षित रहने को विवश किया। तब से जापानी लोग अपने खर्चे से अमेरिकी बेड़े के संरक्षण में रहने के लिए सामरिक रूप से विवश हैं। लेकिन इस व्यवस्था में भी बौद्ध और तुकोगावा धर्म मानने वाले जापानियों ने अभूतपूर्व आर्थिक विकास किया। १९८० के दशक में वह अमेरिका से आगे निकल गया था लेकिन १९९० के दशक में अमेरिकी दादागिरी में उसकी अर्थव्यवस्था कृत्रिम मंदी की शिकार हो गई और चीन की अर्थव्यवस्था जापानी अर्थव्यवस्था की तुलना में अमेरिका केंद्रित विश्वग्राम में फलने-फूलने लगी।

उपरोक्त संदर्भ में इस्लामिक आतंकवाद अमेरिकी दादागिरी के बीच सभ्यतामूलक संघर्ष लगातार बढ़ने लगा। अमेरिका-इराक संघर्ष से भी पहले अमेरिका-ईरान संघर्ष शुरू हुआ था। लेकिन जब सद्दाम हुसैन ने तेल नीति

और मुद्रा नीति के मामले में अमेरिकी दादागिरी के आगे झुकने से इंकार कर दिया तो अमेरिका ने ईरान के ज़्यादा बढ़े सभ्यतामूलक खतरे को नज़रअंदाज़ करके पहले इराक को सबक सिखाना चाहा। लेकिन सद्दाम हुसैन जापानी राष्ट्राध्यक्षों की तरह मोम के पुतले नहीं थे। अतः अमेरिका-इराक संघर्ष डेढ़ दशक तक चलता रहा और सद्दाम हुसैन के पतन के बाद भी यह संघर्ष समाप्त नहीं हुआ है। इसी बीच ११ सितम्बर २००१ को बिन लादेन के अलकायदा ने अमेरिकी सभ्यता एवं अमेरिकी सुरक्षा व्यवस्था के महाबली वाली इमेज को चकनाचूर कर दिया। अलकायदा का हेडक्वार्टर अफगानिस्तान और पाकिस्तान के बीच वाले कबाईली इलाके में रहा है। जब अमेरिका ने अलकायदा के ख़िलाफ अफगानिस्तान में अभियान किया तो अलकायदा के लोग पाकिस्तानी इलाके में छुप गए। पाकिस्तानी सैनिक तानाशाह मुशर्रफ ऊपर से तो अमेरिका के आतंकवाद के ख़िलाफ अभियान में साथ हैं लेकिन भीतर से पाकिस्तानी सेना, पाकिस्तानी गुप्तचर एजेंसी और धर्मांध मुसलमानों के संगठनों के दबाव में अलकायदा के संरक्षक भी हैं। चीन रणनीतिक कारणों से पाकिस्तान और अन्य अमेरिका विरोधी मुस्लिम राष्ट्रों को आवश्यक संरक्षण एवं सहयोग देता रहता है।

उपरोक्त सभ्यतामूलक प्रतिस्पर्द्धा एवं संघर्ष के ज़माने में बौद्ध धर्म एवं बौद्ध सभ्यता की समन्वयकारी भूमिका के प्रति विश्वग्राम के संवेदनशील लोगों का लगाव स्वाभाविक रूप से बढ़ा है। भारत में बौद्ध धर्म के समकालीन सिद्धांतकार के रूप में बाबा साहब अम्बेडकर की प्रतिष्ठा हो चुकी है। वे न सिर्फ भारत के भीतर, बल्कि विश्वग्राम के भीतर भी वंचित समूहों के दृष्टिकोण के सबसे प्रमुख सिद्धांतकार के रूप में स्थापित हो चुके हैं। ईसाई, मुस्लिम, कन्फ्युशियसवादी और हिन्दू जनसंख्या की तुलना में बौद्ध मतावलंबी अल्पसंख्यक हैं और बौद्ध धर्म शांति, करुणा और समन्वयवादी धर्म है। यह आधुनिक युग की प्रवृत्तियों के भी अनुकूल है। कई लोग जापान केंद्रित आर्थिक बौद्ध संप्रदाय, दलाईलामा के आध्यात्मिक बौद्ध संप्रदाय और डॉ. अम्बेडकर के राजनैतिक बौद्ध संप्रदाय के बीच समन्वय के प्रति आशान्वित हैं, जिससे विश्वग्राम में शांति एवं सद्भाव की प्रक्रिया को संबल मिलेगा।

डॉ. बी. आर. अम्बेडकर का बौद्ध धर्म संबंधी दृष्टिकोण

भारतीय मूल के पंथ एवं धार्मिक समूहों में बौद्ध धर्म का महत्त्व

भारतीय समाज में बौद्ध धर्म के अलावा अनेक धर्म एवं संप्रदाय उल्लेखनीय हैं, जैसे वैष्णव, शैव, शाक्त, लिंगायत, कबीरपंथी, रैदासपंथी। बौद्ध व जैन

जैसे प्रारंभिक धार्मिक समुदायों को श्रमण परम्परा कहा जाता है जबकि हिंदू धर्म से जुड़े संप्रदायों को वैदिक परम्परा कहा जाता है। इन धार्मिक समूहों और विस्तृत हिन्दू समाज के बीच परस्पर संबंध होता है। पंजाब में हिन्दुओं एवं सिक्खों के बीच विवाह के उदाहरण मिलते रहे हैं। बौद्ध व हिन्दुओं में भी वैवाहिक संबंध होते हैं। हिन्दू बनिया व जैनों के बीच गहरे सामाजिक व सांस्कृतिक संबंध हैं।

बौद्ध व जैन जैसे प्रारंभिक धार्मिक समुदायों के प्रभाव में पुरोहितों के प्रभुत्व और जातीय प्रस्थिति के महत्त्व पर अंकुश लगा। बौद्ध धर्म ने सभी जीवों के प्रति करुणा की भावना को धार्मिक महत्त्व प्रदान किया। जैन धर्म ने अहिंसा के सिद्धांत को स्थापित किया। भगवान् बुद्ध ने शास्त्रों एवं पुरोहितों की सीमा स्पष्ट करके अपना दीपक खुद बनने की शिक्षा दी, जिससे समाज में विवेक एवं प्रज्ञा का महत्त्व स्थापित हुआ।

तत्पश्चात् दक्षिण भारत में भक्ति संप्रदाय का छठी और ग्यारहवीं शताब्दी के बीच उदय हुआ। उत्तर भारत में चौदहवीं से सत्रहवीं शताब्दी के बीच इस भक्ति संप्रदाय का प्रचार-प्रसार एवं संवर्धन हुआ। इसके प्रभाव से उदारवाद प्रकाश में आया, जिससे लोगों को आनुष्ठानिक व सामाजिक प्रतिबंधों से छूट मिली। साथ ही ईश्वर के समक्ष समानता का सिद्धांत प्रचलित हुआ। भारतीय मूल के अन्य पंथों में कबीर पंथ, रैदास पंथ, नानक पंथ, लिंगायत पंथ आदि भक्ति संप्रदाय से जुड़े हैं। औपनिवेशिक शासनकाल में भारतीय समाज में अनेक नई सुधारवादी धाराएँ उभरीं। सुधार आंदोलनों में ब्रह्म समाज, आर्यसमाज, रामकृष्ण मिशन आदि की स्पष्ट भूमिका रही है। सुधार के इन्हीं प्रयत्नों को अणुव्रत आंदोलन, भूदान आंदोलन व स्वाध्याय आंदोलन के रूप में नए आयाम मिले।

वैदिक धारा और श्रमण धारा

वैदिक धारा और श्रमण धारा की अपनी-अपनी कुछ अलग विशेषताएँ हैं पर साथ ही दोनों में कुछ परस्पर समावेशक तत्त्व हैं। इस सम्बन्ध में दो बातें पुनः विचारणीय हैं। एक तो यह कि यदि वर्णों का संघर्ष होता तो क्या इतनी अधिक संख्या में बौद्ध दर्शन के आचार्य ब्राह्मण होते? और यदि भाषा का संघर्ष होता तो संस्कृत में बौद्ध धर्म दर्शन का इतना विपुल वाङ्मय क्यों होता?

वैदिक विचारधारा में चतुर्थ आश्रम संगठित नहीं था। बौद्ध और जैन श्रमण संगठन संगठित हुए और इन संगठनों का प्रभाव संन्यासी संगठनों पर भी पड़ा। संन्यासियों के भी संगठन, मठ और पीठ बने। श्रमण व्यवस्थाएँ

जाति विरोधी थीं, यह इतिहास से प्रमाणित नहीं है। इन व्यवस्थाओं के बावजूद इनके भीतर रहने वाले लोगों में भी वर्णभेद बने रहे और सामाजिक व्यवस्था भी बनी रही। कालान्तर में जैन धर्म में अवश्य संस्कार पद्धति विकसित हुई पर प्राचीनकाल में न जैनों ने और न ही बौद्धों ने स्वतंत्र गृह्यसूत्र जैसे ग्रन्थ रचे। इसका कारण यह था कि परिवार केन्द्रित भारतीय समाज की व्यवस्था बड़ी सुदृढ़ थी और सारा जगत इस परिवार-धारणा का ही विस्तार था। वह धारणा परस्पर सहिष्णुता, आदर, प्रेम और सहयोग के लिए भूमि तैयार करती रही। इसको अस्वीकार कर इससे अलग रहकर कोई व्यवस्था भारतवर्ष में चल नहीं सकती थी। जब-जब इस व्यवस्था को तोड़ने का प्रयत्न हुआ तब-तब तोड़ने वाले ही अधिक टूटे।

धर्म परिचालक है, नीति उसके द्वारा परिचालित व्यवस्था है। धर्म के व्यापक अर्थ में मोक्ष भी धर्म ही है और चारों पुरुषार्थ एक दूसरे के विरोधी नहीं एक ही विराट धर्म के सोपान हैं। मोक्ष को पहले के तीनों सोपानों से अलग करके एक अलग मार्ग बनाने से कर्म का अनुशासन शिथिल हुआ।

भगवद्गीता ने समन्वय का एक मार्ग दिया। मध्ययुग के भक्तों ने उसके आगे एक दूसरा मार्ग दिया। रामकृष्ण परमहंस, विवेकानन्द, तिलक, गाँधी और श्रीअरविन्द ने आधुनिक युग में फिर नया मार्ग दिया। इससे वैदिक धर्म और श्रमण परम्परा के बीच एकता एवं तादात्म्यता का तत्त्व विकसित हुआ। गृहस्थ धर्म और संन्यास धर्म के बीच की दूरी कम हुई।

भारतीय समाज की सबसे छोटी इकाई परिवार है और व्यक्ति परिवार के सम्बन्धों का वितान लेकर ही अस्तित्ववान् होता है और अंत में उसका विलयन सर्वभूत में हो जाता है। काल की अनुभूति अर्थात् अपने द्वारा कर्मों की क्रियमाणता की अनुभूति व्यक्ति को होती है। साथ ही ध्यानयोग के बल पर इस स्थिति के अतिक्रमण की भी अनुभूति होती है, यह अनुभूति ही व्यक्ति का संस्कार है। हिन्दू, बौद्ध एवं जैनों में ध्यान-योग की परम्परा एक जैसी है पर काल की अनुभूति की पहचान के विषय में भेद है। बौद्ध-साधना में 'क्षणिकता सत्ता' का स्वभाव है। एक सत्ता से दूसरी सत्ता में निमीलन एक सत्ता के नया रूप धारण करने की क्रमिकता की पहचान का विषय बनाती है जबकि वैदिक दर्शनों में शाश्वत एकसूत्रता सत्ता की एकता की पहचान कराता है।

बौद्ध धर्म

बौद्ध धर्म भारत में छठी सदी ईसा पूर्व हुए नव-धार्मिक आंदोलन की प्रतिष्ठित परिणति है। इसके मूल में भारत का पारम्परिक धर्म है। इसका

अस्तित्व गौतम बुद्ध के उपदेशों पर आधारित है। भगवान बुद्ध ने खुद घोषणा की थी कि वे कोई नया धर्म नहीं दे रहे हैं। उन्होंने केवल एक नया मार्ग दिया। पहले से उपलब्ध वैदिक और श्रमण परम्पराओं के बीच एक पुल बनाया। एक नई व्यवस्था दी। सनातन धर्म को एक नया स्वरूप एक नई पद्धति एवं कुछ नई तकनीक दी। कलिकाल में सनातन धर्म के तीन शलाका पुरुष हैं – भगवान श्रीकृष्ण, भगवान् महावीर एवं भगवान् बुद्ध। यूरोपीय विद्वान् हीगेल की भाषा में बात करें तो भगवान् श्रीकृष्ण का *श्रीमद्*भगवद्गीता में वर्णित उपदेश 'स्थापना' (थीसिस) है, भगवान् महावीर का *जिन-सूत्र* में वर्णित उपदेश 'प्रति-स्थापना' (एण्टी-थीसिस) है और भगवान् बुद्ध का धम्मपद एवं जातक-कथाओं में वर्णित उपदेश 'पुनर्स्थापना' (सिनथेसिस) है। कुमारस्वामी 'पुनर्स्थापना' को पुनर्रचना (रिमेनिफेस्टेसन) कहते थे। हजारी प्रसाद द्विवेदी का प्रियशब्द 'पुनर्नवता' था।

बौद्ध मत की घोषणा को त्रि-आश्रय या तीन रत्न के रूप में जाना जाता है, जिसमें बुद्ध, धम्म व संघ आते हैं। बुद्ध एक बोधिसत्त्व प्राप्त शिक्षक (उपदेशक) हैं। कोई भी इन तीन आश्रयों को तीन बार उच्चारित करके बौद्ध बन सकता है, उदाहरणस्वरूप मैं बुद्ध की शरण में जाता हूँ (बुद्धं शरणम् गच्छामि), मैं धम्म की शरण में जाता हूँ (धम्मं शरणम् गच्छामि), मैं संघ की शरण में जाता हूँ (संघम् शरणम् गच्छामि)।

धम्म के चार अर्थ हैं :- (१) परम सत्य, (२) सम्यक आचरण (३) धर्म सिद्धांत (४) अनुभव का अनंत स्वरूप। प्रथम तीन अर्थों को हिन्दू धर्म में देखा जाता है लेकिन चौथा बौद्ध धर्म की विशिष्टता है। सनातन धर्म की नई अभिव्यक्ति है।

बौद्ध धर्म के अनुयायी गौतम बुद्ध के बताए चार महान् सत्यों में विश्वास करते हैं। पहले के अनुसार संसार में 'पीड़ा' व्याप्त है। दूसरा पीड़ा का कारण (इच्छा) बताता है। तीसरे महान् सत्य के अनुसार पीड़ा के कारण को दूर किया जा सकता है। इन कारणों को दूर करने के लिए विस्तृत उपायों की व्याख्या चतुर्थ महान् सत्य में मिलती है।

बौद्ध धर्म में अष्टांगिक मार्ग की विवेचना की गई है, जिसमें सम्यक् दृष्टि, सम्यक् आकांक्षा, सम्यक् वाक्, सम्यक् कर्म, सम्यक् जीविका, सम्यक् प्रयत्न, सम्यक् मनःस्थिति और सम्यक् चिंतन आते हैं। ये अष्ट मार्ग निर्वाण की तरफ ले जाते हैं, जिससे सभी पीड़ाओं से मुक्ति मिलती है। चार महान् सत्य एवं अष्ट मार्ग निर्देशक तत्त्व हैं।

बौद्ध धर्म के मुख्य ग्रंथों में *विनय पिटक* (अनुशासन की व्याख्या), *सुत्त पिटक* (उपदेशों की व्याख्या) और *अभिधम्म पिटक* (धर्मनीतियों की व्याख्या) हैं। बौद्ध धर्म के चार प्रमुख स्वरूप हैं (क) स्थविरयान (ख) महायान (ग) वज्रयान या तंत्र (घ) जेन। भारत के विभिन्न भौगोलिक क्षेत्रों में इसके विभिन्न स्वरूप प्रचलित हैं। भारत के बाहर बौद्ध धर्म का प्रभाव तिब्बत, श्रीलंका, जापान, कोरिया, थाईलैंड, कंबोडिया, यूरोपीय संघ एवं संयुक्त राज्य अमेरिका जैसे देशों में है।

भारत में सबसे महत्त्वपूर्ण बौद्ध त्यौहार बुद्ध पूर्णिमा है। अनेक बौद्ध कुछ अन्य त्यौहार भी मनाते हैं। अनेक बौद्ध परिवारों द्वारा हिन्दू त्यौहार जैसे होली, दीपावली और मकर संक्रांति भी मनाए जाते हैं। बाबा साहब अम्बेडकर बौद्ध धर्म को हिन्दू संस्कृति का विकास मानते थे।

बौद्ध धर्म तथा हिन्दू धर्म का परस्पर सम्बन्ध

रामस्वरूप के अनुसार भगवान बुद्ध हिन्दू धर्म की अध्यात्म-चेतना के अभिन्न अंग हैं। भगवान् बुद्ध का जन्म हिन्दू कुल में हुआ था। चाहे हम बौद्ध धर्म के उदय, उत्थान तथा पराकाष्ठा पर दृष्टिपात करें, चाहे बौद्ध धर्म के शिल्प, स्थापत्य, अथवा उसकी मूर्तिकला, भाषा, श्रद्धा, मनीषा, शब्दावली, नामानुक्रमणिका, विनय-प्रणाली तथा अध्यात्म-साधना को लक्ष्य करें, हिन्दुत्व की भावना उसके उदय तथा उत्कर्ष में सर्वत्र व्याप्त है। बौद्ध धर्म भले ही दीर्घकाल से सुदूर विदेशों में वास करता रहा हो, किन्तु उसकी अध्यात्म-साधना की अभिव्यक्ति तथा उसका उर्ध्वस्थ अध्यात्म-साक्षात्कार अभी भी हिन्दुत्व का परिचय देता है। हिन्दू धर्म का सर्वस्व बौद्ध धर्म में परिभुक्त नहीं है। किन्तु बौद्धधर्म का सर्वस्व अवश्य ही उस तंत्र के अन्तर्गत है जिसका तात्त्विक बोध हिन्दू धर्म के नाम से होता है।

भगवान् बुद्ध ने सत्य का साक्षात्कार करने के लिए वर्गीकरण, समतुलन, निर्णयन, निष्कर्षण तथा प्रयोगीकरण इत्यादि प्रणालियों का आश्रय नहीं लिया। ये प्रणालियाँ ही बुद्धिवाद का सर्वस्व हैं। भगवान बुद्ध तो शीलशुद्धि, ध्यान, समाधि, समर्पण, अक्षुण्ण द्रष्टाभाव और अविरत अभीप्सा की बात कहते थे। इन्हीं साधनाओं के पथ पर आगे बढ़ने से साधक अपने साधारण चित्त का अतिक्रमण करता है और परम सत्य का प्रकाश हठात् अथवा उत्तरोत्तर उदय होता है।

कुछ यूरोपीय विद्वान् बौद्ध धर्म को केवल शील की एक संहिता बनाकर प्रस्तुत करते है। भगवान् बुद्ध ने स्वयं इस सिद्धान्त का प्रत्याख्यान स्पष्ट

शब्दों में किया है। उन्होंने आग्रह किया है कि शील के विषय में उनके शिक्षापद "मुख्य" नहीं वरन "गौण" हैं। उन्होंने स्वयं प्रज्ञापित किया है कि "समाधि" तथा "प्रज्ञा" के विषय में दिए गए उनके उपदेश ही सारभूत हैं। उनके मत में जो लोग शील-सम्बन्धी शिक्षापदों को लेकर उनकी सराहना करते थे, वे "अज्ञ" और साधारण बुद्धि वाले अथवा "पृथग्जन" थे। भगवान् बुद्ध के तर्क तथा शील का एक उर्ध्वस्थ आधार था। भगवान् बुद्ध की करुणा केवल लौकिक अथवा मानवता प्रवण नहीं थी। वस्तुतः वह सम्यक सम्बुद्ध की अगाध और अम्लान करुणा थी। जिस शांति की वे शिक्षा देते थे उसे व्यक्तियों अथवा राष्ट्रों के बीच की गई सन्धि नहीं समझना चाहिए।

कुछ लोगों ने भगवान् बुद्ध के उस मौन का, जो उन्होंने ब्रह्म, आत्मा, परमात्मा इत्यादि प्रश्नों के प्रसंग में धारण किया था, मनमाना अर्थ करते हैं। संदर्भ रहित व्याख्या से अर्थ का अनर्थ हुआ है। भगवान् बुद्ध का मौन सकारण था। उसका एक सभ्यतामूलक संदर्भ था। उन्होंने उन समस्त प्रश्नों का उत्तर देना अस्वीकार कर दिया, जिनका सम्बन्ध व्यक्ति के आध्यात्मिक कल्याण के साथ क्रियात्मक रूप में सिद्ध नहीं होता था। अध्यात्म स्वभावतः ही क्रियापरक होता है। भगवान् बुद्ध के युग में तो यह मौन अत्यंत आवश्यक भी था। उस समय तत्त्वशास्त्र के बासठ सिद्धान्त (अठारह सिद्धान्त सृष्टि के विषय में, और चालीस सिद्धान्त प्रलय के विषय में) परस्पर विवाद कर रहे थे। आहार को लेकर तपस्या करने की बाईस प्रणालियाँ थी, वस्त्र को लेकर तेरह प्रणालियाँ। मरण के उपरान्त आत्मा की स्थिति को लेकर अनवरत वाद-विवाद होता रहता था।

इन विवाद करने वालों में अक्रियावादी थे, दैववादी थे, जड़वादी थे, अकृतवादी थे, अनिश्चितत्त्ववादी थे और अन्य प्रकार के वादी-प्रतिवादी तथा वितण्डावादी थे।

इस प्रकार का वातावरण किसी भी अध्यात्म-साधक के मन में सत्यशः विरक्ति उपजाता है। वह बुद्धि के बुलबुले उठाने की अपेक्षा सम्यक साधना को ही अधिक उपादेय मानता है। इसलिए यह आश्चर्य की बात नहीं कि भगवान् बुद्ध ने इन प्रश्नों का उत्तर देना अस्वीकार कर दिया। प्रवीण पंडित उनके पास आकर इन्हीं प्रश्नों को अनेक प्रकार से पूछते थे। भगवान् बुद्ध ने मौन रहकर ही इन समस्त प्रश्नों का प्रत्युत्तर दिया क्योंकि उनकी साधना सर्वथा क्रियापरक थी।

एक और कारण से भगवान् बुद्ध ने तात्त्विक प्रश्नों की विवेचना करना

अस्वीकार किया था। ये प्रश्न केवल निरर्थक ही नहीं थे, अपितु इनके उत्तर किसी बुद्धिगम्य भाषा में देना भी असम्भव था। *केनोपनिषद्* में कहा गया है – "वहाँ न तो चक्षु-इन्द्रिय पहुँच सकती है, न वाक्-इन्द्रिय पहुँच सकती है, न मनस ही जिस प्रकार से इसको बतलाया जाए कि यह ऐसा है, वह प्रकार न तो हम स्वयं अपनी बुद्धि से जानते हैं, न दूसरों से सुनकर ही जानते हैं।" भगवान बुद्ध ने भी अपने-आप को ऐसी ही असमर्थता की स्थिति में पाया। अध्यात्म-सम्बन्धी समस्त साहित्य के अनुसार जो बातें बुद्धि के परे हैं उनको बुद्धिगम्य सिद्धान्तों के रूप में व्यक्त नहीं किया जा सकता। अतएव इन प्रश्नों का जो भी उत्तर दिया जाए, वही "अव्याकृत" है। भगवान् बुद्ध बार-बार इस बात को दोहराते थे।

किसी भी समस्या के समाधान की दो प्रणालियाँ होती हैं – क्रियात्मक तथा सिद्धान्तात्मक, मनोवैज्ञानिक तथा तात्त्विक। उदाहरणार्थ, सांख्यदर्शन सिद्धान्तों तथा तत्त्वों की विवेचना करता है। इसी प्रकार वेदान्त दर्शन सिद्धान्तों की तथा परमतत्त्व के स्वरूप की विवेचना करता है। ठीक उसी प्रकार बौद्ध धर्म उस साधना, शील तथा समाधिमार्ग की विवेचना करता है जिसके द्वारा इन्द्रियातीत साक्षात्कार सम्भव होता है।

इसके लिए भगवान् बुद्ध प्रज्ञा तथा चार आर्यसत्यों की व्याख्या करते हैं। किन्तु यह व्याख्या भी प्रमुखतः साधना की दृष्टि से ही प्रस्तुत की गई है। उद्देश्य यह है कि साधक का चित्त व्याख्या पर निविष्ट होकर वैराग्य को प्राप्त हो और वह नाम-रूप के संसार से विमुख हो जाए। उस व्याख्या का पारमार्थिक और तात्त्विक अर्थ तो साधना के समापन पर ही विदित हो पाता है। जिस स्थिति में वह अर्थ विदित हो जाता है, उसी को बौद्ध धर्म में बुद्धत्व, सम्बोधि, निर्वाण इत्यादि की संज्ञा दी जाती है। इस परमोपलब्धि की विवेचना करना भगवान् बुद्ध ने अस्वीकार कर दिया।

भगवान् बुद्ध की अध्यात्म-अनुभूति अकारण या अकस्मात् नहीं थी। वह अनुभूति अप्रत्याशित एवं व्यक्तिगत भी नहीं थी। इसके विपरीत, वह अनुभूति सर्वथा प्रत्याशित एवं सर्वजनीन थी। भगवान् बुद्ध ने स्वयं भी इससे अधिक आग्रह नहीं किया था कि उन्होंने वह "पुरातन मार्ग पा लिया है, जिस पर पूर्व काल के सम्यक् सम्बुद्ध चले थे।"

सनातन धर्म के अनुरूप ही बौद्ध धर्म में भी परम अनुभूति होने से पूर्व अहंकार का अतिक्रमण विधेय है। साधक को शून्य के समान प्रतीत होने वाले तत्त्व की सम्पूर्णता का बोध हो उसके पूर्व सम्पूर्ण के समान प्रतीत होने वाली

संसार की शून्यता का बोध हो जाना चाहिए। तृष्णा का क्षय हो जाना चाहिए। साधक की बुद्धि समस्त तर्क-विर्तक, संकल्प-विकल्प तथा चंचलता से मुक्त हो जानी चाहिए।

व्यवहारिक सत्ता के प्रत्याख्यान द्वारा ही नहीं, अपितु पारमार्थिक तत्त्व के प्रतिपादन द्वारा भी भगवान् बुद्ध उपनिषदों का ही अनुसरण करते हैं। जिस शून्यवादी व्याख्या के लिए बौद्ध धर्म आज विख्यात है, वह नागार्जुन इत्यादि भगवान् बुद्ध के परवर्ती अनुयायियों की ही कृति है। भगवान् बुद्ध के अपने शिक्षापदों में तो शून्यवाद का समर्थन करने वाला कोई सिद्धांत नहीं मिलता। सम्बोधि प्राप्त करने के उपरान्त भगवान् बुद्ध ने स्वयं कहा था : ''मैंने अमृत, अनुत्तर योगक्षेम निर्वाण को पा लिया।'' उन्होंने निर्वाण की स्थिति उसको कहा था ''जिसमें न जन्म रहता है, न जरा, न व्याधि, न मरण, न शोक, न संक्लेश।'' उदान (*सुत्तपिटक*) में इस स्थिति को ''अजात, अभूत, अकृत, असंकृत'' कहा गया है। उस स्थिति में जिसको भगवान् बुद्ध निर्वाण कहते हैं और जिसको सनातन धर्म ब्रह्मस्थिति बतलाता है, क्षय तथा वृद्धि का पूर्ण अवसान हो जाता है। यहाँ पर निर्वाण की अनुभूति का वर्णन ''शून्यता'' अथवा ''अभाव'' की भाषा में व्यक्त नहीं किया गया, प्रत्युत उस अनुभूति को ''समाधि, आनंद, विमुक्ति तथा सम्बोधि'' की संज्ञा दी गई है। यह वही भाषा है, जिसका व्यवहार उपनिषदों में हुआ है। अध्यात्म की परम्परा में इस स्थिति को ''शून्य'' भी कहा गया है, तथा ''पूर्ण'' भी। भगवान् बुद्ध के शिक्षापदों में जिस दुःख का इतना उल्लेख है, उस दुःख की स्थिति मानसिक नहीं, पारमार्थिक है।

दुःख तथा आनंद के विषय में हिन्दू धर्म तथा बौद्ध धर्म की धारणाएँ पूरक ही हैं, परस्पर विरोधी नहीं हैं। नीचे की ओर से देखने पर (द्वंद्व तथा अनेकत्व के दृष्टिकोण से) भगवान् से विलग होकर, यह जगत बौद्ध धर्म की धारणा के अनुरूप ही दुःख, दौर्मनस्य, अनित्यत्व तथा वेदना का आगार है। किन्तु ऊपर की ओर से देखने पर (सर्वतोमुखी दृष्टिकोण से) यह सब-कुछ आनंद में सराबोर है। भगवान् बुद्ध, उनकी अध्यात्म-अनुभूति तथा उनके शिक्षापद हिन्दू-परम्परा के ही अन्तर्गत थे। वे उपनिषद की परम्परा के उत्तराधिकारी थे। उनको किसी अन्य अर्थ में समझा ही नहीं जा सकता। भगवान् बुद्ध ने स्वयं किसी अभिनव आविष्कार का दावा नहीं किया। उन्होंने तो यही दावा किया था कि उन्होंने एक ''पुरातन पथ को देख लिया'' और वे एक ''पुरातन पथ'' पर चल रहे हैं। हिन्दू धर्म और बौद्ध धर्म परस्पर सहोदर हैं।

बौद्ध धर्म के विकास में डॉ. बी.आर. अम्बेडकर का सैद्धांतिक योगदान

डॉ. अम्बेडकर के धार्मिक विचारों को समझने की दृष्टि से उनकी दो महत्त्वपूर्ण पुस्तकें हैं – *रिडल्स आफॅ हिन्दूइज़्म* एवं *बुद्धा एंड हिज़ धम्म*। प्रथम पुस्तक में उन्होंने हिन्दू समाज व्यवस्था के सामाजिक एवं धार्मिक अंतर्विरोधों की चर्चा की है। जबकि दूसरी पुस्तक में गौतम बुद्ध के द्वारा प्रतिपादित बौद्ध धर्म की व्याख्या की है। उन्होंने गौतम बुद्ध की पालि भाषा में दिए उपदेशों का युगानुकूल भाष्य करने के क्रम में इसे धर्म की जगह धम्म कहने पर जोर दिया है।

भगवान् बुद्ध के उपदेश में ''अपना दीपक खुद बनने'' पर ज़ोर है। भगवान् बुद्ध की धम्म में दूसरे की कही, देखी और लिखी बातों पर आस्था या विश्वास की जगह ''आत्मानुभूति और आत्मसाक्षात्कार'' पर ज़ोर है। जब आत्मानुभूति और आत्मसाक्षात्कार होता है तो करुणा, शील और प्रज्ञा की उत्पत्ति होती है। पारम्परिक बौद्ध धर्म आगे चलकर दो महत्त्वपूर्ण संप्रदायों में विभाजित हो गया था। थेरवादी संप्रदाय (जिसके अनुयायी श्रीलंका, बर्मा और थाइलैंड जैसे देशों में ज़्यादा हैं) का आग्रह आत्मसाक्षात्कार (अपने दीपक खुद बनने की प्रक्रिया) के बाद व्यक्तिगत निर्वाण (या मुक्ति) पाने पर ज़्यादा ज़ोर रहा है। यह बौद्ध धम्म का पारम्परिक और ज़्यादा लोकप्रिय संप्रदाय रहा है। दूसरी ओर महायान संप्रदाय के लोग (जिसके अनुयायी तिब्बत और जापान तथा पश्चिम के कुछ देशों में पाए जाते हैं) आत्मसाक्षात्कार के बाद व्यक्तिगत निर्वाण प्राप्त करने की बजाय सामूहिक निर्वाण प्राप्त करने की करुणावश सुकर्म करने पर ज़्यादा ज़ोर देते हैं। महायान संप्रदाय के संस्थापक आचार्य नागार्जुन एवं असंग माने जाते हैं जबकि थेरवादी संप्रदाय के सबसे प्रमुख आचार्य महात्मा बुद्ध, भिक्षु आनंद, महाकश्यप और मोगलिपुत्र तिष्य माने जाते हैं।

आधुनिक भारत में बौद्ध धर्म के विकास में महाबोधि सोसाइटी ऑफ़् श्रीलंका के संस्थापक अनागरिक धर्मपाल की सबसे महत्त्वपूर्ण भूमिका मानी जाती है। उन्नीसवीं शताब्दी के अंतिम वर्षों में वे थेरवादी संप्रदाय के सबसे प्रमुख संगठक और नेता साबित हुए। उनके प्रयासों से पहले लद्दाख, सिक्किम और हिमालय की तराई में बौद्ध धर्म के अनुयायी रहते थे लेकिन बिहार, नेपाल, पूर्वी उत्तर प्रदेश, मध्य प्रदेश, महाराष्ट्र और आंध्र प्रदेश के बौद्ध मंदिरों, विहारों, स्तूपों के प्रति स्थानीय समुदाय का उदासीन भाव था।

फलस्वरूप, अन्य देशों के बौद्ध पर्यटकों को कई प्रकार की असुविधा होती थी। २०वीं शताब्दी के प्रारंभ में श्रीलंकाई पिता और अंग्रेज़ माँ के बेटे आनंद केंटिश कुमारस्वामी ने बौद्ध एवं हिन्दू कला के तुलनात्मक अध्ययन के माध्यम से हिन्दू धर्म एवं बौद्ध धर्म के बीच सभ्यतामूलक एकता को रेखांकित किया। १६५६ में अपनी मृत्यु से पूर्व डॉ. अम्बेडकर अपने अनुयायियों के साथ सामूहिक रूप से बौद्ध धर्म में दीक्षित हुए तो उनके धर्मोपदेशक आचार्य थेरवादी संप्रदाय एवं बर्माई मूल के एक भंते थे। अतः वे महाबोधि सोसाइटी ऑफ़् श्रीलंका से जुड़ गए। अपने लंबे सामाजिक जीवन में वे लगातार महात्मा बुद्ध और संत कबीर की रचनाओं का हिन्दू धर्म की समालोचना करने में इस्तेमाल करते रहे थे। संत कबीरदास चौदहवीं–पंद्रहवीं शताब्दी के बीच भारत में लिगुर्झा भक्ति के सबसे प्रमुख आचार्य हुए हैं, जिनका मराठी ज्ञानोदय की संत परम्परा में तुकाराम और नामदेव पर निर्णायक प्रभाव माना जाता है। पंजाब के महान् गुरू नानक पर भी कबीरदास का महत्त्वपूर्ण प्रभाव था। कबीरदास पर बौद्ध तंत्रागम से प्रभावित सिद्धों एवं नाथों के महान् आचार्य गुरू गोरखनाथ का प्रभाव था। बाद में वे उत्तर भारत के महान् वैष्णव आचार्य रामानंद से भी प्रभावित हुए। १५वीं शताब्दी से कबीरपंथ एक स्वतंत्र संप्रदाय के रूप में विकसित हुआ। डॉ. अम्बेडकर का परिवार एक कबीरपंथी परिवार था। बहुजन समाज पार्टी के संस्थापक मान्यवर कांशीराम का जन्म एक नानकपंथी सिख परिवार में हुआ था। डॉ. अम्बेडकर के ज़्यादातर उत्तर भारतीय अनुयायियों का परिवार ज़्यादातर महान् भक्त संतों के पंथ, मठ या आश्रम से संबंधित रहा है। कबीर, तुकाराम, नामदेव, नानक, रविदास (रैदास), दादू, ताना आदि गैर–ब्राह्मण संतों के सवर्ण अनुयायियों की संख्या भी कम नहीं रही है। भारत में भक्ति संप्रदाय का जन्म पहले दक्षिण भारत में हुआ। लेकिन दक्षिण भारत के भक्तों का सीधे–सीधे उत्तर भारत पर प्रभाव नहीं हो गया। ईसा–पूर्व छठी शताब्दी से १२वीं शताब्दी तक उत्तर भारत में बौद्व धर्म का नियंत्रण नालंदा के महान् गुरुकुल और बौद्ध विहार से होता था। १३वीं शताब्दी में बख्तियार खिलजी ने नालंदा के गुरुकुल (बौद्ध विश्वविद्यालय) और बौद्ध विहार को नष्ट कर दिया। कुछ बौद्ध भिक्षु तिब्बत और अन्य स्थानों पर चले गए। अन्य लोग देश के विभिन्न भागों में सिद्ध और नाथ योगी के रूप में बिखर गए। १४वीं शताब्दी में उत्तर भारत के भक्ति संप्रदायों के विकास में इन सिद्धों और नाथ योगियों की महत्त्वपूर्ण भूमिका रही। लेकिन एक स्वतंत्र धर्म के रूप में बौद्ध धर्म की सांस्कृतिक अस्मिता और राजनैतिक संगठन १६वीं शताब्दी के अंत में अनागरिक धर्मपाल के

भारत आने और महाबोधि सोसाइटी के निर्माण (१८९१) के बाद ही हो पाया। डॉ. अम्बेडकर और उनके अनुयायियों के धर्म परिवर्तन (१९५६) के बाद भारत में बौद्ध धर्म का नवोदय शुरू होता है। डॉ. अम्बेडकर ने भारत में बौद्ध धर्म को दलितों के संस्कृतीकरण के वैकल्पिक मॉडल के रूप में तो विकसित किया ही, इसे गृहस्थ धर्म के रूप में युगानुकूलित भी किया। भगवान् बुद्ध ने खुद भिक्षुओं के लिए और गृहस्थों के लिए अलग-अलग धर्मों का उपदेश किया था। अनागरिक धर्मपाल ने थेरवादी परम्परा के भिक्षुओं को संगठित करने के क्रम में भिक्षु धर्म को ही बौद्ध धर्म के रूप में प्रतिष्ठित किया था। यूरोप के प्राच्यविदों के प्रभाव में ज़्यादातर जापानी एवं अन्य बौद्ध विद्वानों ने भी बौद्ध धर्म के टेक्सचुअल (धार्मिक साहित्य एवं पाठों) स्त्रोतों के आधार पर जो बौद्धिक विमर्श प्रस्तुत किया, उसमें भी भिक्षु धर्म की आध्यात्मिक साधना और आत्मसाक्षात्कार एवं निर्वाण प्राप्ति की यौगिक एवं तांत्रिक क्रियाओं पर ही ज़्यादा ज़ोर था। कुल मिलाकर १९५६ तक के बौद्ध विमर्श में शास्त्र पक्ष एवं भिक्षु धर्म पर ज़ोर था। कुमारस्वामी ने बौद्ध कला को दुनिया के सामने रखा। लेकिन बौद्ध धर्म के लोकपक्ष एवं गृहस्थ धर्म को दुनिया के सामने समकालीन परिप्रेक्ष्य में रखने वाले डॉ. अम्बेडकर पहले व्यक्ति हुए। इसी प्रक्रिया में उन्होंने थेरवादी परम्परा के लोकपक्ष को महायान बौद्ध धर्म के सामूहिक निर्वाण वाले आध्यात्मिक पक्ष के साथ जोड़कर व्यक्तिगत निर्वाण के थेरवादी भिक्षु धर्म को अपने बौद्ध विमर्श में गौण स्थान दिया। बौद्ध तत्त्व मीमांसा के इतिहास में एक महान् धर्मसुधार आंदोलन का सूत्रपात था। इसकी तुलना में काल्विन द्वारा शुरू किए गए ईसाई धर्म के प्रोटेस्टेंट ईसाई नैतिकता (इथिक) ने पूँजीवादी कार्य संस्कृति के विकास में महत्त्वपूर्ण भूमिका निभाई, उसी तरह डॉ. अम्बेडकर के बौद्ध नैतिकता वाले लोक धर्म ने भारत के दलित समुदाय के बीच राजनैतिक कार्य संस्कृति विकसित कर ग़ैर-उपनिवेशवादी प्रजातंत्रीय व्यवस्था को संपुष्ट करने में निर्णायक भूमिका निभाई है।

डॉ. अम्बेडकर के विचार में स्वविवेक एवं बहुजन के हित और बहुजन के सुख को बढ़ाने वाला सामाजिक कर्म बौद्ध धर्म की सबसे प्रमुख नीति है। बौद्ध धर्म की नैतिक व्यवस्था के केन्द्र में आत्म-प्रकाश से भरा हुआ स्वतंत्र व्यक्ति है, जो समाज के सभी सदस्यों को समान समझता है तथा उनके प्रति भ्रातृत्व या बंधुत्व की भावना रखता हो। इस धर्म में जन्म पर आधारित जाति या छुआछूत के लिए कोई स्थान नहीं है। जो धर्म मनुष्य-मनुष्य में भेद करे और दूसरे समुदाय के लोगों को चाहे किसी भी आधार पर तुच्छ समझे वह

धर्म हो ही नहीं सकता। डॉ. अम्बेडकर के अनुसार बौद्ध धर्म सम्पूर्ण मानवता का धर्म है। 'धम्म' के अनुसार सभी मनुष्य समान हैं। सत्य, अहिंसा, करुणा और दया बौद्ध धर्म की पारिभाषिक विशेषताएँ हैं। बौद्ध धर्म भारत देश की परम्परा और संस्कृति का अभिन्न अंग है लेकिन हिन्दू धर्म की भाँति इसमें असमानता एवं छुआछूत जैसी भावना या शोषण और उत्पीड़न को धार्मिक मान्यता नहीं है।

डॉ. अम्बेडकर एक ऐसे धर्म की खोज में थे, जो किसी वर्ग-विशेष का नहीं बल्कि सारी मानवता का धर्म हो सके। साम्यवादी दृष्टिकोण को डॉ. अम्बेडकर एक खतरा मानते थे। उनकी दृष्टि में सामाजिक व्यवस्था के संतुलन के लिए धर्म एक सामाजिक आवश्यकता है। साम्यवादी व्यवस्था की भौतिकता के प्रति अति आग्रह और वर्ग संघर्ष में हिंसा की वकालत उन्हें मानवता के लिए अभिशाप लगती थी। उनके अनुसार बौद्ध धर्म ही एक ऐसा धर्म है, जो साम्यवाद का विकल्प हो सकता है। अगर कोई दर्शन कार्ल मार्क्स का सम्पूर्ण उत्तर दे सकता है तो वह बौद्ध धर्म ही है। उन्होंने तो यहाँ तक कहा कि बौद्ध धर्म, ईसाई मत वालों के लिए मान्य हो सकता है। क्योंकि ईसाई मत की ९० प्रतिशत मान्यताएँ बौद्ध-मान्यताओं के अनुरूप है। जेलियट जैसे विद्वानों ने तो साफ कहा है कि "अम्बेडकर की नव धर्म दीक्षा, मार्क्सवाद के विरुद्ध की गई मोर्चाबंदी है।" जबकि एडमंड वेबर के अनुसार यह ईसाई धर्म परिर्वत्तन की संभावना को अछूतों के बीच नहीं पनपने देने की डॉ. अम्बेडकर की दूरदर्शी नीति थी।

जो भी हो, आज डॉ. अम्बेडकर वंचित समूह के सबसे प्रमुख सिद्धांतकार बन चुके हैं। आज महात्मा गाँधी और डॉ. अम्बेडकर भारतीय सभ्यतामूलक विमर्श के समकालीन सिद्धांतकार हैं। महात्मा गाँधी का विमर्श भारतीय समाज के बहुसंख्यक हिन्दुओं के दृष्टिकोण की सभ्यतामूलक अभिव्यक्ति है तो डॉ. अम्बेडकर का विमर्श भारतीय समाज के अल्पसंख्यक बौद्धों की दृष्टिकोण की सभ्यतामूलक अभिव्यक्ति है। वे एक अन्य अर्थ में दलित समुदाय के सबल्टर्न दृष्टिकोण के भी प्रवक्ता रहे हैं। वे पश्चिमी लिब्रल डेमोक्रेसी और गैर-साम्यवादी व्यवस्था के नेहरू युग में गिने-चुने प्रवक्ताओं के रूप में भी तत्कालीन विकास चर्चा में गौण धारा (सबल्टर्न का एक अर्थ वंचित समूह है तो दूसरा अर्थ गौण धारा भी है) के प्रतिनिधि थे।

७

भारतीय समाजशास्त्र की समकालीन प्रवृत्तियाँ

भारतीय समाजशास्त्र की समकालीन प्रवृत्ति

मैकिम मैरियट ने १६८६ के आस-पास भारतीय अवधारणाओं के आधार पर इथनो-सोशियोलॉजी थ्रू हिन्दू सोशियोलॉजी विकसित करने के लिए अपने सहयोगियों को संगठित किया। अपनी लंबी संपादकीय भूमिका के साथ १६६० में उन्होंने *इथनो-सोशियोलॉजी थ्रू हिन्दू सोशियोलॉजी* नामक पुस्तक को सेज प्रकाशन से प्रकाशित करवाया। इस पुस्तक के प्रकाशन को १६७० में लुई डुमों द्वारा प्रकाशित *होमो हैरारकिकस* के प्रकाशन के बाद की सबसे महत्त्वपूर्ण समाजशास्त्रीय घटना माना जाता है। आर.के. जैन का कहना है कि डेविड श्नाइडर के सांस्कृतिक विश्लेषण से प्रेरित मैकिम मैरियट की उपरोक्त पुस्तक एवं लेवी स्ट्रॉस से प्रेरित लुई डुमों का उपागम भारतीय समाजशास्त्र की सबसे महत्त्वपूर्ण समाजशास्त्रीय प्रवृत्ति है। टी.एन. मदान ने १६६४ में प्रकाशित *पाथवेज़* नामक पुस्तक में डी.पी. मुखर्जी, डी.एन. मजूमदार, एम.एन. श्रीनिवास, लुई डुमों एवं अमेरिकी मानवशास्त्रीय उपागमों की समकालीन प्रासंगिकता को रेखांकित करते हुए आनंद कुमारस्वामी एवं लेवी स्ट्रॉस से प्रेरित सांस्कृतिक विमर्श को भारतीय समाजशास्त्र की सबसे महत्त्वपूर्ण प्रवृत्ति बतलाया। इसी के आस-पास वीना दास ने *क्रिटिकल इवेंट्स* नामक अपनी पुस्तक में ए.के. सरण एवं लुई डुमों के कामों का तुलनात्मक मूल्यांकन करते हुए दोनों की पूरकता रेखांकित की और संस्थाओं एवं प्रक्रियाओं के अध्ययन की तुलना में महत्त्वपूर्ण सामाजिक घटनाओं के समाजशास्त्रीय अध्ययन की वकालत की। १६६० के दशक में टी.के. उम्मन ने *एलियन कॉनसेप्ट्स एंड साउथ एशियन रियेलिटी* नामक पुस्तक में पश्चिमी अवधारणाओं की साउथ एशिया के समाज एवं संस्कृति को समझने में सीमा

रेखांकित की और फील्डवर्क के दौरान काफी सतर्क रह कर इनके सीमित उपयोग की वकालत की। इसके साथ-साथ अपने अन्य प्रकाशनों में उन्होंने साउथ एशियाई सभ्यता की अवधारणा विकसित की। अर्जुन अप्पादुराई एवं योगेन्द्र सिंह ने अपने अलग-अलग अध्ययनों में वैश्वीकरण एवं उदारीकरण की विश्वव्यापी व्यवस्था में सांस्कृतिक पहचान की सभ्यतामूलक प्रक्रियाओं को समझने की लगातार कोशिश की। पी.सी. जोशी, टी.एन. मदान, वीना दास, आशीष नंदी, सुदीप्त कविराज, आर. के. जैन, सुधीर कक्कड़ जैसे समाजशास्त्रियों ने भारतीय साहित्य की प्रमुख कृत्तियों का समाजशास्त्रीय मूल्यांकन करते हुए भारतीय संस्कृति के अनछुए पहलुओं को विश्लेषित करना शुरू किया। जे.पी.एस. उबेराय ने अपनी तीन पुस्तकों में यूरोपीय आधुनिकता की भारतीय दृष्टि से १६७८ से २००४ तक मूल्यांकन कर कलकत्ता संप्रदाय एवं लखनऊ संप्रदाय द्वारा उठाए कुछ सवालों को फिर से प्रासंगिक बना दिया है। कुल मिलाकर समकालीन प्रवृत्तियों मे दो रुझान प्रबल रहे हैं – पहला भारतीय समाजशास्त्र की साम्प्रदायिक परम्परा का मूल्यांकन कर समकालीन भारतीय समाज के अध्ययन के लिए खुले दिमाग से उपागमों का चुनाव एवं संश्लेषण का प्रयास और दूसरा सामाजिक संरचना की तुलना में सामाजिक संस्कृति के बहु-आयामी स्वरूप को समझने के लिए साहित्य एवं कला के भारतीय समाजशास्त्र का विकास। प्रस्तुत अध्याय में भारतीय समाजशास्त्र की प्रमुख धाराओं का समकालीन मूल्यांकन की प्रवृत्ति को समझने का प्रयास किया गया है जबकि अगले अध्याय में साहित्य एवं कला के भारतीय समाजशास्त्र का विकास समझने का प्रयास किया जाएगा।

भारतीय समाजशास्त्र की प्रमुख धाराओं का समकालीन मूल्यांकन

अपने जन्मकाल से ही भारतीय समाजशास्त्र की दो प्रमुख धाराएँ रही हैं। कलकत्ता तथा लखनऊ संप्रदाय एक धारा का प्रतिनिधित्व करते हैं। दूसरी धारा का प्रतिनिधित्व बंबई तथा दिल्ली संप्रदाय का संप्रदाय करता है। पहली धारा ने स्वतंत्रता संग्राम में साहित्य और कला की भूमिका को शुरू से स्वीकार किया। इन लोगों ने बंबई तथा दिल्ली संप्रदाय से बौद्धिक लड़ाइयाँ लड़ीं ताकि भारत में समाजशास्त्र की दिशा स्वतंत्र हो। भारतीय समाजशास्त्र को साम्राज्यवादी समाजशास्त्र का एजेन्ट बनने की बजाय भारतीय साहित्यकारों, भारतीय दर्शन, भारतीय इतिहास तथा भारतीय कलाकारों और संस्कृति कर्मियों के विमर्श, अनुभव और परम्परा से जोड़ कर विकसित किया जाना चाहिए

तथा भारतीय स्वतंत्रता संग्राम को सांस्कृतिक आयाम देने में सक्रिय भूमिका निभानी चाहिए। परंतु बंबई के समाजशास्त्र विभाग को तत्कालीन ब्रिटिश सरकार ने एक बड़े ग्रांट के साथ १६१६ में यूँ ही नहीं शुरू किया था। १६१६ भारतीय दृष्टि से जलियाँवाला बाग के कत्लेआम और भारतीय स्वतंत्रता आंदोलन में गाँधी के नेतृत्व संभालने के लिए महत्त्वपूर्ण है तो ब्रिटिश दृष्टिकोण से (१८३५ की मैकाले शिक्षा नीति या १८८५ में ए.ओ. ह्यूम के द्वारा भारतीय राष्ट्रीय कांग्रेस की स्थापना के बाद १६१६ में) बंबई विश्वविद्यालय में समाजशास्त्र विभाग शुरू करने के लिए महत्त्वपूर्ण है। सर पैट्रिक गिड्स द्वारा बनाया गया समाजशास्त्र का पाठ्यक्रम जी.एस. घुर्ये या ए.आर. देसाई से लेकर एम.एन. श्रीनिवास के समाजशास्त्रीय सोच की लक्ष्मण रेखा बनकर रह गई। दूसरी ओर ब्रिटिश माँ से जन्मे और लंदन में पले-पढ़े कुमारस्वामी ने जब प्रथम विश्वयुद्ध में अंग्रेज़ों के पक्ष में भारत तथा श्रीलंका के जबरन शामिल किए गए जाने का पुरजोर विरोध शुरू किया तो अंग्रेजी सरकार ने कुमारस्वामी को अंग्रेज़ी राज का द्रोही मानकर उनके ख़िलाफ दुष्प्रचार शुरू किया। अंततः उन्हें देश छोड़कर अमेरिका में शरण लेनी पड़ी और उनके भारतीय समर्थक उनके दृष्टिकोण का उपयोग करते हुए भी उनके नामों या कामों की प्रत्यक्ष चर्चा से १६४७ तक बचते रहे। अंग्रेज़ी राज में बंबई विश्वविद्यालय के समाजशास्त्रीय पाठ्यक्रम को हर तरह से प्रोत्साहन मिलता रहा – भारत सरकार से भी और ब्रिटेन के समाजशास्त्रियों से भी – दूसरी ओर, कलकत्ता तथा लखनऊ की मुख्य धारा को नज़रअंदाज़ किया जाता रहा।

समाजशास्त्र चूँकि मूलतः फील्डवर्क आधारित अध्ययन के रूप में विकसित हुआ है और फील्डवर्क काफी खर्चीला काम है अतः सरकारी या अंतर्राष्ट्रीय समाजशास्त्रीय संस्थानों की आर्थिक मदद समाजशास्त्रीय शोध के विषय और दिशा-दृष्टि को शुरू से ही प्रभावित करते रहे हैं। स्वतंत्रता मिलने पर लखनऊ या कलकत्ता के समाजशास्त्र को मदद नहीं मिली हालांकि डी. पी. मुखर्जी की जवाहरलाल नेहरू से अच्छी दोस्ती थी। असल में नेहरू सरकार को फोर्ड फाउन्डेशन के दिल्ली स्थित प्रतिनिधि ने अमेरिकी ग्रामीण विकास की तर्ज पर सामुदायिक विकास योजना शुरू करने के लिए अमेरिका से मदद का वादा किया। नेहरू सरकार के राजी होते ही अमेरिकी पैसे ने सामुदायिक विकास योजना शुरू करने और बाद में लागू करने और मूल्यांकन करने के लिए गाँव, जाति और जनजाति के फील्डवर्क पर आधारित अनुभववादी अध्ययनों की बाढ़ ला दी। कुछ लोगों का कहना है कि १६५० के दशक से एम.एन. श्रीनिवास, ए.आर. देसाई और एम.सी. दूबे आदि की

पीढ़ी की अधिकांश ऊर्जा पश्चिमी आधुनिकतावाद को भारत में प्रत्यक्ष या अप्रत्यक्ष रूप से स्थापित करने में लग गई। ये लोग रैडक्लिफ ब्राउन एवं पार्सन्स के अंधे समर्थक तो नहीं थे परंतु कई बार विरोध करके भी लोग जाने-अनजाने अपने विरोधियों को लाभ पहुँचाते हैं। इसी प्रकार श्रीनिवास के काम की समीक्षा करते हुए आंद्रे बेते ने उनके अध्ययनों के संकुचित सैद्धांतिक आधार की चर्चा की है।

दरअसल वही श्रीनिवास की असली उपलब्धि है। श्रीनिवास पहले आत्मसजग भारतीय समाजशास्त्री हैं, जिन्होंने बिना बहुत ज़्यादा शोर-शराबे के भारतीय समाज की ज़मीनी वास्तविकता एवं जीवंत सांस्कृतिक अनुभूति को फील्ड डेटा (क्षेत्रीय कार्य द्वारा प्राप्त तथ्य) के नाम पर प्रस्तुत करना शुरू किया और 'द रिमेम्बर्ड विलेज' के समय तक आते-आते उन्होंने पश्चिमी सिद्धांतों की आत्म-सजग उपेक्षा शुरू कर दी। उनके काम को ए.एम. शाह और टी.एन. मदान ने भी बिना अनावश्यक सैद्धांतिक नाटकीयता के ठोस फील्डवर्क के आधार पर आगे बढ़ाया।

एक अर्थ में बिना घोषणा किए श्रीनिवास ने अपने स्वतंत्र काम से घुर्ये, राधाकमल और एन.के. बोस के महत्त्व को सत्यापित किया। अतः यह कहना सही नहीं है कि श्रीनिवास की पीढ़ी का अधिकांश समय पश्चिमी समाजशास्त्र को भारत में स्थापित करने में लगा। उनकी पीढ़ी में कई तरह के लोग थे और वे कई तरह के समाजशास्त्रीय काम में लगे हुए थे। क्षेत्रीय कार्य (फील्डवर्क) के दौरान श्रीनिवास की पीढ़ी को जीवंत टेक्स्ट (ग्रंथ) भी मिले और उन टेक्स्ट को पढ़ने का देशी तरीका भी। इस प्रकार ग़ैर-यूरोपीय, साम्राज्यवादी आग्रहों से मुक्त, आलोचकों की जगह पाठक केन्द्रित ग्रंथ-पाठ शुरू हुआ। इसमें अभी उतनी सुगढ़ता एवं उत्कृष्टता भले न आई हो जितनी अपेक्षित है परंतु राधाकमल एवं बी.के. सरकार की पीढ़ी की तुलना में आकर (आधार) ग्रंथों का सांस्कृतिक रूप से ज़्यादा संवेदनशील, ज़्यादा जीवंत, ज़्यादा अर्थपूर्ण समाजशास्त्रीय पाठों की पद्धति तो शुरू हो ही गई है। उदाहरण के लिए टी.एन. मदान द्वारा प्रस्तुत (*दि नन रिननसिएशन* नामक पुस्तक में शामिल) *संस्कार* (यू.आर. अनंतमूर्ति का कन्नड़ ग्रंथ) एवं *चित्रलेखा* (भगवतीचरण वर्मा लिखित हिन्दी कृति) और वीना दास द्वारा प्रस्तुत तुलसीदास के हिन्दी महाकाव्य रामचरितमानस का पाठ, रविन्द्र कुमार जैन द्वारा प्रस्तुत राही मासूम रज़ा की कृति *आधा गाँव* का पाठ, पी.सी. जोशी द्वारा प्रस्तुत प्रेमचंद के *गोदान* का पाठ एवं इरावती कर्वे द्वारा प्रस्तुत *महाभारत का "युगांत"* नाम से समाजशास्त्रीय पाठ आदि की चर्चा की जा सकती है।

जैसा कि लुई कोचर जैसे समाजशास्त्रियों ने दिखलाया है कि वर्ग संघर्ष के यांत्रिक समर्थकों का समाजशास्त्रीय काम पार्सन्स के सैद्धान्तिक प्रारूप-प्रकार्यवाद और आधुनिकीकरण से गुणात्मक रूप से अलग नहीं है। फलस्वरूप १९७० के दशक तक लखनऊ समाजशास्त्र की मूल प्रवृत्तियों की भारत में उपेक्षा की जाती रही। परंतु १९७० के दशक में फ्रांसीसी संरचनावाद से जुड़े लुई डुमों की पुस्तकों के अंग्रेज़ी अनुवादों से भारतीय साहित्य, कला और संस्कृति के प्रतीकों पर अंग्रेज़ी में प्रकाशित समाजशास्त्रीय पत्रिकाओं में लेखों की संख्या बढ़ने लगी। इसके बावजूद भारतीय समाजशास्त्र में भारतीय साहित्य के समाजशास्त्र का विधिवत् विकास तो अब तक नहीं हो पाया है परंतु ज्ञान के समाजशास्त्र, संस्कृति के समाजशास्त्र तथा प्रतीकों के समाजशास्त्र का विकास अवश्य हुआ है, जिसमें संस्कृत साहित्य के विश्लेषण की नई परम्परा भारतीय धर्म तथा संस्कृति की परम्परा को समझने में इस्तेमाल की जाने लगी है। जे.पी.एस. उबेराय, ए.के. सरण, सी.एन. वेणुगोपाल, वीना दास, वैद्यनाथ सरस्वती, टी.एन. मदान, लुई डुमों, हीस्टर मैन, मिल्टन सिंगर, मैकिम मैरियट, रोनाल्ड इंडेन, वेद प्रकाश बटुक जैसे विद्वानों के लेख और पुस्तकें साहित्य और कला के आधार पर प्राचीन एवं मध्यकालीन भारतीय समाज और संस्कृति के अध्ययनों को गुणात्मक रूप से १९७० के बाद लगातार बदल रहे हैं पर अभी भी यह सब पाठ्यक्रमों एवं पाठ्यपुस्तकों में, अंग्रेज़ी में भी नहीं आया है। पर आधुनिक भारतीय समाज और संस्कृति को समझने में साहित्य का उपयोग अभी भी ज़्यादा नहीं है। टी.एन.मदान ने अपनी पुस्तक *दि नन रिननसिएशन* में पहली बार यू.आर. अनंतमूर्ति के उपन्यास *संस्कार*, भगवतीचरण वर्मा के उपन्यास *चित्रलेखा*, विष्णु सखाराम खांडेकर के उपन्यास *ययाति* तथा टी. जानकीरमण की *अप्पु की माँ का पाप* को समकालीन भारतीय संस्कृति को समझने का माध्यम बनाया। सुधीर कक्कड़ ने कृष्णा सोबती के उपन्यास *मित्रो मरजानी* को अपने मनोविश्लेषण की विषय-वस्तु बनाकर आधुनिक भारतीय समाज में स्त्री-पुरुष संबंधों की पड़ताल की। इसी तरह आर.के. जैन ने राही मासूम रज़ा के उपन्यास *आधा गाँव* के आधार पर मुस्लिम दृष्टि से भारतीय समाज की समस्या को समझने की कोशिश की। पी.सी. जोशी के प्रेमचंद के उपन्यास *गोदान* को आधार बनाकर हिन्दी में लिखी गई किताब की चर्चा प्रो. पांडे कर ही चुके हैं। वीणादास ने तुलसी के रामचरितमानस का विश्लेषण किया है। इन सब के बावजूद भारतीय साहित्य का समाजशास्त्र में उस तरह उपयोग नहीं किया जा सका है जिस तरह समाजशास्त्र का उपयोग हिन्दी साहित्य के आलोचकों

रामचन्द्र शुक्ल, रामविलास शर्मा, नामवर सिंह या मैनेजर पाण्डेय ने किया है। आचार्य हजारी प्रसाद द्विवेदी शायद अकेले महत्त्वपूर्ण हिन्दी आलोचक हैं, जिन्होंने समाजशास्त्र का प्रत्यक्ष उपयोग नहीं किया है।

भारतीय समाज, संस्कृति एवं साहित्य में जो विविधता है, उसको समझने के लिए जैसा बहुआयामी समाजशास्त्रीय चिन्तन का विकास होना चाहिए था, वह गोपाल सदाशिव घुर्ये, बिनय कुमार सरकार, राधाकमल मुखर्जी या धुर्जटी प्रसाद मुखर्जी, एन.के. बोस, एम.एन. श्रीनिवास आदि के योगदानों के बावजूद काफी हद तक अधूरा-अधूरा सा लगता है। भारतीय समाजशास्त्रीय चिन्तन में अब भी एक असंतुलन एवं कृत्रिम बौद्धिकता बनी हुई है। इसके ऐतिहासिक कारण हैं। भारत में समाजशास्त्र की शिक्षा और शोध में भारत और इंडिया अथवा महानगर एवं छोटे शहरों के बीच एक दुखद खाई है। महानगरों के समाजशास्त्री अंग्रेज़ी भाषा में अंतर्राष्ट्रीय बुद्धिजीवियों को ध्यान में रखकर लिखते पढ़ते हैं और उनको मान-सम्मान के साथ-साथ विदेशी संस्थानों से आर्थिक सुविधाएँ एवं विदेशों में रहने या घूमने का अवसर भी मिलता है जबकि छोटे शहरों में समाजशास्त्र की शिक्षा देशी भाषाओं में स्थानीय विद्यार्थियों को ध्यान में रहकर होती है।

जब भी परम्परा की बात चलती है तो महानगरों के समाजशास्त्री लोग मनुस्मृति, शुक्रनीति या संस्कृत ग्रंथों की बात करने लगते हैं। बहुत हुआ तो कुमारस्वामी के प्रभाव में भारतीय कलाओं की चर्चा करने लगते हैं। इस क्रम में प्राचीनकाल में भी प्राकृत, पालि, तमिल या अपभ्रंश साहित्य की बड़ी थाती उपेक्षित रह जाती है। मध्यकाल में प्रादेशिक भाषाओं में लिखी गई पुस्तकों में केवल भक्ति साहित्य नहीं है। इसके अलावा विदेशी यात्रियों द्वारा लिखे गए संस्मरण भी हैं। दरअसल प्राचीनकाल से ही भारत में अभिव्यक्ति के लिए अनेक भाषाएँ, जीवन दृष्टि के लिए नौ प्रकार की विकसित दर्शन प्रणालियों एवं जीवन की रमणीयता के लिए नौ प्रकार के रसों एवं चौरासी प्रकार के व्यंजनों की विशद चर्चा मिलती है। इसके बावजूद विलियम जोंस, मैक्समूलर, मैक्स वेबर एवं लुई डुमों के प्रभाव में भारतीय परम्परा की एकरंगी व्याख्या रूढ़ कर दी गई कि भारतीय संस्कृति का मूल स्वर आध्यात्मिक, असांसारिक एवं निवृत्तिगामी है एवं भारतीय सामाजिक संगठन में जाति, संयुक्त परिवार एवं ग्रामीण समुदाय के अलावा या तो नृत्य संगीत होता है या छुआछूत, सती प्रथा, अंधविश्वास एवं भाग्यवादिता होती है।

इसी तरह जब भी भारतीय नवजागरण या आधुनिकता की बात होती है तो केवल बंगाली नवजागरण की चर्चा की जाती है और बंगाली नवजागरण

में राजा राममोहन राय और उनके ब्रह्म समाज से प्रभावित व्यक्तियों की चर्चा की जाती है। बहुत हुआ तो ईश्वरचन्द्र विद्यासागर और विवेकानन्द–रामकृष्ण जैसे व्यक्तियों की चर्चा कर ली जाती है। कुछ ज़्यादा सयाने लोग बंगाल नवजागरण के विकल्प में गाँधी और उनके 'वाद' की चर्चा कर लेते हैं। अब बंगाल नवजागरण के ब्रह्मसमाजी धारा पर प्राच्यवाद एवं भारतीय अभिगम का प्रभाव जगजाहिर है। गाँधी पर रस्किन, थोरो एवं टॉल्सटाय का प्रभाव अतिरंजित करने की प्रवृत्ति पश्चिम परस्त बुद्धिजीवियों में रूढ़ और कट्टरता का रूप ले चुकी है। किसी भी दार्शनिक पर उसके स्थान, काल एवं परिस्थितियों का प्रभाव पड़ता है। इतना ही नहीं बल्कि वह तात्कालिक परिस्थियों का परिणाम होता है। अतः गाँधी को भारतीय संदर्भ में भारत की उपज मानना चाहिए। सत्य, शांति और अहिंसा की खोज भारतीय दर्शन में भरी पड़ी है और गाँधी पर इनका स्पष्ट प्रभाव था। अन्य समाजशास्त्रियों ने भी इस पर चिंतन किया है। लेकिन उनकी अपनी सीमाएँ हैं। उदाहरण के लिए कुमारस्वामी की रचनाओं के केन्द्र में मूलतः प्राचीन भारतीय कला एवं संस्कृति है। घुर्ये का विश्लेषण भी उत्तर भारत के मध्यकालीन जद्दो–जहद को जाने–अनजाने नज़रअंदाज़ करता है। बी.के. सरकार एवं राधाकमल पूरी तरह से बंगाली नवजागरण की सीमा से बँधे हुए हैं जिस पर विलियम जोंस एवं प्राच्यवाद का प्रभाव निर्णायक है। डी.पी. मुखर्जी कुछ हद तक इस सीमा को तोड़ते हैं परंतु वह भी केवल बंगाली संदर्भ में ही।

भारतीय समाजशास्त्र की उपरोक्त स्थिति को समझने के लिए एक ओर यूरोप में समाजशास्त्र की उत्पत्ति एवं संरचना (स्वरूप एवं प्रकृति) को समझना आवश्यक है तो दूसरी ओर अंग्रेज़ी राज के दौरान भारतीय समाज को समझने एवं बदलने के लिए इंडोलॉजी (भारत विद्या उपागम) एवं सोशियोलॉजी (समाजशास्त्र) के रणनीतिक उपयोग के इतिहास एवं स्वरूप को भी समझना आवश्यक है।

भारतीय समाज और यूरोपीय आधुनिकता का समकालीन मूल्यांकन

अगस्त कोम्ट एवं दुर्खीम जैसे समाजशास्त्रियों ने भौतिक एवं प्राकृतिक विज्ञानों के दृष्टिकोणों को समाजशास्त्र में भी लागू करना चाहा। डिल्थे के प्रभाव में अन्य समाजशास्त्रियों ने इस दृष्टिकोण का विरोध किया। डिल्थे का कहना था कि प्रकृति की दुनिया (प्राकृतिक दुनिया) का अवलोकन एवं अध्ययन तो बाहर से किया जा सकता है परन्तु मानव क्रिया का अध्ययन एवं अवलोकन तो

अन्दर से ही किया जाना चाहिए। फलस्वरूप, समाजशास्त्र के लिए उपयुक्त एक वैकल्पिक उपागम के विकास की आवश्यकता है, जो सामाजिक जीवन के अर्थ को स्पष्ट रूप से समझा सके।

जे.पी.एस. उबेराय की दृष्टि उपरोक्त दृष्टि से थोड़ी अलग रही है। जे.पी.एस. उबेराय आधुनिक पश्चिमी सभ्यता में विज्ञान एवं तकनीक की भूमिका को सर्वोपरि मानते हैं जबकि मुक्तानंद सरस्वती एवं वेणुगोपाल विज्ञान एवं तकनीक की तुलना में मानवतावाद जैसे सामाजिक मूल्यों एवं मनुष्य केंद्रित आधुनिक कला की भूमिका को ज़्यादा महत्त्वपूर्ण मानते हैं। मुक्तानंद सरस्वती पर महात्मा गाँधी, विनोबा भावे एवं भारत की पौराणिक परम्परा का प्रभाव रहा है जबकि वेणुगोपाल पर कुमारस्वामी एवं जी.एस. घुर्ये का प्रभाव रहा है। धर्मपाल भी जे.पी.एस. उबेराय की तरह गाँधीवादी विद्वान् हैं लेकिन वे भी पश्चिमी सभ्यता में विज्ञान एवं तकनीक की तुलना में प्रबंधकीय कौशल एवं साम्राज्यवादी नौकरशाही की भूमिका को ज़्यादा महत्त्वपूर्ण मानते हैं। स्वामी विवेकानंद और महात्मा गाँधी की दृष्टि में आधुनिक सभ्यता एवं भारतीय सभ्यता का परस्पर संबंध अलग-अलग स्वरूपों में अभिव्यक्त हुआ है। आधुनिक यूरोपीय सभ्यता के बारे में भारत में मूलतः तीन दृष्टिकोण रहे हैं :- (१) आधुनिक यूरोप मूलतः ग्रीक एवं रोमन पैगनिज्म का पुनर्वतरण है। ख़ासकर इसकी विज्ञान-तकनीक, प्रजातांत्रिक व्यवस्थाओं एवं प्रबंधकीय तकनीक का भारतीय परम्परा के साथ अद्भुत साम्य है। (२) आधुनिक यूरोप की सभ्यता मूलतः ईश्वर विरोधी एवं ईश्वर-निरपेक्ष सभ्यता है, जिसकी अभिव्यक्ति साम्राज्यवादी संरचना को सार्वभौमिक स्वरूप प्रदान करने में हुई है। इस सभ्यता का आधार स्वार्थ, लालच एवं भोग की राक्षसी प्रवृत्ति है। इस दृष्टि के अनुसार आधुनिक यूरोपीय सभ्यता में व्यक्तिगत एवं सामाजिक जीवन का आधार धर्म एवं आस्था के बदले मानवनिर्मित एवं मानवकेन्द्रित (संवैधानिक) कानून है। इस तरह के कानून के केन्द्र (न्यायालयों) में सत्य के बदले तर्क को महिमामंडित किया जाता है और निष्पक्ष कानून को फख्र से अंधा एवं बहरा माना जाता है। फलस्वरूप वकील के तर्क एवं गवाह का पक्ष सत्य एवं न्याय पर भारी पड़ जाता है। पहले प्रकार की दृष्टि का आरंभ असजग रूप में स्वामी विवेकानंद की रचनाओं में देखा जा सकता है जबकि इसकी सजग अभिव्यक्ति रामस्वरूप की रचनाओं में है। हिन्द स्वराज और महात्मा गाँधी की दृष्टि मूलतः दूसरे प्रकार की है। (३) इसी क्रम में एक दृष्टिकोण भारतीय मार्क्सवादियों का भी रहा है। वे मानते हैं कि आधुनिक यूरोपीय सभ्यता का आधार पूँजीवादी अर्थव्यवस्था एवं प्रजातांत्रिक राज्यव्यवस्था

है। कार्ल मार्क्स खुद मानते थे कि पूँजीवाद का विकास उत्पादन की शक्तियों और उत्पादन के संबंधों के बीच द्वंद्वात्मक संबंधों पर आधारित होता है। उत्पादन की शक्तियों में परिवर्तन का आधार विज्ञान एवं तकनीक होते हैं जबकि उत्पादन के संबंधों का आधार उत्तराधिकार, श्रम एवं वितरण आदि से संबंधित कानून होते हैं। प्रजातांत्रिक व्यवस्था का आधार भी कानून और पूँजीवादी अर्थव्यवस्था होती है। भारतीय विश्वविद्यालयों में मार्क्सवादी दृष्टिकोण ज़्यादा लोकप्रिय है जबकि भारतीय समाज में पहले वाले दोनों दृष्टिकोण ज़्यादा लोकप्रिय हैं। कुल मिलाकर मार्क्सवादियों की दृष्टि को भारतीय समाज में उतना आदर नहीं मिल पाया जितना यूरोपीय समाज में मिला। इसका एक कारण संभवतः यह है कि कानून और विज्ञान–तकनीक का महत्त्व उपरोक्त दोनों दृष्टिकोणों में आ ही जाता है। भारतीय समाज में मार्क्सवादी दृष्टिकोण के लोकप्रिय नहीं होने का एक अन्य कारण इसका अनीश्वरवादी एवं अधार्मिक होना भी माना जाता है। राहुल सांकृत्यायन, डी.पी. मुखर्जी एवं रामविलास शर्मा जैसे कुछ भारतीय मार्क्सवादियों ने मार्क्स की विश्लेषण पद्धति और भारतीय परम्परा के बीच समन्वय करके अपनी दृष्टि प्रस्तुत करने की कोशिश की। इसमें यूरोपीय सभ्यता के बारे में इनकी दृष्टि तो मार्क्सवादी बनी रही लेकिन भारतीय सभ्यता को समझने के लिए इन लोगों ने मार्क्सवादी दृष्टि को अपर्याप्त माना। परंतु भारतीय परम्परा के स्वरूप के बारे में राहुल सांकृत्यायन की बौद्ध दृष्टि एवं रामविलास शर्मा की वैष्णव दृष्टि में अंतर्विरोध बना रहा। डी.पी. मुखर्जी पर बंगाल नवजागरण की आधुनिकता का प्रभाव ज़्यादा था फलस्वरूप वे भारतीय परम्परा की सांप्रदायिक धाराओं का महत्त्व ठीक से समझ नहीं पाए।

भारतीय परम्परा एवं यूरोपीय आधुनिकता के बारे में कुमारस्वामी संप्रदाय की समकालीन दृष्टि

कुमारस्वामी के ए.के. सरण जैसे अनुयायियों का कहना है कि भारतीय संस्कृति में परम्परा और सनातनता की अवधारणाएं परस्पर संबंधित हैं। पारम्परिक (सनातन) जीवन दृष्टि के अनुसार इस सृष्टि में उपलब्ध हर अस्तित्ववान पदार्थ एक ही ब्रह्म का विस्तार है। पूरा का पूरा जगत एवं संसार ब्रह्म के शरीर का विस्तार ही है। ब्रह्म की तरह यह जगत और संसार भी शाश्वत है। सनातन है। पूरब और पश्चिम की सभ्यता उसी शाश्वत संसार की अभिव्यक्ति है। जगत प्रकृति अथवा 'नेचर' है, संसार संस्कृति अथवा 'कल्चर' है। इस दृष्टि से ईसा, मूसा और मोहम्मद उसी ब्रह्म की अभिव्यक्ति

थे जैसे राम, कृष्ण और बुद्ध अभिव्यक्ति थे। साम्प्रदायिक भेद तो इन सभी में है या था परंतु तात्त्विक भेद तो नहीं है। सनातनी दृष्टि से पश्चिम को असत्य या अशिव तो नहीं कहा जा सकता है, केवल अधूरा कहा जा सकता है। पश्चिम में जिसे रिलिजन कहा जाता है, उससे मिलती-जुलती चीज़ भारतीय सांस्कृतिक परम्परा में संप्रदाय कहलाती है। भारतीय दृष्टि में ईश्वर तत्त्व तो एक है, परंतु विभिन्न संप्रदाय उसकी आराधना की अलग-अलग विधियाँ विकसित कर उसे अलग-अलग नाम से पुकारते हैं। भारतीय दृष्टि में ईश्वर तत्त्व तक पहुँचने के कई रास्ते हैं और सभी रास्ते सत्य पर आधारित हैं। सभी रास्तों से ईश्वर तक पहुँचा जा सकता है। समकालीन पश्चिमी समाज ईसाई, आधुनिक एवं उत्तर-आधुनिक के साथ-साथ पैगन के रूप में कई संप्रदायों में बँटा है और उसके पास सभी को समाहित करने वाली बहुसांस्कृतिक-सभ्यतामूलक दृष्टि नहीं है। साथ ही, पश्चिम खुद को पूरब के घोर विरोधी/दूसरे ध्रुव के रूप में परिभाषित करता रहा है, पूरक इकाई के रूप में नहीं।

भारतीय संदर्भ में देखने पर अधिकांश ईसाई या मुसलमान भी सामान्यतः सनातनी जीवन जीते हैं भले ही सनातनी जीवन-दृष्टि नहीं रखते। जबकि भारत के अन्य संप्रदाय अब भी सनातनी जीवन के साथ सनातनी दृष्टि भी रखते हैं।

भारत के बाहर रहने वाले मुसलमान एवं ईसाई लोग बाइबिल (ओल्ड टेस्टामेंट) के जिस आख्यान में विश्वास करते हैं। उसमें केवल पैग़म्बर के रास्ते ही ईश्वर की आराधना की जा सकती है। अन्य लोग काफिर हैं। उनकी दूसरी मान्यता यह है कि संसार में दो साम्राज्य हैं – एक ईश्वर का दैवीय साम्राज्य और दूसरा शैतान का अदैवीय या शैतानी साम्राज्य। इस तरह की अवधारणा भारत में नहीं पाई जाती। भारत में एक ही संसार में विभिन्न तरह के जीव रहते हैं। सभी जीव एक ही ईश्वर की रचना हैं। कोई भी जीव स्वायत्त नहीं है। सभी कर्म और फल के तहत अस्तित्ववान हैं। परंतु कुछ जीव धर्मरत रहते हैं और कुछ अधर्मरत रहते हैं। एक ही जीव कभी धर्मरत और कभी अधर्मरत रह सकता है। परंतु 'अधर्म' की अवधारणा और 'शैतान की रचना' दोनों अलग-अलग प्रकार की अवधारणाएँ हैं। अधर्म व्यक्ति करता है। सभ्यता अधार्मिक हो ही नहीं सकती। संसार शैतान का साम्राज्य हो ही नहीं सकता। परंतु रावण की लंका भी सेमेटिक अर्थों में शैतानी साम्राज्य नहीं थी। राम की अयोध्या और जनक की मिथिला और रावण की लंका में संप्रदाय भेद तो है परंतु तत्त्व भेद नहीं है। सनातनी दृष्टि के अंतर्गत युद्ध अपने आप

में अधार्मिक नहीं होते। कुछ युद्ध अधार्मिक कारणों से लड़े जा सकते हैं परंतु युद्ध अपने आप में ईश्वरीय लीला का ही अंग है। इस दृष्टि से युद्ध भी संवाद एवं समन्वय का एक ऐतिहासिक रूप रहा है। प्रारब्ध और कर्म के सिद्धान्त से युद्धों के आध्यात्मिक या दैवीय रूप को भी समझा जा सकता है।

परम्परा संपूर्ण ब्रह्माण्ड को संपूर्णता में समझने का एक पैराडाइम (दृष्टि) है। भारतीय परम्परा सनातन धर्म के पैगन संस्करण का ही एक जीवंत रूप है। यह इस विश्वास पर आधारित है कि "अन्ततः जो हो रहा है, वह ईश्वर की इच्छा से ही हो रहा है।" शैतान (डेविल) इतना शक्तिशाली नहीं हो सकता कि ईश्वर की इच्छा या डिज़ाइन या लीला को दैवीय उद्देश्यों से भटका दे। एक तो सामी (सेमेटिक) अर्थों वाला शैतान भारतीय दृष्टि में होता नहीं। भारत में अगर शैतान होता भी है तो वह ईश्वर की योजना का ही अंग होता है या सहायक होता है। शिव पुराण में भूत-प्रेत-राक्षस ईश्वर के विरोधी नहीं, भक्त हैं। वे भी दैवीय शक्ति के ही रक्षक हैं। भूत-प्रेत-राक्षस भी दैवीय शक्ति से ही उत्पन्न होते है। वे भी ईश्वर की रचना हैं। उनके ही भक्त हैं। उनकी लीला के ही पात्र हैं। उनकी भूमिका भी इस लीला में सहयोग करने वाली है। इसके विपरीत पश्चिमी मान्यता के अनुसार ईश्वर और शैतान दोनों का दो अलग-अलग स्वायत्त साम्राज्य है।

भारतीय सांस्कृतिक परम्परा में दो प्रकार के विमर्श पाए जाते हैं। एक है सत्तामूलक विमर्श एवं दूसरा है सभ्यतामूलक विमर्श। उदाहरण के लिए सत्तामूलक सनातन भारत के पौराणिक साहित्य में विष्णु सत्ता के प्रतीक पुरुष हैं। विष्णु पुराण राज्य केन्द्रित विमर्श है। शिव पुराण सभ्यतामूलक विमर्श है। उसी तरह महात्मा गाँधी द्वारा रचित *हिन्द स्वराज* तो सभ्यतामूलक विमर्श है लेकिन अपने अन्तिम अर्थों में स्वतंत्रता आन्दोलन के नायक के रूप में महात्मा गाँधी का विमर्श राज्यकेन्द्रित विमर्श है। यह विमर्श भारत में अंग्रेज़ी राज और इससे जुड़ी प्रक्रियाओं को सम्बोधित था। यह राज्य के स्वरूप को रूपांतरित करने का प्रयास था। बहुत कुछ वैसा ही प्रयास जैसा विश्वामित्र ने वैदिक युग में किया था। विश्वामित्र के प्रयास से इन्द्र का सिंहासन डोलता था। इन्द्र राज्य के प्रतीक पुरुष हैं। इन्द्र वैदिक देवता हैं। वे कृत युग में देवताओं के राजा हैं। विष्णु और उनके प्रमुख अवतार मूलतः त्रेता एवं द्वापर के देवता हैं। वे राजा हैं। राज्य के प्रतीक पुरुष हैं, वे सत्ता के प्रतीक पुरुष हैं। कलियुग में वैष्णव धर्म का रूपान्तरण होता है। विष्णु एवं इनके अवतारों को प्रजातांत्रिक भक्ति का, लोक या सिविल सोसाइटी का, प्रजा का प्रतीक पुरुष बनाया जाता है। विष्णु अवतार मूलतः राज्यमूलक होते हैं। महाभारत

के कृष्ण (गीता के कृष्ण) भी राज्यमूलक विमर्श के प्रतीक पुरुष हैं। परंतु श्रीमद्‌भागवत के कृष्ण लोकमूलक हैं।

भारतीय परम्परा एवं पश्चिमी आधुनिकता

भारतीय परम्परा की तुलना में पश्चिमी आधुनिकता का विमर्श गुणात्मक रूप से काफी अलग है। आधुनिकता की सबसे बड़ी विशेषता इसका खुलापन, इसकी तरलता है। आधुनिकता की ख़ास बात इसका संस्थागत रूप से एक स्वतंत्र बाज़ार की तरह खुला होना और सार्वजनिक क्षेत्र में भी, आत्म सजग रूप से, सर्वसमावेशी होना है। तुलनात्मक रूप से, परम्परा इतनी खुली नहीं होती। एक पारम्परिक व्यक्ति अपने व्यक्तिगत जीवन में खुला हो सकता है, परंतु संस्थाओं के खुलेपन की अपनी सीमा होती है। खासकर समालोचना को पचाने के मामले में और बाहरी प्रभाव से निपटने के मामले में यह सीमा बहुत स्पष्ट दिखती है। यह सीमांकन केवल जाति के रूप में ही प्रभावी नहीं होता बल्कि संप्रदाय और घराना के रूप में भी प्रभावी होता है। आयुर्वेद जैसे विज्ञान के क्षेत्र में भी यह प्रभावी होता है। सूचनाओं का स्वतंत्र आदान-प्रदान परम्परा में सामान्यतया नहीं होता परंतु हो सकता है, इससे सैद्धान्तिक रूप से इनकार नहीं किया जा सकता। दूसरी ओर, आधुनिकता में भी सैद्धान्तिक खुलापन चाहे जितना हो, व्यवहारिक सुलभता नहीं होती है। सब कुछ मुफ्त में उपलब्ध नहीं होता। पेटेंट नियम होते हैं। कॉपीराइट होते हैं। भाषा की सीमा होती है। एक ख़ास भाषा में एक ख़ास तरह से ही आधुनिकता अपनी सूचनाएँ बाँटा करती है। आधुनिकता में भी अधिकार प्राप्ति के लिए कुछ बंदिशें अथवा पात्रता की शर्तें होती हैं।

परम्परा में भी पात्रता का सवाल न्यूनतम ज़रूरी योग्यता से ही होता है। फिर भी परम्परा में समुदायों को जैसी स्वायत्तता मिलती है, उसकी रक्षा के लिए समुदाय के सदस्यों को वैसी स्वतंत्रता नहीं दी जाती जैसी आधुनिकता में व्यक्तियों को दी जाती है। दूसरी ओर, आधुनिकता में केवल राज्य को स्वायत्तता प्राप्त होती है, समुदायों को नहीं। उत्तर आधुनिकता में व्यक्ति एवं बाज़ार की स्वायत्तता सर्वोपरि होती है जबकि तुलनात्मक रूप से राज्य की स्वायत्तता खोखली हो जाती है।

भारतीय परम्परा, सांसारिक युक्ति एवं सनातन दृष्टि

भारतीय परम्परा में व्यक्ति को सांसारिक दृष्टि से उतनी स्वायत्तता प्राप्त नहीं है, जितनी आधुनिक व्यवस्थाओं में होती है। परंतु आध्यात्मिक दृष्टि से

व्यक्तिगत मुक्ति की बात बहुत सहजता से की जाती है। उदाहरण के लिए, रमण महर्षि आदि का मॉडल व्यक्तिगत मुक्ति वाला आध्यात्मिक मॉडल है। यह सामाजिक मुक्ति का व्यवस्थित मॉडल नहीं है। हिन्दुओं ने अब तक आत्म सजग रूप से व्यवहारिक स्तर पर क्रियाशील व्यवस्थागत विकल्प का मॉडल एक विस्तृत ब्लू प्रिंट के रूप में विकसित ही नहीं किया।

अधिकांश आधुनिक हिन्दुओं में जो आत्मचेतस ढुलमुलपन दिखलायी देता है, वह काफी हद तक लंबी गुलामी के दौरान अपनी सांस्कृतिक पहचान कायम रखने एवं विपरीत परिस्थिति में अपने स्व की रक्षा करने की रणनीतिक व्यवहारिकता (प्रैगमेटिज़्म) के तहत धीरे-धीरे विकसित होता गया। इस प्रवृत्ति को व्यक्तिगत रूप से बहुत लोग स्वीकारते हैं, परंतु इस पर व्यवस्थित विचार करने का सार्वजनिक प्रयास प्रचलित नहीं है।

राम और कृष्ण के ज़माने से हिन्दू लोग सिद्धांत, नीति या मतवाद के नाम पर बेवजह अड़ियल-अव्यवहारिक रुख अपनाने से बचते रहे हैं। उदाहरण के लिए भगवान् राम ने खुद बालि को मारने, समुद्र को पार करने एवं मेघनाद की लक्ष्मण द्वारा हत्या करवाने जैसे प्रकरणों में एक प्रकार की सांसारिक युक्ति का सहारा लिया था। उसी तरह भगवान कृष्ण ने जरासंध द्वारा मथुरा पर आक्रमण करने के बाद उससे लोहा लेने की तुलना में रणछोड़जी कहलाना ज़्यादा उचित समझा एवं भीष्म पितामह, गुरु द्रोणाचार्य, जयद्रथ, कर्ण, जरासंध एवं दुर्योधन की पाण्डवों द्वारा हत्या करवाने में शुष्क नीति या सिद्धांत पर अड़ने की तुलना में व्यवहारिक लचीलापन एवं युक्ति अपनाई। प्रतिद्वंदी से या विपरीत परिस्थितियों से डर कर एक प्रकार के दबाव में समझौता या गठबंधन करते हैं। दूसरी ओर, सनातनी व्यवहारिकतावादी अभय (निर्भय) अवस्था में स्वेच्छा से स्वविवेक के आधार पर बदलती हुई परिस्थितियों का सतत मूल्यांकन करते रहते हैं। इसी बदलते हुए स्वैच्छिक मूल्यांकन के आधार पर वे स्वविवेक से सांसारिक युक्ति का उपयोग करते हैं। यह सनातन संस्कृति की पारिभाषिक विशेषता है। इसमें नियति के आगे समर्पण और कर्म के सिद्धांत को मानने का भाव भी अंतर्निहित है।

परंतु १८१४ के आस-पास राजा राममोहन राय के नेतृत्व में एक प्रकार की अवसरवादी या समझौतापरस्त व्यवहारिकता की वकालत भी भारत में की जाने लगी। अंग्रेज़ों के मिथक, मानदंड एवं प्रारूप के आधार पर भारतीय समाज एवं संस्कृति को समझने, सुधारने एवं विकसित करने का ''महान् कर्म'' पढ़े-लिखे भारतीयों का सामाजिक पुरुषार्थ बनने लगा तथा एक नए

प्रकार का वैचारिक एवं तात्त्विक ढुलमुलपन पढ़े-लिखे भारतीयों में लोकप्रिय होने लगा। इस नयी प्रवृत्ति का विकास आधुनिक यूरोप के ज्ञानोदय (एनलाइटेन्मेंट) एवं ब्रिटिश साम्राज्य की भारतीय नीतियों से प्रत्यक्ष रूप से प्रभावित होने के बावजूद तत्कालीन भारत के वैचारिक संघर्षों से भी कहीं न कहीं जुड़ा हुआ था।

मध्यकालीन भारत के सांस्कृतिक इतिहास में हिन्दू समाज के सामने तुलसीदास ने पारम्परिक दृष्टिकोण का एक पक्ष प्रस्तुत किया। उनसे पहले कबीरदास एक दूसरा पक्ष प्रस्तुत कर चुके थे। तुलसीदास के बाद समर्थ रामदास ने एक तीसरा पक्ष प्रस्तुत किया। तीनों पक्षों को विस्तार से समझने के लिए कई स्रोतों से तथ्य संग्रह करना पड़ेगा और भारतीय विश्वविद्यालयों में आजकल प्रचलित मानदंडों का अतिक्रमण करना पड़ेगा। संक्षेप में, कबीरदास निर्गुण भक्ति एवं निवृत्ति मार्ग के प्रवक्ता थे। तुलसीदास सगुण भक्ति एवं प्रवृत्तिमार्ग के प्रवक्ता थे। समर्थ रामदास ने दोनों प्रकार की भक्ति एवं दोनों प्रकार के मार्ग का समन्वय करने का प्रयास किया था। तुलसीदास की परम्परा के सबसे प्रमुख व्याख्याकार आचार्य रामचन्द्र शुक्ल माने जाते हैं। कबीर की परम्परा से महात्मा गाँधी और बाबा साहब अम्बेडकर दोनों ने प्रेरणा ग्रहण की। समर्थ रामदास की परम्परा शिवाजी महाराज से शुरू होकर राणाडे, सावरकर, मुँजे और मालवीय तक सीमित नहीं थी बल्कि यह कहीं न कहीं बंगाल नवजागरण के अधिकांश हिन्दू चिंतकों को भी प्रेरित करती रही थी। उदाहरण के लिए कांग्रेस के सुरेन्द्रनाथ बनर्जी जैसे कुछ मशहूर नरमपंथी नेता अंग्रेज़ी राज़ के बरकत के गीत गाते-गाते स्वदेशी आंदोलन के दौरान मैनचेस्टर के कपड़े और लिवरपूल के नमक का बहिष्कार करने का आग्रह करने लगे। उन्होंने कुछ अधिक संकोच के साथ ही सही, राष्ट्रीय शिक्षा के आंदोलन में भी भाग लिया। आम हिन्दुओं को आकृष्ट करने के उद्देश्य से विदेशी वस्तुओं के बहिष्कार आंदोलन को धार्मिक रंग देने के प्रयत्नों को भी नरमपंथी नेताओं का समर्थन मिला। बाद में मगरा के मंदिर के प्रांगण में भाषण देते हुए सुरेन्द्रनाथ बनर्जी ने तो यहाँ तक दावा किया कि स्वदेशी धार्मिक प्रतिज्ञा की पूरी कल्पना उन्हीं की देन थी। कुछ बड़े से बड़े नरमपंथी नेताओं ने युवा आतंकवादियों के प्रथम दल को चोरी-छिपे आर्थिक सहायता और अपना आशीर्वाद भी दिया था।

समकालीन हिन्दुओं में पाई जाने वाली रणनीतिक व्यवहारिकता का पहला सैद्धान्तिक आधार संभवतः समर्थ रामदास ने विकसित किया था। यदि साधक की साधना में गहराई है, तो भव सागर को लाँघने के लिए माया नौका बन

जाती है। मनुष्य मात्र का उद्धार माया की सहायता लिए बिना हो ही नहीं सकता। ज्ञान मुक्ति का प्रमुख साधन है किंतु स्वयं ज्ञान विद्यामाया की ही एक उत्कट अभिव्यक्ति है। पाँच भौतिक तत्त्वों का जो विकास विश्व में दिखाई देता है, वह वस्तुतः माया का ही विकास है। अध्यात्म का अर्थ ही है माया तथा ब्रह्म के स्वरूप का ज्ञान। बिना साधना के सामान्यतः ब्रह्म ज्ञान प्राप्त नहीं हो पाता और सद्गुरू की कृपा से अगर वह प्राप्त हो भी गया तो भी उसे बनाए रखने की दृष्टि से साधना आवश्यक है। साधना में परिपूर्णता लाने के लिए भक्ति की आवश्यकता है। समर्थ रामदास खुद मूर्तिपूजक थे और उन्होंने दूसरों को भी मूर्ति-पूजा करना सिखाया। एक विकट एवं विपरीत समय में उन्होंने नवीन देवालयों के निर्माण एवं मूर्ति-स्थापना को उत्सव के रूप में शुरू किया। उन्होंने देवालयों के गर्भगृह में राम, सीता व लक्ष्मण की मूर्तियों को स्थापित किया परंतु हनुमान की मूर्ति गर्भगृह में स्थापित न करके मंदिरों के बाहर कहीं भी स्थापित करने की एक नई परम्परा शुरू की और इस प्रकार उन्होंने गर्भगृह की अवधारणा ही बदल दी। उन्होंने यह भी स्थापित किया कि राम की भक्ति करना या राम के दास की भक्ति करना दोनों का फल ब्रह्म-साक्षात्कार जैसा है। उन्होंने ग्यारह मारुति की स्थापना का उत्सव शुरू किया। उन्होंने ग्यारह सौ मठों में प्रशिक्षित महंतों को स्थापित किया और उन्हें व्यक्तिगत मोक्ष के बदले सामाजिक मुक्ति का पुरुषार्थ करना सिखलाया। इन्हीं मठों और महंतों ने उनके शिष्य शिवाजी महाराज के राजनैतिक अभियानों को संबल दिया। उनकी मान्यता थी कि जबतक स्वराज व तदनंतर सुराज्य स्थापित नहीं हो जाता तब तक नैतिक और परमार्थिक शिक्षा देना सुगम नहीं होगा। मध्यकालीन दुर्दशा के लिए वे विदेशी आक्रांताओं की तुलना में इस देश के निवासियों ख़ासकर क्षत्रियों के तेज नष्ट होने एवं ब्राह्मणों के अशास्त्रीय ढोंग के बढ़ने की स्थिति को ज़िम्मेदार मानते थे। शत्रु से लड़ने के लिए गुप्त रीति से तैयारी करने एवं शत्रु की कमज़ोरी से फायदा उठाते हुए गुरिल्ला युद्ध जारी रखने के वे कुशल रणनीतिकार थे। वे शास्त्र और शस्त्र के अधिकारी आचार्य थे। उन्होंने एक तो सनातनी परम्परा में रूढ़ हो चुके "गर्भगृह" की अवधारणा में गुणात्मक रूपांतरण किया और दूसरे अपनी महान् कृति *दासबोध* में भक्ति, पुरुषार्थ, नियति और कर्म जैसी सनातनी अवधारणाओं को युगानुकूल स्वरूप प्रदान किया। उन्होंने निम्नलिखित क्षेत्रों में समन्वय का प्रयास किया – १. गार्हस्थ्य और परमार्थ, २. सगुण और निर्गुण, ३. कर्म, भक्ति और ज्ञान, ४. धर्म और राजनीति, ५. विविध धार्मिक संप्रदायों की सनातनी धाराएँ, ६. जगत की सत्यता और असत्यता, ७. भाग्य और

पुरुषार्थ, ८. वैयक्तिक उन्नति और सामाजिक उन्नति, ६. विवेक और वैराग्य, १०. उक्ति और कृति, ११. ग्रांथिक ज्ञान और प्रत्यक्ष अनुभव, १२. प्रादेशिक भाषाएँ, देवनागरी भाषा और संस्कृत, १३. द्वैत और अद्वैत, १४. विभिन्न काव्यशैलियों में अभिव्यक्त सनातनी परम्पराएँ। इसका पहला राजनैतिक उपयोग शिवाजी महाराज ने किया था। परंतु उसके बाद यह आधुनिक हिन्दू चिन्तकों के सामान्य लक्षण के रूप में फैलता चला गया।

धीरे-धीरे यह भाव हिन्दू मान्यता में विकसित हुआ कि मनुष्य के बनाए सिद्धांत पर अड़ना अथवा लकीर का फकीर होना एक प्रकार का अहंकार है जबकि नियति की इच्छा के आगे झुकना या लचीला रुख अपनाना सांसारिक युक्ति है। सोच-समझ कर या राय-मशविरा कर के बनाए गए सामाजिक सिद्धांतों एवं सांस्कृतिक आदर्शों का सामान्य स्थिति में महत्त्व एक हद तक तो स्वीकारा जाता है लेकिन विशेष, विषम एवं विकट परिस्थितियों में हर व्यक्ति अपनी अंतरात्मा की आवाज़ या ईश्वरीय प्रेरणा के आधार पर निर्णय लेता है अथवा बलिदान देता है। बिना अंतरात्मा की स्वीकृति पाए या ईश्वर द्वारा बिना व्यक्तिगत निर्देश पाए केवल सामाजिक आदर्शों एवं सिद्धांतों पर टिके रहने का उदाहरण हिन्दुओं में कम ही पाया जाता है। किसी राजा या महापुरुष के बदल जाने के बावजूद उनकी प्रजा या उनके अनुयायी हिन्दू समाज में सामान्यतया नहीं बदलते। वे अपने पारम्परिक रीति-रिवाज़ों पर, अपनी व्यक्तिगत आस्था पर एवं व्यक्तिगत सूझ-बूझ पर बने रहते हैं। पश्चिमी समाज एवं सेमेटिक धर्मों में राजा, धर्मगुरु, महापुरुष एवं शास्त्रीय धर्मग्रंथों पर जैसी आस्था, विश्वास बलिदान करने की तत्परता, उत्साह एवं सामूहिकता ऐतिहासिक रूप से देखने को मिलती है वह हिन्दू समाज में सामान्यतया नहीं मिलती।

भारत के किसी धर्मगुरु, महापुरुष या राजा को कभी यह उम्मीद नहीं रहती कि उनकी समझ, साधना या दावे को बिना व्यक्तिगत रूप से परीक्षा किए या बिना व्यक्तिगत रूप से अंतरात्मा की साक्षी पाए आम जन, प्रजा या अनुयायी सामूहिक अभियान का आधार बनाएंगे। फलस्वरूप समाजसुधार, धर्मसुधार, धर्म परिवर्तन या सांस्कृतिक पुनर्निर्माण की प्रक्रिया भारत में सिद्धांतों, विचारधाराओं या दर्शनप्रणालियों के आधार पर नहीं चलती। किसी व्यक्ति का मूल्यांकन उसकी विचारधारा या सिद्धांत के आधार पर सामान्यतया नहीं किया जाता। एक सीमा से ज़्यादा सिद्धांतों का महत्त्व नहीं माना जाता। व्यवहारिक आदर्श के पालन में एक प्रकार का लचीलापन पाया जाता है जिसका आधार हर व्यक्ति की अपनी समझ, आत्मानुभूति एवं ब्रह्मानुभूति तथा समय-समय पर मिलने वाली अंतरात्मा की आवाज होती है।

यह लचीलापन विश्वामित्र, राम, कृष्ण एवं बुद्ध जैसे महापुरुषों में भी देखा जा सकता है। दूसरी ओर हरिश्चन्द्र एवं भीष्म पितामह की सिद्धांतवादिता एवं कठोर प्रतिज्ञा पर विपरीत परिस्थिति में भी कायम रहना एक प्रकार का अपवाद माना जा सकता है। सामान्यतया यह माना जाता है कि भाग्य का संबंध तो कर्मफल से है एवं अकर्म का फल नहीं होता। जबकि नियति का संबंध ईश्वर की इच्छा से है। फलस्वरूप विपरीत परिस्थिति एवं असहज विश्व व्यवस्था में भी सांस्कृतिक पहचान एवं सनातनी रीति-रिवाज़ों को कायम रखते हुए पुरुषार्थ करने की रणनीतिक चतुराई हिन्दू समाज में पीढ़ी-दर-पीढ़ी विकसित की जाती रही है।

आधुनिक भारत में इस सनातनी प्रवृत्ति को श्री रामकृष्ण परमहंस ने एक नया तर्क दिया। श्री रामकृष्ण ने कबीर, तुलसी एवं समर्थ रामदास के मार्गों के बीच की तादात्म्यता की पहचान कर अंग्रेज़ी राज द्वारा प्रस्तुत एवं भारतीय मध्यवर्ग द्वारा विकसित सांस्कृतिक विमर्श को सनातनी आयाम दिया। अपनी अटूट आस्था एवं सहज साधना के बल पर उन्होनें सनातनी परम्परा का सामयिक भाष्य प्रस्तुत किया। उनके उपदेश में पहली स्थापना यह है कि सबसे पहले ईश्वर का दर्शन करना आवश्यक है। निराकार या साकार दोनों प्रकार के ईश्वर का दर्शन फलप्रद है। जो ईश्वर मन-वाणी से परे हैं, वे ही भक्त की सुविधा एवं कल्याण के लिए देहधारण करके दर्शन देते हैं और बात करते हैं। ईश्वर दर्शन के बाद, उनका निर्देश लेकर ही लोकहित के कार्य करने चाहिए। ईश्वर का निर्देश पाने के लिए पहले चित्त को शुद्ध करना चाहिए। मन एवं चित्त शुद्ध होने पर भगवान पवित्र आसन पर आकर बैठते हैं। रामकृष्ण कहते हैं कि पहले ईश्वर तत्त्व में डुबकी लगाओ। बिना डुबकी लगाए और ईश्वर का आशीर्वाद पाए लोगों को समझाना कठिन काम है। भगवान के दर्शन के बाद यदि किसी को उनका आदेश प्राप्त हो, तो वह लोक-शिक्षा दे सकता है। भगवान के निर्देश के बिना लोकशिक्षा नहीं होती। वे सरलता से पूछते हैं कि शास्त्र कितना पढ़ोगे? केवल विचार करने से क्या होगा? पहले ईश्वर की कृपा प्राप्त करने की चेष्टा करो। पुस्तकें पढ़कर क्या जानोगे? पढ़ने तथा अनुभव करने में बहुत अंतर है। ईश्वर-दर्शन के बाद शास्त्र, विज्ञान आदि सब कूड़ा-कर्कट जैसे लगते हैं। बिना साधना एवं पुरुषार्थ के ईश्वर के साथ परिचय नहीं होता। ईश्वर प्राप्ति के लिए निर्जन में उन्हें पुकारो। कुछ दिन सब कुछ छोड़कर उन्हें अकेले में पुकारो। धर्म का उद्देश्य है ईश्वर को प्राप्त करना, उनका दर्शन करना। श्री रामकृष्ण यह भी कहते हैं कि आस्थावान हिन्दू शब्दों और सिद्धांतों के जाल में समय बिताना नहीं

चाहता। वह यथाशीघ्र ईश्वर का साक्षात्कार कर लेना चाहता है। कारण, ईश्वर के केवल प्रत्यक्ष दर्शन से ही समस्त शंकाएँ दूर हो सकती हैं। अतः हिन्दू ऋषि आत्मा के विषय में, ईश्वर के विषय में अक्सर यही प्रमाण देते हैं कि "मैंने आत्मा का दर्शन किया है, मैंने ईश्वर का दर्शन किया है।" हिन्दुओं की सारी साधना-प्रणाली का लक्ष्य केवल एक ही है और वह है सतत अध्यवसाय द्वारा पूर्ण बन जाना, देवता बन जाना, ईश्वर के निकट पहुँचकर उनका दर्शन करना। और इस प्रकार ईश्वर-सान्निध्य को प्राप्त कर उनका दर्शन कर लेना, ईश्वर के समान पूर्ण हो जाना – यही असल में हिन्दू धर्म है।

रामकृष्ण कहते हैं कि धर्म केवल सिद्धांतों या मतवादों में नहीं है। सभी धर्मों का चरम लक्ष्य है आत्मा में परमात्मा की अनुभूति। यही एक सार्वभौमिक धर्म है। समस्त धर्मों में यदि कोई सार्वभौमिक सत्य है, तो वह है ईश्वर का प्रत्यक्ष दर्शन करना। परमात्मा और उनकी प्राप्ति के साधनों के संबंध में विभिन्न धर्मों की धारणाएँ भिन्न-भिन्न भले ही हों, पर उन सब में वही एक केंद्रीय भाव है। सहस्र त्रिज्याएँ भले ही हों, पर वे सब एक ही केंद्र में मिलती हैं, और यह केंद्र है ईश्वर का साक्षात्कार। इस इन्द्रिय-ग्राह्य जगत् के पीछे, इस निरन्तर खाने-पीने और थोथी बकवास के पीछे, इन उड़ते छाया-स्वप्नों और स्वार्थ से भरे इस संसार के पीछे वर्तमान उसी सत्ता की अनुभूति है। समस्त ग्रन्थों और धर्ममतों के अतीत, इस जगत की असारता से परे वह विद्यमान है, जिसकी अपने भीतर ईश्वर के रूप में प्रत्यक्ष-अनुभूति होती है। कोई व्यक्ति संसार के समस्त गिरिजाघरों में आस्था भले ही रखता हो, अपने सिर में समस्त धर्मग्रन्थों का बोझ लिये भले ही घूमता हो, इस पृथ्वी की समस्त नदियों में उसने भले ही बपतिस्मा लिया हो, फिर भी यदि उसे ईश्वर-दर्शन न हुआ हो तो उसे रामकृष्ण घोर नास्तिक ही मानते हैं। स्वामी रामकृष्ण से प्रेरणा लेकर स्वामी विवेकानंद ने भी अपने *राजयोग* नामक ग्रन्थ में लिखा है कि सभी धर्माचार्यों ने ईश्वर को देखा था। उन सभी ने आत्मदर्शन किया था। अपने अनन्त स्वरूप का सभी को ज्ञान हुआ था, अपनी भविष्य अवस्था देखी थी और जो कुछ उन्होंने देखा था, उसी का वे प्रचार कर गए हैं। भेद इतना ही है कि आजकल के प्रायः सभी धर्मों में, एक अद्भुत दावा प्रस्तुत किया जाता है कि इस समय ये अनुभूतियाँ असंभव हैं। इन धर्मों की मान्यता है कि उनके धर्म के संस्थापक और उनके पूर्वजों को ही ऐसा प्रत्यक्षानुभव संभव हुआ था। अब ऐसे अनुभव के लिए रास्ता नहीं रहा, फलतः अब धर्मों पर केवल विश्वास भर कर लेना होगा। विवेकानंद कहते हैं कि वे इस मान्यता को पूरी शक्ति से अस्वीकृत करते हैं। यदि संसार में किसी

प्रकार के विज्ञान के द्वारा किसी भी विषय की किसी व्यक्ति ने कभी प्रत्यक्ष अनुभूति या उपलब्धि प्राप्त की है, तो इससे इस सार्वभौमिक सिद्धांत पर पहुँचा जा सकता है कि पहले भी कोटि-कोटि बार उसकी उपलब्धि की संभावना थी, बाद में भी अनन्त काल तक उसकी उपलब्धि की सम्भावना रहेगी। समवर्तन ही प्रकृति का सार्वभौमिक नियम है। एक बार जो घटित हुआ है, वह फिर घटित हो सकता है।

स्वामी विवेकानंद कहते हैं कि संसार के अन्य धर्मों की तुलना में हिन्दू धर्म में एक भाव विशेष रूप से पाया जाता है। वह भाव यह है कि मनुष्य को इसी जीवन में ईश्वर की प्राप्ति करनी होगी। इस प्रकार, द्वैतवादियों के मतानुसार ब्रह्म की उपलब्धि करना, ईश्वर का साक्षात्कार करना, या अद्वैतवादियों के कहने के अनुसार ब्रह्म को जानना – यही वेदों के समस्त उपदेशों का एकमात्र लक्ष्य है।

श्रीरामकृष्ण परमहंस ने भी पुराणों के आधार पर इसी को दूसरे तरीके से कहा है। एक पुराण के मत में श्रीकृष्ण चिदात्मा हैं और श्रीराधा चित्शक्ति। एक दूसरे पुराण में श्रीकृष्ण को ही काली और आद्यशक्ति कहा गया है। देवी पुराण के मत से काली ने ही कृष्ण का स्वरूप धारण किया है। वास्तव में ईश्वर अनंत हैं और उन तक पहुँचने के मार्ग भी अनंत हैं। जिसने यह रहस्य समझ लिया है उस पर ईश्वर की दया है। ईश्वर की कृपा हुए बिना कभी संशय दूर नहीं होता। असल बात यह है कि किसी तरह उन पर भक्ति होनी चाहिए, प्यार होना चाहिए। अनेक खबरों से क्या काम है? एक रास्ते से चलते-चलते अगर उन से प्यार हो जाए तो काम बन गया। प्यार के होने से ही उन्हें आदमी पाता है। इसके बाद अगर ज़रूरत होगी तो वे समझा देंगे – सब रास्तों की खबर बतला देंगे। ईश्वर पर प्यार होने से ही काम बनेगा भक्तों में हनुमान जी की तरह समर्पण और भक्ति चाहिए। हनुमान जी कहा करते थे कि "मैं वार, तिथि, नक्षत्र, यह सब कुछ नहीं जानता, मैं तो बस श्रीरामचन्द्रजी का स्मरण किया करता हूँ"।

सांसारिक युक्ति एवं अमेरिकी व्यवहारिकता

भारतीय लोगों की सांसारिक युक्ति तथा अमेरिकी व्यवहारिकता में समानता की बात अक्सर की जाती है। यूरोपीय सिद्धांतवाद की तुलना में अमेरिकी व्यवहारिकता या व्यवहारवाद भारतीय लोगों की सांसारिक युक्ति के ज़्यादा करीब है। भारत एवं अमेरिका दोनों कभी ब्रिटिश साम्राज्य के उपनिवेश थे। फलस्वरूप भारतीय लोगों की युक्ति और अमेरिकी व्यवहारवाद (प्रैगमेटिज़्म)

की समानता अतिरंजित की जाती है और इनके बीच का महत्त्वपूर्ण अंतर नज़रअंदाज़ किया जाता है। यह समझना आवश्यक है कि अमेरिकी प्रैगमेटिज़्म का आधार यूरोप का मानववाद है। यूरोपीय मानववादी दृष्टि की तरह ही अमेरिकी दृष्टि में भी मनुष्य के रूप में व्यक्ति ब्रह्माण्ड का केन्द्र है और इसमें भी व्यक्ति को परम स्वतंत्र और परम स्वायत्तकर्त्ता ही माना जाता है। दूसरी ओर एक भारतीय व्यक्ति जब सांसारिक युक्ति की बात करता है या किसी किताबी सिद्धांत के प्रति समर्पित होने की तुलना में अपनी अंतरात्मा की आवाज़ को ज़्यादा महत्त्व देता है तो वह ब्रह्माण्ड के केन्द्र में एक प्रकार की अतिमानवीय शक्ति या सत्ता के अस्तित्व को स्वीकार रहा होता है। भारतीय दृष्टि में व्यक्ति इसी अतिमानवीय शक्ति की अभिव्यक्ति का एक माध्यम भर होता है। यहाँ सांसारिक युक्ति का लक्ष्य नियति का एक प्रभावी माध्यम (सुपात्र) बने रहने के उद्देश्य से प्रेरित होता है; न कि परम स्वतंत्र, स्वायत्त व्यक्ति बने रहने के मानववादी अहंकार से प्रेरित होता है।

उसी तरह उत्तर-आधुनिकतावादियों के विमर्श के केन्द्र में भी यूरोपीय मानववाद की ही ज़्यादा उत्कट अभिव्यक्ति हुई है। उत्तर-आधुनिकतावादियों को लगता है कि आधुनिक संस्थाओं के तहत मनुष्य के रूप में एक व्यक्ति उतना स्वतंत्र एवं स्वायत्त नहीं रह पाता जितना कि उसे होना चाहिए या जितना कि वह होने में समर्थ है। अतः बहुसांस्कृतिक विकल्प की वकालत के पीछे उत्तर-आधुनिकतावादियों का उद्देश्य व्यक्ति की मानववादी दृष्टि को तार्किक परिणति देना है। उनका उद्देश्य मात्र इतना होता है कि व्यक्ति को अधिक से अधिक चुनाव का अवसर मिले। उनके लिए बहुसांस्कृतिक विमर्श बाज़ार में उपलब्ध मनोरंजक उत्पाद भर है जिसका उपयोग उत्तर-आधुनिक मानव एक परम-स्वतंत्र, परम-स्वायत्त व्यक्ति के रूप में करता है। उत्तर-आधुनिक विमर्श की प्रकृति एवं ईश्वरीय तत्त्व से, तात्त्विक रूप से, वही संबंध है, जो आधुनिक विमर्शों का रहा है। उत्तर-आधुनिक विमर्श के केन्द्र में भी मनुष्य ही है और उनकी भूमिका पारिभाषिक रूप से अब तक स्वीकार नहीं की गई है यहाँ भी संस्कृति की अवधारणा में प्रकृति या ईश्वरतत्त्व की कोई निर्णयकारी भूमिका नहीं है।

इसके विपरीत भारत की हर संस्कृति के केन्द्र में ईश्वरीय तत्त्व, शक्ति या सत्ता ही मानी गई है। हर संस्कृति, मत या संप्रदाय इसी तत्त्व तक पहुंचने का एक माध्यम है। संस्कृति और प्रकृति परिभाषा से ही एक दूसरे की पूरक एवं संबंधित अवधारणाएँ हैं। भारत के हर सांस्कृतिक या सांसारिक विमर्श में

नियति या ईश्वरीय तत्त्व की लीला या सृजनात्मक शक्ति ही अभिव्यक्त होती है।

इस तरह यूरोपीय सभ्यता की दोनों समकालीन प्रवृत्तियाँ – अमेरिकी व्यवहारवाद (प्रैगमेटिज़्म) और उत्तर-आधुनिकता, यूरोपीय सभ्यता के पारिभाषिक दायरे से बाहर नहीं जा पातीं और भारतीय सभ्यता के साथ इनका अंतर काफी हद तक कायम रह जाता है। यूरोपीय साहित्य, संस्कृति, सिनेमा, दर्शन, समाज-विज्ञान एवं धार्मिक विमर्श में मनुष्य की अवधारणा प्रकृति से स्वतंत्र एवं स्वायत्त है जबकि भारतीय संदर्भ में ऐसा नहीं है। उदाहरण के लिए भारतीय साहित्य एवं संस्कृति में नायक का पेड़ या नायिका का लता बन जाना एवं पशु-पक्षियों द्वारा श्रेष्ठ ऋषियों को तत्त्व-ज्ञान देना सामान्य घटना है। भारतीय दृष्टि से जब संसार ही एक खेल है तो सांसारिक हार-जीत, सफलता-असफलता, खुशी-गम से लेकर पूजा पद्धति या विचारधारा परिवर्तन भी हंसी-खेल का माध्यम है। उत्सव में या खेल में बड़ी लगन और उत्साह से मूर्ति या इमेज बनाई जाती है और पूजा की जाती है। लेकिन खेल के बाद या उत्सव के बाद उतने ही उत्साह और उतनी ही लगन से विसर्जन कर दिया जाता है। भारतीय दृष्टि से 'खेल', 'लीला', 'उत्सव' और 'विमर्श' एक ही सभ्यतामूलक सृजन प्रक्रिया को अभिव्यक्त करने वाली समानधर्मी अवधारणाएँ हैं।

८

साहित्य एवं कला का समकालीन भारतीय समाजशास्त्र

साहित्य और समाज में जटिल रिश्ता होता है। इस जटिलता को मानवीय चेतना की दृष्टि से देखें तो यह द्वंद्वात्मक रिश्ता होता है। इस रिश्ते को समझने की अब तक कई व्यवस्थित कोशिशें हो चुकी हैं। इन कोशिशों में सबसे नई, सबसे व्यवस्थित और सबसे संतुलित कोशिश का नाम 'साहित्य का समाजशास्त्र' है। हालांकि १९२० के दशक में कलकत्ता और लखनऊ विश्वविद्यालय में समाजशास्त्र का भारत में जो वैकल्पिक स्वरूप उभरा – इसे बाद के दिनों में 'लखनऊ स्कूल' के नाम से ज़्यादा प्रसिद्धि मिली – उसमें साहित्य को संगीत, नृत्य, मूर्तिकला, स्थापत्य, मिथक और अन्य कलात्मक अभिव्यक्तियों के साथ 'सामूहिक चेतना' के घटक के रूप में शुरू से ही स्थान प्राप्त था परन्तु भारतीय समाजशास्त्र की मुख्यधारा (जिसका प्रतिनिधित्व पहले बंबई विश्वविद्यालय तथा बाद में दिल्ली विश्वविद्यालय का समाजशास्त्र विभाग करता रहा) में साहित्य या कला को समाजशास्त्रीय चिंतन का विषय बनने नहीं दिया गया। फलस्वरूप एक विषय के रूप में साहित्य के समाजशास्त्र का अध्ययन समाजशास्त्र विभाग में शुरू नहीं हो पाया। भारत में साहित्य और समाज के रिश्ते को नए तरीके से देखने वाली एक नयी परम्परा आचार्य रामचन्द्र शुक्ल द्वारा लिखित हिन्दी साहित्य का इतिहास से शुरू होती है। शुक्लजी की पुस्तक भले ही हिन्दी शब्द सागर की भूमिका के रूप में लिखी गई हो पर उसकी उत्पत्ति बनारस हिन्दू विश्वविद्यालय के नवगठित हिन्दी विभाग के लिए एक पाठ्यपुस्तक के रूप में ही हुई थी।

रामचन्द्र शुक्ल का समाजशास्त्रीय विमर्श

आचार्य शुक्ल की साहित्यालोचना का प्रस्थान बिंदु यूरोपीय विद्वान् तेन का बौद्धिक विमर्श था इसे अधिकांश लोग जानते और मानते हैं। पर हिन्दी में

समाजशास्त्र पढ़ने वाले अधिकांश लोग इस बात को नहीं जानते कि आधुनिक समाजशास्त्र जिसके पिता फ्रांसीसी विद्वान ईमाइल दुर्खीम को माना जाता है तेन के विचारों के कितने ऋणी हैं। तेन पर लिखे अपने शास्त्रीय निबंध में दुर्खीम स्वीकार करते हैं कि अपनी मूल स्थापनाओं में वे समाजशास्त्र के जनक अगस्त कोम्ट की तुलना में तेन के बौद्धिक विमर्श के ज़्यादा ऋणी हैं। इस दृष्टि से हिन्दी की आलोचना और आधुनिक समाजशास्त्र की मुख्यधारा तेन से स्पष्ट रिश्ते के कारण सगी बहनें हैं। ठीक उसी तरह हिन्दी में मार्क्सवादी विमर्श के विद्यार्थी मार्क्स के ऊपर हीगेल के प्रभाव को स्वीकार करते हैं परंतु सेंट सिमों के प्रभाव की चर्चा नहीं करते। सेंट सिमों वह दूसरी कड़ी हैं, जो हिन्दी आलोचना के मार्क्सवादी संप्रदाय और समाजशास्त्र की मुख्यधारा को जोड़ती है। सेंट सिमों ने एक साथ कोम्ट, मार्क्स और दुर्खीम के समाजशास्त्रीय विमर्श को प्रेरित किया था।

आचार्य शुक्ल पर दूसरा प्रभाव भारतीय काव्य, नाट्य या सौन्दर्यशास्त्र की परम्परा का माना जाता है। भारत की इस शास्त्रीय परम्परा में पाणिनि तथा पंतजलि के व्याकरण, भरतमुनि का नाट्यशास्त्र, दण्डी का काव्यादर्श, अभिनव गुप्त के तंत्रलोक, ध्वन्यालोक और नाट्यालोचना आदि का महत्त्व सर्वविदित है। विश्व समाजशास्त्र में तथा भाषा-विज्ञान में संरचनावाद एक महत्त्वपूर्ण संप्रदाय के रूप में उभरा है। सामान्यतया संरचनावाद का जनक सौस्यूर या सोसियो को माना जाता है। परंतु लोग यह जानने की कोशिश नहीं करते कि सौस्यूर या सोसियो के संरचनावाद का आधार क्या है? दरअसल सौस्यूर या सोसियो ईमाइल दुर्खीम के विचारों से प्रभावित था। विट्टनी मैक्समूलर के समकालीन था और उसने पाणिनि के व्याकरण पर काम किया है। सौस्यूर या सोसियो से प्रभावित लोगों में जैकोब्सन एवं हाले प्रमुख हैं। इन लोगों ने एक बौद्धिक आंदोलन खड़ा किया, जिसकी उपज क्लाउड लेवी स्ट्रॉस, अलथुजर, नोम चॉम्सकी, लूसिये गोल्डमान जैसे लोग हैं। समाजशास्त्र में लेवी स्ट्रॉस इनमें सबसे ज़्यादा प्रमुख माना जाता है। लेवी स्ट्रॉस ने खुद स्वीकार किया है कि उन पर कार्ल मार्क्स, ईमाइल दुर्खीम एवं सौस्यूर या सोसियो का प्रभाव है। कई बार उन्होंने खुद को मार्क्सवादी भी कहा है। परंतु लेवी स्ट्रॉस काफी हद तक डी.पी. मुखर्जी की तरह मार्क्स से प्रेरित एक स्वतंत्र और मौलिक समाजशास्त्री हैं जिसने मार्क्स की पद्धति का कल्पनाशील उपयोग नए और अछूते विषयों को समझने के लिए किया है। लेवी स्ट्रॉस पर प्रभावों की कड़ी में एक महत्त्वपूर्ण नाम दुर्खीम के भतीजे और महत्त्वपूर्ण सहयोगी मार्शल मौस का है जिसने 'उपहार लेने-देने' एवं 'यज्ञ' विषय पर काम किया है। मार्शल

मौस एक महत्त्वपूर्ण भारतविद् रहा है। भारतीय शास्त्रों का वह गहरा जानकार रहा है। इस दृष्टि से केवल तेन की ही नहीं बल्कि आचार्य शुक्ल की आलोचना परम्परा और समाजशास्त्र की मुख्यधारा में भारतीय परम्परा और शास्त्रों का प्रभाव भी एक साझी परम्परा रही है जिसे ठीक से समझा जाना अभी बाकी है। इससे हिन्दी आलोचना, भारतीय समाजशास्त्र और सबसे बढ़कर साहित्य के समाजशास्त्र की भारतीय धारा को बहुत लाभ हो सकता है।

ईमाइल दुर्खीम तेन को 'रेसनलिस्ट इमपिरीसिज़्म' का पिता मानता है और आधुनिक समाजविज्ञानों के उद्भव और विकास में तेन के महत्त्व को व्यवस्थित तरीके से स्थापित करता है। ठीक उसी तरह से फ्रैंकफर्ट संप्रदाय के प्रतिनिधि के रूप में लियो लावेंथल की चर्चा की जाती है। परंतु अगर अडोर्नो, हवर्ट मारकुस, लियो लावेंथल और वाल्टर बेंजामिन के साथ-साथ जार्ज लुकाच एवं हेबरमास की भी चर्चा की जाए तो तेन की दृष्टि की सीमाएँ काफी हद तक दूर हो जाती हैं। जार्ज लुकाच साहित्य के समाजशास्त्र की दृष्टि से बहुत महत्त्वपूर्ण लेखक हैं। मार्क्स, फ्रायड, जार्ज लुकाच के प्रभाव में फ्रैंकफर्ट संप्रदाय बना था। लुकाच के पहले साहित्य और कला को मार्क्सवादी संप्रदाय में गौण विषय माना जाता था चूँकि लोग इन्हें 'सुपरस्ट्रक्चर' का प्रतिबिंब मानते थे जबकि राजनीतिक अर्थशास्त्र को 'बेस या इन्फ्रास्ट्रक्चर' का विषय मानते थे। जार्ज लुकाच मार्क्स की तथाकथित प्रारंभिक रचनाओं के आधार पर (जिनमें एडम स्मिथ के बजाय हीगेल का प्रभाव ज़्यादा था) मनुष्य की चेतना को समझने में साहित्य और कला के महत्त्व को गंभीरता से रेखांकित करते हैं। जो लोग लुकाच की रचनाओं से अपरिचित हैं, वे यही समझते हैं कि फ्रैंकफर्ट संप्रदाय के विद्वान भले ही अपने को नवमार्क्सवादी कहते हों पर साहित्य और कला के गंभीर चिंतन के प्रति लगाव उनमें हाइडेगर और फ्रायड के प्रभाव में आया।

समाजशास्त्र के अन्तर्गत भारत में जब भी कोई मार्क्सवादी विद्वान् विश्लेषण शुरू करता है तो वह कार्ल मार्क्स की प्रारंभिक रचनाओं की अनदेखी करता है। उदाहरण के लिए ए.आर. देसाई की भारतीय समाजशास्त्र में पहचान मार्क्सवादी समाजशास्त्री के रूप में भारतीय स्वतंत्रता आंदोलन की सामाजिक पृष्ठभूमि और ग्रामीण समाज के अध्येता के रूप में है। दोनों किताबें अंग्रेज़ी में प्रकाशित हैं। इनके कई संस्करण निकल चुके हैं। इनमें साहित्य और कला का भारतीय स्वतंत्रता संग्राम की सामाजिक पृष्ठभूमि तलाशने के क्रम में विश्लेषण क्यों नहीं है? जबकि ए.आर. देसाई गुजराती में साहित्य-कला

के विषय में लिखते रहे हैं। क्या इसलिए कि भारतीय समाज-विज्ञानों में मार्क्सवादी चिन्तन की मुख्यधारा 'प्रत्यक्षवाद' (पोज़िटिविज़्म) रही है जिसमें मार्क्स की प्रारंभिक रचनाओं के लिए कोई जगह नहीं है या सचमुच भारतीय आंदोलन में साहित्यकारों या कलाकारों की कोई भूमिका नहीं थी? या यह कारण है कि ए.आर. देसाई अपनी अंग्रेज़ी में लिखी प्रमुख रचनाओं में मार्क्स की बाद की रचनाओं का जानबूझकर प्रयोग करते हैं जबकि गुजराती में लिखी रचनाओं में या तो मार्क्स की प्रारंभिक रचनाओं या गुजराती की लोक परम्पराओं से प्रभावित हैं? पर ग्रामीण समाजशास्त्र पर लिखी अपनी अंतर्राष्ट्रीय ख्यातिप्राप्त पुस्तक में भी वे लोक साहित्य, लोककला या लोक संस्कृति की चर्चा क्यों नहीं करते? क्या बंबई विश्वविद्यालय के समाजशास्त्र के पाठ्यक्रम की सीमा के कारण? यदि हिन्दी साहित्य के मार्क्सवादी विद्वानों से तुलना करें तो मार्क्सवादी समाज-विज्ञानी तुलनात्मक रूप से अमौलिक और बौने नज़र आते हैं। उदाहरण के लिए रामविलास शर्मा, नामवर सिंह और मैनेजर पाण्डेय का भारतीय समाज पर साहित्य के मार्फत किया गया विमर्श ए.आर. देसाई जैसे धाकड़ समाजशास्त्रियों की तुलना में मार्क्स के बहुआयामी शास्त्रीय परम्परा के ज़्यादा नजदीक है। हेबरमास का समाजशास्त्र उत्तर-संरचनावाद को बिना अनदेखा किए समकालीन विश्व मानवता के संकट और संभावना की दृष्टि से मनुष्य की चेतना को कुन्द करने वाले समकालीन पूँजीवादी मायाजालों को रौंदता हुआ एक नया विमर्श गढ़ने में सफल हुआ है जो उतना ही मौलिक है जितना खुद कार्ल मार्क्स का विमर्श या हमारे अपने कबीर के वाङ्मय। समकालीन साहित्य के समाजशास्त्र की दृष्टि से हेबरमास के बौद्धिक विमर्श से अनजान रहने में नवसाम्राज्यवादी दबावों से घिरे व्यक्ति के लिए आशा के एक जीवंत स्रोत से महरूम होने जैसा है।

भारतीय समाज के साहित्यशास्त्र की दृष्टि से लखनऊ संप्रदाय का समाजशास्त्र उतना ही महत्त्वपूर्ण है जितना यूरोपीय साहित्य की दृष्टि से फ्रैंकफर्ट संप्रदाय या संरचनावादी संप्रदाय का समाजशास्त्र माना जाता है। भारत में समाजशास्त्र का जन्म १९१४ में कलकत्ता विश्वविद्यालय में इसके तत्कालीन कुलपति सर आशुतोष मुखर्जी की प्रेरणा से स्वदेशी आंदोलन और बंगाल रेनेसां के प्रतिफल के रूप में हुआ जबकि भारतीय समाजशास्त्र की दूसरी, मुख्यधारा का जन्म ब्रिटिश सरकार के सुनियोजित प्रयास और ग्रांट के कारण १९१९ में बंबई विश्वविद्यालय में हुआ। कलकत्ता के समाजशास्त्र विभाग के अध्यक्ष बिनय कुमार सरकार बने। उनके शिष्य और सहयोगी के रूप में राधाकमल मुखर्जी और एन.के. बोस का नाम कलकत्ता संप्रदाय के

साथ जुड़ा। १९२१ में बी.एन. शील जब लखनऊ विश्वविद्यालय के कुलपति बने तो उन्होंने राधाकमल मुखर्जी को कलकत्ता से लखनऊ बुलाया। बी.एन. शील का नाम कलकत्ता संप्रदाय में सर आशुतोष मुखर्जी के साथ आदर से लिया जाता है। दोनों ही (सर आशुतोष मुखर्जी और बी.एन. शील) स्वदेशी आंदोलन के दौरान कलकत्ता में रह रहे श्रीलंकाई तमिल पिता और ब्रिटिश माता से जन्मे और लंदन विश्वविद्यालय में पढ़े – आनंद कुमारस्वामी के भारतीय कला, साहित्य और परम्परा के बारे में १९०६ से १९१७ तक किए गये अध्ययनों से प्रभावित थे। प्रथम विश्वयुद्ध के बाद से कुमारस्वामी बोस्टन में रहकर इन विषयों को केन्द्र बनाकर संस्कृति तथा परम्परा पर पुनर्विचार कर रहे थे और अमेरिका, फ्रांस एवं यूरोप के अन्य केन्द्रों में नये प्रेरणा स्रोत का स्थान पा रहे थे। जिसे आजकल 'संस्कृति अध्ययन' (कल्चरल स्टडीज) कहा जाता है, उस पर तीन लोगों का प्रभाव माना जाता है – सौस्यूर (लेवी स्ट्रॉस के ऊपर प्रभाव के कारण), चार्ल्स पियर्स (श्नाइडर, मिल्टन सिंगर और क्लिफर्ड ग्रीट्ज पर प्रभाव के कारण) और आनंद कुमारस्वामी (मार्सिया इलियड, जोसेफ कैंपबेल, स्टेला क्रैमरिश्च, कार्ल जुंग, मार्को पैलिस, सैयद हुसैन नस्त्र, मैकिम मैरियट, राधाकमल मुखर्जी, डी.पी. मुखर्जी, ए.के. सरण, लुई डुमों आदि पर प्रभाव के कारण)। परम्परा की जहाँ भी चर्चा (१९१९ के बाद) समाजशास्त्र में हुई है, वहाँ कुमारस्वामी की रचनाओं का वही महत्त्व है, जो आधुनिकता की चर्चा के दौरान कार्ल मार्क्स, मैक्स वेबर और ईमाइल दुर्खीम की रचनाओं का माना जाता है।

लखनऊ संप्रदाय के लिए आनंद कुमारस्वामी का वही महत्त्व है, जो हिन्दी आलोचना के लिए आचार्य रामचन्द्र शुक्ल का। राधाकमल मुखर्जी ने भारतीय कला के ऊपर दो पुस्तकें *दि फ्लावरिंग ऑफ़् इंडियन आर्ट* एवं *सिंबोलिक लाइफ ऑफ़् मैन* लिखी हैं। इन पुस्तकों में वे भारतीय संस्कृति, कला और साहित्य के अन्तर्गत बिंब-विधान या प्रतीक संरचना को समझने के लिए आनंद कुमारस्वामी के दृष्टिकोण को अपनाते हैं। डी.पी. मुखर्जी अपने को एक विशेष कारण से मार्क्सवादी न कहकर मार्क्सियोलोजिस्ट कहते थे। ए.आर. देसाई एवं डी.पी. मुखर्जी की समाजशास्त्रीय पुस्तकें करीब-करीब आस-पास ही प्रकाशित हुईं। निश्चित रूप से देसाई और डी.पी. मुखर्जी एक तरह के मार्क्सवादी नहीं हैं। डी.पी. मुखर्जी मार्क्स से ऐतिहासिक विश्लेषण का औपचारिक (फॉरमल) सिद्धांत लेते हैं, जबकि देसाई सबस्टैंटिव थ्योरी (तात्त्विक) लेते हैं। डी.पी. मुखर्जी मानववादी मार्क्सवाद से प्रभावित हैं जबकि ए.आर. देसाई प्रत्यक्षवादी मार्क्सवाद से। एक अर्थ में डी.पी. मुखर्जी लुकाच

से मिलते-जुलते हैं, जबकि देसाई बुखारिन से। इसके अलावा डी.पी. मुखर्जी भारतीय परम्परा को समझने में मार्क्स के अलावा आनंद कुमारस्वामी तथा राधाकमल मुखर्जी की परम्परा की अवधारणा को महत्त्वपूर्ण मानते हैं। मार्क्स के 'एशियाटिक मोड ऑफ़् प्रोडक्शन' को डी.पी. मुखर्जी निश्चित रूप से खारिज करते हैं। जबकि आधुनिक भारतीय सांस्कृतिक तथा समकालीन सामाजिक परिवर्तन को समझने में मार्क्स के सिद्धांतों का वे अक्सर उपयोग करते हैं। डॉ. रामविलास शर्मा से पहले डी.पी. मुखर्जी संभवतः अकेले मौलिक मार्क्सवादी विचारक हैं, जो मार्क्सवादी दृष्टि और भारतीय परम्परा की इंडोलॉजिकल समझ का संश्लेषण करके साहित्य एवं कला रूपों को समझने की गंभीर कोशिश करते हैं। डी.डी. कोसांबी भी अपने ऐतिहासिक अध्ययनों में परम्परा एवं संस्कृत साहित्य के कुछ पक्षों पर मार्क्सवादी दृष्टि से विचार करते हैं परंतु उनका विश्लेषण मार्क्सवादी दायरे से बाहर नहीं जा पाता। डी.पी. मुखर्जी ने इंडोलॉजिकल अध्ययनों का भारतीय परम्परा को समझने में काफी रचनात्मक उपयोग किया, खासकर भारतीय मध्यवर्ग और इस मध्यवर्ग के प्रतिनिधि लेखकों एवं कलाकारों की कृतियों को समझने में अपनी मार्क्सवादी दृष्टि की अपूर्णता को काफी हद तक अपने समय के हिसाब से दूर किया। टैगोर के साहित्य एवं भारतीय कला के बंगाली संप्रदाय को समझने में उनकी दृष्टि आज भी लाभदायक है। आधुनिक भारतीय समाज और संस्कृति को समझने की दृष्टि से उनका काम समकालीन समाजशास्त्रियों की तुलना में ज़्यादा उपयोगी है। उदाहरण के लिए उनकी *भारतीय संस्कृति का समाजशास्त्र* नामक पुस्तक तथा कुछ अन्य लेख जो *डाइवर्सिटीज़* में शामिल हैं, को देखा जा सकता है।

मनुष्य की चेतना के नए आयाम खोलने में मार्क्स द्वारा दी गई वर्ग चेतना; फ्रायड द्वारा दिए गए चेतन, अवचेतन तथा अचेतन के बाद कार्ल जुंग द्वारा दिए गए सामूहिक अवचेतन का सबसे ज़्यादा महत्त्व है। सामूहिक अवचेतन की इस धारणा का प्रयोग जुंग से भी पहले कुमारस्वामी ने अपने कला चिंतन में किया था। उनकी पहली स्थापना यह थी कि कला और साहित्य धर्म से भी गहरी चीज़ें हैं। अपने कालजयी रूप में – क्लासिक रूप में – कला और साहित्य कलाकार या लेखक की व्यक्तिगत प्रतिभा के उत्पादन न होकर सामूहिक चेतन, अवचेतन या अचेतन के प्रतिबिंब होते हैं। कुमारस्वामी की दूसरी महत्त्वपूर्ण अवधारणा यह है कि लोककला, साहित्य या पारम्परिक शास्त्रीय कला और साहित्य में प्रतीकों और यथार्थों के बीच कृत्रिम या 'आरबिट्रेरी' संबंध नहीं होता है, बल्कि स्वाभाविक संबंध होता है; जबकि

आधुनिक (पूँजीवादी) कला और साहित्य में यथार्थ और प्रतीकों के बीच स्वाभाविक संबंध न होकर कृत्रिम या अलगाववादी संबंध या सातत्य होता है (मार्क्सवाद के अलगाववाद की यहाँ स्वाभाविक रूप में याद आ जाती है)।

साहित्य के समाजशास्त्र में कुमारस्वामी की तीसरी अवधारणा यह है कि लोककला, लोकसाहित्य या पारम्परिक साहित्य और कला (भारतीय रीतिकालीन कला और साहित्य के अपवाद को छोड़कर) एक ही साथ लक्ष्य और साधन, दोनों होते हैं जबकि आधुनिक कला और साहित्य केवल साधन होता है, जिसका केवल दुरुपयोग हो सकता है। जबकि लोककला, लोक साहित्य या पारम्परिक शास्त्रीय कला-साहित्य एक ही साथ सामूहिक अवचेतन की अभिव्यक्ति का साधन और साध्य दोनों हैं। दूसरे शब्दों में लोककला साहित्य या पारम्परिक शास्त्रीय कला-साहित्य लोक के लिए अमंगलकारी नहीं हो सकती, जबकि आधुनिक कला-साहित्य का शोषण और दुरुपयोग दोनों ही हो सकते हैं।

अपनी इन स्थापनाओं को केन्द्र बनाकर कुमारस्वामी परम्परा का एक विमर्श बनाते हैं, जिसका उपयोग भारतीय कला, साहित्य को समझने-समझाने में बहुत महत्त्वपूर्ण हो सकता है, ख़ासकर साहित्य के समाजशास्त्र में। एक ऐसे समय में जब परम्परा में केवल शोषण और अत्याचार देखने के लिए प्रोत्साहन मिलता था, कुमारस्वामी ने यह साबित किया कि आर्थिक और राजनीतिक रूप से परम्परा में सीमाएँ थीं, पर रीतिकालीन अपवाद को छोड़कर पारम्परिक साहित्य और कला के द्वारा जो चेतना और मूल्य विकसित हुए वे यथार्थ से संबद्ध होते हुए भी सापेक्षिक रूप से काफी हद तक स्वायत्त थे और यथार्थ के नियमन के लिए वैकल्पिक क्रियाओं, आंदोलन एवं संस्थाओं को बल प्रदान करते थे। आज के समय में जब भूमंडलीकरण को चलाने वाली नव-साम्राज्यवादी दृष्टि परम्परा को लोकमंगल से काटकर उपभोक्तावादी धर्मांधता में रूपांतरित करने का कुचक्र चला रही हो, तब कुमारस्वामी और डी.पी. मुखर्जी की साहित्य, संस्कृति, कला आदि संबंधी दृष्टि परम्परा के उदात्त रूप के बारे में लोक चेतना को आलोकित कर सकती है।

भारत के केवल तीन समाजशास्त्रियों ने साहित्य को अपने अध्ययनों का विषय बनाया है – डी.पी. मुखर्जी, पी.सी. जोशी और ए.आर. देसाई। जिसमें डी.पी. मुखर्जी के अलावा किसी ने अपनी मूल समाजशास्त्रीय दृष्टि को साहित्य विश्लेषण के आधार पर विकसित नहीं किया। विश्व समाजशास्त्र में साहित्य का विश्लेषण या तो ज्ञान के समाजशास्त्र के अंतर्गत किया जाता है

या प्रतीकों (संकेतों या लक्षण) के समाजशास्त्र के अंतर्गत। संस्कृति के समाजशास्त्र के अंतर्गत भी इसका विश्लेषण होता है। एक समय था जब माना जाता था कि साहित्य समाज का आईना होता है और साहित्य के अध्ययन से सामाजिक से सामाजिक संरचना, सामाजिक यथार्थ और सामाजिक संबंधों को प्रत्यक्ष रूप से समझा जा सकता है। इस प्रकार के दृष्टिकोण का उपयोग प्राचीन या मध्यकालीन परम्पराओं के अध्ययन में इतिहासकारों ने किया था। प्रारंभ में कुछ समाजशास्त्रियों ने भी यह बचकानापन दिखलाया था। परंतु संरचनावाद एवं प्रतीकात्मक समाजशास्त्र के विकास के बाद कम से कम १९७० के दशक के बाद से साहित्य को समाज का दीपक माना जाने लगा। साहित्य समाज का प्रतिबिंब नहीं होता आईने की तरह बल्कि एक दीपक होता है जिसकी लौ में, जिसके प्रकाश में कोई समाजशास्त्री समाज के व्याकरण के सूत्र पकड़ सकता है। इस तरह समाज को समझने में साहित्य का उपयोग प्रत्यक्ष न होकर अप्रत्यक्ष होता है, ठीक उसी तरह जिस तरह किसी वैज्ञानिक के परीक्षण में 'पैराडाईम' का उपयोग अप्रत्यक्ष होता है। या जिस तरह व्याकरण की शिक्षा से कविता करना या कहानी लिखना नहीं सिखाया जा सकता परंतु बिना व्याकरण के भाषा नहीं सीखी जा सकती। हिन्दी साहित्य के संदर्भ में प्रेमचन्द ने संरचनात्मक/प्रतीकात्मक समाजशास्त्रियों से काफी पहले १९३० के दशक में ही समाज और साहित्य के इस जटिल संबंध को समझा था परंतु पारम्परिक साहित्य की व्यवहारिक आलोचना में सरलीकरण की प्रवृत्ति काफी हद तक अब भी बनी हुई है।

रामविलास शर्मा अपनी पुस्तक भारतीय साहित्य की भूमिका, १९९६ में मार्क्सवादी दृष्टि एवं हिन्दी साहित्य के रामचन्द्र शुक्ल द्वारा स्थापित मानदण्डों के आधार पर भारतीय परम्परा को समझने के लिए साहित्य का जैसा सजग एवं व्यवस्थित उपयोग करते हैं, वह डी.पी. मुखर्जी के काम को गहराई एवं उँचाई दोनों देता है। अपनी दूसरी पुस्तक *भारतीय संस्कृति एवं हिन्दी प्रदेश* १९९९ के दोनों खण्डों में, वे हिन्दी साहित्य का एक मौलिक समाजशास्त्र स्थापित करने की कोशिश करते हैं। अपनी तीसरी पुस्तक भारतीय सौन्दर्य-बोध और तुलसीदास में वे हिन्दी के साहित्य का सैद्धांतिक समाजशास्त्र एवं सौन्दर्य तथा कला का ऐतिहासिक समाजशास्त्र विकसित करने की कोशिश करते हैं। अपने इन अध्ययनों के दौरान वे मार्क्सवाद की सीमा का कुछ इस हद तक अतिक्रमण करते हैं कि उनके विरोधी उनको वैष्णव मार्क्सवादी कहने लगे और उनकी रचनाओं का वस्तुनिष्ठ मूल्यांकन करने के स्थान पर उनकी उपेक्षा की जाने लगी। भारतीय विश्वविद्यालयों में पुनर्जागरण, धर्मसुधार

आंदोलन और यूरोपीय आधुनिकता के बारे में मैकाले पुत्रों के लोकप्रिय मिथकों को भेदते हुए रामविलास शर्मा भारतीय संस्कृति के एक नए बौद्धिक विमर्श के लिए एक नई संवेदना और एक नई संभावना को जन्म देते हैं। उनका कहना है कि भक्ति आंदोलन हमारे यहाँ रिफार्मेशन है, रेनेसां भी है।

रामविलास शर्मा ने भारतीय संस्कृति और हिन्दी प्रदेश, भारतीय साहित्य की भूमिका, भारतीय साहित्य के इतिहास की समस्याएँ एवं आज के सवाल और मार्क्सवादी जैसी पुस्तकों के द्वारा भारतीय संस्कृति को समझने के लिए एक मौलिक दृष्टि विकसित की है। इन पुस्तकों के अध्ययन से यह स्पष्ट नहीं है कि रामविलास शर्मा धूर्जटी प्रसाद मुखर्जी उर्फ डी.पी. मुखर्जी की रचनाओं से परिचित थे या नहीं, पर दोनों के दृष्टिकोण आश्चर्यजनक रूप से समान हैं। डी.पी. मुखर्जी अपने को मार्क्सवादी न कहकर मार्क्सवादी विमर्श से प्रभावित मौलिक चिंतक मानते थे और खुद को मार्क्सियोलॉजिस्ट कहते थे। उद्देश्य दोहरा था – एक ओर वह अपने को ए.आर. देसाई जैसे पदार्थवादी मार्क्सवादियों से अलग करना चाहते थे – जो यांत्रिक भौतिकवादी दृष्टि को मार्क्सवाद कहते थे। दूसरी ओर, वह कम्युनिस्ट पार्टी के कार्डधारक उन बौद्धिक कारिंदों से खुद को अलग करना चाहते थे, जो पार्टी नेतृत्व तथा पार्टी लाइन की वकालत करना, हर कीमत पर अपना कर्त्तव्य समझते थे।

उनके लिए मार्क्सवाद एक विश्लेषण पद्धति थी, राजनैतिक विचारधारा नहीं। इसके साथ-साथ वह भारतीय परम्परा की मौलिकता के कायल थे और मार्क्स के भारत-संबंधी अध्ययनों की विसंगतियों एवं सीमाओं को समझते थे। फलस्वरूप वह मार्क्स के यूरोपीय समाज के अध्ययन की पद्धति के आधार पर भारतीय इतिहास को समझने के पक्षधर थे और मानते थे कि मार्क्स के भारत-संबंधी अध्ययन अपर्याप्त सूचना, गलत आंकड़ों और दोषपूर्ण तरीकों से इकट्ठे किए गए तथ्यों पर आधारित थे। खासकर भारतीय परम्परा के बारे में मार्क्स के विचारों से डी.पी. मुखर्जी प्रभावित नहीं थे। जबकि भारत में अंग्रेज़ी राज तथा आधुनिक भारत में हुए सांस्कृतिक परिवर्तनों को समझने के लिए वह मार्क्स की रचनाओं तथा दृष्टिकोणों को महत्त्वपूर्ण मानते थे।

डी.पी. मुखर्जी ने अपना अध्ययन मूलतः १६४० से १६६० के बीच प्रकाशित किया जबकि भारतीय संस्कृति, दर्शन एवं इतिहास के अध्ययन की ओर रामविलास शर्मा मूलतः १६८० के आसपास आए। उनके काम का व्यवस्थित मूल्यांकन होना अभी शेष है। हिन्दी में गंभीर चिंतन करने वाले किसी भी चिंतक का फलक इतना विशाल नहीं है, जितना रामविलास शर्मा का रहा है।

भारतीय संस्कृति को समझने के लिए रामविलास शर्मा यूरोपीय परम्परा और आधुनिकता, खासकर रेनेसां और रिफार्मेशन-पुनर्जागरण और धर्मसुधार आंदोलन के मिथक एवं यथार्थ को समझना आवश्यक मानते हैं। रामविलास जी का मानना है कि पुनर्जागरण के बिंब और इतिहास के तथ्यों में फासला है। 'यूरोपीय मानस' की यह संरचना तथ्यों पर आधारित नहीं है। वह अंशतः सत्य है। अमेरिका में पहले स्पेन और पुर्तगाल के लोग गए। उन्होने वहाँ नरसंहार किया। उसके बाद अंग्रेज़ पहुँचे। उन्होने हिंसा कर्म में पहले वालों के भी कान काट लिए। लेकिन यूरोप में पुनर्जागरण के केन्द्र इन देशों में नहीं थे। वह केन्द्र इटली में था, जिसका इस प्रकार के अभियानों में कोई योगदान नहीं था। प्राचीन संस्कृति की तरह पुनर्जागरणकालीन संस्कृति को भी समूचे यूरोप की साझा विरासत बनाकर उसमें अपना 'राष्ट्रीय' हिस्सा लेने की जागृति इस प्रकार संपन्न हुई। जिसे रेनेसां या पुनर्जागरण काल कहा जाता है, वह वास्तव में यूरोप की आधुनिक जातियों का निर्माण काल है। यूरोप में दो तरह की जातियाँ थीं : (क) यूनानी और इतालवी – जिन्होंने प्राचीनकाल में उच्च कोटि की सभ्यता का विकास देखा था। फिर सामंतवाद के अंधकार युग में उसका "ह्रास भी देखा था, (ख) स्पेनी, पुर्तगाली, अंग्रेज़ी, फ्रांसीसी, जर्मन – जिनके यहाँ ऐसा कोई विकास नहीं हुआ था और जो अब सामंतवादी व्यवस्था से सीधे व्यापारिक पूँजीवाद के युग में प्रवेश कर रही थीं। पुनर्जागरण केवल यूनान और इटली में हुआ था।

रोमन साम्राज्य के पतन के बाद जो 'अंधकार युग' आया, उसकी एक विशेषता थी – ईसाई धर्म का प्रचार। ईसाई धर्म-प्रचारकों ने यूनान और रोम में प्राचीन दर्शन, गणित, विज्ञान और संस्कृति की अनेक उपलब्धियाँ नष्ट कर दीं। पुस्तकें और पुस्तकालय जला डाले, स्वतंत्रचेता बुद्धिजीवियों का व्यापक संहार किया और भयानक दमनचक्र चलाया। सांस्कृतिक विकास और धर्म प्रचार की यह टक्कर पुनर्जागरण युग में भी देखी गई। पुनर्जागरण के साथ धर्मसुधार भी चला। धर्म सुधार कर ईसाई धर्म कैथोलिक और प्रोटेस्टेंट में बँट गया और दोनों संप्रदाय एक-दूसरे के जानी दुश्मन बन गए। उस दौर का यूरोपीय इतिहास जैसा रक्तरंजित है, वैसा औरंगज़ेब का भारत भी नहीं था। यूरोप का पुनर्जागरण अभिजात वर्ग से आगे बढ़ा तो बुद्धिजीवियों और मध्यवर्गीय-स्तरों पर आकर रुक गया।

रोमन सभ्यता के पतन के बाद यूरोप में ईसाई धर्म का प्रसार हुआ। संघबद्ध धर्म सांसारिक प्रेम और सौन्दर्य को त्याज्य मानता था जबकि यूनानी और इतालवी लोग प्राचीनकाल से परिष्कृत सौन्दर्यबोध और इहलोकवादी दृष्टि

वाले लोग थे। शिल्पी, साहित्यकार और सौन्दर्य प्रेमी जीव थे। उनका सौन्दर्य अशरीर और अगोचर नहीं था। वे गोचर संसार से प्रेम करते थे। मानव संबंधों का, दैहिक सौन्दर्य का चित्रण करते थे। पुनर्जागरणकाल (चौदहवीं से अठारहवीं शताब्दी) में प्राचीन यूनान तथा रोम की सभ्यता और चर्च की सभ्यता में टकराव हुआ। प्राचीन इहलोकवादी मध्यकालीन परलोकवाद से टकराया। चर्च को सुधारने के लिए एक धार्मिक आंदोलन चलाया गया, जिसे 'रिफार्मेशन' कहा जाता है। इस तरह हम देखते हैं कि भारतीय विश्वविद्यालयों में पुनर्जागरण, धर्मसुधार आंदोलन और यूरोपीय आधुनिकता के बारे में मैकाले पुत्रों के लोकप्रिय मिथकों को भेदते हुए रामविलास शर्मा भारतीय संस्कृति के एक नए बौद्धिक विमर्श के लिए एक नई संवेदना और एक नई संभावना को जन्म देते हैं। उनका कहना है कि भक्ति आंदोलन हमारे यहाँ का रिफार्मेशन भी है, और रेनेसां भी है। यूरोप में पुनर्जागरण ग़ैर–ईसाई यूनान से प्रभावित था, धर्मसुधार आंदोलन ईसाई मत का पुनरुत्थान कर रहा था। दोनों एक–दूसरे से टकराए। हमारे यहाँ ऐसी टक्कर अनावश्यक थी। जिन स्रोतों से भक्त कवियों को धर्मसुधार की प्रेरणा मिलती थी, उनसे उन्हें यथार्थपरक काव्य रचना की प्रेरणा भी मिलती थी। वास्तव में पुरोहितवादी रूढ़ियाँ यहाँ की जनसंस्कृति का स्रोत कभी नहीं रहीं। अपनी साहित्यिक विरासत के न होने पर भी पश्चिमी यूरोप की जातियों ने यूनानी और इटालियन जातियों के प्राचीन साहित्य को अपनाया। पहले यूनान की संस्कृति से पूर्ण विच्छिन्नता, फिर उसे अपनाने का प्रयास – ऐसा प्रपंच हमारे यहाँ घटित नहीं हुआ। इहलोकवाद और परलोकवाद का द्वंद्व यूरोप के पैमाने पर यहाँ कभी नहीं फैला। भक्त कवियों ने लोकजीवन से अभिन्न रहकर साहित्य में यथार्थवाद का विकास किया। जबकि यूरोपीय पुनर्जागरण के अधिकांश यथार्थवादी दशर्नों पर हर जगह अभिजात वर्ग की छाप है। भक्ति काव्य का यह लोकवादी स्वरूप संसार में अद्वितीय है।

यूरोप चाहे पुनर्जागरण काल का हो चाहे बीसवीं सदी का, यह कल्पना करना कठिन है कि प्रोटेस्टेंटों की जमात को कैथोलिक धर्मप्रचारक उपदेश दें या ईसाईयों को यहूदी गुरु उपदेश दें। किन्तु भारत में धर्मों और मतों के बीच ऐसी खाई न थी जैसी इतिहासकारों ने कल्पना में खोद रखी है। कबीर हिन्दुओं और मुसलमानों दोनों को उपदेश देते थे। एकनाथ, तुकाराम, रामदास, मुनींद्र स्वामी, शाहमुनि सभी दोनों को उपदेश देते थे।

चौदहवीं सदी के यूरोपीय पुनर्जागरण के काफी पहले दक्षिण भारत में भक्ति आंदोलन शिखर पर पहुंच चुका था और उस भक्ति परम्परा के दो

आचार्यों रामानुजाचार्य एवं वल्लभाचार्य के प्रभाव से उत्तर भारत में भक्ति का प्रसार हुआ था। पीको डेला मिरांडोला या यॉसर को देखते हुए कबीर अधिक प्रगतिशील और आधुनिक थे। शेक्सपीयर की तुलना में तुलसीदास कम आधुनिक नहीं थे। अमीर खुसरो-विद्यापति से लेकर घनानंद-आलम तक भारत में लोकजागरण का प्रवाह था। यह लोकजागरण यूरोप के पुनर्जागरण के समानांतर था। परंतु भारत और यूरोप की परिस्थितियों में अंतर था। भारत में उस काल में धर्म का वह दबदबा नहीं था, जो यूरोप में था। यहाँ फारसी धर्मभाषा नहीं थी, राजभाषा थी। संस्कृत और अरबी धर्मभाषाएँ थीं पर भारत के किसी भी प्रांत में राजभाषाएँ नहीं थीं। यूरोप में जातीय राज्यों की आम बोलचाल वाली भाषाएँ दूसरी थीं। लैटिन धर्मभाषा थी, राजभाषा भी थी। धर्मसत्ता और राजसत्ता के इस गठबंधन से जातीय राज्यों के उभरने पर भी अभिजात वर्ग में ईसाई महामंडल वाली यूरोपीय एकता बनी हुई थी। जबकि भारत में भक्ति आंदोलन का नेतृत्व निचले स्तरों, श्रमिक, शूद्र जातियों यहाँ तक कि अछूत समझी जाने वाली जातियों से निकला।

तुर्क भारत में भी आए और यूनान में भी तुर्क आए। यूनान में तो उनका तुर्कीपन कायम रहा पर भारत में उनका तुर्कीपन मिट गया। तुर्कों की जातीय विशेषताएँ इस्लाम के पहले विकसित हुई थीं, इस्लाम के उदय से वे जातीय विशेषताएँ मिट नहीं गईं।

ऐसा क्यों हुआ कि भारतीय पुनर्जागरण और भारतीय धर्मसुधार आंदोलन में टकराव नहीं हुआ? ऐसा क्यों हुआ कि तुर्क भारत में तुर्कीपन कायम नहीं रख सके? ऐसा क्यों हुआ कि भक्ति आंदोलन का नेतृत्व अभिजात वर्गों तक सीमित नहीं रह सका? आखिर भारत में उस समय धर्म का वैसा दबदबा क्यों नहीं था, जो यूरोप में था? खासकर तब जब मैकाले पुत्र मानते रहे हैं कि भारत में आर्य और द्रविड़ नामक दो नस्लें हैं और आर्य भारत में बाहर से आए, भारत में वर्णव्यवस्था का मनुवादी रूप परम्परा का नियंता रहा है, भारतीय सभ्यता मूलतः ग्रामीण एवं पारलौकिक रही है।

रामविलास शर्मा का मानना है कि यूरोपीय पुनर्जागरण एवं आधुनिकता का जो मिथक लोकप्रिय है, उसी मिथक को बनाए रखने के लिए साम्राज्यवादी ताकतों ने भारतीय इतिहास तथा परम्परा की मनमानी रूढ़ियों को शोध के नाम पर आरोपित किया। भारत में अंग्रेज़ी राज और मार्क्सवाद से लेकर आज के सवाल और मार्क्सवाद तक की पुस्तकों में रामविलास शर्मा ने अथक शोध करके साम्राज्यवादी मिथकों की ऐतिहासिक, साहित्यिक एवं भाषा वैज्ञानिक तथ्यों के आलोक में पड़ताल करते हुए एक नई दृष्टि विकसित की है। यह

दृष्टि धर्मपाल के ऐतिहासिक शोधों, आनंद कुमारस्वामी के भारत के कलात्मक इतिहास, जे.पी.एस. उबेराय के यूरोप तथा भारत के बारे में तुलनात्मक अध्ययनों एवं समाजशास्त्र के लखनऊ संप्रदाय द्वारा किए गए अध्ययनों से अविरोध में है।

रोमिला थापर ने आर्य-द्रविड़ प्रश्न पर रामविलास जी से मिलता-जुलता निष्कर्ष अपने अध्ययनों में पाया है। तपन राय चौधरी, इरफान हबीब तथा बी.डी. चट्टोपाध्याय आदि के मध्यकालीन भारतीय समाज के आर्थिक-समाजिक पक्ष के बारे में किए गए शोधों से भी रामविलास जी के निष्कर्षों का अविरोध है।

रामविलास शर्मा का फलक काफी बड़ा है। अलग-अलग क्षेत्रों में किए गए मौलिक शोधों को उन्होंने बिना किसी संस्थागत मदद के, बिना किसी संस्था के अनुदान के, बिना शोधार्थियों की टीम की मदद लिए, अकेले स्वांतःसुखाय अपने शोध एवं चित्रण में इस तरह समायोजित किया कि सहसा विश्वास नहीं होता कि यह सब एक आदमी ने अकेले किया है। भारतीय संस्कृति के बारे में उनकी प्रमुख स्थापनाएँ निम्नलिखित हैं:

(१) आर्य और द्रविड़ दो नस्ल नहीं, भाषा परिवार हैं। आर्य भारत में बाहर से नहीं आए। वैदिक साहित्य में भरतजन और आर्य एक ही हैं।

(२) मनुस्मृति में जो वर्ण व्यवस्था है, वह व्यवहार में कहीं नहीं थी। शूद्रों की स्थिति अंग्रेज़ी राज में जैसी थी, वैसी पहले नहीं थी। प्राचीनकाल में भारत औद्योगिक रूप से काफी संपन्न देश था और मुख्य रूप से शूद्रों के श्रम पर टिका था और उन्हें पगार मिलती थी। बढ़ई, बुनकर, कुम्हार, शिल्पी, नाटक करने और लिखने वाले, रंगकर्मी, चित्रकार सभी शूद्र कहलाते थे।

भरत मुनि ने लिखा है कि उन्होंने शूद्रों के लिए पाँचवां वेद नाट्यशास्त्र लिखा है। मनुस्मृति में नाचना, गाना, बजाना शूद्र कर्म माना गया है। मनुस्मृति में जो वर्ण व्यवस्था है, वह ब्राह्मणों का एक स्वप्न है। वह उस रूप में कहीं भी प्रचलित नहीं थी। वैसे भी उनमें आपस में कई अंतर्विरोध हैं।

(३) 'धर्म' शब्द का मूल अर्थ है– प्रकृति और समाज के नियम। ऋग्वेद में दासों से भिन्न स्वाधीन गृहस्थों के लिए 'आर्य' शब्द का व्यवहार किया गया है। महाकाव्यों के दो नायक राम और कृष्ण अपने श्याम

रंग के लिए प्रसिद्ध थे। इससे गोरी आर्य नस्ल की धारणा खंडित हो जाती है। वैदिक काल में धनी-निर्धन का भेद तो है परंतु वर्णों और वर्गों का निर्माण नहीं हुआ था। ऋग्वेद के कवि श्रम करते थे और काव्य रचते थे। शासक निर्वाचित होता था। पढ़ने का अधिकार सबको था। समाज में जड़ता नहीं, गतिशीलता थी।

ऋग्वेद के कवि और व्यापारी एक ही समाज के थे लेकिन उनमें वैचारिक विविधता थी। इसलिए सांस्कृतिक विविधता भी थी। हिन्दू-मुसलमान भिन्न धर्मों के अनुयायी हैं, लेकिन उनकी एकता सांस्कृतिक है। संस्कृति का भेद समाज, वर्ग और विचारों पर आधारित है। एक धर्म के भीतर सांस्कृतिक विविधता भारत में हिन्दुओं के बीच है, ईरान-इराक के मुसलमानों के बीच है, अमेरिका और कनाडा के ईसाईयों के बीच है। विभिन्न धर्मों के मानने वालों की एक संस्कृति हो सकती है। एक धर्म के भीतर ही नहीं, एक संस्कृति के भीतर भी वर्गों और विचारों के आधार पर सांस्कृतिक विविधता हो सकती है।

(४) ईश्वर प्रकृति की ही अपनी शक्ति है। दयानंद प्रकृति में ईश्वर की सत्ता मानते थे। राजयोग में विवेकानंद कहते हैं – मैं ब्रह्म की पूजा भला कैसे करूं जबकि मैं स्वयं ही ब्रह्म हूँ। गाँधीजी वेदांत की इसी व्याख्या से प्रभावित थे। भारतीय दर्शन की मुख्यधारा भौतिकवाद है। इसका लोकप्रिय नाम लोकायत दर्शन है। वैदिक कवि इहलोकवादी हैं। यह संसार रूपमय है। रूप के अंदर ही अरूप है। वैदिक कवियों का यह दृष्टिकोण नए सिरे से भक्तिकाल में तुलसीदास, सूरदास आदि कवियों में प्रतिबिंबित होता है।

उपनिषदों की विचारधारा भक्ति आंदोलन को बराबर प्रभावित करती है। चाहे निर्गुण मार्गी हों या सगुण मार्गी हों, कहीं-न-कहीं वेदांत से सब जुड़े हैं। वेदांत से जो गुणात्मक परिवर्तन भक्ति में हुआ है, वह प्रेम और रूप को लेकर हुआ है। उपनिषदों में प्रेम नहीं है। ब्रह्म से प्रेम करना, अपनी आत्मा से प्रेम करना या शरीर सौन्दर्य देखना, यह उपनिषदों में लगभग नहीं है। यह चीज़ भक्ति आंदोलन में आई।

(५) भक्ति के मूलतः दो पक्ष हैं – आत्म-परिष्कार और समाज-परिष्कार। आत्म-परिष्कार नहीं होगा तो भीतर का सौन्दर्य नहीं दिखाई देगा। समाज रहने लायक तभी बनेगा, जब यह परिष्कृत होगा। केवल

शरणागत से काम नहीं चलेगा। प्रयत्न करना पड़ेगा। राम सबके मन में नहीं रहते। उसके लिए पात्रता होनी चाहिए। इसकी शर्तें बहुत बड़ी और कठोर हैं। बिना आत्म-परिष्कार के भीतर का सौन्दर्य, राम का सौन्दर्य, ब्रह्म का सौन्दर्य, संसार का सौन्दर्य नहीं दिखाई देगा। हमारे अंदर जो कमियाँ हैं, उनको दूर करना है। अपने मन को सुदृढ़ करना, आत्मा को शक्तिशाली बनाना है। समाज में जितना प्रदूषण है, पाप है, अपराध है, वह अगर दूर नहीं होगा तो यह संसार रहने लायक नहीं रहेगा। इस संसार, इस समाज को नया रूप देना है। भक्ति के साथ यह प्रयत्न भी कवियों में जुड़ा हुआ है।

(६) परम्परा अतीत का पुनर्जागरण नहीं है, वह अतीत से प्रगति है। परम्परा का जातीय आधार होता है और एक वर्गीय आधार होता है। तुलसीदास हों या निराला, हम उन्हें जातीय संस्कृति, सौन्दर्यबोध और वर्गीय यथार्थ के नज़रिए से देखते हैं। निराला मूलतः पूँजीवाद के, सामंतवाद के विरोधी हैं। निराला और जयशंकर प्रसाद एक भावभूमि के थे। सौन्दर्य की देवी के उपासक। निराला का जो वेदांत था, उसके कारण उनमें अकेलापन या एकांत साधना वाला भाव बहुत आया। विवेकानंद उनके प्रिय नायकों में से थे। शायद यह भी एक कारण था, उनके बिखराव का। जयशंकर प्रसाद ने माना है कि भारतीय दर्शन की मुख्य धारा आनंदवाद है।

(७) धर्म का मूल अर्थ है – चलना, रीत। जिस रीत पर लोग चलते हैं, वही उनका धर्म है। सूर्य सवेरे निकलता है, वही उसका धर्म है, शाम को डूबता है, वही उसका धर्म है। धर्म का मूल अर्थ व्यापक है। सामाजिक परिस्थितियों में, व्यवहार में जो धर्म आता है, उसका रूप बदलता रहता है। हर धर्म बदलता है। हर धर्म का एक नैतिक पक्ष होता है और दूसरा चमत्कार वाला पक्ष होता है। तीसरा कर्मकांड वाला पक्ष होता है। इन तीनों की भूमिका अलग-अलग समय में बदलती रहती है। कर्मकांड को पुरोहित अपनी मुट्ठी में रख लेता है। आज यह देखिए कि व्यवहार में क्या हो रहा है – मुर्दे कैसे फूँकें जाते हैं? वहाँ ठेकेदारी कैसे होती है? वहाँ गरीब आदमियों को कैसे चूसते हैं? धर्म की आड़ में जो शोषण हो रहा है, पाखंड हो रहा है उसका मूर्त रूप से अध्ययन करना चाहिए।

कोई भी धर्म बिना पुरानी आधारशिला के ऊपर नहीं उठता।

ईसाईयत के ऊपर मूसा का प्रभाव है। ग्रीक फिलासफी का बहुत असर है। सेंट पाल ग्रीक लिटरेचर के बहुत अच्छे जानकार थे। असल में हम लोग जो एक विशुद्ध चीज़ की धारणा बनाकर चलते हैं, वास्तव में ऐसा नपा-तुला यथार्थ होता नहीं है। उसके पीछे एक बहुत बड़ी परम्परा होती है।

जो गौतम बुद्ध ने कहा, वही बौद्ध धर्म नहीं है। जो ईसा मसीह ने कहा, वही ईसाई धर्म नहीं है। जो मोहम्मद साहब ने कहा, वही इस्लाम धर्म नहीं है। बुद्ध, ईसा या मोहम्मद ने दर्शन दिया। बौद्ध, ईसाई या इस्लाम धर्म उस पर आधारित अवश्य है पर धर्म केवल दर्शन नहीं होता। असल में जितने सांप्रदायिक धर्म हैं, उनको पहचानना आसान है। लेकिन जो सबसे बड़ा धर्म है, जिसे सनातन, सर्वकालिक, सार्वभौमिक, नैतिक धर्म कह सकते हैं, उसको पहचानना सबसे कठिन है।

(८) ऐतिहासिक रूप से जितने सामाजिक आंदोलन हुए हैं, अपने बचकाने दौर में ईश्वर के विरोध से शुरू हुए हैं। उनमें ईश्वरवाद का बड़ा विरोध है। नास्तिक मत का बड़ा प्रचार किया गया है। किसानों पर इसका कोई असर नहीं हुआ। रूस में भी यही हुआ था पर अब बदलाव आ रहा है। पुराने गिरजाघर सुरक्षित रहने चाहिए, छोटे और बड़े पादरी के वर्ग भेद का महत्त्व अब रूस में स्पष्ट हो गया है। फ्रांस में भी यही हुआ था। फ्रांसीसी क्रांति के दौरान छोटे-छोटे पादरी सामान्य वर्ग के साथ थे। बड़े पादरी अभिजात वर्ग के साथ थे। सन् १८७१ में जब पेरिस कम्यून स्थापित हुआ – पेरिस में विद्रोह हुआ, मजदूरों के साथ मास्टर लोग और छोटे गिरजाघरों के पादरी लोगों नें भी विद्रोह किया। नास्तिकता बनाम आस्तिकता की बहस सामाजिक आंदोलन के बचकानेपन की द्योतक है। इससे बचकर सामाजिक समस्याओं के ऊपर ध्यान केंद्रित करना चाहिए।

(९) व्यवहारिक रूप से हिन्दू धर्म माने – जात-बिरादरी। आप आस्तिक हैं या नास्तिक – शिव की पूजा करते हैं या विष्णु की, रामानुज को मानते हैं या शंकर को – इन मामलों में हिन्दू लोग जितने उदार हैं, उतना कोई धर्म उदार नहीं है। लेकिन जात-बिरादरी के मामले में हिन्दू धर्म उदार नहीं है।

प्रेमचंद ने लिखा है कि "भारत में आप क्रांति नहीं, महाक्रांति की बात कीजिए वहाँ कोई नहीं बोलेगा, जहाँ आपने आचरण करने के लिए एक कदम उठाया, वहीं सारा समाज आपके ख़िलाफ हो जाएगा"। हिन्दू धर्म का व्यवहारिक पक्ष जात-बिरादरी से बँधा हुआ है। आप हिन्दू धर्म को एक तरफ रखकर इंटरकास्ट मैरिजिज़ का आंदोलन चलाइये – हिन्दू धर्म का सारा ढाँचा बदल जाएगा।

(१०) हिन्दुस्तान में आर्थिक और सांस्कृतिक स्तर पर जितना ज़बरदस्त देहातीकरण अंग्रेज़ों के ज़माने में हुआ उतना भारत के इतिहास में कभी नहीं हुआ। यहाँ के व्यापार केन्द्र, उद्योग केन्द्र नष्ट किए गए। मार्केट अंग्रेज़ों ने अपने हाथ में कर लिया था। नेपोलियन के ज़माने में नेल्सन का फ्लैक्स नामक मुख्य जहाज भारत का बना हुआ था। जब मुग़ल साम्राज्य का पतन होने लगता है, राजा सवाई जयसिंह जयपुर और बनारस में वेधशाला बनवाते हैं खगोलशास्त्र के अध्ययन के लिए।

अंग्रेज़ी राज के पहले भारत में विज्ञान की जो विकसित अवस्था थी उसको भारतीय लोग भूल जाएँ, इसका उपक्रम हुआ। भारतीय परम्परा में केवल धर्म का विकास नहीं हुआ। संस्कृति, अध्यात्म, दर्शन, गणित, खगोलशास्त्र आदि विज्ञानों का भी यहाँ बहुत विकास हुआ था। परंतु देहातीकरण के फलस्वरूप आदमी में जो गिरावट आई – उसके मन में और सारी चेतना में, व्यवहार में – वह कल्पनातीत है।

भारत कितना बदल गया है – केवल सौ सालों में इतना बदल गया है, इतना पिट गया है, भीतर से इतना पस्त हो गया है, इतना धोखा खा चुका है कि एक पढ़ा-लिखा आदमी 'सिनिक' हो गया है। आम आदमी को भी अपनी परम्परा का ठीक से ज्ञान नहीं है। इसलिए बहुत प्रयत्न करने की ज़रूरत है।

(११) भारतीय परम्परा में मध्यकाल में भी बहुत समन्वय था। एक स्तर पर सूरदास, तुलसीदास जैसे कवि सौन्दर्यबोध का परिचय देते हैं और दूसरे स्तर पर अभिजात वर्ग यहाँ इमारतें बनवाकर, चित्रकला का विकास करके, संगीत का विकास करके इसका परिचय देता है। संगीत दोनों को जोड़ देता है। ध्रुपद की गायकी ऐसी है कि वह दरबार की गायकी है या संतों की गायकी है, यह कहना बहुत

मुश्किल है। अधिकांश ध्रुपद गायक मुसलमान थे पर ध्रुपद मूलतः हिन्दू देवी-देवताओं की स्तुति है। जो उदात्त है साहित्य में, वही ध्रुपद है। इस उदात्त की सृष्टि भक्त कवियों ने संगीत में की और इसी उदात्त की सृष्टि अभिजात वर्गों ने इमारतों में की।

ध्रुपद गायकी का विकास राजदरबारों में हुआ परंतु उसका जन्म दरबारों में नहीं हुआ था। जिसे शास्त्रीय संगीत कहा जाता है, वह मूलतः लोक संगीत है। इसकी रचना संतों ने की थी। तानसेन एक उच्चकोटि के कवि थे। ब्रजभाषा काव्य की भाषा बनी और संगीत की भाषा भी बनी। लोक-जीवन से संगीत मंदिरों में पहुँचा। दक्षिण भारत के मंदिरों में यह परम्परा अब तक चली आई है। दरबारी गायकों ने अपनी कला भक्त गायकों (स्वामी हरिदास, पुरंदर दास, त्यागराज आदि) से सीखी थी। बिस्मिल्ला खाँ काशी के शिव मंदिर में हाल तक शहनाई बजाते थे।

मध्यकालीन भारत में अभिजात वर्ग चाहे हिन्दू हो चाहे मुसलमान हो, सब फारसी लिखते हैं। फारसी में बहुत अच्छा साहित्य सूफियों का है, दरबार की भाषा फारसी है। पुरोहितों की भाषा अरबी थी या संस्कृत। इससे हटकर भक्त कवियों ने लोकभाषा को उठाया और उसके अंदर लोक साहित्य रचा। अकबर घर में हिन्दी बोलता था। अकबर के पहले से लेकर औरंगज़ेब और उसके बाद तक दरबारों में और लोक-संस्कृति में हिन्दू-मुसलमानों का लिखा हुआ साझा साहित्य हिन्दी में बहुत अधिक है।

१८०० ईसवी के पहले हिन्दुस्तान में जात-बिरादरी इतनी कट्टरता के साथ नहीं मानी जाती थी जितनी सन् १८०० के बाद। सन् १८०० के बाद उतनी नहीं, जितनी सन् १९०० के बाद और और १९०० के बाद उतनी नहीं जितनी सन् १९४७ के बाद।

दिल्ली में जितनी स्त्रियाँ जलाई जाती हैं, उतनी शेष भारत में नहीं जलाई जातीं। हराम का माल किसी तरह आ जाए, उसका यह रूप है। यह भारत की मध्यकालीन परम्परा में नहीं था, चाहे बात मुसलमानों की हो या हिन्दुओं की। वर्तमान भारतीय व्यवस्था साम्राज्यवाद और उपनिवेशवाद द्वारा विरूपित की गई व्यवस्था का प्रतिफल है। यह मध्यकालीन परम्परा का विस्तार नहीं है।

भारतीय परम्परा के आर्थिक, राजनैतिक, सांस्कृतिक, भाषाई, तकनीकी,

वैज्ञानिक अनेक पक्ष हैं। यूरोप की अपेक्षा यहाँ भाषाई विविधता अधिक है। फिर भी यहाँ के विभिन्न भाषा समुदायों में वाक्य रचना की जैसी समानता है, वैसी यूरोप की भाषाओं में नहीं है। अठारहवीं सदी तक भारत का कपड़ा यूरोप और अमेरिका तक बिकता था। जातीय प्रदेश भी आंतरिक रूप से कहीं कम, कहीं ज़्यादा एकताबद्ध हुए। यूनान के विपरीत, तुर्क आक्रमणकारी यहाँ की जातियों में खप गए। पर अंग्रेज़ यहाँ नहीं खपे। भारत की परम्परा समन्वयवादी रही है। यूरोप की परम्परा समन्वयवादी नहीं रही है।

हमारे एक उपास्य देव शिव नटराज हैं। समस्त ब्रह्माण्ड उनका नाट्यमंच है। कृष्ण की बाँसुरी, मीरा के नृत्य, वैष्णव कीर्तन-नर्तन, भारतीय मूर्तिकला में शिल्प और नृत्य का संबंध यह सब भारतीय परम्परा को जीवन के उल्लास, ऐश्वर्य, कामना और संसार में रमने वाली प्रवृत्तिमार्गी परम्परा प्रमाणित करती है।

पाश्चात्य दर्शन की मुख्य धारा द्वैतवादी है। इसलिए वह पदार्थ विज्ञान के विकास में बाधक रही है और वह सहज ही चर्च की समर्थक बन गई थी। सांख्य, योग, वैशेषिक, अनेकांतवाद आदि भारतीय दर्शन प्रकृति को परिवर्तनशील और विकासशील मानते हैं। चार्वाक ने पदार्थों से चेतना की उत्पत्ति का सिद्धांत प्रतिपादित किया था। पदार्थवादी दृष्टिकोण का प्रतिफलन गणित, खगोल, रसायन आदि विषयों तथा नृत्य, संगीत, चित्र, वास्तु, शिल्प आदि कलाओं के विकास में हुआ। हम कार्य करते हुए सौ वर्ष तक जियें यह प्राचीन भारतीय आदर्श भारतीय साहित्यकारों की दृष्टि से कभी ओझल नहीं हुआ। जीवन की संस्कृति, जीवन की स्वीकृति भारतीय दर्शन का आधार है। स्थापत्य एक कला है। इस्लाम का स्थापत्य से कोई संबंध नहीं है। हिन्दू धर्म का स्थापत्य से कोई संबंध नहीं है। स्थापत्य के नमूनों पर अगर कोई कुरान की आयतें लिख दे तो उससे वह इस्लामिक शिल्पकला नहीं बन जाती। वेदांत का असर है कि एक ही भूमि पर कबीरदास, तुलसीदास और सूरदास खड़े हुए दिखाई देते हैं। हमारे भक्तिकवि लोक संस्कृति से इतनी गहराई से जुड़े हैं कि कहाँ लोक कविता है, कहाँ भक्ति की कविता है, इसका फर्क करना मुश्किल हो जाता है। ये लोक संस्कृति से लेते हैं और लोक संस्कृति में जोड़ देते हैं।

भक्ति साहित्य लोक संस्कृति का अंग बन गया है। अंग बनने के लिए एक आर्थिक ढाँचा चाहिए। नगर सभ्यता का विकास चाहिए। तुलसीदास नगर सभ्यता के कवि हैं। कबीर भी नगर सभ्यता के कवि हैं। काशी, अयोध्या नगर हैं। एक आदर्श नगर का कल्पना-ढाँचा व्यापारी पूँजीवाद ने पैदा किया। सिंधु घाटी की सभ्यता से भक्ति आंदोलन के काल तक (अठारहवीं सदी तक) भारत मूलतः नगर सभ्यता है। नगर केन्द्रित सभ्यता है। देहातीकरण तो अंग्रेज़ी राज के दौरान हुआ।

संघबद्ध धर्म का प्रभाव भारत में अंग्रेज़ी राज से पहले कभी नहीं रहा। यूरोप संघबद्ध धर्म के प्रभाव में रहा है। प्रोटेस्टेंट चर्च एक नया धर्म होने के बावजूद एक संघबद्ध धर्म है – संरचनात्मक रूप से कैथोलिक चर्च की तरह। भारत में ऐसा नहीं रहा। यूरोपीय साहित्य और भारतीय साहित्य के तुलनात्मक अध्ययन से यह स्पष्ट है।

(१२) गाँधीजी ने अपने समय में साम्राज्यवाद का जो विश्लेषण किया था, उससे अच्छा साम्राज्यवाद का विश्लेषण शायद ही किसी ने किया हो। इसी तरह गाँधीजी का जो स्वदेशी आन्दोलन था, वह इस साम्राज्यवाद के विरोध का सबसे कारगर तरीका था। उन्होनें गाँव-गाँव में यह भावना पैदा की थी कि अपनी ज़रूरतों के लिए उत्पादन स्वयं करो, तभी साम्राज्यवाद से लड़ा जा सकता है और तभी सच्ची आज़ादी प्राप्त हो सकती है। उन्होंने विभिन्न धर्मों को एक साथ ला कर रख दिया। उन्होंने कहा कि गुजराती बोलने वाले, हिन्दू हों या मुसलमान, वे एक जाति के हैं। इसी तरह बंगाली एक जाति है। अंग्रेज़ी की जगह भारतीय भाषाओं के उपयोग की उन्होंने वकालत की। सम्पर्क भाषा के रूप में हिन्दी का महत्त्व स्वीकारा। उन्होंने कहा कि मेरा राम दशरथ का पुत्र नहीं, बल्कि वह एक व्यापक शक्ति है। जैन धर्म के 'अनेकांतवाद' का उन्होंने सभी धर्मों को एक जगह लाने में इस्तेमाल किया।

उपर्युक्त बारह मुद्दों पर रामविलास जी के विचार मैक्स वेबर आदि यूरोपीय विद्वानों के विचारों से गुणात्मक रूप से अलग हैं। पर धर्मपाल, कुमारस्वामी, डी.पी. मुखर्जी एवं जे.पी.एस. उबेराय जैसे भारतीय मेधा के प्रतिनिधियों से उनका अविरोध है।

भारतीय साहित्य एवं संस्कृति के अन्य समकालीन समाजशास्त्रीय विमर्श

समाजशास्त्र में "भारतीय साहित्य का समाजशास्त्र" के विकास की दृष्टि से रामचन्द्र शुक्ल की *हिन्दी साहित्य का इतिहास,* हजारी प्रसाद द्विवेदी की *हिन्दी साहित्य की भूमिका* और *कबीर,* रामविलास शर्मा की *भारतीय साहित्य की भूमिका,* गजानन माधव मुक्तिबोध की *कामायनीः एक पुनर्मूल्यांकन* और आनंद कुमारस्वामी की रचनाएँ महत्त्वपूर्ण हैं। हाल के दिनों में मैनेजर पाण्डेय की पुस्तक *साहित्य के समाजशास्त्र की भूमिका* एक समकालीन दृष्टिकोण है।

समाजशास्त्रीय दृष्टि से साहित्य को क्रमशः मिथकों के युग, महाकाव्यों के युग, उपन्यासों के युग, कहानियों के युग तथा उत्तरआधुनिक विखण्डनवाद के युग में बाँट सकते हैं। मिथकों को समझने में आनंद कुमारस्वामी तथा गजानन माधव मुक्तिबोध, महाकाव्यों को समझने में रामचन्द्र शुक्ल तथा हजारी प्रसाद द्विवेदी, उपन्यासों को समझने में रामविलास शर्मा तथा मैनेजर पाण्डेय, कहानी को समझने में नामवर सिंह (कहानी : नई कहानी) तथा उत्तरआधुनिक विखण्डनवाद को समझने में डेरिडा, फूको, बाउमैन, हेबरमास तथा ए.के. सरण की रचनाएँ उपयोगी हैं। परंतु साहित्य का समाज को समझने के लिए एक विमर्श के रूप में उपयोग केवल मिथकों, महाकाव्यों एवं उपन्यासों के विश्लेषण में संभव है। कहानी तथा कविता से व्यक्ति या सामाजिक घटना को मनोविज्ञान की दृष्टि से ज़रूर समझा जा सकता है, पर समाज को नहीं। कहानी तथा कविता को आधार बनाकर समाज को समझने के दुःसाहस का ही परिणाम उत्तरआधुनिक विखण्डनवाद के रूप में अभिव्यक्त होता है। ऐसा नहीं है कि उपन्यासों के युग में कहानी या कविता नहीं लिखी जाती या कहानी के युग में उपन्यास नहीं लिखा जाता या उत्तरआधुनिक विखण्डनवाद के युग में कहानी नहीं लिखी जाती – लिखी जाती है या लिखी जा सकती है। परंतु वे अपने युग की प्रतिनिधि रचना नहीं बन पाती हैं। उन्हें कालजयी रचना का दर्जा हासिल नहीं हो पाता। उनके बारे में पाठकों की आम राय नहीं बन पाती। वे हाशिये पर लिखी जाती हैं। उनका पाठक वर्ग नहीं होता। उनका लिखा जाना कोई घटना नहीं बनती। उनके "टेक्स्ट" का कोई निश्चित अर्थ नहीं रह जाता। हर युग अपनी अभिव्यक्ति के लिए साहित्य के एक नए रूप को चुनता है या हर युग की मूल संरचना की अभिव्यक्ति एक नए रूप में अभिव्यक्त होती है। कुछ लोगों का मानना है कि उपन्यासों के बाद का युग सिनेमा का युग है, कहानी का युग नहीं और उत्तर

आधुनिक विखण्डनवाद का युग टी.वी. सीरियल और क्रिकेट आदि खेलों के प्रायोजित विमर्श का युग है। मार्शल मैकलुहान की भाषा में उत्तरआधुनिक युग माध्यम का संदेश बन जाने का युग है। डेरिडा और बॉद्रीला कहते हैं कि यह लेखक तथा "टेक्सट" (पाठ) के मरने और पाठकों के भाष्य के "टेक्सट" बन जाने का युग है। इस युग में महाकाव्यात्मक पाठ की गुंजाइश नहीं रहती। हर व्यक्ति किसी भी पाठ का मनचाहा या मनमाना अर्थ करने के लिए स्वतंत्र होता है। परंतु मार्क्सवादी अर्थ में देखने पर यह अलगाव की अंतिम अवस्था का परिणाम होता है। इससे व्यक्ति के जीवन में अर्थहीनता बढ़ती है। यह स्वाभाविक स्वतंत्रता नहीं होती छद्म चेतना में स्वतंत्रता दिखती है। कुमारस्वामी ने मार्शल मैकलुहान से बहुत पहले अपने "फिगर्स ऑफ़् स्पीच एवं फिगर्स ऑफ़् थॉट" नामक निबंध में इसे रेखांकित किया था। हेबरमास इन मुद्दों पर दूसरे तरीके से विचार करते हैं। १९६२ में प्रकाशित अपनी प्रारंभिक रचना *सार्वजनिक क्षेत्र में संरचनात्मक परिवर्तन* नामक पुस्तक में हेबरमास लिखते हैं कि १८वीं शताब्दी में साक्षर मध्य वर्ग, राज्यों की नीतियाँ, वाणिज्य एवं उद्योग के क्षेत्र में विकास के द्वंद्वात्मक संबंध से समाचारपत्रों के बाज़ार का अभूतपूर्व विस्तार हुआ, जिसने पत्रकारिता, विज्ञापन एवं राजनीति के क्षेत्र में संरचनात्मक परिवर्तन प्रारंभ किया। साक्षर लोगों के बीच जल्द ही दो वर्गों का जन्म हुआ विशेषज्ञों, लेखकों और बौद्धिकों का एक वर्ग और इनके लेखन एवं विचारों का उपयोग करने वाला बहुसंख्यक पाठक वर्ग। लोकमत अब राज्य तथा समाज की नीतियों पर आलोचनात्मक मूल्यांकन या नियंत्रण करने के गतिशील स्रोत की बजाय एक ऐसा कारक या चर बन गया जिसे चालाकी से प्रभावित किया जा सकता है।

इस तरह १८वीं शताब्दी से संरचनात्मक रूप से एक ऐसा सार्वजनिक क्षेत्र विकसित होता है, जिसको राज्य तथा व्यावसायिक निगम चालाकी से प्रभावित करने के लिए प्रचार के उपयोग द्वारा प्रभावित करते रहते हैं। हालांकि प्रशासन की नौकरशाही विशेषज्ञों के विवेकसम्मत नियंत्रण को विचलित करती रहती है परंतु इसके बावजूद जनसंचार के साधनों के द्वारा उपरोक्त संगठनों के अंतर्गत तथा समूचे सार्वजनिक क्षेत्र में विकल्पों के जन्म की संभावना बनी रहती है।

१९८१ में प्रकाशित अपनी महत्त्वपूर्ण पुस्तक, *अभिव्यक्तिशील क्रिया के सिद्धांत* तक आते-आते हेबरमास एक ऐसा शास्त्र विकसित करने में सफल हो जाता है, जो अभिव्यक्तिशीलता के हर आयाम तथा इसके सदुपयोग एवं दुरुपयोग को समझकर राज्य सरकारों एवं अंतर्राष्ट्रीय सांठ-गांठ की वास्तविकता,

संभावना एवं अंतर्विरोध को व्यवस्थित तरीके से समझने में मदद करता है। यथास्थिति को बदलना तभी संभव है जब यथास्थिति को पूरी तरह से समझा जाए। हेबरमास द्वारा विकसित मिथक, कि पूँजीवाद अपने नए रूप में विकल्पहीन है तथा इसके द्वारा प्रायोजित खगोलीकरण की चल रही प्रक्रिया के विरोध में उत्तरआधुनिकता के रूप में केवल नपुंसक गुस्सा विकसित हो सकता है, को तोड़ा जा सकता है। साथ ही, मनुष्य की चेतना को मुक्त करने वाली वैकल्पिक संस्कृति को पोषित करने वाले साहित्य तथा कला को शक्ति प्रदान की जा सकती है। विश्व समाजशास्त्र के लिए उत्तरआधुनिकता भले एक प्रमुख समस्या हो परंतु भारतीय समाजशास्त्र को अभी लंबे समय तक परम्परा और आधुनिकता से जूझना है। भारतीय समाज सदियों से समय की चक्रीय गति में जीता रहा है। जबकि यूरोप ने आधुनिक काल में समय को क्रमिक रूप से सरल रेखीय गति से घूमता हुआ मान कर अपने समाज को रचना चाहा है। इसीलिए विचारधारा का अंत, इतिहास का अंत, मार्क्सवाद का अंत, परम्परा का अंत, पाठ का अंत, ईश्वर का अंत, लेखक का अंत, धर्म का अंत, परिवार का अंत जैसे न जाने कितने अंत पश्चिमी यूरोप तथा उत्तरी अमेरिका के समाजशास्त्री घोषित करतें हैं।

उपन्यासों के बाद यूरोप और अमेरिका में पुनः मिथकों का युग शुरू हुआ है। हर प्रकार के अंत, उत्तर आधुनिकता और विखण्डनवाद सभी अलग-अलग प्रकार के मिथक हैं। मिथकों का यह दौर जब थमेगा तो फिर से महाकाव्य लिखे जाएंगे। महाकाव्यों का यह दौर जब थमेगा तो फिर उपन्यास लिखे जाएंगे। और यह चक्र-कालचक्र-समय चक्र चलता रहेगा। इस तरह साहित्य के समाजशास्त्र के तीन ही सनातन विषय हो सकते हैं – मिथक, महाकाव्य और उपन्यास। सामान्यतया भारत के समाजशास्त्रियों ने अवकाश प्राप्त करने के बाद ही स्वांतःसुखाय साहित्य चर्चा करने की (वह भी समाजशास्त्र के स्थापित दायरे से बाहर जाकर) परम्परा डाली है। साहित्य में रूप ही मूलतः सामाजिक होता है पर जॉर्ज सिम्मेल का कहना है कि प्रत्येक रूप अनुभव का नया व्याकरण निर्मित करता है। रूप हमेशा ऐतिहासिक और सांस्कृतिक होता है, इसलिए यह सामाजिक होता है।

मैनेजर पाण्डेय का मानना है कि महाकाव्य मूलतः गण-समाजों की देन है। सामंती समाज में विकसित लेखन की संस्कृति के काल में रचे गए महाकाव्य कलात्मक या अलंकृत हैं। सच्चे महाकाव्यों का युग गण-समाज के साथ ही समाप्त हो जाता है। सामंती काल में उस परम्परा का अनुकरण और परिष्कार हुआ। आधुनिक काल के महाकाव्य उस परम्परा की स्मृति ही जगाते

हैं। उपरोक्त धारणा का आधार मार्क्स का ऐतिहासिक भौतिकवादी दर्शन है। गण समाज के बारे में मार्क्स ने लिखा है कि उसमें धीरे-धीरे एक ओर व्यक्तिगत गरिमा, उदारता, धार्मिक चेतना, पौरूष और साहस आदि मानवीय गुणों का विकास हो रहा था तो दूसरी ओर क्रूरता, धोखा, कट्टरता आदि प्रवृत्तियाँ भी पनप रही थीं। प्राकृतिक शक्तियों में आस्था के साथ-साथ अवतारवाद की भावना जग रही थी। मिथक कथाओं की मौखिक रचना में कल्पना की क्रियाशीलता प्रकट हो रही थी। गण-समाज की यही विशेषताएँ उदात्त रूप में व्यक्त हुई हैं।

मार्क्स के उपरोक्त मत के आलोक में रामायण और महाभारत को भारतीय गण-समाज और सामंती-समाज की संरचनाओं से जोड़कर देखते हैं। लेवी स्ट्रॉस जैसे संरचनावादी, मिल्टन सिंगर जैसे प्रतीकशास्त्री, क्लिफोर्ड ग्रीट्ज जैसे संस्कृति विश्लेषणवादी एवं हेबरमास जैसे नवमार्क्सवादी आलोचनात्मक समाजशास्त्री उपरोक्त विश्लेषण में सरलीकरण के बावजूद साहित्य और समाज के द्वंद्वात्मक संबंध की पड़ताल करने वाली इस कोशिश से परम्परा के अध्ययन में लाभ हो सकता है।

इसी कड़ी में मार्क्सवादी लेखकों का तर्क है कि जैसे महाकाव्य गण-समाज और सामंती-समाज का प्रतिनिधि काव्य-रूप है वैसे ही उपन्यास पूँजीवादी युग का प्रतिनिधि साहित्य-रूप है। वे लोग हीगेल की इस मान्यता में आस्था जताते हैं कि उपन्यास आधुनिक युग में महाकाव्य का विकल्प है, वह मध्यमवर्ग का महाकाव्य है और आधुनिक युग की चेतना का प्रतिनिधि साहित्य रूप है।

कविता के विश्लेषण में मार्क्सवादी समाजशास्त्री ज्याँ पॉल सार्त्र की तुलना में अडोर्नों के दृष्टिकोण को ज़्यादा प्रासंगिक पाते हैं। अडोर्नों की मान्यता है कि एक अच्छे प्रगीत में समग्रता होती है। उसमें अपनी समग्रता का बोध होता है और समकालीन होते हुए भी वह कालातीत होती है। जिस कला से कविता में यह विशिष्टता आती है उसकी व्याख्या के लायक साहित्य का समाजशास्त्र का विकास अभी नहीं हुआ है। कविता के समाजशास्त्र के विकास के लिए जरूरी है कि कविता के विशिष्ट स्वरूप, उसकी बनावट और कला की बारीकियों में उतर कर उसकी ऐतिहासिकता और सामाजिकता की खोज करने में सक्षम पद्धति का विकास हो। कविता की आत्म-परकता और भाषिक-संवेदनशीलता में निहित सामाजिकता की पहचान कराने वाले समाजशास्त्रीय दृष्टिकोण का विकास जरूरी है। कविता के समाजशास्त्र के विकास में एक ज़्यादा सक्षम पद्धति की ज़रूरत है। ज़्यादातर समकालीन

समाजशास्त्री यह भी मानते हैं कि उपन्यास, महाकाव्य और मिथक भी कविता की तरह ही ज़्यादा सक्षम पद्धति, ज़्यादा संवेदनशील नजरिया तथा ज़्यादा सतर्क आलोचनात्मक दृष्टि की माँग करते हैं। केवल इसलिए कि कविता हम लिखते हैं और उपन्यास हमारे पिता की पीढ़ी लिखती थी या महाकाव्य हमारे दूर के पुरखे लिखते थे कविता को ज़्यादा विकसित और महाकाव्य, उपन्यास या मिथकों को कम विकसित समाजों और संस्कृतियों से जुड़ा मानकर उनकी शाब्दिक व्याख्या या सरलीकरण समाजशास्त्र की शैशवावस्था में उद्विकासीय दृष्टि वाले समाजशास्त्रियों का भोलापन था, जिसे प्रतीक-विज्ञान एवं प्रतीक-शास्त्र की व्याख्या के बाद न तो लेवी स्ट्रॉस के समर्थक स्वीकारते हैं और न हेबरमास। आज वही तर्क नव-पूँजीवादियों के तर्क का, सोवियत संघ के पतन के बाद, आधार है। कविता के समाजशास्त्र के बारे में मार्क्सवादी विद्वान्, जो संवेदना दिखलाते हैं उसके आलोक में उपन्यास के बारे में हीगेल के दृष्टिकोण एवं महाकाव्य के बारे में मार्क्स के दृष्टिकोण के पुनर्मूल्यांकन की ज़रूरत है। इसी तरह मिथकों के बारे में लेवी स्ट्रॉस एवं रोलैंड बार्थ के मौलिक अध्ययनों के उपयोग से रामायण और महाभारत को महाकाव्य के साथ-साथ मिथक के रूप में भी व्याख्या करने की संभावना बन सकती है। पुराणों, बाईबिल या कुरान का भी, मिथक के रूप में अध्ययन की संभावना बन सकती है।

उपन्यास के समाजशास्त्र के व्यवहारिक विश्लेषण के लिए मार्क्सवादी लेखकों ने तीसरी दुनिया, अफ्रीका, दक्षिण अमेरिका और भारत के कुछ महत्त्वपूर्ण उपन्यासों के विश्लेषण से उपरोक्त क्षेत्रों के समाज और संस्कृति के कई अनछुए पहलुओं को उभारा है। समाजशास्त्र की तरह साहित्य का समाजशास्त्र भी आधुनिक समाज और आधुनिकता के गर्भ से निकले आधुनिक साहित्य का एक रूप, उपन्यास, की व्याख्या करने में उतना सफल नहीं हुआ है। यह स्वाभाविक भी है चूँकि समाजशास्त्र का जन्म आधुनिक समाज की समस्याओं और संभावनाओं की व्याख्या और विश्लेषण करने के लिए हुआ था। जब तक समाजशास्त्र या साहित्य के समाजशास्त्र के सिद्धांत, अध्ययन पद्धति एवं अवधारणाएँ पूरी तरह विकसित होकर अपने यूरोपीय उद्गम की सीमाओं का अतिक्रमण कर पूरी तरह अपनी संरचना में सार्वभौमिक एवं सार्वकालिक नहीं हो जातीं तब तक ग़ैर-यूरोपीय एवं ग़ैर-आधुनिक समाज, साहित्य एवं संस्कृति के अध्ययन में अड़चन आएगी।

लोकप्रिय साहित्य संसार की समग्रता की एक ऐसी सच्चाई है जिसके अस्तित्व को अस्वीकार करना भ्रम में जीना है। दरअसल जब से साहित्य दरबार से निकलकर बाज़ार की वस्तु बना है तब से सम्पूर्ण सांस्कृतिक क्षेत्र

प्रतीकात्मक वस्तुओं का बाज़ार बन गया है। इस सांस्कृतिक उत्पादन के पियरे बोर्दु के अनुसार दो रूप हैं – छोटे पैमाने का उत्पादन और बड़े पैमाने का उत्पादन। छोटे पैमाने के उत्पादन में आर्थिक लाभ गौण होता है और प्रतीकात्मक मूल्य प्रमुख होता है। बड़े पैमाने के उत्पादन में आर्थिक लाभ मुख्य होता है और प्रतीकात्मक मूल्य गौण। कलात्मक साहित्य के क्षेत्र में छोटे पैमाने का उत्पादन चलता है और लोकप्रिय साहित्य में बड़े पैमाने का। छोटे पैमाने का उत्पादन सापेक्षतया स्वायत्त होता है जबकि बड़े पैमाने का उत्पादन पूरी तरह बाज़ार और उपभोक्ताओं पर निर्भर होता है। दोनों प्रकार के उत्पादन एक व्यापक व्यवस्था के भीतर साथ-साथ चलते हैं और दोनों की सार्थकता-निरर्थकता भी एक-दूसरे की सापेक्षता में घटती-बढ़ती है।

पियरे बोर्दु के उपरोक्त विचारों के संदर्भ में ग्राम्शी के ये वाक्य अर्थपूर्ण हैं कि समकालीन सांस्कृतिक चेतना की अभिव्यक्ति लोकप्रिय साहित्य रूपों के माध्यम से होती है। लेकिन इस अभिव्यक्ति के दो रूप मिलते हैं : यांत्रिक और प्रगीतात्मक। यांत्रिक अभिव्यक्ति का उदाहरण यूजेन सुई के 'पेरिस रहस्य' में मिलता है तो प्रगीतात्मक अभिव्यक्ति वालजाक-दोस्तोवस्की और ह्युगो के उपन्यासों में।

एक तरफ अमेरिका के एडगर एलेन पो और आर्जेंटीना के बोर्खेज भारत के सत्यजीत राय एवं ब्रिटेन के जी.के. चेस्टर्टन आदि ने जासूसी, जादुई यथार्थवाद जैसे लोकप्रिय कथा-शिल्प में कलात्मक कथा साहित्य लिखा है तो दूसरी तरफ श्रेष्ठ कला या साहित्य को भी उपयोग की वस्तु बनाकर उसे भीड़ की संस्कृति में शामिल किया जा सकता है और समाज को भ्रमित करने की छलयोजना के साधन के रूप में उसका उपयोग हो सकता है। उदाहरण के लिए रामायण और महाभारत जैसी महान् कृतियाँ सरल, सतही और बाज़ारू बनाकर बेचने की प्रक्रिया की शिकार हुई हैं। मशीनी पुनरुत्पादन के युग में कला का बड़े पैमाने पर पुनरुत्पादन करके उसे सतही बनाना सरल हो गया है।

साहित्य की अवधारणा इतिहास प्रक्रिया के साथ बदलती रहती है। उदाहरण के लिए हिन्दी साहित्य का स्वरूप एवं प्रवृत्ति भारतीय इतिहास की विकास प्रक्रिया के साथ बदलती रहती है। साथ ही, उस साहित्य का समाजशास्त्रीय एवं साहित्यक मूल्यांकन भी बदलता रहा है। कभी-कभी आलोचकों में मूल्यांकन के बारे में गंभीर मतभेद भी होता है, जिसके सामाजिक एवं ऐतिहासिक कारण होते हैं। जैसे कभी देवकीनंदन खत्री हिन्दी के सर्वाधिक लोकप्रिय उपन्यासकार थे, जिनकी कृतियों पर उस समय की

साहित्यिक पत्रिकाओं में आलोचनात्मक बहसें हुई हैं। परंतु बाद के आलोचकों ने उन्हें उपन्यासकार मानने से इंकार किया। रामचन्द्र शुक्ल ने लिखा है कि खत्रीजी ने अपने उपन्यासों के माध्यम से हिन्दी साहित्य को असंख्य पाठक दिए, लोगों को हिन्दी सीखने की प्रेरणा दी, अनेक नवयुवकों को हिन्दी का लेखक बनाया पर उनके उपन्यास साहित्य की कोटि में नहीं आते। उसी तरह पांडेय बेचन शर्मा उग्र एवं वृन्दावन लाल वर्मा के उपन्यासों के बारे में आलोचकों के बीच मतभेद हैं कि वे कलात्मक उपन्यासों की श्रेणी में हैं या लोकप्रिय या कि गंभीर और सतही कोटियों में विभाजन कोई सार्वभौम और शाश्वत स्थिति नहीं है।

लोकप्रिय साहित्य पूँजीवादी व्यवस्था की उपज है। १८४४ की आर्थिक एवं दार्शनिक पाण्डुलिपि में मार्क्स का कहना है कि पूँजीवादी व्यवस्था में मनुष्य विच्छिन्नता या परायापन की प्रक्रिया का शिकार होता है। यह परायापन अधिक गहराने पर रैकरण (रेइफिकेशन) और व्यक्तित्व लोप का रूप धारण कर लेता है। मार्क्स की यह मान्यता पूँजीवाद के परवर्ती विकास में सच साबित हुई है। टेक्नोलॉजी के अभूतपूर्व विकास ने समाज में अमानवीकरण की प्रक्रियाओं को और तेज़ कर दिया है। इस प्रक्रिया में अपनी अस्मिता खोते-खोते मनुष्य उस दशा में पहुँच जाता है, जिसे सी.राइट. मिल्स "भीड़ का मनुष्य" (मासमैन) कहते हैं तो एरिक फ्रॉम आदि 'एक आयामी मनुष्य' कहते हैं। अडोल्फ सांकेज वास्केज के अनुसार सर्वग्रासी पूँजीवाद के अनुकूल आदर्श मनुष्य वह है, जो व्यक्तित्वविहीन, अमानवीकरण का शिकार, खोखला और हर तरह की जीवन शक्ति से शून्य हो, क्योंकि ऐसे मनुष्य को व्यवस्था अपने अनुकूल ढाल सकती है, उसकी चेतना को तोड़-मरोड़कर अपनी सेवा में लगा सकती है। ऐसा ही व्यक्तित्वविहीन मनुष्य पूँजीवाद समाज में लोकप्रिय साहित्य का लक्ष्य है। लोकप्रिय साहित्य की विषय-वस्तु और पाठक इसी से तय होते हैं। लोकप्रिय साहित्य लेखकों के नाम से कम और प्रकाशकों के लेबुल या सीरीज़ के नामों से अधिक बिकता है। भारी संख्या ऐसी किताबों की होती है, जिसके लेखक अनाम होते हैं या छद्म नामों से लिखते हैं। व्यक्तित्वविहीनता का ही दूसरा नाम है – अनामता।

आधुनिक जासूसी उपन्यासों के पीछे सदाचारी डाकुओं की पुरानी लोकप्रिय कथाओं की परम्परा है। केवल बीमार समाज ही एक ऐसी दुनिया की कल्पना कर सकता है, जिसमें चालबाजी से सबकुछ संभव हो सकता है। जहाँ किसी का अपने कार्य पर कोई नियंत्रण नहीं है; वहाँ हर आदमी किसी "रहस्यमय शक्ति" के हाथ की कठपुतली है। यही उपन्यासों की दुनिया है।

ग्राम्शी ने १६२७-२८ में यह समझना चाहा था कि आखिर क्यों ये पुस्तकें सबसे अधिक पढ़ी जाती हैं और प्रकाशित होती हैं? ये पुस्तकें पाठकों की किन मानसिक आवश्यकताओं को पूरा करती हैं और किन आकांक्षाओं को संतुष्ट करती हैं? इस साहित्य में कौन सी ऐसी भावनाएँ और प्रवृत्तियाँ पाई जाती हैं जो पाठकों को इतना अधिक पसंद आती हैं? ग्राम्शी का निष्कर्ष था कि लोकप्रिय साहित्य पढ़े जाने का एक कारण यह है कि इसमें मानवीय भावों की तात्कालिकता अधिक होती है, जो पाठकों के मन को अधिक छूती है। दूसरा कारण, आधुनिक समाज में जीवन की स्थितियाँ हैं। प्रायः लोग जीवन की व्यवस्थाबद्धता, जकड़बंदी और आरोपित अनुशासन से मुक्त होने के लिए फेंटसी और सपनों का सहारा लेते हैं, जो इन उपन्यासों में बहुतायत से मिलते हैं। कुछ लोग, जीवन में अनिश्चय और आशंका का सामना करते हैं तो साहित्य में आश्वासन और स्थिरता की खोज करते हैं। यही नहीं, जीवन में भद्दी और अश्लील साहसिकता का सामना करनेवाला साहित्य में सुंदर साहसिक अभियानों की कथाओं में रस लेता है।

ग्राम्शी कहते हैं कि संस्कृति के इतिहास में बाज़ारू साहित्य के महत्त्व की उपेक्षा नहीं होनी चाहिए। कारण, ऐसे साहित्य के माध्यम से किसी काल के व्यापक जन-समुदाय के मौन बहुमत के बीच लोकप्रिय जीवन-जगत संबंधी भावों-विचारों की जानकारी होती है। ऐसा साहित्य लोकप्रिय अफीम है। यह साहित्य व्यापक जनता में छद्म चेतना ही नहीं, अंतर्विरोधी चेतना पैदा करके उसे भ्रमित करता है। वह वास्तविक ज़िंदगी की समस्याओं का कल्पना में समाधान खोजने और पाने की प्रवृत्ति जगाता है। इसलिए ऐसा साहित्य शासक वर्ग के प्रभुत्व की प्रक्रिया का सहयोगी माध्यम है। परंतु इस प्रक्रिया में लोकप्रिय साहित्य, लिथो लावेंथल के शब्दों में, कल्पना को कुंद करके उसके कलात्मक अनुभव की क्षमता को नष्ट करता है। कल्पना की अनंत संभावनाओं के अंत का अर्थ है, मनुष्य की स्वतंत्रता का अंत। लोकप्रिय साहित्य, कल्पना के अंत का एक प्रमुख साधन है। चूंकि वह कलाओं की अनंतता और मौलिकता को एक प्रकार के "स्टीरियो टाइप स्टैण्डर्डाइज़ेशन" में रूपांतरित कर देता है।

इस दृष्टि से देखने पर लुकाच और ग्राम्शी जैसे नवमार्क्सवादी लेखकों की प्रेरणा पाते हुए लोकप्रिय साहित्य के विश्लेषण से हमें बहुत लाभ हो सकता है। परंतु फ्रैंकफर्ट संप्रदाय के नवमार्क्सवादियों ने फ्रायड एवं नोम चोम्सकी और हाइडेगर आदि द्वारा प्रस्तुत अंतर्दृष्टि की मदद से लोकप्रिय साहित्य को लोकप्रिय संस्कृत के एक अवयव के रूप में अन्य अवयवों; जैसे – संगीत, फिल्म, कला

आदि के साथ चर्चा की है। अडोर्नो आदि के तुलनात्मक अध्ययनों में हमें लोकप्रिय साहित्य के अनछुए पहलुओं को कला, फिल्म, संगीत आदि के लोकप्रिय रूप से तुलना करने पर पहचानने में ज़्यादा सुविधा हो सकती है। साहित्य के समाजशास्त्र का विकास ही अभी शैशवावस्था में है और उसमें भी लोकप्रिय साहित्य की स्थिति तो नवजात शिशु की तरह नाज़ुक है।

इस संदर्भ में तीन प्रश्न स्वाभाविक रूप से उठते हैं – क्या लोकप्रिय साहित्य का पाठ, पाठकों के पूरे समुदाय में एक जैसा पढ़ा जाता है? उसका एक अर्थ होता है? क्या उसका एक प्रभाव होता है? सत्य की समाजशास्त्रीय परिभाषा लेवी स्ट्रॉस और जे.पी.एस. उबेराय जैसे समाजशास्त्रियों की दृष्टि में यह है कि सत्य यथार्थ तथा संभावनाओं का सम्मिलित रूप होता है। यह सही है कि सोवियत संघ आदि के पतन के बाद अमेरिका के नेतृत्व में नव-आधुनिकतावाद और भूमंडलीकरण का यथार्थ एक नये प्रकार के लोकप्रिय साहित्य, कला, फिल्में, संगीत, मिथक आदि की रचना में लगा है। पर, वह साहित्य का समाजशास्त्र अधूरा होगा, जो केवल इस यथार्थ और मिथक की अपनी दृष्टि से व्याख्या करने की कोशिश करेगा। अगस्त कोम्ट के ज़माने से ही समाजशास्त्र हमेशा यथार्थ के भीतर और बाहर संभावनाओं को तलाशता रहा है। अतः समकालीन समाजशास्त्रीय दृष्टि से यह जानना भी जरूरी है कि लोकप्रिय साहित्य के भीतर या बाहर वैकल्पिक संभावनाओं को पोषित करने वाली परिस्थितियाँ क्या-क्या हैं? क्या बन रहीं है अथवा बन सकती हैं? इस दृष्टि से हेबरमास का काम, कार्ल मार्क्स की दृष्टि का न सिर्फ समकालीन विस्तार है, बल्कि करीब-करीब पूर्णता को छूता हुआ विकास है।

जी.ए. कोहेन के अनुसार पूँजीवाद के परवर्ती विकास में टेक्नोलॉजी का सर्वोपरि महत्त्व है। टेक्नोलॉजी के महत्त्व को न संरचनात्मक मार्क्सवादी अस्वीकार करते हैं, न फ्रैंकफर्ट संप्रदाय के मार्क्सवादी। परंतु, फिर भी तीनों संप्रदाय के बीच टेक्नोलॉजी अलग-अलग महत्त्व रखती है, जो अलग-अलग फलित होती है। भारतीय साहित्य के विश्लेषण में तीनों प्रकार के मार्क्सवादी दृष्टिकोण का उपयोग हुआ है। भारतीय संदर्भ में और कम से कम हिन्दी साहित्य के संदर्भ में टेक्नोलॉजी का संदर्भ आए तथा गाँधी, कबीर एवं रैदास की एक बार भी चर्चा न हो, यह अटपटा लगता है। डी.पी. मुखर्जी ने *डायवर्सिटीज* (१९५८) नामक पुस्तक के दसवें अध्याय में महात्मा गाँधी के मशीन तथा टेक्नोलॉजी के बारे में विचारों की विस्तृत समीक्षा की है। जबकि उनके सुयोग्य शिष्य एवं बाद में उनके सहयोगी ए.के. सरण अपनी पुस्तक

ट्रैडिशनल विज़न ऑफ़ मैन (१६६८) के परिशिष्ट में भारतीय परम्परा में तकनीक की अवधारणा पर विमर्श प्रस्तुत करते हैं। मार्क्स ने खुद तकनीक, चेतना तथा सामाजिक संबंध के बीच द्वंद्वात्मक संबंध स्वीकार किया है।

जे.पी.एस. उबेराय जैसे नवसंरचनावादी एवं ए.के. सरण जैसे कुमारस्वामी के व्याख्याकारों ने तकनीक एवं चेतना के द्वंद्वात्मक संबंधों की जैसी व्याख्या की है, उसका उपयोग करने पर कबीर या रैदास, तुलसी और सूर की तरह भक्त या कवि भर नहीं रह जाते, जिनकी तुलना की जा सके। बल्कि बुद्ध, ईसा, मोहम्मद, एडम स्मिथ, मार्क्स या हेबरमास की तरह युगद्रष्टा बन जाते हैं, जो तकनीक और चेतना के द्वंद्व को इतिहास की रहस्यमय शक्ति से नहीं जोड़कर सभ्यता के इतिहास में एक प्रकार का "पैराडाइम शिफ्ट" प्रस्तुत करते हैं, जिसके आधार पर "रुटीन साइंटीफिक रिसर्च" किया जाना अभी भी बाकी है।

कलात्मक साहित्य और लोकप्रिय साहित्य की चर्चा के दौरान हमें लोक साहित्य (लोककला, लोक संस्कृति आदि) की सुध भी लेनी चाहिए। वह कलात्मक साहित्य में आएगा या लोकप्रिय साहित्य में? समाजशास्त्र में इस विश्लेषण की दो परम्पराएँ हैं:-

रौबर्ट रेडफील्ड जैसे सांस्कृतिक मानवशास्त्री "लिटिल" (लघु) एवं "ग्रेट" (महान्) परम्परा की बात करते हैं जिसमें लघु परम्परा अलिखित, स्थानीय, अविकसित तथा अपवित्र होती है; जबकि महान् परम्परा लिखित, सार्वभौमिक विकसित तथा पवित्र होती है। यह व्याख्या ईमाइल दुर्खीम की अवधारणाओं – यांत्रिक और सावयव संगठन एवं पवित्र तथा अपवित्र वर्ग के सामाजिक आयाम एवं क्षेत्र के विश्लेषण का ही सांस्कृतिक मानवशास्त्री विस्तार दिखती है। कुछ लोग लघु परम्परा को लोक परम्परा एवं महान् परम्परा को शास्त्रीय परम्परा भी कहते हैं। इस दृष्टि से जिन लोगों ने भारतीय साहित्य का अध्ययन किया है, वे संस्कृत साहित्य को शास्त्रीय एवं अन्य साहित्य को लोक साहित्य मानते हैं। मूलतः यह पारम्परिक भारत के अध्ययन के दौरान किया गया वर्गीकरण है। आधुनिक भारत के संदर्भ में संविधान में स्वीकृत चौदह भारतीय भाषाओं एवं अंग्रेज़ी में लिखे साहित्य को इस संप्रदाय के लोग शास्त्र का दर्जा देने पर सहमत हो जाएँ, परंतु पारम्परिक भारत के संदर्भ में केवल संस्कृत साहित्य को शास्त्रीय मानने की परम्परा रूढ़ हो चुकी है। समकालीन भारतीय समाजशास्त्री पारम्परिक भारत में कम से कम पालि और तमिल को भी संस्कृत के साथ शास्त्रीय भाषा और इनके साहित्य को शास्त्रीय साहित्य

मानते हैं। साथ ही लेवी स्ट्रॉस, क्लिफोर्ड ग्रीट्ज एवं मिल्टन सिंगर के अनुयाई हर बोली को भाषा एवं उनकी भाषा के अंतर्गत अलिखित-अप्रत्यक्ष व्याकरण के अस्तित्व को स्वीकार कर उस बोली के अंतर्गत होने वाले विमर्श को साहित्य का दर्जा देने में नहीं झिझकते। पर इसे लोक साहित्य कहा जाता है एवं रेडफील्ड की लोक संस्कृति की परिभाषा को लोक साहित्य (या लोककला या लोक संगीत) तक विस्तृत कर दिया जाता है। इस विश्लेषण की दूसरी परम्परा आनंद कुमारस्वामी के प्रभाव में बनी है। वे "देशी" एवं "मार्गी" नामक वर्गीकरण प्रस्तुत करते हैं, जिसे क्रमशः "लोक" एवं "शास्त्र" के समकक्ष माना जा सकता है। कुमारस्वामी यह तो स्वीकार करते हैं कि देशी साहित्य या लोक साहित्य मार्गी साहित्य या शास्त्रीय साहित्य से संरचनात्मक रूप से अलग होता है, परंतु कम से कम भारतीय संदर्भ में उन्होंने अपने अध्ययनों में बार-बार उदाहरण सहित साबित किया है कि दोनों प्रकार के साहित्य एवं कलाओं में संरचनात्मक भेद के बावजूद समानधर्मिता है। यह तो हो सकता है कि आज के संदर्भ में शास्त्र लिखित हो और लोक साहित्य अलिखित, परंतु यह नहीं भूलना चाहिए कि मूलतः हमारे सभी शास्त्र वाचिक परम्परा के अंग रहे हैं तथा इन्हें बाद में लिखा गया। साथ ही कुमारस्वामी ने यह भी दिखलाया है कि रूप या शिल्प में अंतर होने के बावजूद दावे के साथ यह सिद्ध नहीं किया जा सकता कि लोक साहित्य, शास्त्रीय साहित्य की तुलना में अविकसित होता है। जहाँ तक विषय-वस्तु का सवाल है, उसमें न सिर्फ समानता होती है, बल्कि समानधर्मिता भी होती है। अतः लोक साहित्य को अपवित्र कहना कम से कम भारतीय संदर्भ में ज्यादती है। इसका सबसे बड़ा कारण यह है कि यहाँ पवित्र और अपवित्र की अवधारणा गुणात्मक रूप से सामी (सेमेटिक) परम्परा, यूरोप या आधुनिक अमेरिका से अलग रही है।

समाजशास्त्र की समाज और साहित्य को समझने की स्पष्ट सीमा है। किसी भी स्थिति में साहित्य के समाजशास्त्र को साहित्य आलोचना के ऊपर हावी नहीं होने दिया जाना चाहिए। न साहित्यालोचना को साहित्य के ऊपर हावी होने की कोशिश करनी चाहिए। पर दुर्भाग्य से प्राकृतिक एवं पदार्थ विज्ञानों की विधियाँ समाज विज्ञानों एवं समाज विज्ञानों की अध्ययन विधियाँ मानविकी पर लगातार हावी होती दिखती हैं। इससे किसी का भला नहीं होगा। साहित्य और समाजशास्त्र के बीच स्वस्थ एवं स्वायत्त आदान-प्रदान तो है, पर व्यवहार में सिद्धांतों, विज्ञानों एवं पद्धतियों के नाम पर समाजशास्त्र का साहित्य में अत्यधिक महत्त्व बढ़ने का खतरा भी है। 'साहित्य का समाजशास्त्र', समाजशास्त्र का उपनिवेश बन जाए, ऐसी कोई स्थिति नहीं आने दी जानी चाहिए। साहित्य

के समाजशास्त्र में एक पुल का गुण हो, जो समाजशास्त्रियों में न केवल तथ्य देखने की प्रवृत्ति जगाए, बल्कि अपनी दृष्टि के विस्तार तथा व्यक्तित्व को संपूर्णता देने की प्रेरणा भी दे। साहित्य के रसास्वादन से समाजशास्त्री की अनुभूति में अपेक्षित गहराई आ सकती है, जबकि समाजशास्त्र के सान्निध्य में साहित्यकार की दृष्टि तुलनात्मक और अनुभूति नियमित हो सकती है। साहित्य और समाजशास्त्र दोनों का भविष्य लोकमंगल और लोक परम्परा से जुड़ने में ही है। इन्हें 'देशी' और 'मार्गी' की तरह समानधर्मी ही रहना चाहिए, कभी भी समान या समरूप नहीं बनने देना चाहिए।

६

भारतीय सिनेमा का लोकशास्त्र

भारतीय हिन्दी सिनेमा को समझने से पहले भारत को एक देश और काल के रूप में समझना आवश्यक है। लोक, शास्त्र, नृत्य, गीत, संगीत की परम्परा को समझना आवश्यक है। भारत एक अनूठा देश है, जहाँ पारम्परिक सभ्यता के उपकरण म्यूज़ियम में प्रदर्शन के लिए न होकर, सामान्य लोगों की आस्थाओं, मर्यादाओं और दैनिक आचार-व्यवहार में देखे जा सकते हैं। आज भी धार्मिक त्योहारों, पर्वों और अनुष्ठानों का "मिथकीय काल" ऐतिहासिक समय द्वारा ग्रस नहीं लिया गया है। मनुष्य अपनी लौकिक व्यस्तताओं से उठकर कभी भी उसमें प्रवेश कर सकता है या जीवनपर्यन्त रह सकता है। इतिहास की समस्त उथल-पुथल के बावजूद भारत में एक निरंतरता है। भारत की तथाकथित विवेकहीन लेकिन लोकप्रिय फिल्में इसकी गवाह हैं। भारतीय फिल्मों की विशिष्टता को समझने के लिए हॉलीवुड के सिनेमा से इसकी तुलना करना आवश्यक है।

हॉलीवुड की फिल्मों ने अमेरिका को महाशक्ति बनाया। अमेरिकी सेना इस उपलब्धि को कायम रखे हुए है। अमेरिकी संस्थाएँ हॉलीवुड और पेंटागन नियंत्रित ''विश्व ग्राम'' में स्वाभाविक मानवीय व्यवहार को अमेरिकी साँचे और ढाँचे में खपाने में लगी हुई हैं। केवल चीन, जापान और भारत ही इससे स्वतंत्र होने में लगे हुए हैं। सरकारों के स्तर पर तो अमेरिकी वर्चस्व के सामने प्रभावी प्रतिरोध की स्थिति नहीं है लेकिन लोकचेतना के स्तर पर प्रतिरोध कायम है। इस प्रतिरोध को इन देशों के सिनेमा में देखा जा सकता है। खासकर भारत और चीन के सिनेमा में। ईरान के सिनेमा का १९८० के बाद से जो तेवर है, वह भी इसी सांस्कृतिक पहचान को कायम रखने का प्रयास है। हिन्दी सिनेमा में भारतीयता की पहचान या पड़ताल करते वक्त उपरोक्त बातों को ध्यान में रखना आवश्यक है। भारत की हज़ारों वर्षों से आज तक कायम वाचिक परम्परा को भारत के लोकप्रिय सिनेमा से और

भारत के लोकप्रिय सिनेमा को इस देश की लोक परम्परा एवं लोक संस्कृति से १९१३ से ही ताकत मिलती रही है। समकालीन तकनीक के रचनात्मक सदुपयोग से भारत में सिनेमा कुटीर उद्योग बन सकता है। इसके लिए आम युवा-युवती के मन से तकनीक एवं पूंजी का डर हटाना आवश्यक है। चक दे इंडिया, भूल भुलैया, गुरू, लगे रहो मुन्नाभाई या लगान जैसी फिल्में कम बजट में कॉरपोरेट फंडिंग से, प्रशिक्षित टीम द्वारा कस्बों में बनानी होंगी। फिल्म क्राफ्ट सिखाना होगा। भारतीय फिल्मकार और भारतीय दर्शक की क्षमता में अंतर हो सकता है। दर्शक और फिल्मकार दोनों दी हुई वस्तुओं में जो छिपा है, जो अन्तर्निहित है, उसे देखने की क्षमता रख सकते हैं परन्तु एक फिल्मकार उस "छिपे" हुए को उजागर करने की दक्षता भी रखता है। दर्शक और फिल्मकार में मूलतः यही अंतर है। दर्शक में ईश्वर-तत्त्व अविकसित अवस्था में होता है। जबकि एक कलाकार के रूप में फिल्मकार में ईश्वर-तत्त्व विकसित अवस्था में होता है। सृजन करने की क्षमता को सनातन जीवन दर्शन में "ईश्वर-तत्त्व" कहते हैं। एक कलाकार कवि, मूर्तिकार, पेंटर, संगीतकार, फिल्मकार के रूप में सृजन या पुनर्सृजन करता है। वह कवि के रूप में शब्दों को इस तरह पुनर्नियोजित करता है कि भाषा के भीतर से रस का सोता निकाल सके; जैसे एक मूर्तिकार पत्थर के भीतर छिपी मूर्ति को उत्कीर्णित कर लेता है या जैसे एक संगीतज्ञ आवाजों के बवण्डर के बीच "सुरों की संगति" निकाल लेता है। वह यथार्थ के भीतर "पूर्ण" होने के लिए तड़पन की "पुकार" सुन लेता है। यथार्थ जिस तरह मनुष्य द्वारा रूपान्तरित होकर अपना "सत्य" उपलब्ध कर लेता है, उसी तरह वह मनुष्य को "कलाकार" में रूपान्तरित करके उसे अपने जीव का "सम्पूर्णत्व" पाने में योगदान करता है।

कला के इन वृत्तांतों को समझने के लिए भारत और पश्चिम में काल एवं इतिवृत्त के बारे में जो गुणात्मक अंतर है, उसको समझना आवश्यक है। भारत में तकरीबन सभी ऐतिहासिक उपन्यास एवं फिल्में पश्चिमी इतिहास लेखन के मानदंडों पर खरा नहीं उतरतीं। सबमें मिथकीय तत्त्व एवं पुरा आख्यान की परम्परा शुष्क इतिहास पर हावी रहती है। वास्तव में पश्चिमी इतिहास लेखन में भी इतिहासकारों के पूर्वाग्रह, व्यक्तिगत निष्ठाएँ एवं वैचारिक रुझान सच को जस का तस प्रस्तुत नहीं करते। इमानुएल कांट के बाद तो यह बात स्वीकारी भी जाने लगी कि उनका इतिहास, दर्शन एवं समाज विज्ञान सत्य या "यथार्थ जैसा वास्तव में है" को न अभिव्यक्त कर सकता है, न इसका अध्ययन कर सकता है (परन्तु फिर भी, पश्चिमी और ग़ैर-पश्चिमी

इतिहास आधारित विमर्श के कलारूप में मूल अंतर है) पश्चिमी इतिहास केन्द्रित विमर्श या कला रूप के केन्द्र में काल बोध का एक-रेखीय, सीमित, यांत्रिक अवधारणा है, जिसे पश्चिमी ईसाईयत द्वारा कृत्रिम मानदंडों पर स्थापित लेकिन आधुनिक व्यवस्थाओं के लिए सुविधाजनक माने जाने वाले ग्रिगेरियन कैलेन्डर और स्वचालित यांत्रिक घड़ियों द्वारा नियंत्रित एवं संचालित किया जाता है। इसके विपरीत, ग़ैर पश्चिमी विमर्श या कला रूप के केन्द्र में कालबोध का चक्रीय स्वरूप है। यह सनातन, स्वयंभू महाकाल का अंश है, जिसमें संसार चक्र चलता है, कर्म का सिद्धांत सर्वोपरि बन जाता है और चौरासी लाख योनियों के बीच जन्म-मृत्यु-पुनर्जन्म का चक्र अनवरत चलता रहता है। जब तक जीव मोक्ष, कैवल्य या निर्वाण प्राप्त कर महाकाल में लीन नहीं हो जाता, यह चक्र चलता रहता है। कला का संबंध एक ओर उपरोक्त काल से है दूसरी ओर इसका संबंध पंचांगों में वर्णित चंद्रमा की कलाओं तथा ऋतु चक्र परिवर्तन की चक्रीय गति से भी है।

भारतीय दृष्टि में फिल्म भी एक कला है। हर कला पारम्परिक ही होती है। आधुनिक कला की भी परम्परा है। आधुनिकता की भी परम्परा है। ठीक उसी तरह भारत में फिल्म निर्माण की भी एक परम्परा है। भारतीय सिनेमा में मनुष्य के दायित्वों के निर्वाह में ही उसकी स्वतंत्र चेतना का आविर्भाव होता है। सृष्टि के प्रति दायित्व, प्रकृति के प्रति दायित्व, चर-अचर के प्रति दायित्व, दायित्वों की देशभूमि में कला की सृजन शक्ति वास करती है। इसके विपरीत "आधुनिक पश्चिमी सिनेमा" में मनुष्य के अधिकारों पर ज़ोर दिया जाता है। परन्तु इन अधिकारों का उपयोग वह कैसे करे इसकी नैतिक चेतना का स्वाभाविक विकास आधुनिक मनुष्य के लिए एक प्रश्न और समस्या बना रहता है। भाषाओं का विकास आधुनिक अनुभूतियों की अभिव्यक्ति में अक्षम हो जाता है। इसी त्रासदी में कांट का दर्शन, "फेनोमेनोलॉजी," जन्म लेता है। आधुनिक मनुष्य के पास कहने के लिए अद्‌भुत बातें हैं; कष्ट, वंचना, खुशी के अनुभवों का कोष है, परंतु आधुनिक दर्शन एवं संस्कृतियों के पास समर्थ भाषा, तकनीक एवं व्याकरण नहीं है कि वे इन गहरी भावनाओं, अनुभूतियों एवं सत्यांशों को अभिव्यक्त कर सकें।

भारतीय फिल्मों की पारिभाषिक विशेषता एवं आधारभूत श्रेणियाँ

भारतीय फिल्मों में चार तरह के फिल्मकार हैं। भारत के अधिकांश फिल्मकारों की विभिन्न फिल्मों में शिल्प, प्रस्तुति, जेनर एवं कथांकन के स्तर पर बहुत

विभिन्नता रही है। फिल्मों के बारे में उनके दर्शन, दृष्टिकोण एवं मानदंड (कैनन) उनके व्यक्तिगत अनुभव एवं अनुभूतियों के कारण बनते-बिगड़ते रहे हैं। फलस्वरूप एक ही फिल्मकार को एक श्रेणी में रूढ़ करना अन्याय होगा। फिर भी अध्ययन की सुविधा के लिए हम एक काम चलाऊ वर्गीकरण कर सकते हैं –

(क) इस श्रेणी में वे फिल्मकार आएंगे जिनके लिए फिल्म निर्माण एक प्रकार का व्यवसाय है और फिल्में मनोरंजन के साधन के रूप में टिकट खिड़की पर उपलब्ध उत्पाद हैं। इस श्रेणी को स्थापित करने में बांबे टॉकिज़ की देविका रानी और शशधर मुखर्जी का नाम अग्रणी है। हिमांशु राय और फ्रेंज ऑस्टेन के सिनेमा में एक मिशन था। देविका रानी और शशधर मुखर्जी ने चंदुलाल शाह (रणजीत मार्का) और जे.बी.वाडिया, होमी वाडिया के ''विवेकहीन मनोरंजन'' की सफल व्यावसायिक चकाचौंध से प्रभावित होकर बॉम्बे टॉकिज़ का रूपांतरण कर दिया। इसके उस्तादों में ज्ञान मुखर्जी, सुबोध मुखर्जी, नासिर हुसैन तो आएंगे ही, वे लोग भी आएंगे जिनके लिए सिनेमा मूलतः मनोरंजन का साधन या ''शो बिज़नेस'' है और कहीं न कहीं वे खुद को ''शो मैन'' या ''शो वुमन'' मानते हैं। अकादमिक समीक्षा में इस तरह की फिल्मों को "माइंडलेस (विवेकहीन) सिनेमा" कहा जाता है। इस तरह के फिल्मकार अपने-अपने स्तर पर सिनेमा को एक तरह के 'स्पेकटेकल' के रूप में प्रस्तुत करते हैं। फिल्म के अनाड़ी समीक्षकों ने मनमानी करके इस श्रेणी के एकाध लोगों को महान् "शो मैन" कह दिया (जैसे राजकपूर, सुभाष घई एवं संजय लीला भंसाली को "शो मैन" कहने का मूर्खतापूर्ण चलन करीब-करीब एक खास वर्ग में रूढ़ हो चला है) या कुछ फिल्मों को महान् स्पेक्टकल कह दिया (जैसे मुग़ले आज़म, संगम, शोले, मिस्टर इंडिया, रामलखन, क्रिश या ओम शांति ओम को) लेकिन इस श्रेणी के अधिकांश फिल्मकारों को हिकारत के भाव से "माइंडलेस सिनेमा" कह कर उपेक्षित किया गया। इसका सबसे बड़ा कारण यही है कि इनकी फिल्में फिल्म समीक्षा के पश्चिमी मानदंड पर खरा नहीं उतरतीं और समीक्षकों की नज़र में इनकी फिल्में देखने और इनसे आनंद उठाने वाले दर्शक अंग्रेज़ी राज और भारतीय मध्यमवर्ग के अंग्रेज़ीदां वर्ग के अथक प्रयास के बाद भी ''सभ्य'' ''विवेक-संपन्न'' एवं परिष्कृत पश्चिमी कला मानदंडों के

कायल नहीं हो पाए। परंतु सच तो यही है कि भारत का यह तथाकथित माइंडलेस (विवेकहीन) परंतु अपार लोकप्रिय सिनेमा निर्माता की दृष्टि से व्यवसाय होने के बावजूद – व्यावसायिक समझौतों के बावजूद – व्यवसायियों द्वारा नहीं बनाया जाता बल्कि कलाकारों और साधकों द्वारा ही लिखा, निर्देशित, संगीतबद्ध एवं अभिनीत होता है। सामान्यतः यह पश्चिमी नाट्य परम्परा के मानदंडों पर आधारित नहीं होता बल्कि सचेत या अचेत रूप से पश्चिमी नाट्य परम्परा के मानदंड और पश्चिमी सिनेमा आंदोलनों की उपेक्षा करता है या हँसी उड़ाता है। इसका बहुत ठोस समाजशास्त्रीय कारण है, भारत का लोकप्रिय सिनेमा अंग्रेज़ी राज के विरुद्ध जारी स्वाधीनता आंदोलन के वैकल्पिक संस्कृति विमर्श का अंग रहा है। भारतीय सिनेमा के इस पक्ष को अज्ञानी समीक्षक अपनी ''सांस्कृतिक निरक्षरता'' के कारण समझ नहीं पाते। फलस्वरूप वे जे.बी.वाडिया, होमी वाडिया, चंदुलाल शाह, शशधर मुखर्जी, बाबू भाई मिस्त्री, नंदलाल जसवंतलाल, विजय भट्ट, एम. सादिक, एस.यू. सन्नी, मनमोहन देसाई, शक्ति सामंत, राज खोसला, मनोज कुमार, प्रकाश मेहरा, यश चोपड़ा, राकेश रौशन, डेविड धवन, महेश भट्ट, प्रियदर्शन, रामगोपाल वर्मा, आदित्य चोपड़ा, सूरज बड़जात्या, राजकुमार संतोषी, अब्बास मस्तान, विपुल शाह, मिलन लुथरिया, और राजकुमार हीरानी को के. आसिफ, राज कपूर, रमेश सिप्पी और सुभाष घई की तरह शो मैन नहीं कह पाते। सत्य यही है कि राज कपूर की केवल बाद की फिल्में (बॉबी के समय से निर्देशित फिल्में, संगम के अपवाद को छोड़कर) ही उन्हें शो मैन की श्रेणी में लाती हैं। वर्ना वे तीसरी श्रेणी के मध्यमार्गी फिल्मकार हैं। यही बात के. आसिफ, रमेश सिप्पी और सुभाष घई पर भी लागू होती है। के. आसिफ ने केवल मुग़ले आज़म नहीं बनाई थी। रमेश सिप्पी ने केवल शोले नहीं बनाई है। सुभाष घई ने केवल रामलखन नहीं बनाई है। इनकी सभी फिल्मों को ध्यान में रखकर बात करने पर पश्चिमी फिल्म समीक्षा का फ्रेमवर्क गड़बड़ाने लगता है।

(ख) दूसरी श्रेणी में वे भारतीय फिल्मकार आते हैं जिन्होंने सचेत रूप से भारतीय सिनेमा के कैनन (मानदंड) बनाए हैं या तोड़े हैं। इन्होंने भारतीय सिनेमा को सामाजिक परिवर्तन, समाज सुधार या आंदोलन का प्रभावी एवं सचेत माध्यम बनाया है। लेकिन इन लोगों ने अपने

दर्शकों से तथा इस देश की परम्परा एवं स्थिति से भी संवाद बनाए रखा है। स्वामी विवेकानंद, बालगंगाधर तिलक, महर्षि दयानंद, सर सैयद अहमद खाँ, महात्मा गाँधी, रवीन्द्रनाथ टैगोर से लेकर मध्यकालीन-समकालीन कवि, शायर, साधक, साहित्यकार आदि से किसी-न-किसी रूप में प्रेरित रहे हैं। स्वाधीनता संग्राम से प्रभावित रहे हैं एवं इन लोगों ने "इस देश की परम्परा" और "सिनेमा के विदेशी तकनीक" के बीच एक प्रकार का समन्वय बनाने की कोशिश की है। और इस कोशिश में उन्हें सफलता भी मिली है। लोक में वे प्रिय एवं स्थापित भी हुए हैं। इनमें बाबू राव पेंटर, भालजी पेंढारकर, पी.सी. बरुआ, आगा हश्र काश्मीरी, देवकी बोस, ए. आर. कारदार, सोहराब मोदी, जयंत देसाई, केदार शर्मा, अमिय चक्रवर्ती, फणी मजूमदार, चेतन आनंद, एस.एस. वासन, के.ए. अब्बास, नितिन बोस, भगवान, एस.एस. रवैल, रमेश सैगल, जिया सरहदी, मुखराम शर्मा, महेश कौल, कमाल अमरोही, नवेन्द्र घोष, ऋत्विक घटक, राजेन्द्र सिंह बेदी, किशोर साहु, राही मासूम रज़ा, इन्दर राज आनंद, कुमार शाहनी, मणि कौल, सलीम जावेद, एस. रामानाथन, मणिरत्नम, केतन मेहता, संजय लीला भंसाली, आशुतोष गोवारिकर, चंद्र प्रकाश द्विवेदी, विनय शुक्ला, अनुराग कश्यप, जैसे फिल्मकार-लेखक आएंगे। इस श्रेणी में वह हर महत्त्वपूर्ण फिल्मकार आएगा जो सिनेमा को अवधारणात्मक स्तर पर प्रतीकात्मक शक्ति का महत्वपूर्ण माध्यम मानता है और सिनेमा के माध्यम से सामाजिक हस्तक्षेप करना चाहता है।

(ग) तीसरी श्रेणी में वे भारतीय फिल्मकार आते हैं, जिन्हें मध्यमार्गी या "मिडल ऑफ़् द रोड" सिनेमा का प्रवक्ता कह सकते हैं। इसमें शांताराम, मेहबूब खान, राजकपूर, बिमल रॉय, सत्यजित रे, बी. आर. चोपड़ा, गुरुदत्त, विजय आनंद, ऋषिकेश मुखर्जी, लेख टंडन, एल.वी. प्रसाद, सत्येन बोस, गुलजार, तपन सिन्हा, श्याम बेनेगल, बासु चटर्जी, अरुण कौल, सई परांजपे, राजश्री प्रोडक्शंस, प्रसाद प्रोडक्शंस, जेमिनी, ए.वी.एम. की ज़्यादातर फिल्में आएंगी। इसमें मनोज कुमार, दुलाल गुहा, एम.एस. सथ्यु, के. विश्वनाथ, मुज़फ्फर अली, सागर सरहदी, शेखर कपूर, सूरज बड़जात्या, प्रकाश झा, राजकुमार हीरानी, आदि की भी चर्चा की जा सकती है। इनकी फिल्मों में लोक और शास्त्र का फैशनेबुल कॉकटेल होता है। उपरोक्त

> तीनों तरह के फिल्मकार भारतीय हैं लेकिन इनकी फिल्मों में भारत की अलग-अलग तस्वीर है। इनमें अलग-अलग तरह की "भारतीयता" है। भारतीयता कोई ठोस, एकहरी विचारधारा न होकर एक दृष्टिकोण है, जो विविध रूप-रंग एवं मिजाज में व्यक्त होती रही है। अपनी इसी जीवन्त भारतीयता के कारण ये फिल्मकार लोक में प्रिय एवं स्थापित होते रहे हैं।

एक चौथा वर्ग उन फिल्मकारों का है जिनको समानांतर सिनेमा या नया सिनेमा आंदोलन से जोड़ा जाता है। जन्म से तो ये लोग भी भारतीय फिल्मकार हैं, लेकिन इनमें से अधिकांश लोग पश्चिम के सिनेमावादी आंदोलन से प्रेरित रहे हैं और भारतीय कहलाने में सामान्यतः शर्म महसूस करते हैं। ये अपने को पारम्परिक फिल्मकार नहीं मानते। इनकी नजर में ये मौलिक फिल्मकार हैं। सामान्यतः इनकी फिल्में जनता की समझ में नहीं आतीं टीमवर्क के कारण अपवाद स्वरूप इनकी एकाध फिल्में लोकप्रिय भी हो जाती हैं। लेकिन अपने साक्षात्कारों में ये लोग अपनी इन लोकप्रिय फिल्मों पर गर्व नहीं करते बल्कि अपनी असफल फिल्मों पर गर्व करके दर्शकों को कोसते रहते हैं। जनता इनकी फिल्मों में अपनापन नहीं पाती। लेकिन मीडिया के एक खास वर्ग में इनको बहुत तरजीह दी जाती है। इनको महान् फिल्मकार माना जा़ता है। पश्चिम में भी इनको अपना आदमी माना जाता है। दूसरी ओर भारतीयता में रसी-पगी फिल्मों को मीडिया का उतना सहयोग नहीं मिलता।

भारतीय सिनेमा एवं मीडिया समीक्षा

कुल मिलाकर भारतीय सिनेमा और प्रिंट मीडिया का प्रारंभ से ही असहज संबंध रहा है। प्रिंट टेकनॉलॉजी को भारत के मूलतः वाचिक समाज में वह महत्त्व कभी नहीं मिला जो सिनेमा, टेलीफोन या रेडियो, टी.वी. आदि को मिला। फलस्वरूप अंग्रेज़ी भाषी मीडिया समीक्षकों ने भारतीय सिनेमा के साथ हमेशा असंतुलित व्यवहार किया है। उदाहरण के लिए राजश्री वालों की 'विवाह' (२००६) को मीडिया का सहयोग नहीं मिला। इस फिल्म को धूमधाम से प्रचारित करके रिलीज़ भी नहीं किया गया। फिल्म की शुरुआत बहुत अच्छी नहीं रही। परंतु धीरे-धीरे यह फिल्म लोक में प्रिय एवं स्थापित होती गई। इस फिल्म की सफलता ने साबित किया कि मीडिया की चुप्पी और असहयोग के बावजूद घटनाएं घटती हैं और लोक-जीवन में उन घटनाओं का महत्त्व स्वीकारा जाता है। मध्यमवर्ग की यह मान्यता पूरी तरह सही नही है कि

आजकल अधिकतर महत्वपूर्ण घटनाएं मीडिया के लिए घटती हैं और मीडिया में घटती हैं। सच तो यही है कि मीडिया के बाहर बहुत बड़ी दुनिया है, जहाँ अपनी अक्षमता के कारण मीडिया अब तक नहीं पहुँच पाई है। यदि ओम शांति ओम (२००७) जैसी मीडिया हाइप भारतीय सिनेमा की एक प्रवृति है तो विवाह (२००६) एवं चक दे इंडिया (२००७) दूसरी ज़्यादा स्वाभाविक प्रवृति है।

भारतीय मान्यता है कि असली घटनाएँ ब्रह्माण्ड में घटती हैं। ब्रह्माण्ड में घटने वाली घटना गुमनाम मनुष्य के संकल्प से भी घट सकती है। वह एक साधारण बिना माँ-बाप की लड़की और उसके सामान्य चाचा के बीच पाए जाने वाले सामान्य पारिवारिक संबंध की पवित्रता की असाधारण शक्ति के कारण सगाई जैसे साधारण रस्म एवं विवाह जैसे सामान्य संस्कार या गृहपूजा जैसे साधारण अनुष्ठान के माध्यम से भी घट सकती है और दादा साहब फालके जैसे साधारण आदमी की सामान्य इच्छा-शक्ति के कारण भी घट सकती है। औसत दर्जे की फिल्मों को मीडिया अपनी खबर में मार या जिला सकती है लेकिन मीडिया के बावजूद उत्कृष्ट फिल्मों, रचनाओं को अंततः अपना उचित स्थान मिल ही जाता है। हर रचनाकार को, हर साधक को साधना, रियाज़ या रिहर्सल या जप-तप की एक सीमा पार करनी पड़ती है। एक अनुकूलतम सीमा (ऑपटिमम लेवेल) या एक दहलीज (थ्रेसहोल्ड लेवेल) तक जनसंचार के साधन (मीडिया), पूँजी एवं तकनीक (टेकनोलॉजी) के सहयोग और असहयोग से फर्क पड़ता है। लेकिन सीमा पार कर लेने के बाद चेतना (आइडिया) का लोक एवं प्रकृति से अपरोक्ष संबंध (तादात्म्य) स्थापित होने लगता है। फैन क्लब, संप्रदाय, आंदोलन बनने की प्रक्रिया शुरू होती है। मीडिया 'आइडिया'(चेतना) के पीछे नहीं इवेन्ट (घटना) के पीछे भागती है। भारत के लोग इस सामाजिक यथार्थ का तत्त्व समझते हैं। त्योहार भी एक इवेन्ट (घटना) ही है। यह मत भूलें कि त्योहार में बड़ी मेहनत, उत्साह और खर्च करके मूर्ति बनाई जाती है। फिर उस मूर्ति की पूजा कर त्योहार मनाया जाता है। लेकिन त्योहार मनाने के अंतिम क्रम में भारतीय संस्कृति की पारिभाषित विशेषता प्रस्तुत होती है। जितने उत्साह से मूर्ति बनाकर पूजी जाती है, उतने ही उत्साह से विसर्जित (नदी में डुबाना) कर दी जाती है। इसका निहितार्थ यही है कि त्योहार केवल घटना भर नहीं है, मूलतः चेतना ही है। भारतीय दर्शक इसे समझता है। अंग्रेज़ीदां समीक्षक नहीं समझता।

फिल्म विवाह के समकालीन टेक्सूट (पाठ) से आप पीछे जाएँ तो नया दौर, शतरंज के खिलाड़ी, मेरा नाम जोकर, मदर इंडिया, सीमा, झनक झनक

पायल बाजे, तीसरी कसम, जागते रहो, गाइड, उपकार, परख, दीक्षा, अनोखी रात, आराधना, आनंद, सुर संगम, अभिमान, गोदान, शोले, आँधी, मिर्च मसाला, मैंने प्यार किया, दिलवाले दुल्हनिया ले जाएंगे, हम दिल दे चुके सनम, गॉड मदर, ताल, देवदास जैसी फिल्मों पर ध्यान जाता है। इन फिल्मों के खलपात्र के चरित्र या चरित्र-चित्रण में सेमेटिक या मार्क्सवादी कैनन (मूल स्थापनाओं) की स्थापना हो सकती है लेकिन इनके सामान्य पात्र या इनमें वर्णित सामान्य घटनाओं में सनातनी सत्य की स्थापना देखी जा सकती है। मार्क्सवादियों ने गोदान और दीक्षा या निशांत या मदर इंडिया जैसी फिल्मों से यश चोपड़ा की दीवार की तुलना की है। इनमें कुछ समानताएँ तलाशी जा सकती हैं। इसके बावजूद इन फिल्मों के लेखन या निर्माण का उद्देश्य अलग-अलग है। दीवार एक व्यावसायिक-फार्मूला फिल्म है, जिसके कुछ तत्त्व मदर इंडिया और कुछ तत्त्व गंगा जमुना से लिए गए हैं लेकिन असली कहानी मुंबई के स्मगलर हाजीमस्तान के जीवन से प्रेरित है। कहानी में स्मगलरों की दृष्टि का सहानुभूतिपूर्वक चित्रण है। पटकथा की चुस्ती और निर्देशकीय कौशल से इस फीचर फिल्म में विज्ञापन फिल्मों की गुणवत्ता शामिल कर ली गई है। स्मगलरों की गौरवगाथा का विज्ञापन करती यह फिल्म शिल्प के आधार पर और दक्षता के पैमाने पर कुछ सिरफिरे समीक्षकों को कालजयी फिल्म भी दिखती है। लेकिन यह मत भूलिए कि इसको स्थापित करने में बहुत पैसा लगा है। बहुत मेहनत की गई है। बहुत मस्तिष्क लगा है। इसके बावजूद यह उसी वर्ष प्रदर्शित शोले का दर्जा हासिल नहीं कर पाई और न ही जय संतोषी माँ का। दीवार के हाइप की तुलना (२००७) की फिल्म ओम शांति ओम के हाइप से की जा सकती है, जबकि जय संतोषी मां की सफलता की तुलना चक दे इंडिया (२००७) या विवाह (२००६) से की जा सकती है। ११० करोड़ के देश में इतनी विविधता है कि देवआनंद के कलात्मक जुनून देखने के लिए छोटे शहरों के सिनेमा घरों में आज भी कुछ लोग पहुँच जाते हैं और रामसे ब्रदर्स की डरावनी हास्य फिल्मों को भी कुछ दर्शक मिल जाते हैं। महेश भट्ट और आदित्य चोपड़ा की फिल्में जिस तरह थोक के भाव से एक खास वर्ग के दर्शकों में लगातार सराही जाती हैं, उसी तरह १९७० के दशक में अमिताभ बच्चन की फिल्में सराही जाती थीं। इनकी लोकप्रियता नापने का कोई वस्तुनिष्ठ पैमाना तो अब तक विकसित नहीं हुआ है। जिस तरह निशांत में जमींदार है और मदर इंडिया में साहूकार उसी तरह भारतीय सिनेमा में समीक्षक-आलोचक हैं। सभी मनमानी करते हैं। भारत में आलोचकीय धर्म, अकादमिक न्याय और संस्थाबद्ध समीक्षा का अभाव है।

अपनी सुविधा से समीक्षक मिथक गढ़ देते हैं। समीक्षकों या मीडिया की संरचना में पारदर्शिता, जनतंत्र और बहुसांस्कृतिक रुझान का अभाव है। अंग्रेज़ी राज ने राजनैतिक अर्थशास्त्र के क्षेत्र में जितना अहित किया उससे कहीं ज़्यादा साहित्य, सिनेमा, कला, संस्कृति और धर्म के क्षेत्र में अहित किया है। अंग्रेज़ी राज ने भारतीयों के बीच साहूकारों, जमींदारों, मठाधीशों, समीक्षकों, विद्वानों की एक नई जमात पैदा कर दी, जो भारतीय होते हुए भी भारतीय लोगों से नफरत करते थे, भारतीय संस्कृति धर्म, कला, नीति, नैतिकता के विरुद्ध काम करते थे लेकिन अंग्रेज़ी राज के हिमायती होने के कारण समाज पर गुंडागर्दी करके आम जनता को रौंदते रहते थे। १९४७ के बाद भी राज्य और विश्वविद्यालय द्वारा पोषित संस्थाएँ आम जनता को ही दोषी मानती रही हैं, लेकिन भारतीय सिनेमा ने जनता को नायकत्व दिया और शासन तथा समाज पर काबिज अंग्रेज़ी राज के हित-चिंतन से उपजे काले अंग्रेज़ों की जमात को खलनायक बनाया। इसकी शुरुआत कम से कम हिन्दी में प्रेमचंद, प्रसाद और निराला की रचनाओं में हुई। १९३६ के बाद हिन्दी साहित्य का यह मूल स्वर हिन्दी सिनेमा में अभिव्यक्त हुआ। १९३६ तक हिन्दी मूलतः स्थानीय लोकभाषा थी। हिन्दी को राष्ट्रभाषा हिन्दी सिनेमा ने बनाया, जब गुजराती-भाषी मेहबूब, मराठी-भाषी शांताराम, बंगाली-भाषी बिमल रॉय, पंजाबी-भाषी चेतन आनंद, राजकपूर और बलदेवराज चोपड़ा जैसे लोगों ने एक सचेत निर्णय किया कि वे अपनी मातृभाषाओं में नहीं हिन्दी में अपनी फिल्म बनाएंगे, वह भी मुंबई जैसे मराठी क्षेत्र से, तो हिन्दी को व्यापक-राष्ट्रीय-फलक मिला।

भारत में सिनेमा हॉल की स्थिति धीरे-धीरे (१९१३ से लेकर आज तक) हिन्दू मंदिरों के समतुल्य हो गई है। मंदिर और सिनेमाघर ठेठ भारतीय ''पब्लिक स्पेयर'' या सार्वजनिक स्थान हैं, जहाँ लोगों की भीड़ लगी रहती है। मंदिर या सिनेमा हॉल के प्रवेश और निकास द्वार सामान्यतः एक ही होते हैं, खासकर एकल ठठिया सिनेमागृहों के। मंदिर और सिनेमागृह के प्रवेश एवं निकास द्वार पर भीड़ देखी जा सकती है। अंदर पहुँचने की आपाधापी, टिकट खिड़की की लंबी कतार के साथ-साथ मार-पीट या ब्लैक टिकट की ख़रीद-फरोख्त देखी जा सकती है। कुछ मंदिरों में सिनेमा हॉल की तरह भगवान् के दर्शन के लिए श्रेणीबद्ध टिकट रेट (दर) है। अतः सिनेमा का समाजशास्त्र, धर्म के समाजशास्त्र से काफी कुछ सीख सकता है। भारतीय तत्त्वविज्ञान के अनुसार मंदिर (सिनेमागृह) विशेष परिस्थिति एवं प्रभाव उत्पन्न करता है, जिसमें भगवान् की लीला (संसार) का प्रतीकात्मक या

लाक्षणिक वर्णन या चित्रण सुनने या देखने का अवसर मिलता है। परिस्थितियाँ नियति एवं नियंता (निर्देशक – लेखक) के हाथ में होती हैं लेकिन उन परिस्थितियों में हर व्यक्ति एक समान व्यवहार नहीं करता। उन परिस्थितियों का हर व्यक्ति एक समान अर्थ नहीं लगाता। हर व्यक्ति अपने स्वभाव, स्वधर्म, पृष्ठभूमि, प्रशिक्षण और इच्छा–आकांक्षा के आधार पर अर्थ लगाता है। भीड़ में भी वस्तुतः हर व्यक्ति अकेला होता है, खासकर मंदिर के अंदर या सिनेमागृह के अंदर की भीड़ में।

सिनेमागृह में फिल्म शुरू होने से पहले अंधेरा कर दिया जाता है। पश्चिम के धर्म स्थानों एवं पूर्व के भी अभारतीय धर्म स्थानों में पूजा–पाठ, प्रार्थना या अन्य कर्मकांड प्रकाश में किए जाते हैं। अतः सिनेमागृह का अंधेरा और पूजा स्थल के उजाले में एक प्रकार का प्रतिकूल संबंध माना जाता रहा है। फिल्मों के विमर्श और संस्कृति एवं धार्मिक विमर्श एवं कर्मकांड के बीच भारत के बाहर एक प्रकार का असहज संबंध रहा है। दूसरी ओर पश्चिम में विकसित सिनेमा का तकनीक एवं अंधेरे में फिल्म देखने की संस्कृति का भारतीय धर्मोपासना से १९१३ से ही सहज संबंध विकसित हो गया। यह अप्रासंगिक नहीं है कि भारत की प्रथम फीचर फिल्म राजा हरिश्चन्द्र है और हॉलीवुड की प्रथम फिल्म दि ग्रेट ट्रेन रॉबरी। यह ध्यान देने योग्य तथ्य है कि भारत के पारम्परिक हिन्दू मंदिरों के गर्भगृह में अंधेरा होता है। हिन्दू शास्त्रकारों के अनुसार गर्भगृह में इसीलिए अंधेरा होता है ताकि श्रद्धालु के भीतर आत्मप्रकाश जल सके। माँ के गर्भ की तरह या कब्र या चिता के समान गर्भगृह में जाने (बीज रूप या पिता रूप में जाने) और आने (संतान के रूप में आने) का रास्ता एक ही होता है। संसार की पहली फीचर फिल्म को फ्रांस के लोगों ने ''इंडिया सैलून'' नामक पेरिस के एक होटल के हॉल में देखा था। जिस तरह कृष्ण का जन्म कृष्ण जन्माष्टमी की काली रात में कारागृह के अंधेरे में हुआ था, देवकी की कोख से हुआ था लेकिन वे पले–बढ़े–खेले जसोदा की गोद में, ठीक उसी तरह सिनेमा जन्मा तो फ्रांस जैसे पश्चिमी यूरोपीय देशों में, लेकिन पला बढ़ा अमेरिका (हॉलीवुड), चीन, जापान और भारत में।

धीरे–धीरे हॉलीवुड की फिल्मों ने यूरोपीय फिल्म निर्माण को बेहतर तकनीक, बेहतर शिल्प एवं मिशनरी भावना से यूरोपीय दर्शकों एवं यूरोपीय सिनेमाघरों के लिए अप्रासंगिक एवं अनाकर्षक बना दिया। कुछ यूरोपीय समीक्षकों के अनुसार हॉलीवुड की फिल्में अमेरिका में बसे यहूदियों का यूरोपीय ईसाईयत के ख़िलाफ शुरू किया गया सांस्कृतिक जेहाद है। दूसरी ओर

भारत के आम दर्शकों को सिनेमा हॉल का अंधेरा मंदिरों के गर्भगृह की स्मृति देता है। फिल्म की कथानक (नैरेटिव) में रामायण, महाभारत, श्रीमद्भागवत या जातक कथाओं के तत्त्व होते हैं। भारतीय पूजा पद्धति की तरह हमारी फिल्मों में भी अक्सर गीत-संगीत का तत्त्व होता है। हर नायक में कृष्ण और हर नायिका राधा या गोपी होती है। हर विरहिनी मीरा या गोपियों के गीत गाती है। भारतीय सिनेमा पारम्परिक लोक-जीवन का ही विस्तार है। यह जानबूझ कर व्यवस्थित तरीके से या योजनाबद्ध तरीके से नहीं किया गया। यह अपने आप हुआ है, अवचेतन के स्तर पर हुआ है। इसके विपरीत देश के विश्वविद्यालयों या अंग्रेज़ी मीडिया को सत्ता-प्रतिष्ठान से, अंग्रेज़ी राज के दौरान से ही, व्यवस्थित साधन, साधक, निर्देश, मार्गदर्शन एवं संपोषण मिलता रहा है। अंग्रेज़ी राज के समय से लोक-जीवन और लोकशास्त्रों को हिकारत के भाव से देखा जाता रहा है। लेकिन भारतीय सिनेमा ने लोक-जीवन और लोकशास्त्रों से तादात्म्य स्थापित किया। भारतीय संस्कृति के लोकपक्ष के संरक्षण-संवर्द्धन में तथा लोक रीति के असंतुलित पक्षों की समीक्षा में भारतीय सिनेमा की भूमिका भारतीय राज्य और भारतीय विश्वविद्यालयों से ज़्यादा रही है। भारतीय राज्य और भारतीय विश्वविद्यालय पश्चिमी शास्त्रों की ओर उन्मुख होकर अपना विमर्श और व्यापार चलाते रहे हैं जबकि भारतीय सिनेमा कुछेक अपवादों एवं अतिरेकों के बावजूद इस देश के लोक और शास्त्र से संवाद बनाकर अपना विमर्श एवं व्यापार चलाता रहा है। यही कारण है कि भारत में सिनेमा इतना लोकप्रिय और इतना सशक्त माध्यम है। लेकिन आज तक भारतीय विश्वविद्यालयों में सिनेमा को एक विषय एवं प्रभावी जनसंचार माध्यम के रूप में महत्व नहीं मिला। हमेशा इसे ''हेय मनोरंजन'' का साधन मानकर, विश्वविद्यालय के बाहर की चीज़ मानकर अपने भरोसे जीने-मरने के लिए छोड़ दिया गया। यह तो भारतीय सिनेमा की जीवंतता और आंतरिक ऊर्जा है, जिसने खुद अपने अस्तित्व की रक्षा की है, अपना पालन-पोषण किया है। अपनी वैश्विक पहचान बनाई और उभरते हुए भारत की सबसे प्रमुख सांस्कृतिक पहचान बन गई है।

अतः भारतीय सिनेमा के स्वरूप और भारतीय दर्शकों से इसके रागात्मक संबंधों को समझना आवश्यक है। इस रागात्मक संबंध का एक इतिहास और समाजशास्त्र है। इसका एक सौन्दर्यशास्त्र और तत्त्व मीमांसा है। ''अंधेरे से प्रकाश की ओर'' (तमसो मा ज्योतिर्गमय) वह सूत्र है जो इसको समझने में सहायक है। अधिकांश भारतीय दर्शकों को सिनेमा हॉल का अंधेरा और अंधेरे में प्रकाशित लीलात्मक कथानक का पारम्परिक मंदिर के गर्भगृह में देवमूर्ति

और श्रद्धालु भक्त के रागात्मक-आध्यात्मिक संबंध से अवचेतन स्तर पर संबंध दिखता है। फिल्मी कथानक आध्यात्मिक लीला प्रसंग की अनुकृति है। उसकी स्मृति एवं अनुगूँज है। सिनेमागृह के अंधेरे में दर्शकों की भीड़ में भी हर दर्शक "फिल्म के पाठ" से, फिल्म के कथानक से, कथानक के यथार्थ और संभावना यानी सत्य से एक अपरोक्ष संवाद बनाता है। हर अच्छी या कुमारस्वामी के शब्दों में कहें तो हर ''नार्मल'' (सामान्य) फिल्म अंधेरे में एक परिस्थिति पैदा करती है कि व्यक्ति अपने ''प्रिय ब्रह्म'' (आत्म ब्रह्म) का साक्षात्कार कर सके। सामान्यतः वह फिल्म लोकप्रिय (हिट) हो जाती है, जिसमें आत्मसाक्षात्कार या आत्मानुभूति से उपजा एक सहज संवाद (वन लाइनर) भी होता है। इसे सूत्र वाक्य भी कह सकते हैं। यह "सूत्र वाक्य" चिंगारी का काम करता है। मंत्र की तरह काम करता है। टी. वी. ऐंटिना की तरह काम करता है। वह हर दर्शक के भीतर सैकड़ों ''चेन रियेक्शन'' पैदा करता है। वह दर्शक (दर्शकों) को अपने युग से, युग-सत्य से, अपनी सुप्त संभावनाओं से, असीम संभावनाओं से साक्षात्कार कराता है। इसी अर्थ में भरतमुनि, अभिनवगुप्त, कुमारस्वामी जैसे लोग कला को ब्रह्म से आत्मा का संवाद मानते हैं। इसी अर्थ में कला ब्रह्म-सहोदर है। भारत में फिल्म भी सामान्यतः एक कला ही है। हिमांशुराय, शशधर मुखर्जी से लेकर आदित्य चोपड़ा, रामगोपाल वर्मा, महेशभट्ट आदि की कोशिशों के बाद भी भारत में फिल्म हॉलीवुड की तरह एक सांस्कृतिक उत्पाद भर नहीं बन पाया है। कम से कम दर्शकों ने इसे सांस्कृतिक उत्पाद के रूप में अभी तक नहीं स्वीकारा है। भारतीय दर्शक और अधिकांश स्वतंत्र फिल्मकार फिल्म को भारत में आज भी कला रूप ही मानते हैं और हर सफल फिल्म में आधुनिक तकनीक और पारम्परिक कला मूल्यों का समन्वय एवं तादात्म्य किसी न किसी रूप में स्थापित "किया जाता है" या "हो जाता है"।

भारतीय दृष्टि में अंततः अधिकांश फिल्मकार एक समकालीन ऋषि की तरह व्यवहार करते हैं। हर फिल्म एक प्रकार से उसकी साधना और सिद्धावस्था का प्रकटीकरण (मैनिफेस्टेशन) है। कोई भी ऋषि अपना सत्य दूसरों पर आरोपित नहीं करना चाहता। दूसरों के सत्य को स्वीकारने में उसे कोई दिक्कत नहीं होती। चूँकि सत्य तो अद्वैत होता है, चाहे उस सत्य को कोई अपना बोल रहा हो या पराया। सत्यानुभूति में अद्वैत है। केवल असत्य में द्वैत है। द्वैत में विरह और वियोग है। इसलिए सत्यानुभूति के आग्रही दर्शक फिल्म के अंत में मिलन, अद्वैत, सत्यम् शिवम् सुन्दरम् देखना चाहते हैं। सत्य, न्याय, दैवीय शक्तियों की जीत देखना चाहते हैं। ट्रेजडी नहीं देखना

चाहते। दुखांत फिल्में, त्रासदीदायक फिल्में, असत्य, अन्याय, असंतुलित फिल्में सामान्यतः इस देश में सफल नहीं होतीं। विदेश में बसे भारतीयों या पश्चिमपरस्त दर्शकों में लोकप्रिय हो सकती हैं लेकिन आम भारतीय ऐसी फिल्मों को नकार देते हैं।

पश्चिम में ट्रेजडी काफी लोकप्रिय रही है। प्राचीन यूनान की परम्परा में, रोम की परम्परा में, शेक्सपीयर के नाटकों में ट्रेजडी कला का श्रेष्ठरूप है। चाहे आप अरस्तू के सौन्दर्यशास्त्र को देखें या हीगेल का या फिर नीत्शे के सौन्दर्यशास्त्र को ही देख लें, पश्चिमी मानस ट्रेजडी की उत्कृष्टता से अभिभूत है। इसी तरह फ्रांसीसी और इटालवी सिनेमा में यथार्थवाद या नवयथार्थवाद सिनेमा का सबसे प्रतिष्ठित रूप रहा है। लेकिन भारत में ऐसी फिल्मों को सामान्यतः बहुत उत्कृष्ट और सफल फिल्मों की श्रेणी में नहीं रखा जाता। पश्चिमी फैशन से प्रेरित ऐसी फिल्में समानांतर सिनेमा (१९६९ के आसपास शुरू हुए तथाकथित नया अथवा "बौद्धिक एवं कलात्मक" सिनेमा) की श्रेणी में आती हैं। इन्हें भारत में सीमित दर्शक ही मिल पाए। ऐसे फिल्मकार दर्शकों की समझ को दोष देते हैं। दरअसल भारतीय परिवेश में ऐसी फिल्मों को दर्शक नहीं मिलने के पीछे ठोस समाजशास्त्रीय कारण रहे हैं। दरअसल फ्रांस और इटली में सिनेमा का संबंध आधुनिकता से है। यह परम्परा के साथ उस रूप में नहीं जुड़ा है जिस रूप में भारत में जुड़ा है। यूरोप में पारम्परिक संस्थाएँ एवं पारम्परिक लोग, अब बचे ही नहीं हैं। वहां परम्परा एक 'नोस्टालजिया' के रूप में या म्यूज़ियम में प्रदर्शन के लिए रखी गई वस्तु के रूप में ही ज़िंदा है। यूनानी परम्परा में ट्रेजडी पैगन विश्वदृष्टि में एक अलग अर्थ रखता था। फ्रांसीसी या इटालियन यथार्थवादी-नवयथार्थवादी सिनेमा में इसका एक अलग अर्थ है। यूनानी परम्परा में ट्रेजडी का एक अतिमानवीय अर्थ था। मध्यकालीन ईसाईयत ने ट्रेजडी (त्रासदी) को एक अन्य अर्थ दिया था। आधुनिकता की विचारधारा और औद्योगिक पूँजीवादी प्रजातंत्र में त्रासदी का अर्थ गुणात्मक रूप से बदल जाता है। ओपेरा की फ्रांसीसी परम्परा और पेंटिंग की इटालवी परम्परा से पश्चिमी यथार्थवादी परम्परा का जो संबंध है वह फ्रांसीसी या इटालवी सिनेमा में देखा जा सकता है। लेकिन भारतीय सिनेमा का पारसी थियेटर से या भारतीय चित्रकला से वैसा संबंध नहीं है। भारतीय सिनेमा का संबंध लोक संस्कृति, लोक संगीत और कथाकीर्तन – भजन और मंदिरों में प्रवेश कर आत्मानुभूति प्राप्त करने की परम्परा से ज़्यादा है। इसलिए आत्मविभोर दर्शक कभी सीटी बजाने लगता है और कभी ताली, कभी पैसा फेंकने लगता है और कभी हो-हो करने लगता है। कभी

नायक-नायिका की पूजा करने के लिए मंदिर बनाने लगता है और कभी फैन क्लब बनाकर समाज सेवा और राजनीति करने लग जाता है।

भारतीय सौन्दर्यशास्त्र केन्द्रित सिनेमा-अध्ययन का अभी व्यवस्थित विकास नहीं हुआ है लेकिन १६१३ से लेकर २००६ तक की सफल-असफल (दर्शक संख्या के आधार पर) फिल्मों के तुलनात्मक समाजशास्त्रीय उपकल्पना के आधार पर एक कामचलाऊ (जुगाड़ू) सामान्यीकरण किया जा सकता है कि पश्चिमी ढंग के यथार्थवादी एवं नवयथार्थवादी फिल्मों को भारतीय दर्शकों का वैसा समर्थन नहीं मिल पाता जैसा आधुनिक पश्चिम के सिने दर्शकों के द्वारा उन्हें मिलता है। इसका कारण यह नहीं है कि भारत के दर्शक अनाड़ी हैं और एक अच्छी फिल्म को प्रोत्साहन नहीं देते। बल्कि इसका कारण यह है कि भारतीय दर्शकों के लिए नई तकनीक में प्रस्तुत होने के बावजूद सिनेमा उसकी जानी-पहचानी अपनी चीज़ है, जिसकी इस देश के हज़ारों वर्षों के वाचिक परम्परा और कथा वाचन एवं कथा श्रवण की लोक परम्परा एवं लोक संस्कृति से गहरा संबंध है। जबकि पश्चिम में परम्परा और पारम्परिक संस्कृति का आधुनिक दर्शकों एवं आधुनिक सिनेमा से कोई जीवंत रिश्ता ही नहीं हैं। अंग्रेज़ी राज में विकसित भारतीय साहित्य का भारतीय समाज से वैसा जीवंत संबंध आज तक विकसित नहीं हो पाया, जितना भारतीय सिनेमा का १६१३ से स्थापित हो गया था। भारतीय दर्शकों ने सिनेमा को पहली नज़र में ही दिल दे दिया। ऐसा प्यार केवल भक्त कवियों एवं सूफी गायकों को ही मिला है। अतः भारतीय दर्शकों को दोष देने की बजाय यथार्थवादी या नवयथार्थवादी सिनेमा की अभारतीयता को ठीक से समझने की आवश्यकता है। भारतीय समाज में ''यथार्थ'' सत्य का एक अंश या रूप मात्र है। यथार्थ को या यथार्थ के अध्ययन को आधुनिक यूरोपीय मानववाद एवं मानववादी इतिहास, दर्शन एवं समाज विज्ञानों ने एक ख़ास स्वरूप प्रदान किया है। यूरोप के आधुनिक विमर्श में सत्य या न्यूमेना को कोई स्थान प्राप्त नहीं है। वहाँ यथार्थ या फेनोमेना का ही महत्व है। यहाँ ध्यान रखना आवश्यक है कि भारत में यथार्थ न्यूमेना का ही अंश या रूप है। जबकि पश्चिम में यथार्थ फेनोमेना का रूप है। पश्चिम में यथार्थ वह है, जिसे इतिहासकार की अध्ययन प्रणाली एवं अवधारणाएँ यथार्थ मानती हैं। जो इतिहासकार छोड़ देता है या जो उसकी अवधारणाओं से संगति नहीं रखती उसे वह मिथक, कल्पना या असत्य कहकर ख़ारिज कर देता है। भारत में जब सिनेमा का जन्म एवं विकास हुआ (१६१३ से १६४७) उस वक्त भारत में अंग्रेज़ी राज था। देश में स्वाधीनता आंदोलन चल रहा था। १६१३ से १६२० तक के स्वाधीनता आंदोलन पर

कांग्रेस के गरम दल का सबसे ज़्यादा प्रभाव था। बालगंगाधर तिलक उस युग के सबसे बड़े नेता एवं प्रेरणा पुरूष थे। दादा साहब फाल्के और प्रभात फिल्म कंपनी पर तो स्वतंत्रता आंदोलन का प्रभाव था ही, रणजीत मूवीटोन, न्यू थियेटर्स और मिनर्वा मूवीटोन पर भी स्वतंत्रता आंदोलन का कम प्रभाव नहीं था। अतः जिसे अंग्रेज़ीदां लोग भारतीय दर्शकों एवं फिल्मकारों की नासमझी मानते हैं, वह एक प्रकार के सांस्कृतिक विमर्श के वैकल्पिक व्याकरण एवं वैकल्पिक सौन्दर्यशास्त्र से निकला प्रतिरोधी आख्यान है, जिसे स्वदेशी आंदोलन और स्वाभिमानी साधना ने सींचा था। इस दृष्टि से देखने पर यथार्थवादी सिनेमा और इसको बनाने वाला फिल्मकार निम्न श्रेणी में आता है। यह कला और कलाकार की प्रारंभिक अवस्था का द्योतक है। जब एक कला और सांस्कृतिक साधन के रूप में सिनेमा किसी देश में जन्म लेता है तो यथार्थवादी सिनेमा की बाढ़ आती है। एक नया-नया फिल्मकार जब फिल्म बनाना सीख रहा होता है, जब फिल्म की तकनीक और शिल्प से उसे नया-नया रोमांस होता है तो वह यथार्थवादी या नवयथार्थवादी सिनेमा बनाता है। वह रियलिटी को डाक्युमेंट करता है। रियलिटी पर एक रिपोर्ट प्रस्तुत करता है। भारतीय दृष्टि से यह सागर को गागर में भरने की हिमाकत है, जो उस्ताद-शागिर्द परम्परा के कमज़ोर पड़ने या लुप्त होने की स्थिति का द्योतक है। यह ''नीम हकीम खतरा-ए-जान'' की कहावत की प्रासंगिकता की स्थिति है। यह कुएँ के मेढ़क का आत्मालाप है कि उसने 'पुनः सृजन' नहीं 'सृजन' किया है, 'अनुकृति' नहीं, 'कृति' बनाई है। भारत में ऐसी फिल्मों को लोक स्वीकार नहीं करता है। लोक में वही सिनेमा स्वीकृत होता है, जो सत्य (मिथक + यथार्थ + संभावित यथार्थ) से संवादित होता है। जो सत्य को निवेदित होता है।

भारत में फिल्में लोक के स्तर पर दो अलग तरह से प्रिय एवं स्थापित होती हैं। इस दृष्टि से लोकप्रिय (ब्लॉक बस्टर्स) फिल्मों के दो वर्गीकरण किए जा सकते हैं। एक को ''लोकप्रिय'' फिल्म कह सकते हैं और दूसरे को ''कालजयी'' फिल्म कह सकते हैं। लोकप्रिय फिल्म में "क्षण की प्रियता" होती है। सत्य का आभास होता है। दूसरी ओर "कालजयी" फिल्म में सत्य का अंश संकेतित या निवेदित होता है। कालजयी फिल्में लोक में क्षणिक रूप से प्रिय होने के बाद लोक में स्थापित भी हो जाती हैं। लोकप्रिय फिल्में पश्चिमी अर्थों में 'मेटाफोरिक' होती हैं जबकि कालजयी फिल्में 'मेटानोमिक' होती हैं। पश्चिम में 'मेटाफोरिक' को 'फेनोमेना' कहते हैं। वहाँ मेटाफोरिक को उत्कृष्ट कला माना जाता है। हमारे यहाँ मेटानोमिक या मेटानोइक (कालजयी, लाक्षणिक) कला न्यूमेना (सत्य) का लक्षण या अंश है। यह सर्वोत्तम कला का

रूप है जबकि 'मेटाफोरिक कला' कला का अविकसित या अल्पविकसित रूप है। कालजयी फिल्में गुरु-शिष्य या उस्ताद-शागिर्द परम्परा से निकला हुआ या ऋषि परम्परा की तरह आत्मनुभूति से गुज़रा हुआ फिल्मकार ही बना पाता है। कभी-कभी कोई निर्दोष – सुधी फिल्मकार किसी ज्ञात-अज्ञात प्रेरणा से जाने-अनजाने भी बना लेता है। या कहें, कभी-कभी ऐसी फिल्में अपने आप भी बन जाती हैं। सामान्यतः कालजयी फिल्मों का अवतरण ब्रह्माण्डीय घटना के रूप में होता है। इन फिल्मों का सेल्फ वैल्यू होता है।

भारत में सिनेमा के प्रारंभ में विभिन्न क्षेत्रों और भाषाओं के लोग उसी तरह जुड़े; जैसे हॉलीवुड के सिनेमा में यूरोपीय देशों के विभिन्न भाषा-भाषी लोग जुड़े थे। लेकिन हॉलीवुड की फिल्मों और अमेरिका की भाषा अंग्रेज़ी है। भारतीय सिनेमा के प्रारंभ में पाँच प्रमुख केन्द्र थे – कलकत्ता, बम्बई, लाहौर, मद्रास और कोल्हापुर – पुणे। स्वतंत्रता प्राप्ति के बाद कलकता, लाहौर और पुणे के कलाकार – तकनीकी विशेषज्ञ भी बम्बई चले आए। कुछ बम्बई से पाकिस्तान भी गए। विभिन्न क्षेत्रों से आए लोगों ने व्यावहारिक कारणों से अपनी मातृभाषा के स्थान पर हिन्दी में फिल्म बनाना शुरू किया। शांताराम मराठी भाषी थे, मेहबूब खान गुजराती बोलने वाले, बिमल रॉय, अमिय चक्रवर्ती, फनी मजूमदार आदि बंगाली भाषी थे तो चेतन-देव-विजय आनंद, बलदेवराज-यशराज चोपड़ा, पृथ्वीराज-राजकपूर, केदार शर्मा और दिलीप कुमार पंजाबी भाषी। एस.एस. वासन मद्रासी थे। सोहराब मोदी पारसी मिश्रित मराठी हिन्दी बोलते थे। अधिकांश तकनीकी विशेषज्ञ अंग्रेज़ी में सोचते-बोलते-काम करते थे। अतः हिन्दी सिनेमा को धीरे-धीरे राष्ट्रीय सिनेमा का दर्जा तो प्राप्त हो गया लेकिन हिन्दी फिल्म उद्योग के कामकाज की भाषा (भारत सरकार और विश्वविद्यालयों के कामकाज की भाषा की तरह) अंग्रेज़ी हो गई। सिनेमा के बारे में अधिकांश किताबें भी अंग्रेज़ी भाषा में ही लिखी गईं। ज़्यादातर पटकथाएँ अंग्रेज़ी भाषा में अंग्रेज़ीदां लोगों ने लिखीं। संवाद भी अंग्रेज़ी भाषा में ही होते थे। एक मुंशीनुमा अनुवादक को संवाद लेखक का दर्जा दिया गया। विश्व सिनेमा में कथा-पटकथा ही एकमात्र श्रेणी है। कभी-कभी "एडाप्टेड फ्रॉम ओरिजनल" (मूल से रूपांतरित) वाली श्रेणी भी दिखती है। लेकिन कथा-पटकथा से अलग संवाद लेखक की श्रेणी भारतीय सिनेमा की मौलिक विशेषता बन कर उभरी है। जिस तरह औद्योगिक क्षेत्र में विभिन्न प्रकार के पार्ट-पुर्जों को जोड़कर (एसेंबलिंग करके) "मेड इन इंडिया" लिखने का चलन भारतीय मध्यमवर्ग के व्यावसायिक अवसरवाद की मौलिक विशेषता बन कर उभरा है और आउटसोर्सिंग के ज़माने में भारतीय पेशेवर

वर्ग के सोशल कैपिटल (उपनिवेशी संस्कार) के रूप में प्रशंसित हो रहा है, इसका बीज रूप भारतीय सिनेमा में अनुवादक मुंशी की रचनात्मकता को प्रोत्साहित करने के लिए संवाद-लेखक के रूप में उसकी कथा-पटकथा को लेखक से स्वतंत्र पहचान देने के रूप में छिपा हुआ है। इसके सकारात्मक और नकारात्मक दोनों परिणाम हुए। इसका सबसे सकारात्मक पक्ष तो यही है कि विदेशी पटकथा पर "देसी ब्लॉक बस्टर्स" का निर्माण होने लगा। इन ब्लॉक बस्टर्स में गीत-संगीत के भारतीय छौंक के साथ-साथ इन मुंशीनुमा अनुवादकों के "वन लाइनर्स" का कमाल भी होता था। इसका दूसरा पक्ष यह था कि अपने महत्त्व को स्थापित करने के लिए कई बार ये मुंशीनुमा अनुवादक मूलकथा भावना और संदर्भ को जाने-अनजाने बदल देते थे और ताली पड़ने वाले अजीबो-गरीब लेकिन मौलिक – दिल को छू लेने वाले वाक्य – लिख मारते थे। इससे ऊपरी तौर पर फिल्म की सम्पूर्णता – अद्वैत खंडित होती थी और कथानक के अर्थ में असंबद्ध संवादों के कारण असंगति साफ दिखती थी। लेकिन कई बार फिल्म इन्हीं बेतुके लेकिन संवेदनशील संवादों के कारण हिट हो जाती थी और वर्षों बाद भी यही संवाद याद रह जाते थे और फिल्म की पटकथा विस्मृति की शिकार हो जाती थी। इसकी समाजशास्त्रीय व्याख्या यह है कि इन संवादों के माध्यम से दर्शक अपने दैनिक जीवन तथा समकालीन समय एवं चल रही फिल्मी कथानक का अतिक्रमण करते हुए सनातन सत्य एवं सनातन लीला का साक्षात्कार करने लगता है। इन अर्थों में ये संवाद भारतीय महाकाव्यों में वर्णित गरुड़ महाराज या मानस के हंस, या कबूतर, तोता या मैना की वाणी का स्मरण कराते हैं और संसार से जगत की यात्रा कराते हैं, पिण्ड से ब्रह्माण्ड की यात्रा कराते है। अंधकार से प्रकाश की ओर प्रेरित करते हैं।

आज भारतीय सिनेमा को, ख़ासकर लोकप्रिय हिन्दी सिनेमा को पश्चिम में बहुत लोकप्रियता मिल रही है। इसके दो अंतर्संबंधित कारण हैं। एक, कि पश्चिमी देशों में औद्योगिक क्रांति का उन्माद थमने लगा है। मैनुफैक्चरिंग (औद्योगिक उत्पादन) और सर्विस सेक्टर (सेवा क्षेत्र) में पश्चिम के लोग ग़ैर-पश्चिमी उद्यम के मुकाबले लगातार पिछड़ रहे हैं। उनके लोग मैनेजमेंट (प्रबंधन) और शेयर ब्रोकर (दलाल) बनने और पिछले २००-३०० वर्षों के सोशल कैपिटल (उपनिवेशवादी विरासत) को भोगने में लगे हैं। उनके यहाँ थियोलॉजी, विज्ञान, दर्शन और कला जैसे चित्त को परिष्कृत करने वाले अध्ययन-चिंतन-मनन-साधना में ठहराव और पतन की चर्चा १९६८ के आसपास से उत्तर आधुनिक समीक्षकों ने शुरू कर दी थी। इसकी पहचान

नीत्शे (१८४४-१६००) और हैनिमन के समय से ही होने लगी थी। १६८६-१६६० के बाद तथाकथित एक ध्रुवीय विश्वग्राम में ऊपरी तौर पर तो अमेरिकी दादागिरी है लेकिन उनकी दादागिरी उनके समाज की आंतरिक सृजनशीलता एवं अंदरूनी स्वास्थ्य पर आधारित न होकर कृत्रिम टॉनिक (वियाग्रा, अमेरिकी सेना और हॉलीवुड फिल्मों के राजनीतिक अर्थशास्त्र) पर आधारित है। उनकी फिल्मों के दर्शक लगातार घट रहे हैं। इस बात को तुलनात्मक रूप से ही समझा जा सकता है। हॉलीवुड सिनेमा की १६८६ से वही स्थिति हो गई है, जो भारत में अंग्रेज़ी राज की १६१३ से १६४७ तक थी। हॉलीवुड की देसी भाषाओं में डब फिल्मों के प्रचलन से अंततः हॉलीवुड की फिल्मों को दूरगामी नुकसान होगा और देसी भाषा के दर्शकों को अपनी भाषा में अपने दर्शकों के लिए जुगाड़ करके उत्कृष्ट फिल्म बनाने की प्रेरणा मिलेगी। विवेकानंद ने काफी पहले यही तो कहा था कि पश्चिमी तकनीक और भारतीय संस्कृति का समन्वय भारत को एक बार फिर विश्व-गुरु बनाएगा। इसमें विवेकानंद जी एक जगह समय की गति को पढ़ने में चूक गए थे। उन्होंने कहा था कि भारत के दबे-कुचले वर्गों को यदि सांस्कृतिक रूप से आगे बढ़ना है तो उन्हें संस्कृत सीखनी होगी। गाँधी और टैगोर ने बाद में कहा कि भारत को अपना स्वाभाविक विकास चाहिए तो भारतीयों को लोकभाषा या मातृभाषा सीखनी होगी। शिक्षा, शास्त्रीय भाषा में नहीं मातृभाषा या लोकभाषा में होनी चाहिए। आज व्यवहारिक स्तर पर शास्त्रीय चर्चा की भाषा अंग्रेज़ी हो गई है और लोकविमर्श देसी भाषाओं या हाइब्रिड (बोलचाल की मिश्रित भाषा, जिसमें अंग्रेज़ी समेत कई भाषाओं के शब्द होते हैं) भाषा हो गई है। हिन्दी एक लोकभाषा है। यह वाचिक परम्परा, बोलचाल की राष्ट्रीय भाषा बनने की प्रक्रिया में है। दुनिया में बसने वाले भारतीय मूल के अधिकांश लोग किसी-न-किसी रूप में हिन्दी फिल्में अवश्य देखते हैं। भले ही वे हिन्दी पढ़-लिख नहीं पाते, लेकिन हिन्दी फिल्में फिर भी देखते हैं, चाहे सब टाइटिल के सहारे ही क्यों नहीं देखते। तमिल, मलयालम, कन्नड़, तेलगु, बंगाली, मराठी, गुजराती, पंजाबी, उड़िया, असमियां, भोजपुरी आदि भारतीय भाषाओं में भी शुरू से उत्कृष्ट फिल्में बनती रही हैं। इनमें से कुछ फिल्मों, खासकर भोजपुरी फिल्मों का प्रसार इधर भारतीय मूल के लोगों में बढ़ा है, इसके बावजूद इन देसी भाषाओं के फिल्मकारों की महत्त्वाकांक्षा हिन्दी फिल्म बनाने की अक्सर रहती है। जिस तरह अधिकांश भारतीय विद्वान् प्रस्थानत्रयी (ब्रह्म-सूत्र, उपनिषद्, भगवद्गीता) पर अपना भाष्य अवश्य लिखना चाहते हैं, उसी तरह भारत के अधिकांश फिल्मकार हिन्दी में अपनी फिल्म अवश्य

बनाना चाहते हैं। हॉलीवुड की फिल्मों को असली चुनौती भारत से ही मिलने वाली हैं, चूँकि चीन, जापान और अन्य ग़ैर-पश्चिमी देशों में पश्चिमी सिने सिद्धांत, कथा कहने के पश्चिमी स्टीरियोटाइप एवं कैनन हावी हो चुके हैं। ईरान के लोग इस्लामी संस्कृति को अपने सिनेमा में स्थापित करने की भरसक कोशिश कर रहे हैं लेकिन कम से कम अठारहवीं शताब्दी से इस्लामी कला चिन्तन और तत्त्व मीमांसा में निरंतरता एवं सृजनात्मकता का अभाव रहा है। मूर्ति चित्रण, नाटक एवं संगीत के बारे में ऐसे भी इस्लामी सिनेमा एवं मूर्तिकला तथा इस्लाम में संगीत की भूमिका के बारे में ग़ैर-सूफी चिन्तकों में काफी विवाद रहा है। अतः ईरानी सिनेमा ईरान के बाहर हॉलीवुड की फिल्मों का विकल्प बन सकता है, ऐसा तो फिलहाल ईरान के लोग भी बहुत आशान्वित नहीं हैं। अतः केवल भारतीय मूलतः हिन्दी सिनेमा ही ग़ैर-पश्चिमी मुल्कों और पश्चिम में रहने वाले ग़ैर-पश्चिमी मूल के दर्शकों के बीच लोकप्रिय हो सकता है। धीरे-धीरे पश्चिम के उत्तर आधुनिक दर्शकों का ध्यान भी भारतीय सिनेमा के वैकल्पिक विमर्श पर जा सकता है। इसकी दिशा में धीरे-धीरे भारतीय सिनेमा बढ़ रहा है। परन्तु अभी काफी तैयारी करनी होगी। सिद्धि अभी नहीं मिली है। अभी भारतीय सिनेमा की साधनावस्था चल रही है। हिन्दी सिनेमा का स्वर्णकाल आना अभी बाकी है। थीम एवं प्रस्तुति की दृष्टि से चालीस एवं पचास (१९४० एवं १९५०) के दशक को स्वर्णकाल मानने का चलन है। इस दौरान कुछ अच्छी फिल्में बनी थीं लेकिन ज़्यादातर फिल्मों पर धर्म एवं समाज सुधार के उन्नीसवें सदी के फार्मूले हावी थे। इन फार्मूलों का जन्म अंग्रेज़ी राज की भारतीय दृष्टि से घोर निराशाजनक परिस्थिति में पश्चिमी मानदंडों पर हुआ था। पारम्परिक तकनीक, पद्धति, दर्शन एवं संस्थाओं को कालबाह्य मान लिया गया था और हर पश्चिमी चीज़ को अच्छी और बेहतर मानकर इनको भारतीय समाज में प्रचलित बनाने के लिए, समाज एवं धर्मसुधार करने के लिए आंदोलन चलाया जा रहा था। भारत का तथाकथित बुद्धिजीवी या यथार्थवादी सिनेमा पश्चिमी वस्तुओं, विचारों एवं संस्थाओं के प्रसार के लिए विज्ञापन करता नजर आता है। उस वक्त की कई महान् सामाजिक फिल्मों को समकालीन विज्ञापन फिल्मों की श्रेणी में डाला जा सकता है। अतः तकनीक की दृष्टि से, कथानक के सर्वकालिक मानदंडों की दृष्टि से १९४० या १९५० के दशक को स्वर्णयुग मानने में कई समस्याएँ हैं। इस दृष्टि से १९६० या १९७० के दशक को पतन का युग कहना गलत है। संक्रमण काल है। भारत के लिए भी और भारतीय सिनेमा के लिए भी। १९६० के दशक में भारतीय समाज में समृद्धि दिखने लगती है। रंगीन सिनेमा में इस

समृद्धि को प्रस्तुत करने का चलन बढ़ता है। १९६४ में नेहरू युग का अंत हो जाता है। १९६२ में चीन से हुई शर्मनाक हार पर हकीकत (१९६४) जैसी फिल्म बनती है। १९६५ में वक्त जैसी फिल्म बनती है। १९६६ में तीसरी कसम जैसी फिल्म बनती है। उपकार (१९६७) बनती है। आराधना (१९६९) बनती है। आनंद (१९७०), आँधी (१९७५), शोले (१९७५) बनती है।

१९८० और १९९० के दशक के फिल्मकारों पर न देश की गुलामी की छाया है और न देश के स्वतंत्रता आंदोलन का प्रभाव है। १९९० के बाद का दशक भारतीय समाज एवं भारतीय सिनेमा के लिए देश और विदेश में एक अद्‌भुत समय है। अवसर और चुनौतियों की दृष्टि से, प्रतिभा और पलायन की दृष्टि से यह भारतीय समाज की आंतरिक ऊर्जा का प्रस्फुटन है। यह उन युवाओं का समय है जिनके सपने गुलामी, संरक्षण या आश्रय (पैट्रोनेज) से रौंदे नहीं गए हैं। उनको आप अभिमन्यु, घटोत्कच और बर्बरीक की तरह अनाड़ी भले कह दें लेकिन इनकी प्रतिभा, समर्पण, निर्दोष आत्मा और निर्भीक सृजनशीलता की तारीफ किए बिना नहीं रह सकते। इनकी दर्शन, इतिहास, साहित्य या मिथक की समझ में खोट निकाला जा सकता है लेकिन इन्हे कैमरे से खेलना आता है। इनको तकनीक का भय नहीं है। इनको मौलिकता की सनक नहीं है। इनको कृत्रिम विचारधारा की रूढ़ियों ने नहीं बाँध रखा है। ये समकालीन महाभारत का युद्ध भले न जीत पायें लेकिन समकालीन महारथियों का गर्व तोड़ने के लिए ये काफी हैं। ये सीधे-सीधे कह या दिखला सकते हैं कि शहंशाह के कपड़े नहीं हैं। शहंशाह अपने दुष्ट दरबारियों की गलत मंत्रणा से नंगा घूम रहा है। उस पीढ़ी को अपनी अपरोक्ष अनुभूति पर विश्वास है। यह भारतीय समाज एवं भारतीय सिनेमा के मठाधीशों और समीक्षकों को, यदि पतनकारी नज़र आता है तो मतलब साफ है, ये लोग अपने समय और समाज से कटे हुए हैं। ये लोग भारत की लोकप्रिय फिल्में नहीं देखते। यदि पुरानी पीढ़ी के लोग इसमें अपनी भूमिका तलाशना चाहते हैं तो वानप्रस्थ एवं संन्यास धर्म निभाएँ। नई पीढ़ी को वहाँ संबल एवं प्रशिक्षण दें, जहाँ इनको संबल, सहयोग एवं मार्गदर्शन की ज़रूरत है। भारत में पश्चिम की तरह अपने इतिहास को प्रस्तुत करने का व्यवस्थित प्रयास अब तक नहीं हुआ है। ऐतिहासिक फिल्मों को 'पीरियड' फिल्में कहने वाले लोगों को इतिहास दर्शन बताया जाना चाहिए। उन्हें हॉलीवुड की 'पैशन ऑफ़ जीसस क्राइस्ट' 'ट्रॉय', 'एलेक्जांडर' एवं 'दा विंची कोड' जैसी फिल्मों को बिना मानक या मानदंड बनाए ऐतिहासिक फिल्मों की समकालीनता समझनी चाहिए। तमिल सिनेमा में सी.एन. अन्नादुराई और एम. करूणानिधि

ने तमिल परम्परा की समकालीन प्रस्तुति करके द्रविड़ आंदोलन और तमिल राजनीति को सिनेमा से आंदोलित किया था। कामराज नाडार और सी. राजगोपालचारी जैसे नेता देखते ही रह गए थे। उसी तरह १९५० के दशक से बंगाली और मलयालम सिनेमा ने वहाँ की राजनीति और समाज को बहुत गहराई से प्रभावित किया। हिन्दी सिनेमा ने भी भारतीय समाज और राजनीति के साथ बहुत आत्मीय संबंध बनाया है। लेकिन इसको ठीक से समझने का ईमानदार प्रयास अब तक नहीं हुआ है। ठीक उसी तरह समकालीन विश्व में भारतीय सिनेमा के प्रसार और लोकप्रियता को लोग अब भी केवल मनोरंजन एवं व्यवसाय की दृष्टि से देख रहे हैं। इसके अन्य प्रभावों पर लोगों का ध्यान अभी ठीक से नहीं जा रहा है। इसका सकारात्मक एवं नकारात्मक दोनों प्रभाव है। सकारात्मक इसलिए चूंकि भारतीय सिनेमा के विरोधी अभी व्यवस्थित प्रतिवाद नहीं कर रहे हैं। नकारात्मक इसलिए कि भारतीय सिनेमा के दर्शक एवं इससे लाभ प्राप्त करने वाले लोग एक-दूसरे के साथ मिलकर सहकार एवं सहयोग नहीं कर रहे हैं। सिनेमा आंदोलन कमज़ोर पड़ने लगा है। फिल्म सोसाइटियों के विस्तार एवं सक्रियता में ठहराव और बिखराव आ रहा है। ज़्यादातर फिल्मकार एवं लेखक भारतीय दर्शकों की संस्कृति एवं अपेक्षाओं से अनजान हैं, लेकिन उनमें तकनीक एवं पूँजी का पुरानी पीढ़ी के फिल्मकारों एवं लेखकों की तरह भय नहीं है। वे हॉलीवुड से आतंकित नहीं हैं। लेकिन हॉलीवुड की फिल्मों के अलावा उन्हें अन्य सिनेमा की परम्पराओं और संभावनाओं का भी ज्ञान नहीं है। इस रचनात्मक विस्फोट की स्थिति का निर्माता आदित्य चोपड़ा, विधु विनोद चोपड़ा, मनमोहन शेट्टी, रोनी स्क्रुवाला, अमित खन्ना, सुभाष घई या महेश भट्ट जैसे लोग कितना लाभ उठा पाएँगे यह तो भविष्य ही बतलाएगा लेकिन इसमें कोई शक नहीं कि सूरज बड़जात्या, आदित्य चोपड़ा, संजय लीला भंसाली, आशुतोष गोवारिकर, करण जौहर, राजकुमार हीरानी, शिमित अमीन, फरहा खान, इम्तियाज अली, विनय शुक्ला, चंद्रप्रकाश द्विवेदी, निखिल आडवानी, विशाल भारद्वाज, संजय गढ़वी, जॉन मैथ्यु माथन, राकेश ओमप्रकाश मेहरा, मधुर भंडारकर, फरहान अख्तर, नागेश कुकुनुर, प्रदीप सरकार, श्रीराम राघवन, अनुराग बसु, मिलन लुथरिया, कुणाल कोहली, अनुराग कश्यप, शिरीष कुंडुर, शाद अली, अनीस बज़्मी, नीरज वोरा, सुरेश नायर, जैसे फिल्मकार भारतीय सिनेमा का नया व्याकरण एवं नया छंद गढ़ रहे हैं। ये लोग भविष्य में बहुत अच्छी और बहुत बुरी फिल्में बनाएंगे। फिल्मों की संस्कृति और फिल्मों का व्यवसाय गुणात्मक रूप से बदलेगा। जिस तरह १९१३, १९३१, १९४७, १९५७, १९६७,

१९७५, १९८६, २००४ को भारतीय समाज एवं भारतीय सिनेमा दोनों के लिए 'माइल स्टोन' (मील का पत्थर) माना जाता है, उसी तरह २००६ भी भारतीय समाज एवं भारतीय सिनेमा के लिए मील का पत्थर साबित हुआ है।

भारतीय सिनेमा में १९१३ से ही कई तरह की प्रवृत्तियाँ एक साथ अस्तित्व में रही हैं। उनमें अंतर्विरोध भी रहा है। लेकिन हर तरह की प्रवृत्ति को देखने वाले और सराहने वाले दर्शक इस समाज में मौजूद रहे हैं। यह पश्चिमी देशों के सिनेमा में १९६८ से पहले नहीं पाया जाता। १९६८ से पश्चिमी देशों में उत्तर आधुनिक प्रवृत्तियाँ हावी होती गईं। पश्चिम ने चौथी और पाँचवी शताब्दी पूर्व की अपनी ग़ैर-ईसाई, ग़ैर यहूदी (पैगन) परम्परा से बौद्धिक एवं कलात्मक स्तर पर संवाद बनाना शुरू किया और इससे ईसाईयत और आधुनिकता के बारे में एक प्रकार के तटस्थ मूल्यांकन की शुरुआत हुई। यह एक तथ्य है कि ज़्यादातर उत्तर आधुनिक विद्वान् एवं कलाकार यहूदी मूल के रहे हैं। शेष वे लोग रहे हैं, जो अपने को नास्तिक, पैगन या रहस्यवादी पद्धतियों से किसी न किसी रूप में जोड़े रहे हैं। भारत की सनातन पद्धतियों ने पैगनवादी परम्पराओं की तरह ही विविधता में एकता को स्वीकार किया है। विविधता में एकता की अभिव्यक्ति गद्य की अपेक्षा काव्य, गीत, संगीत एवं नृत्य में अभिव्यक्त हो पाती है। गद्य की अपनी सीमा है। वाक् के चार रूप होते हैं – परा, पश्यंति, मध्यमा और वैखरी। वैखरी बोली हुई भाषा है। मूलतः गद्य है। मध्यमा में कलात्मक भाषा, सांकेतिक भाषा आती है। पश्यंति तंत्र और मंत्र की भाषा है। परा मौन की भाषा है। बिना ध्वनि के संवादित होने वाली भाषा है। भारतीय सिनेमा की पहचान गीत-संगीत से होती है। यही भारतीय सिनेमा की पारिभाषिक भारतीयता है। यह मध्यमा वाक् की स्वाभाविक भाषा है। सिनेमा के उस्ताद-शागिर्द परम्परा में यह जानी पहचानी सांस्कृतिक पूँजी की तरह हस्तांतरित होती रही है। उसी तरह यह समझना आवश्यक है कि भारतीय समाज के अधिकांश लोगों को पीढ़ी-दर-पीढ़ी जो संस्कार मिलता रहा है, उसमें "पूँजी की स्वायत्तता" या "पश्चिमी आधुनिकता में विकसित व्यक्ति केन्द्रित उपभोक्तावाद" आज भी एक अटपटी और अस्वाभाविक चीज़ है। आज भी 'पैसा कमाना' ज़िन्दगी का लक्ष्य नहीं बना है। उनके लिए भी जो "पैसा-पैसा" कहते और करते रहते हैं। किसी व्यक्ति का धर्म और उसकी आस्था का पता अक्सर उसकी कथनी और रोज़मर्रा की करनी से नहीं लग पाता। उसका धर्म और उसकी आस्था का पता तब लगता है, जब उसके सामने कोई चुनौती आती है। जब उसके सामने कोई यक्ष प्रश्न आता है। जब उसके सामने शहादत का कोई मौका

आता है। जब भोग और त्याग की दुविधा आती है। चाहे मदर इंडिया की नर्गिस हो या आराधना की शर्मिला टैगोर, चाहे दीवार की निरूपा राय हो या गॉडमदर की शबाना आज़मी या चाहे संगम का राजेंद्र कुमार हो या अनोखी रात का संजीव कुमार या शोले का संजीव कुमार या दिलवाले दुल्हनियाँ ले जाएंगे का शाहरूख खान – इनके फिल्मी चरित्र में एक ठेठ भारतीयता है जो 'क्राइसिस' (चुनौती) के समय सामने आती है। और ये फिल्में 'सुपर हिट' हो जाती हैं। चूँकि भारत के आम दर्शक आज भी हॉलीवुड की फिल्मों के दर्शकों से गुणात्मक रूप से भिन्न हैं। इसीलिए भारत की सफल फिल्मों की विचारधारा न खूनी क्रांति से उपजे समाजवाद के पक्ष में होती है और न पूँजीवादी उपभोक्तावाद को ही स्थापित करती है। भारत की हर सफल फिल्म में एक बीच का रास्ता, एक मध्यमार्गी समाधान, एक प्रकार का गाँधीवादी समाजवाद, एक प्रकार का भक्तिमार्गी समन्वय, एक प्रकार की बौद्ध नीति, एक प्रकार का तीसरा मार्ग तलाशा जाता है।

भारतीय महाकाव्यों की तरह भारत के लोकप्रिय सिनेमा में भी वाक् के चारो रूपों की अभिव्यक्ति शब्द और दृश्य दोनों माध्यमों में होती रहती है। वैखरी वाक् का गद्य रूप है। स्थूलतम रूप है। जैसे प्रेमी-प्रेमिका अपने प्यार का इज़हार करने के लिए 'आई लव यू' बोलते हैं या 'हाथ' पकड़ते हैं या 'गले' लगते हैं या 'चुम्बन' लेते हैं। यह वैखरी है। प्रेमी-प्रेमिका जो गाने गाते हैं या एक दूसरे की आँख में दूर से देखते हैं या देखते रहते हैं यह 'मध्यमा' रूप है। एक-दूसरे के बारे में सोच कर खुश हो जाते हैं। एक-दूसरे के पास पार्क में बैठे हैं, न हाथ पकड़े हैं, न आँखों में देख रहे हैं, न गाने गा रहे हैं, बस एक-दूसरे के पास बैठे हैं। लड़का पढ़ रहा है, लड़की पास में बैठी गुनगुना रही है या पक्षियों से खेल रही है या फूलों से बातें कर रही है। यह प्रेम की अभिव्यक्ति का पश्यंति रूप है। प्रेम का परा रूप वह है, जो चंद्रधर शर्मा गुलेरी की अमर कहानी "उसने कहा था" में वर्णित है और जिस पर बिमल रॉय ने इसी नाम से एक अद्भुत फिल्म बनाई है। ये सब सामान्य उदाहरण हैं। अन्य उदाहरण भी दिए जा सकते हैं। विशेष उदाहरणों की बात करें तो परा आशीर्वाद और प्रार्थना की मौन भाषा है। पश्यंति मंत्र और तंत्र की कीलित, सांकेतिक भाषा है। मध्यमा गीत-संगीत और पेंटिंग की लयबद्ध भाषा है। वैखरी साधारण बोलचाल की कामचलाऊ गद्य भाषा है। इन्सट्रूमेंटल भाषा है। भारतीय सिनेमा में वाक् के इन्हीं चार रूपों का रचनात्मक उपयोग होता है। इसीलिए फिल्म के विभिन्न दृश्यों एवं संवादों में परत दर परत, प्याज के छिलके की तरह (या गुलाब के फूलों की तरह) अर्थ छिपा रहता है।

खासकर फिल्म के गीतों एवं स्वप्न दृश्यों में। फिल्म का हर पात्र एक अबूझ वाक्, एक अबूझ गीत और एक अबूझ छंद की तरह होता है। वह एक कीलित मंत्र की तरह होता है। हर पात्र के भीतर ईश्वरतत्त्व सुप्त होता है। उसकी कुंडलिनी जब जागती है तो उसके व्यक्तित्व की साधारणता पिघल जाती है। हर विष्णु के भीतर से एक मोहिनी और हर पार्वती के भीतर से एक काली अवतरित होती है। भगवान् विष्णु के मोहिनी रूप से ज़्यादा सुन्दर स्त्री की कल्पना उतनी ही मुश्किल है, जितना पार्वती के काली रूप से ज़्यादा वीर मर्द की कल्पना करना। यही कारण है कि भारतीय सिनेमा के ज़्यादातर नायक सुकुमार एवं कोमल होते हैं, जो परिस्थितयों से आसानी से विचलित हो जाते हैं जबकि अधिकांश नायिकाएँ बहुत मजबूत इच्छा शक्ति वाली अविस्मरणीय त्याग और उच्चतम आदर्श स्थापित करने वाली होती हैं। आज बाज़ार की शक्तियाँ भारतीय वाक् और सनातन धर्म की पारम्परिक कहानियों को हॉलीवुड प्रेरित क्षणभंगुर उपभोक्तावाद की लिप्सा, वासना, घृणा और हिंसा से बेदखल करने की असफल कोशिश कर रही हैं। लेकिन उनकी अंतिम सफलता उतनी ही मुश्किल है, जितना लोकप्रिय फिल्मों के खल पात्रों की अंतिम सफलता मुश्किल होती है।

अतः भारतीय सिनेमा का समाजशास्त्री पश्चिमी सिने सिद्धांत का चाहकर भी उपयोग नहीं कर सकता। सिनेमा की तकनीक तो दोनों जगह एक ही है। शिल्प में भी समानता है लेकिन कथानक अलग हैं। दर्शक अलग हैं। दर्शकों की संस्कृति अलग है। उनकी अपेक्षाएँ अलग हैं। सिनेमा चूँकि एक खर्चीला माध्यम है। अतः लेखक एवं निर्देशक की तुलना में निर्माता एवं वितरक का निर्णय ज़्यादा प्रभावी होता है। हॉलीवुड में भी होता है और भारत में भी होता है। अधिकांश निर्माता-वितरक फिल्म से मुनाफा कमाना चाहते हैं। अतः वे दर्शकों की अभिरुचियों को चाहकर भी नज़रअंदाज़ नहीं कर सकते। फिल्म समीक्षकों द्वारा दर्शकों की अभिरुचियों को केवल वैचारिक आग्रह-दुराग्रह के आधार पर नज़रअंदाज़ किया जाता है। जबकि निर्माता का निर्णय अंततः दर्शकों की संस्कृति से निर्देशित-प्रेरित होता है। अतः हम कह सकते हैं कि नाटक मूलतः लेखक-निर्देशक का माध्यम होता है जबकि सिनेमा निर्माता-दर्शक का माध्यम बन गया है। जिसमें चाहे अनचाहे भारत के लोक और शास्त्र को पुनर्नवता मिलती है।

संदर्भ ग्रंथों की सूची

अंबेडकर, बी.आर., *कलेक्टेड वर्क्स ऑफ डाक्टर बी. आर. अंबेडकर,* मुंबईः सूचना एवं जनसंपर्क विभाग, महाराष्ट्र सरकार।

उपाध्याय, भरत सिंह, १९९६, *बौद्ध दर्शन तथा अन्य भारतीय दर्शन* (दो भागों में), नई दिल्लीः मोतीलाल बनारसीदास।

अभिनवगुप्त, २००२, *श्रीतन्त्रालोकः,* अनुवादक राधेश्याम चतुर्वेदी, वाराणसीः चौखम्बा विद्याभवन।

———, २००२, *तन्त्रसारः 'नीरक्षीरविवेक'* – हिन्दीभाष्यसंवलितः, दो भाग, अनुवादक परमहंस मिश्र, वाराणसीः चौखम्बा सुरभारती प्रकाशन।

अहमद, इम्तियाज, आदि, सं., २०००, *प्लुरलिज़्म एण्ड इक्वैलिटी इन साउथ एशिया,* नई दिल्लीः सेज प्रकाशन।

आत्रेय, भीखनलाल, १९८६, *योगवासिष्ठ और उसके सिद्धान्त,* मथुराः श्रीकृष्ण-जन्मस्थान सेवा-संस्थान।

ओझा, मधुसूदन, १९९०, *ब्रह्मविज्ञान,* जयपुरः राजस्थान पत्रिका प्रकाशन।

———, १९९०, *ब्रह्म सिद्धांत,* अनुवादक देवीदत्त शर्मा चतुर्वेदी, राजस्थान पत्रिका प्रकाशन।

इकबाल, मुहम्मद, १९९६, *इस्लाम में धार्मिक चिन्तन की पुनर्रचना,* नई दिल्लीः राधाकृष्ण प्रकाशन प्राइवेट लिमिटेड।

उपाध्याय, पं दीनदयाल, २००१, *राष्ट्र-चिन्तन,* लखनऊः लोकहित प्रकाशन।

उपाध्याय, भगवत शरण, १९८०, *भारतीय कला की भूमिका,* नई दिल्लीः पीपुल्स पब्लिशिंग हाउस।

उपाध्याय, भरतसिंह, १९९६, *बौद्धदर्शन तथा अन्य भारतीय दर्शन,* दो भागों में, दिल्लीः मोतीलाल बनारसी दास।

उपाध्याय, बलदेव, २०००, *भारतीय धर्म और दर्शन,* वाराणसीः चौखम्भा पब्लिशर्स।

उम्मन, टी. के. मुखर्जी, पी.एन., १९८६, (सं.), *इंडियन सोशियोलॉजी – रिफ्लैक्शन एंड इंट्रोस्पैक्शन,* मुम्बईः पॉपुलर प्रकाशन।

उबेराय, जे.पी.एस., १९९६, *रिलिजन, सिविल सोसाइटी एंड स्टेट – ए स्टडी ऑफ सिखिज़्म,* नई दिल्लीः ऑक्सफोर्ड यूनिवर्सिटी प्रेस।

———, २००४, *यूरोपीयन मोडर्निटी,* नई दिल्लीः ऑक्सफोर्ड यूनिवर्सिटी प्रेस।

उबेराय, पैट्रिसिया (सं.), १९९४, *फैमिली, किनशिप एण्ड मैरिज इन इंडिया,* दिल्लीः ओ.यू.पी.।

करपात्रीजी, २००३, *भक्ति-सुधा,* मथुराः राधाकृष्ण धानुका प्रकाशन संस्थान।

———, २००३, *श्रीभागवत-सुधा,* मथुराः राधाकृष्ण धानुका प्रकाशन संस्थान।

कृपलानी, कृष्ण, २००४, *गांधी – एक जीवनी,* नई दिल्लीः नेशनल बुक ट्रस्ट।

कबीर, हुमायूँ, १९४६, *आवर हेरिटेज,* मुंबईः नेशनल इंफॉरमेशन एण्ड पब्लिकेशंस लिमिटेड।

कविराज, गोपीनाथ, १९९६, *भारतीय संस्कृति और साधना* दो खंडों में (तृतीय संस्करण) पटनाः बिहार राष्ट्रभाषा परिषद्।

———, १९८४, *भारतीय साधना की धारा,* पटनाः बिहार राष्ट्रभाषा परिषद्।

———, १९९६, *सनातन साधना की गुप्तधारा,* वाराणसीः विश्वविद्यालय प्रकाशन।

कर्वे, इरावती, १९५३, *किनशिप ऑरगेनाइज़ेशन इन इंडिया,* पूनाः डेकन कॉलेज।

———, १९६१, *हिन्दू सोसायटी – एन इन्टरप्रेटेशन,* पूनाः डेकन कॉलेज।

कालजयी, किशन, २००२, *संवेद-११,* नई दिल्लीः संवेद फाउण्डेशन।

कोसाम्बी, डी.डी., १९५६, *एन इनट्रोडक्शन टू द स्टडी ऑफ इंडियन हिस्ट्री,* नई दिल्लीः पॉपुलर पब्लिकेशन।

कुमार, धर्म, दिलीप मुखर्जी (सं.), १९९८, *दिल्ली स्कूल – रिफलैक्शन ऑन देलही स्कूल ऑफ इकोनॉमिक्स,* दिल्लीः ऑक्सफोर्ड यूनिवर्सिटी प्रेस।

कुमारस्वामी, आनंद केटिश, १९८१, *फिगर्स ऑफ स्पीच और फिगर्स ऑफ थॉट,* नई दिल्लीः मुंशीराम मनोहरलाल।

———, १९९४, *द ट्रांसफार्मेशन ऑफ नेचर इन आर्ट,* नई दिल्लीः मुंशीराम मनोहरलाल।

———, १९९९, *इंट्रोडक्शन टु इंडियन आर्ट,* नई दिल्लीः मुंशीराम मनोहरलाल।

गांधी, मो.क., १९९९, *हिन्द स्वराज,* अनुवादक अमृतलाल ठाकोरदास नाणवटी, अहमदाबादः नवजीवन प्रकाशन मंदिर।

———, २००२, *धर्म नीति,* इलाहाबादः सस्ता साहित्य मण्डल प्रकाशन।

———, *गांधीमार्ग* (सितम्बर-अक्टूबर १९९५, अंक ५), गांधी शांति प्रतिष्ठान।

गुप्त, गणपतिचन्द्र, २००३, *साहित्यिक निबंध,* इलाहाबादः लोकभारती।

गुप्त, महेन्द्र नाथ, २००३, *श्रीरामकृष्ण वचनामृत* (प्रथम एवं द्वितीय भाग), हिन्दी अनुवाद – सूर्यकांत त्रिपाठी 'निराला', नागपुरः रामकृष्ण मठ।

गुहा, रणजीत (एडिटेड), १९८२, *सबल्टर्न स्टडीज़ – राइटिंग्स ऑन साउथ एशियन हिस्ट्री एंड सोसाइटी,* दिल्लीः ऑक्सफोर्ड युनिवर्सिटी प्रेस।

गोयन्का, सत्यनारायण, २००३, *राजधर्म – कुछ ऐतिहासिक प्रसंग, बुद्धवाणी के परिप्रेक्ष्य में,* इगतपुरीः विपश्यना विशोधन विन्यास।

गोरे, एम.एस., २००२, *युनिटी इन डाइवर्सिटी – दि इंडियन एक्सपीरिएन्स इन नेशन-बिल्डिंग,* जयपुरः रावत प्रकाशन।

घुर्ये, जी.एस., १९५०, *कास्ट एंड क्लास इन इंडिया,* बंबईः पोपुलर प्रकाशन।

चतुर्वेदी, गिरिधर शर्मा, २०००, *वैदिक विज्ञान और भारतीय संस्कृति,* पटनाः बिहार-राष्ट्रभाषा-परिषद्।

चतुर्वेदी, परशुराम, १९७२, *उत्तर भारत की संत परंपरा,* इलाहाबादः भारती भंडार।

चतुर्वेदी, मिथिलेश, १९९२, अनु., *शब्दार्थमीमांसा,* वाराणसीः सम्पूर्णानन्द संस्कृत विश्वविद्यालय।

चतुर्वेदी, रामस्वरूप, १९९८, *हिन्दी साहित्य और संवेदना का विकास,* इलाहाबादः लोकभारती प्रकाशन।

———, २००३, *हिन्दी काव्य-संवेदना का विकास,* इलाहाबादः लोकभारती प्रकाशन।

चट्टोपाध्याय, देवीप्रसाद, २००१, *प्राचीन भारत में विज्ञान और समाज,* नई दिल्लीः ग्रंथ शिल्पी।

जायसवाल, सुवीरा, १९९६, *वैष्णव धर्म का उद्भव और विकास,* नई दिल्लीः ग्रंथ शिल्पी।

जैन, गोकुलचन्द्र, १९८३, सं., *संकाय पत्रिका श्रमणविद्या* — भाग १ एवं २, वाराणसीः सम्पूर्णानन्द संस्कृत विश्वविद्यालय।

जैन, शोभिता, १९९६, *भारत में परिवार, विवाह और नातेदारी,* जयपुरः रावत प्रकाशन।

झुनझुनवाला, लक्ष्मीनिवास, २००४, *विश्व धर्मसम्मेलन,* दिल्लीः प्रभात प्रकाशन।

डुमों, लुई, १९८८, *होमो हैरारकिकस – द कास्ट सिस्टम एंड इट्स इम्पलिकेशंस,* नई दिल्लीः ऑक्सफोर्ड यूनिवर्सिटी प्रेस।

———, १९८६, *एशेज ऑन इंडिविजुअलिज्म – मॉर्डन आइडियोलॉजी इन एंथ्रोपोलॉजिकल पर्सपेक्टिव,* शिकागोः दि यूनिवर्सिटी ऑफ शिकागो प्रेस।

———, १९७०, *रिलिजन, पॉलिटिक्स एंड हिस्ट्री इन इंडिया,* पेरिसः माउटोन।

तिलक, बाल गंगाधर, २००२, *श्रीमद्भगवद्गीतारहस्य अथवा कर्मयोगशास्त्र,* हिन्दी अनुवाद माधवरावजी सप्रे, पूनाः तिलक बंधु।

तिरुवल्लवर, संत, १९८९, *तमिल वेद,* नई दिल्लीः सस्ता साहित्य मण्डल।

तिवारी, रामचन्द्र, सं., २००३, रामचन्द्र शुक्ल *संचयिता,* नई दिल्लीः वाणी प्रकाशन।

दास, वीना, १९९४, *क्रिटिकल इवेन्ट्स,* नई दिल्लीः ऑक्सफोर्ड यूनिवर्सिटी प्रेस।

देसाई, ए. आर., १९४८, *सोशल बैकग्राउंड ऑफ इंडियन नेशनलिज्म,* नई दिल्लीः ऑक्सफोर्ड यूनिवर्सिटी प्रेस।

दूबे, एस.सी., १९५८, *इंडियाज़ चेंजिंग विलेजेज़,* न्यूयार्कः कौरनेल यूनिवर्सिटी प्रेस।

द्विवेदी, दशरथ, सं., २०००, *अभिनव रस सिद्धान्त,* वाराणसीः विश्वविद्यालय प्रकाशन।

द्विवेदी, हजारी प्रसाद, १९९५, *पुनश्च,* नई दिल्लीः किताब घर।

धनाग्रे, डी.एन., १९९३, *थीम्स एंड पर्सपैक्टिव इन इंडियन सोशियोलॉजी,* जयपुरः रावत।

धर्मपाल, १९९४, *भारत का स्वधर्म,* बीकानेरः वाग्देवी प्रकाशन।

———, २००३, *भारत की पहचान – धर्मपाल की दृष्टि में,* मसूरीः सिद्ध।

———, २००३, *धर्मपाल से उदयन वाजपेयी की बातचीत, स्मृति, मति और प्रज्ञा,* नई दिल्लीः वाणी प्रकाशन।

नग्रेन्द्र, १९९९, *विश्व साहित्य शास्त्र,* नई दिल्लीः किताब घर।

परळीकर, २००२, सच्चिदानंद, *लोकनायक समर्थगुरु रामदास,* इलाहाबादः लोकभारती।

पांडे, गोविन्द चन्द्र, १९८६, *भारतीय परंपरा के मूल स्वर,* नई दिल्लीः नेशनल पब्लिशिंग हाउस।

———, १९९०, *बौद्ध धर्म के विकास का इतिहास,* लखनऊः उत्तर प्रदेश हिन्दी संस्थान।

पाण्डेय, बी.एन., १९९३, *भारतीय संस्कृति मुग़ल विरासत – औरंगज़ेब के फरमान,* दिल्लीः हिन्दी अकादमी।

पाण्डेय, मैनेजर, २००६, *संस्कृति का समाजशास्त्र,* प्रयागः हिन्दी साहित्य सम्मेलन।

———, २००५, *आलोचना की सामाजिकता,* नई दिल्लीः वाणी प्रकाशन।

पाण्डेय, रामचन्द्र, १९९९, *भारतीय दर्शन की भूमिका,* दिल्लीः मोतीलाल बनारसीदास।

पाण्डेय, रामलग्न 'विशारद', १९८६, *शिव पुराण भाषा,* वाराणसीः ठाकुर प्रसाद पुस्तक भण्डार।

पारेख, नगीनदास, सं., १९७४, *अभिनव का रस-विवेचन,* वाराणसीः विश्वविद्यालय प्रकाशन।

पुषराज, १९९४, *सनातन धर्म और महात्मा गाँधी,* दिल्लीः श्रीविनायक प्रकाशन।

बनवारी, *पंचवटी,* दिल्लीः श्रीविनायक प्रकाशन।

———, *महारास : प्रकृति, उत्सव और समाज,* दिल्लीः श्रीविनायक प्रकाशन।

भगवद्दत्त, पण्डित, २००४, *निरुक्त शास्त्रम्,* सोनीपतः रामलाल कपूर ट्रस्ट।

भारतीय, भवानीलाल, सं., २००२, *युग-प्रवर्तक स्वामी दयानन्द,* दिल्लीः आर्य प्रकाशन मंडल।

———, सं., २००४, *योगिराज श्रीकृष्ण,* दिल्लीः आर्य प्रकाशन मंडल।

मनोहरलाल (सं.), १९९१, *गुलेरी रचनावली – धर्म और समाज,* नई दिल्लीः किताब घर।

मदन, टी.एन., १९९५, *पाथवेज़ – एप्रोचेज टू द स्टडी ऑफ सोसायटी इन इंडिया,* दिल्लीः ऑक्सफोर्ड यूनिवर्सिटी प्रेस।

———, १९९४, *पाथवेज़,* दिल्लीः ऑक्सफोर्ड इंडिया।

———, १९८७, *नॉन-रिननसिएशन : थीम्स एंड इन्टरप्रटेशन ऑफ हिन्दू कल्चर,* दिल्लीः ऑक्सफोर्ड यूनिवर्सिटी प्रेस।

मशरूवाला, कि.घ., १९५९, *शिक्षा में विवेक,* अहमदाबादः नवजीवन प्रकाशन मन्दिर।

माधवाचार्य, २००१, *सर्व दर्शन संग्रह,* अनुवादक उमाशंकर शर्मा, वाराणसीः चौखम्बा विद्याभवन।

मलिक एस.सी., १९७५, *अन्डरस्टैंडिंग इंडियन सिविलाइजेशन : ए फेमवर्क ऑफ इनक्वायरी,* शिमलाः इंडियन इन्सटीच्यूट ऑफ एडवांस्ड स्टडी।

मिश्र, विद्यानिवास, १९७३, *रीतिविज्ञानः सृजनात्मक समीक्षा का नया आयाम,* दिल्लीः राधाकृष्ण प्रकाशन।

———, १९७९, *हिन्दू धर्म जीवन में सनातन की खोज,* नई दिल्लीः राधाकृष्ण प्रकाशन।

———, १९८६, *भारतीयता की पहचान,* नई दिल्लीः वाणी प्रकाशन।

———, सं., १९९३, राहुल *चयनिका,* नई दिल्लीः नेशनल बुक ट्रस्ट।

———, २०००, *लोक और लोक का स्वर,* नई दिल्लीः प्रभात प्रकाशन।

———, २००३, *रागबोध और रस,* नई दिल्लीः वाणी प्रकाशन।

मित्र, अशोक, १९९५, *पश्चिम यूरोप की चित्रकला,* नई दिल्लीः नेशनल बुक ट्रस्ट।

मैरियट, मैकिम (एडिटेड), १९९०, *इथनोसोशियोलॉजी थ्रू हिन्दू सोशियोलॉजी,* नई दिल्लीः सेज प्रकाशन।

मुखर्जी, डी.पी., १९५८, *डायवरसिटीज़,* नई दिल्लीः पीपुल्स पब्लिशिंग हाउस।

———, १९४८, मॉडर्न इंडियन कल्चर, बॉम्बेः हिन्द किताब।

मुखर्जी, रामकृष्ण, १९७९, *सोशियोलॉजी ऑफ इंडियन सोशियोलॉजी,* नई दिल्लीः एलाइड पब्लिशर्स।

रवीन्द्रनाथ, १९९०, *रवीन्द्रनाथ के निबन्ध,* भाग १, २ एवं ३, नई दिल्लीः साहित्य अकादमी।

रामतीर्थ, स्वामी, १९९१, *सनातन धर्म,* लखनऊः श्री रामतीर्थ प्रतिष्ठान।

रामस्वरूप, १९९४, *हिन्दू धर्म बौद्ध धर्म – समान आधार* (बौद्ध धर्म एवं हिन्दू धर्म का परस्पर संबंध), नई दिल्लीः विश्व बौद्ध सांस्कृतिक प्रतिष्ठान।

राव, यू.आर. तथा आर.के. प्रभु, सं., २००२, *महात्मा गाँधी के विचार,* नई दिल्ली, नेशनल बुक ट्रस्ट, इंडिया।

रिज़ले, हरबर्ट,१९२५/१९९९, *द पीपुल ऑफ इंडिया,* नई दिल्लीः ओरिएंटल बुक रिप्रिन्ट कारपोरेशन।

लाजपतराय, लाला, २००३, *छत्रपति शिवाजी,* दिल्लीः हिमाचल पुस्तक भंडार।

लोढ़ा, कल्याणमल और वसुन्धरा मिश्र, सं., २००२, *धर्म, दर्शन और विज्ञान में रहस्यवाद,* वाराणसीः विश्वविद्यालय प्रकाशन।

वर्मा, निर्मल, १९९१, *भारत और यूरोप प्रतिश्रुति के क्षेत्र,* नई दिल्लीः राजकमल प्रकाशन।

वाजपेयी, नन्ददुलारे, १९९७, *रस सिद्धांत,* नई दिल्लीः प्रकाशन संस्थान।

विनोबा, १९९५, *गीता-प्रवचन,* वाराणसीः सर्व-सेवा-संघ-प्रकाशन।

विद्यावारिधि, धर्मवीर, १९८९, *वैदिक-निघण्टु-सङ्ग्रहः,* दिल्लीः प्राच्यविद्यानुसन्धान केन्द्र।

विवेकानंद, स्वामी, २००२, *विवेकानन्द साहित्य* (खंड १ से १०), कोलकाताः अद्वैत आश्रम।

वेणुगोपाल, सी.एन., १९८८, *आइडियोलॉजी एंड सोसाइटी इन इंडिया : सोशियोलॉजिकल एशेज,* नई दिल्लीः क्राइटेरियन पब्लिकेशंस।

श्रीनिवास, एम.एन., १९७६, *द रिमेंबर्ड विलेज,* नई दिल्लीः ऑक्सफोर्ड यूनिवर्सिटी प्रेस।

———, १९९७, *आधुनिक भारत में सामाजिक परिवर्तन,* नई दिल्लीः राजकमल प्रकाशन।

श्री गुरूजी समग्र संकलन समिति, ५१०६, *श्री गुरूजी समग्र,* खंड १ से १२, नागपुरः डॉ. हेडगेवार स्मारक समिति, माध कृष्ण एकादशी युगाब्द।

"श्री गुरूजी" (मा. स. गोलवल्कर), १९९१, *राष्ट्र,* नई दिल्लीः जानकी प्रकाशन।

त्रिपाठी, जयशंकर लाल, १९८५, *काशिका न्यास-पदमंजरी भावबोधिनी-संहिता,* भाग १ से १०, वाराणसीः तारा बुक एजेन्सी।

त्रिपाठी, राममूर्ति, २००१, *भारतीय काव्य विमर्श,* नई दिल्लीः वाणी प्रकाशन।

त्रिवेदी, भवानीशंकर, सं., १९९२, *भारत की विश्व को देन,* नई दिल्लीः राजधानी ग्रंथागार।

सिंह, योगेन्द्र, १९८३, इमेज ऑफ मैन – *आइडियोलॉजी एंड थ्योरी इन इंडियन सोशियोलॉजी,* नई दिल्लीः चाणक्य पब्लिकेशंस।

———, २०००, *कल्चर चेंज इन इंडिया,* जयपुरः रावत।

———, २००६, *भारती परंपरा का आधुनिकीकरण,* जयपुरः रावत।

———, १९९३, *सोशल चेन्ज इन इंडिया,* नई दिल्लीः हरआनन्द प्रकाशन।

———, १९९९, *सोशल स्ट्रेटिफिकेशन एंड चेन्ज इन इंडिया,* नई दिल्लीः मनोहर।

सरण, ए.के., *कलेक्टेड वर्क्स ऑफ ए.के. सरण* (१० खंडों में), सारनाथ, तिब्बती उच्च अध्ययन केन्द्र।

सप्रे, ना.वि., २०००, *महाराष्ट्र के संत-महात्मा,* वाराणसीः अनुराग प्रकाशन।

———, २००५, *समर्थ रामदास,* वाराणसीः अनुराग प्रकाशन।

सरस्वती, प्रत्यगात्मानन्द, १९९२, *वेद व विज्ञान,* वाराणसीः विश्वविद्यालय प्रकाशन।

सहस्रबुद्धे, पु.ग., २००३, *हिन्दू-समाज – संघटन और विघटन,* वाराणसीः विश्वविद्यालय प्रकाशन।

सहगल, मनमोहन, अनु., १९९५, *आदि श्री गुरू ग्रन्थ साहिब,* खण्ड १ से ४, लखनऊः भुवन वाणी ट्रस्ट।

सिंह, केदारनाथ, २००३, *कब्रिस्तान में पंचायत,* दिल्लीः राधाकृष्ण।

सिंह, के.एस., १९९३, *द पीपुल ऑफ इंडिया,* नेशनल सीरीज; वोल्युम्स ऑन शिड्यूल्ड कास्ट्स एंड शिड्यूल्ड ट्राइब्स, नई दिल्ली, ऑक्सफोर्ड युनिवर्सिटी प्रेस।

सिंह, नामवर, सं., १९९१, *कार्ल मार्क्स – कला और साहित्य चिंतन,* नई दिल्लीः राजकमल प्रकाशन।

सिंह, रामलाल, सं., २०२६, *आचार्य शुक्ल के समीक्षा सिद्धांत,* काशीः नागरीप्रचारिणी सभा, ।

शाह, ए.एम., १९७३, *द हाउसहोल्ड डाइमेंशन ऑफ द फैमिली इन इंडिया,* नई दिल्लीः ओरियंट लौंगमैन।

शर्मा, अमित कुमार, २००५, *हिन्द स्वराज की प्रासंगिकता,* नई दिल्लीः कौटिल्य प्रकाशन।

———, २००६, *भारतीय संस्कृति का स्वरूप,* नई दिल्लीः कौटिल्य प्रकाशन।

शर्मा, एस.एल. एवं टी.के. उम्मेन (सं.), २०००, *नेशन एण्ड नेशनल आईडेंटिटी इन साउथ एशिया,* दिल्लीः ओरियेंट लौंगमैन।

शुक्ल, रामचन्द्र, १९२९, *हिन्दी साहित्य का इतिहास,* वाराणसीः नागरी प्रचारिणी सभा।

———, २००७, *चिन्तामणि* (चार भागों में), नई दिल्लीः प्रकाशन संस्थान।

———, *रस मीमांसा* (विश्वनाथ प्रसाद मिश्र सं.), काशीः नागरी प्रचारिणी सभा।

शर्मा, रामविलास, सं., १६८५, *लोकजागरण और हिन्दी साहित्य*, आचार्य रामचन्द्र शुक्ल, नई दिल्लीः वाणी प्रकाशन।

———, १६८६, *भारतीय साहित्य के इतिहास की समस्याएँ*, नई दिल्लीः वाणी प्रकाशन।

शास्त्री, मोतीलाल, १६६५, *अथर्ववेदीय-प्रश्नोपनिषत्-हिन्दीविज्ञानभाष्य*, जयपुरः राजस्थान पत्रिका प्रकाशन।

शाह, ए.एम., १६७४, *द हाउसहॉल्ड डाइमेनशंस ऑफ द फैमिली इन इंडिया*, दिल्लीः ओरिएंट लौंगमेन।

———, १६६८, *द फैमिली इन इंडिया – क्रिटिकल एसेज*, दिल्लीः ओरिएंट लौंगमेन।

हालदार, मोहितकुमार, २०००, *भारतीय नवजागरण और पुनरुत्थानवादी चेतना*, नई दिल्लीः *ग्रंथ शिल्पी* (इंडिया) प्राइवेट लिमिटेड।

सहायक ग्रन्थ

Abhedananda, Swami, 1971, "*The Complete Works of Swami Abhedananda*" (in 10 vols.), Calcutta: Ramakrishna Vedanta Math.

Ahmed, Akabar S. and David M. Hart, ed., 1984, *Islam in Tribal Societies from the Atlas to the Indus*, London: Routledge & Kegan Paul.

Alvares, Claude, 1991, *Decolonizing History, Technology and Culture in India*, China and the West 1492 to the present day, Goa: The Other India Press.

Appadorai, A., 1987, *Indian Political Thinking in the Twentieth Century*, New Delhi: South Asian Publishers.

Aurobindo, Sri, 1993, *Essays on the Gita*, Pondicherry: Sri Aurobindo Society.

———, 1996, *On Nationalism*, Pondicherry: Sri Aurobindo Ashram.

———, 1998, *The Foundations of Indian Culture*, Pondicherry: Sri Aurobindo Ashram.

Baird, Robert D., 2001, *Religion in Modern India*, New Delhi: Manohar.

Balachandran, G., 2003, *India and the World Economy 1850-1950*, New Delhi: Oxford University Press.

Bali, Dev Raj, 1984, *Modern Indian Thought*, New Delhi: Sterling Publishers.

Barth, A., 1995, *The Religions of India*, Delhi: Low Price Publication.

Beauchamp, Henry K., J. Abbe, A. Dubois, 1999, *Hindu Manners, Customs and Ceremonies*, Delhi: Low Price Publication.

Bhargava, Rajeev, 1998, *Secularism and its Critics*, Calcutta: Oxford University Press.

Bharatan,Kumarappa, ed., 1999, *Nature Cure*, Ahmedabad: Navajivan Publishing House.

Bilimoria, Purushottama, ed., 1995, *Essays on Indian Philosophy — Traditional and Modern*, J.N. Mohanty, New Delhi: Oxford University Press.

Blavatsky, H.P., 1980, *Studies in Occultism*, New Delhi: New Age Books.

Bhattacharya, Sabyasachi, ed., 1999, *The Mahatma and the Poet: Letters and Debates between Gandhi and Tagore 1915-1941*, New Delhi: National Book Trust.

Borden, Carla M., ed., 1989, *Contemporary India : Essays on the Uses of Tradition*, New Delhi: Oxford University Press.

Bose, Nirmal Kumar, 1948, *Selections from Gandhi*, Ahmedabad: Navajivan Mudranalaya.

———, 1972, *Studies in Gandhism*, Ahmedabad: Navajivan Publishing House.

———, 1974, *My Days with Gandhi*, New Delhi: Orient Longman Limited.

Chandra, Bipin 1984, *The Rise and Growth of Economic Nationalism in India*, New Delhi.

Chatterjee, Partha, 1986, *Nationalist Thought and the Colonial World*, London: Zed Books.

Chaturvedi Badrinath, 1993, *Dharma: India and the World Order*, UK: Saint Andrew Press.

Chetananda Swami, ed., 1996, *Swami Vivekananda: Vedanta Voice of Freedom*, Calcutta: Advaita Ashram.

Cohn, Bernard S., 1997, *Colonialism and Its Forms of Knowledge: The British in India*, Calcutta: Oxford University Press.

Coomaraswamy, Ananda K., 1978, *Spiritual Authority and Temporal Power in the Indian Theory of Government*, New Delhi: Munshiram Manoharlal.

———, 1981, *Figures of Speech or Figures of Thought*, New Delhi: Munshiram Manoharlal.

———, 1981, *Essays in National Idealism*, Munshiram, New Delhi: Munshiram Manoharlal.

———, 1989, *Time and Eternity*, Bangalore: Select Books.

———, 1994, *Art and Swadeshi*, New Delhi: Munshiram Manoharlal.

———, 1994, *The Transformation of Nature in Art*, New Delhi: Munshiram Manoharlal.

———, 1996, *Hinduism and Buddhism*, New Delhi: Munshiram Manoharlal.

———, etd., 1999, *Introduction to Indian Art*, New Delhi: Munshiram Manoharlal.

———, 2002, *A New Approach to The Vedas: An essay in Translation and Exegesis*, New Delhi: Munshiram Manoharlal.

———, 2004, *The Indian Craftsman*, New Delhi: Munshiram Manoharlal.

Dallmayr, Fred and G.N. Devy, ed., 1998, *Between Tradition and Modernity India's Search for Identity*, New Delhi: Sage Publications.

Das, Bhagavan, 1990, *Essential Unity of All Religions*, Bombay: Bharatiya Vidya Bhawan.

Derrida, Jacques, 2003, *Writing and Difference*, London: Routledge.

Desai, Mahadev, 1995, *The Gospel of Selfless Action or the Gita according to Gandhi*, Ahmedabad: Navajivan Publishing House.

Desai A.R., 1959, *Social Background of Indian Nationalism*, Bombay.

Desai, Valji Govindji (tr.), 2000, *Ruskin unto this Last*, Ahmedabad: Navajivan Publishing House.

Dev, Bijoy, 2001, *Bipin Chandra Pal*, New Delhi: Samskriti.

Dharampal, 1971, *Civil Disobedience & Indian Tradition*, Varanasi: Sarva Sangh Prakashan.

———, 1993, *Bharatiya Chitta Manas and Kala*, Madras: Centre for Policy Studies.

———, 1999, *Despoliation and Defaming of India: The Early Nineteenth Century British Crusade*, Goa: Other India Press.

———, 2000, *The Beautiful Tree: Indigenous Indian Education in the Eighteenth Century*, Goa: Other India Press.

———, 2000, *Essays on Tradition, Recovery and Freedom*, Goa: Other India Press.

———, 2003, *Rediscovering India*, New Delhi: Sambandh.

———, 2003, *Understanding Gandhi*, Goa: Other India Press.

Diwan, Romesh, Mark Lutz, eds., 1985, *Essays in Gandhian Economics*, New Delhi: Gandhi Peace Foundation.

Dirks, Nicholas B., 2003, *Castes of Mind*, New Delhi: Permanent Black.

During Simon, ed., 1999, *The Cultural Studies Reader*, London: Routledge.

Dutt R.C., 1960, *The Economics History of India under Early British Rule and Economics History of India in the Victorian Age*, Delhi.

E. B. Greenwood, 1980, *Tolstoy: The Comprehensive Vision*, London: Methuen & Co. Ltd.

Felton, Monika, 2003, *Rajaji*, New Delhi: Katha.

Gandhi, Leela, 2004, *Postcolonial Theory*, New Delhi: Oxford University Press.

Gandhi, M.K., 1971, *Pathway to God*, Ahmedabad: Navajivan Publishing House.

———, 1983, *An Autobiography*, Ahmedabad: Navajivan Publishing House.

———, 1997, *Satyagraha in South Africa*, Ahmedabad: Navajivan Publishing House.

———, 2001, *The Selected Works of Mahatma Gandhi* (vols. 1 to 5), edited by Shriman Narayan, Ahmedabad: Navajivan Publishing House.

Gandhi, Rajmohan, 1995, *The Good Boatman – A Portrait of Gandhi*, New Delhi: Centre for Policy Research.

Ganguli, B.N., 1977, *Indian Economic Thought – Nineteenth Century Perspectives*, New Delhi.

Gerber, William, 1977, *The Mind of India*, London: Southern Illinois University Press.

Ghosh, Amitav, 2002, *The Imam and the Indian: Prose Pieces*, Delhi: Ravi Dayal Publisher.

Gopal, Sarvepalli, 2004, *Jawaharlal Nehru : A Biography*, New Delhi: Oxford University Press.

Gora, 1986, *An Atheist with Gandhi*, Ahmedabad: Navajivan Publishing House.

Gregorios, Paulos Mar, 1989, *Enlightenment: East and West*, Delhi: B.R. Publishing Corporation.

Green, Martin, 1992, *Prophets of a New Age – The Politics of Hope from the Eighteenth through the Twenty-First Centuries*, New York: Scribners.

Guha, Ramachandra, 2001, *An Anthropologist among the Marxists*, New Delhi: Permanent Black.

Guenon, Rene, *East and West*, London: Luzac & Co.

———, 2002, *Studies in Hinduism*, New Delhi: Munshiram Manoharlal.

Hay, Stephen, ed., 1992, *Sources of Indian Tradition, 2nd edn. Volume Two: Modern India and Pakistan*, New Delhi: Penguin Books.

Heehs, Peter, 2004, *India's Freedom Struggle 1857-1947*, New Delhi: Oxford University Press.

Introduction to Tagore, 1988, Calcutta: Visva-Bharati.

Iyer, Raghavan Narasimhan, 1999, *The Essential Writings of Mahatma Gandhi*, New Delhi: Oxford University Press.

———, 2000, *The Moral and Political Thought of Mahatma Gandhi*, New Delhi: Oxford University Press.

Jaffrelot, Christopher, 1999, *The Hindu Nationalist Movement and Indian Politics: 1925 to the 1990s*, Penguin Books.

Jones, Kenneth W., 1999, *Socio-Religious Reform Movements in British India*, Sydney: Cambridge University Press.

Joshi, K.L., 2002, *Visnu Purana*, Delhi: Parimal Publications.

Joshi, Tarkateertha Laxmanshastri, 1999, *Jotirao Phule*, New Delhi: National Book Trust.

Joshi, V.C., ed., 1975, *Rammohan and the Process of Modernization in India*, Delhi.

Juergensmeyer, Mark, 2003, *Gandhi's Way – A Handbook of Conflict Resolution*, New Delhi: Oxford University Press.

Kampchen, Martin, 1999, *Rabindra Nath Tagore in Germany: Four Responses to a Cultural Icon*, Shimla: IIAS.

Kaul, R.K., 1995, *Studies in William Jones*, Shimla: Indian Institute of Advanced Study.

Kejariwal, O. P., 1999, *The Asiatic Society of Bengal and the Discovery of India's Past*, New Delhi: Oxford University Press.

Keyserling, Count Hermann, 1999, *Indian Travel: Diary of a Philosopher*, Mumbai: Bharatiya Vidya Bhavan.

Kher, V.B., ed., 1987, *The Essence of Hinduism*, Ahmedabad: Navajivan Publishing House.

———, 1996, *The Essence of Hinduism*, Ahmedabad: Navajivan Publishing House.

Khoshoo, T.N., 2002, *Mahatma Gandhi – An Apostle Applied Human Ecology*, Tata Energy Research Institute.

Kripalani, Krishna, 1969, *Gandhi: A Life*, New Delhi: National Book Trust.

———, compiled, 1996, *Gandhi's life in His Own Words*, Ahmedabad: Navajivan Publishing House.

———, 2001, *Tagore: A Life*, New Delhi: National Book Trust.

Kulkarni, S.D., 1988, *Beginnings of Life, Culture and History*, Shri Bhagavan Vedavyasa Itihasa, Thane.

Kumarappa, Bharatan, (ed.), 1996, *My Religion*, Ahmedabad: Navajivan Publishing House.

Kumar, Dharma, 2000, *Colonialism, Property and the State*, New Delhi: Oxford University Press.

Kumar, Krishna, 1991, *Political Agenda of Education – A Study of Colonialist and Nationalist Ideas*, New Delhi: Sage Publications.

Madan, T.N., 1998, *Modern Myths, Locked Minds, Secularism and Fundamentalism in India*, New Delhi: Oxford University Press.

Majumdar, Biman Bihari, 1966, *Militant Nationalism of India*, Calcutta.

Majumdar, Ramesh Chandra, 1984, *On Rammohan Roy*, Calcutta: The Asiatic Society.

Majumdar, Ujjal Kumar, 2000, *Bankim Chandra Chattopadhyay*, His Collection to Indian Life and Culture, Calcutta: The Asiatic Society.

McLeod, W.H., 2004, *Sikhs and Sikhism*, New Delhi: Oxford.

Masani, R.P., 1897, *Dadabhai Naoroji:* Builders of Modern India, New Delhi: Publications Division.

Metcalf, R. Thomas and Barbara D. Metcalf, 2003, *A Concise History of India*, Cambridge University Press.

Mukherjee, Mridula, Bipin Chandra, Aditya Mukherjee, K.N. Panikkar Sucheta Mahajan, 1989, *India's Struggle for Independence 1857-1947*, New Delhi: Penguin Books (India) Ltd.

Mukerji, Dhurjati Prasad, 1979, *Sociology of Indian Culture*, Jaipur: Rawat Publications.

Mookerji, Radha Kumud, 2003, *The Fundamental Unity of India*, New Delhi: Bharatiya Vidya Bhavan.

Mukherjee, Hiren, 1991, *Gandhi: A Study*, New Delhi: People's Publishing House.

Mukherji, Radha Kumud, 1989, *Hindu Civilization*, Bombay: Bharatiya Vidya Bhavan.

Mòller, Max, 1955, *Ramakrishna: His Life and Sayings*, Calcutta: Advaita Ashram.

———, 1991, *India: What Can It Teach Us?*, New Delhi: Munshiram Manoharlal.

Nagaraj, D.R., 1993, *The Flaming Feet: A Study of the Dalit Movement*, Bangalore: South Forum Press.

Nanda, B.R., 2001, *Gandhi and his Critics*, New Delhi: Oxford University Press.

———, 2003, *Mahatma Gandhi: A Biography*, New Delhi: Oxford University Press.

Nandy, Ashis, 1998, *The Illegitimacy of Nationalism Rabindranath Tagore and the Politics of Self*, Delhi: Oxford University Press.

Nehru, Jawaharlal, 2004, *The Discovery of India*, New Delhi: Penguin Books.

———, 2004, *An Autobiography*, New Delhi: Penguin Books.

———, 2004, *Glimpses of World History*, New Delhi: Penguin Books.

Nayar, Sushila, tr. 1999, *Key to Health*, Ahmedabad: Navajivan Publishing House.

Nirodbaran, 1986, *Talks with Sri Aurobindo* (vols. I & II), Calcutta: Sri Aurobindo Society.

Nirodbaran, 1998, *Sri Aurobindo for All Ages: A Biography*, Pondicherry: Sri Aurobindo Ashram.

Nivedita, Sister, 1998, *Religion and Dharma*, Calcutta: Advaita Ashram.

Odrigues, Valerian, 2004, *The Essential Writtings of B.R. Ambedkar*, New Delhi: Oxford University Press.

Osho, 1997, *India My Love Fragments of a Golden Past*, Pune: The Rebel Publishing House.

Pal, Bipin Chandra, 2002, *Nationality and Empire – A Running Study of Some Current Indian Problems*, Delhi: Low Price Publications.

Pandit, M. P., 1998, *Sri Aurobindo*, New Delhi: Munshiram Manoharlal.

Pande B.N. ed. 1985, *A Centenary History of the Indian National Congress*, 3 vols. New Delhi.

Pandya, Jayant, 1998, *Gandhiji and His Disciples*, NBT.

Parekh, Bhikku, 1997, *Gandhi*, New Delhi: Oxford University Press.

Parel, J., Anthony, ed., 1997, *Hind Swaraj and Other Writings*, UK: Cambridge University Press.

Parel, J. Anthony, ed., 2002, *Gandhi, Freedom, and Self-Rule*, New Delhi: Vistaar Publication.

Patel, I.G., 2004, *An Encounter with Higher Education: My Years at LSE*, New Delhi: Oxford University Press.

Patel, Jahangir P., Marjorie Sykes, 1996, *Gandhi, His Gift of the Fight*, Goa: The Other India Press.

Patil, V.T., 1983, *Studies on Gandhi*, Dharwad: Karnatak University.

Poddar, Arabinda, 1976, *Renaissance in Bengal: Search for Identity*, Simla: Indian Institute of advanced Study.

Poddar, Chanda, Mona Sarkar and Bob Zwicker, ed., 1995, *Sri Aurobindo and the Freedom of India*, Pondicherry: Sri Aurobindo Ashram.

Prabhu, R.K. (compiled), 1999, *India of My Dreams*, Ahmedabad: Navajivan Publishing House.

Purani, A.B., 1995, *Evening Talks with Sri Aurobindo*, Ahmedabad: Sri Aurobindo Society.

———, 1998, *The Life of Sri Aurobindo*, Pondicherry: Sri Aurobindo Ashram.

Raina, A.K., B.N. Patnaik, Monima Chadha, eds., 2000, *Science and Tradition*, Simla: Indian Institute of Advanced Study.

Raina, Dhruv and Irfan Habib, 2004, *Domesticating Modern Science*, New Delhi: Tulika Books.

Rajagopalachari, C., 1996, *Our Culture*, Mumbai: Bharatiya Vidya Bhavan.

Ramanujan, A.K., 2005, *Uncollected Poems and Prose*, New Delhi: Oxford University Press, New Delhi.

Rande, R.D., 1989, *Pathway to God in Kannada Literature*, Bombay: Bharatiya Vidya Bhavan.

———, 2001 *Essays and Reflections*, New Delhi: Bharatiya Vidya Bhavan.

Raychaudhuri, Tapan, 1998, *Europe Reconsidered Perception of the West in Nineteenth Century Bengal*, Delhi: Oxford University Press.

Raychaudhuri, Tapan, Irfan Habib, eds., 2004, The *Cambridge Economic History of India*, volume I: c. 1200-1750, New Delhi: Orient Longman.

Ray, Rammohan, 1949, *Tuhfatul Muwahhiddin*, Trs., Obaidullah El Obaide.

———, 1832, *Translation of Several Principal Books*, Passage and Text of the Vedas, and of some Controversial Works in Brahmanical Theology, London.

Reddy, Ananda, Sachidananda Mohanty, 1997, Essentials of *Sri Aurobindo's Thought: Essays in Memory of V. Madhusudan Reddy*, New Delhi: Institute of Human Study.

Rice, Stanley, 1937, *Hindu Customs and Their Origins*, Delhi: Low Price Publication.

Robertson, Bruce Carlisle, 2001, *Raja Rammohan Ray: The Father of Modern India*, New Delhi: Oxford University Pess.

Rolland, Romain, 2000, *Mahatma Gandhi – The Man Who Became One with the Universal Being*, New Delhi: Sristi Publishers and Distributors.

Roy, Pabitrakumar, 2002, *Rabindranath Tagore*, New Delhi: Munshiram Manoharlal.

Roy, Ramashray, 1996, *Gandhi and the Present Global Crisis*, Shimla: Indian Institute of Advanced Study.

Rudolph, Susanne Hoeber, Lloyd I. Rudolph, 1987, *Gandhi, The Traditional Roots of Charisma*, New Delhi: Orient Longman Limited.

Sahasrabudhey, Sunil, 2002, *Gandhi's Challenge to Modern Science*, Goa: Other India Press.

Sankrityayan, Rahul, 1984, *Selected Essays*, New Delhi: People's Publishing House.

Saran, A. K., 1977, *Tribe Caste and Religion*, New Delhi: Macmillan.

———, 1998, *Traditional Vision of Man*, Sarnath: CIHTS.

———, 1998, *Sociology of Knowledge and Traditional Thought*, Sarnath: CIHTS.

Saraswati, 1997, H.H. *Sri Chandrasekharendra*, New Delhi: Bharatiya Vidya Bhavan.

Sarkar, Benoy Kumar, 1975, *The Sukraniti*, New Delhi: Orientals Book.

Savarkar, V.D., 1999, *Hindutva: Hindus We are and Love to Remain So*! Mumbai: Swatantryaveer Savarkar Rashtriya Smarak.

Sen, Ajit Kumar, 1986, *Hindu Political Thought*, Delhi: Gian Publishing House.

Sen, Ashok, 1977, *Elusive Milestone of Ishwarchandra Vidyasagar*, Calcutta.

Sen, Geeti, ed., 1993, *Perceiving India Insight and Inquiry*, New Delhi: Sage Publications.

Shah, Kantilal, ed., 1985, *Vinoba on Gandhi*, Varanasi: Sarva Seva Sangh Prakashan.

Sharma, S. L. and T. K. Oommen, 2000, *Nation and National Identity in South Asia*, New Delhi: Orient Longman.

Singh, Khushwant, 2004, *A History of the Sikhs* (volume I and II), New Delhi: Oxford.

Solankai, A.B., 1968, *The Technique of Correlation in Basic Education*, Ahmedabad: Navajivan Publishing House.

Sharma, Arvind, 2002, *Modern Hindu Thought*, Oxford University Press, New Delhi.

Swaminathan, K. and C.N. Patel, 1888, *A Gandhi Reader*, Hyderabad: Orient Longman.

Swarup, Ram, 1991, *Whither Sikkism*? New Delhi: Voice of India.

———, 1995, *A Hindu Buddhist Rejoinder*, New Delhi: Voice of India.

———, 2000, *Meditations: Yogas, Gods, Religions*, New Delhi: Voice of India.

———, 2000, *On Hinduism: Reviews and Reflections*, New Delhi: Voice of India.

———, 2001, *The World as Revelation: Names of Gods*, New Delhi: Voice of India.

Tarachand, 1961, *History of the Freedom Movement in India*, vol. I, Delhi.

The Mother, 1995, *Commentaries on the Dhammapada*, Pondicherry: Sri Aurobindo Ashram.

Tilak, Bal Gangadhar, 2005, *An Ignored Historical Research: Arctic Home in the Vedas*, Delhi: Vijay Goel English-Hindi Publisher.

———, 2005, *Orion: A Research into the Ancientness of Aryan-Vedic Culture*, Delhi: Vijay Goel English-Hindi Publisher.

———, 1993, *Talks with Swami Vivekananda*, Calcutta, Advaita Ashram.

Tirtha, Swami Bharati Krishna, 1985, *Sanatana Dharma – The Eternal and Everlasting Way of Life*, Bombay: Bharatiya Vidya Bhavan.

Trautmann, Thomas R., 2004, *Aryans and British India*, New Delhi: Yoga Press.

Tsetung, Mao, 1971, *Selected Readings from the Works of Mao Tsetung*, Peking: Foreign Languages Press.

Uberoi, J. P. S., 1999, *Religion, Cilvil Society and the State*, New Delhi: Oxford University Press.

———, 2002, *The European Modernity*, New Delhi: Oxford University Press.

Vasu, Rai Bahadur Siirish Chandra, 2004, *The Siva Samhita*, New Delhi: Munshiram Manoharlal.

Van der Veer, Peter, 2001, *Imperial Encounters: Religion and Modernity and Britain*, Delhi: Permanent Black.

Venugopal, C.N., 1988, *Ideology and Society in India : Sociological Essays*, New Delhi: Criterion Publications.

———, 1998, *Religions and Indian Society*, New Delhi: Gian Publishing House.

Vivekananda, Swami, 2001, *Lectures from Colombo to Almora*, Kolkata: Advaita Ashram.

Vyas, H.M, compiled 1996, *Village Swaraj*, Ahmedabad: Navajivan Publishing House.

Waite, Arthur Edward, ed., 1976, *The Hermetic and Alchemical Writings of Paracelsus*, volume II Hermetic medicine and hermetic philosophy, Boulder: Shambhala.

Wedderburn, William, 1913, *Allan Octavian Hume*, C.B. London.

Woodroffe, Sir John, 1990, *Introduction to Tantra Sastra*, Madras: Ganesh & Co.

अनुक्रमणिका